イギリス社会政策講義

―― 政治的・制度的分析 ――

マイケル・ヒル/ゾーイ・アービング
[著]

埋橋孝文/矢野裕俊
[監訳]

UNDERSTANDING SOCIAL POLICY

ミネルヴァ書房

UNDERSTANDING SOCIAL POLICY : 8 th Edition
by
Michael Hill & Zoë Irving.
Copyright© 2009 by Michael Hill & Zoë Irving.
All rights reserved.
Japanese Translation rights arranged with
John Wiley & Sons Limited in U.K.
through The Asano Agency, Inc. in Tokyo.

日本語版への序文

　この本がイギリスの社会政策の本であることをはっきりと示すために，もっと手の込んだタイトルにすべきであった．ところが，出版社というものは単純なタイトルを好むものだ．この本の初版はイギリスでの社会政策教育が今よりも偏狭であった時代に書かれたものであり，マイケル・ヒルの妻が訪問看護師養成コースの一環として社会政策を学んでいた時に，社会政策がその頃に実施されていた制度的・政治的文脈をしっかりと説明した教科書がないことに気づいたという事実によってとくに触発された．
　初版が世に出て以来，今日までの年月に，社会政策のグローバルな文脈を視野に入れて，社会政策教育を国際比較の視角からとらえる必要性が認識されるようになった．ここに翻訳された第8版では，こうした側面にはとりわけ第1章と最終章でいっそう注意が向けられている．同時に，（制度的機構がより複雑になり，国際的影響力がより関連性の深いものとなったことで）単純で比較的統一性をもった政府〈ガバメント〉という語が〈ガバナンス〉という語によって取って代わられるようになった事情をふまえたことは，イギリスの社会政策に関する書き方にも影響をおよぼした．イギリスの中での権限移譲がこうした複雑性を増しており，この日本語版が出版される頃にはもはやイギリスは存在しなくなり，スコットランドが独立しているということもありうる．
　それゆえこの本は，日本の読者向けにイギリスの社会政策の解説として出されるものであり，この解説がより広い反響を呼ぶことを願うものである．イギリスにおける私たちの先輩の中には，わが国の政策システムを他国が競って見習うべきモデルとみなす人たちもいた．私たちはそれをむしろ深く根を張ったシステムであり，見習うべき特徴もある，いくつかの点でパイオニア的な役割をもつものととらえているが，同時に，回避するに越したことはない政策方向の教訓を引き出す源泉ともみなしたい．具体的な例をあげると，次のようなことがある．

- わが国の社会保障システムは，社会保険が完全に発展したためしがなく，資力調査（means test）という，もろくて複雑なシステムによってかなり切り崩され，取って代わられた，紛らわしいハイブリッドである．
- わが国の失業者支援システムは労働力の需要よりもむしろ供給をめぐる問題をより重視するという（世界共通の）視角から運営されており，そのために社会

に大規模な不平等をもたらしている。
- わが国の保健医療サービスは単純な税源によって成り立つという単純明快さが利点であったが，このことがとかく「財源不足」を招き，手の込んだ運用による管理方策をずっと模索してきた。
- わが国のソーシャルケア・システムはお粗末な状態で，人口の高齢化に直面して合理的解決を図る道筋を見出すことがずっとできないままである（この点では日本から学ぶべきことがある）。
- イギリス政府は社会的住宅を確立するために膨大な努力をしてきたパイオニアであったが，問題となるのは政治行動が人々の持家志向に迎合してひどく分裂したシステムをつくり出している点である。
- 不平等に注目しそれを弱めようとしてきたものの，同時にこうした社会的供給のすべての領域が社会の分裂を固定化したり深めたりする方向で発展してきた。

そこでこのようなかたちで，私たちは，この国にはもっと良い方法があったのだという通説的な見方を，わが国のおおかたの社会政策研究者とも共有する二人の著者の手によって，イギリスの政策システムに関する解説を世に送り出すことにしたのである。それはともかく，私たちは自分たちの第一義的な任務が，厳密な政治的・制度的分析によって，イギリスが今日のようなシステムへと到達した経緯と，そのシステムが機能している実際の姿を説明することにあると考えている。

大変喜ばしいことに，私たちの本が日本語に翻訳された。その労をとってくださった埋橋孝文，矢野裕俊，三宅洋一，山村りつ，室田信一，小林勇人，尹誠國，田中弘美の諸氏と，出版社であるミネルヴァ書房に心より感謝申し上げる。

2014年8月

マイケル・ヒル，ゾーイ・アービング
(Michael Hill, Zoë Irving)

第 8 版への序文

　本書は社会政策を学ぶための入門書である。本書は社会政策を学ぶには自信をもって進めることが必要であるとの関心を表している――社会政策に無縁の人はいないし，誰にとっても重要であり，たいていの人は社会政策について自分が思っている以上に知っている。しかし，知識というものは〈理解〉によって進歩するものであり，したがって本書はこの学問を学ぶ人には，主要な政策について学び，学んだことを社会的文脈の中に位置づけるだけでなく，政策がどのように立案され実施されるのかを検討する必要があるという考えにも基づいている。本書は学部学生のみならず，ソーシャルワーカーや看護師，訪問看護師，その他の社会政策実務家のニーズを考慮に入れて，これまでに社会科学的訓練を受けたことのない人たちのために書かれている。

　本書の第 1 版はマーガレット・サッチャー率いる新しい保守党政権が1980年に選挙でうち立てられた直後に出版された。第 8 版を世に送り出すことが必要だと考えられたという事実は，それ以降の保守党，労働党双方の政府を特徴づけてきた異常に活発な政策の変化を証明するものである。しかしこのほぼ30年の間，変化したのは政策ばかりではなく，社会政策の教育もまた変わったのである。出版社がマイケル・ヒルにさらに本の改訂版を出してはどうかと勧めたとき，ヒルは政策形成を注視し続け，世界中で社会政策の教育をさまざまなかたちでおこなってはいるものの，かなり以前にこの学問の入門教育に携わることから離れてしまっているという懸念を述べた。したがって，入門教育により直接に関わっている人を共著者としてヒルが探すということで話がついた。友人たちに対するメッセージによりさまざまな提案が生まれ，ヒルがゾーイ・アービングを紹介されたのはアラン・ウォーカーの厚意によってであった。アービングは本書の以前の版を学生として，また教師として用いた経験があり，第 8 版の準備に関与することを喜んで引き受けてくれた。

　したがって，『イギリス社会政策講義――政治的・制度的分析』の本改訂版は従来の版とほぼ同じ体裁をとりながらも，一人よりもむしろ二人の視座を得るという利点をもっている。また，部分的に――とくに冒頭と末尾――現代の教育ニーズとの関連づけをよりはっきりさせるために書き換えられている。歴史の章は，歴史が「止まった」年が前へ進んで行くにつれて，量的に増えていったが，従前よりも詳しさを抑えて，広く概観するという方向で書き改められた。イギリスの政策を比較

の視点でとらえる章——これは第7版の新機軸であったが——は〈グローバル〉な視点で政策をとらえる章となった。実質的な諸問題を扱う章は，社会サービスが成人と児童サービスに分けられ，児童サービスは教育と結びつけられるという制度的な改革に続いて，類似の諸改革がおこなわれたことを除いて，ほぼ旧版のパターンどおりとなっている。こうした改訂によって，深さと広さの適度のバランスが成り立っていることを望むものである。

　一冊の教科書の歴史の現段階において，マイケル・ヒルはこれまでの版を作成するのに協力してくれたすべての人々に十分に謝意を表明することは不可能だと悟った。かれは妻であるベティへの本書の献辞をそのまま残すことを願っている。ベティは訪問看護師の学生だったとき，ヒルが市場でのギャップの存在を突きとめるのを最初に助けてくれた。今日では社会政策システムに関する彼女の実践的な理解はどちらかといえば主として消費者の側から得られるものである。かれは「実務家」ぞろいの自分の家族が社会政策の現実世界へとかれをつなぎ止め，今もなお公共サービスの伝統を支えていることを誇らしく思っている。かれは娘であるジュリア・レーガンが従事している地方自治体調査業務から多大の恩恵を受けたし，彼女の夫であるショーンには住宅政策の諸局面について正確な情報を得ることを助けてくれたことに感謝している。また，デービッドとテレサ・ラベル・ヒルは新しい教育・児童関係省庁で起きていることについて定期的に最新情報を提供してくれている。

　ゾーイ・アービングは同僚であるボブ・ディーコン，スージー・モリノー・ホジソンには二つの章に対する有益なコメントをくれたことに，またケビン・ファーンズワースには同僚的協力を惜しまなかったことに感謝の言葉を述べたい。本書に対するゾーイの貢献についていえば，彼女独自の社会政策理解を助けてくれたということではエジンバラ大学（1988—92年）での彼女の教師全員に感謝しなければならない。また，とりわけ自分の元の学位コースをそれが始まる前に変更する必要があるとまで感じさせるまで，「新入生説明会」でこの学問に対する情熱を語ったエイドリアン・シンフィールドにも感謝しなければならない。ゾーイはまた，オープンキャンパスに参加した学生にとって社会政策を「身近な」ものにする手法が第1章に出てくるデービッド・ケイリー，教授・学習への洞察により自分自身の実践をよりよくするのを助けてくれたパット・ヤング，そして過去15年にわたって社会政策入門を教えてきた学生たちにも感謝の意を表したい。ゾーイの家族に対しても個人的な感謝の意を述べたい。マークには現実世界で起きていることをいつも思い起こさせてくれることに，エリスにはゾーイが日々執筆を楽しんでいるかどうかを気にかけてくれることに，ルイスには絶えず私の説明能力を試してくれることに，ロビ

ンにはいつもほほえみを絶やさないことに，そしてパム・アービングにはつらいときにも支えてくれることに感謝する。ゾーイは自分の著述をこの場を借りて，徹頭徹尾，福祉国家主義者であったスタン・アービング（1934—97年）に捧げたい。

　私たちは，第8版を企画し，広く市場調査をしてくれたブラックベリー・ワイリー出版社のジャスティン・ボーガンとベン・サッチャーにも特別な感謝の気持ちを表したい。生産プロセスをとおしてこのテキストの舵取りをしてくれたセーラ・ダンシーにも感謝する。

M.H と Z.I

イギリス社会政策講義
―― 政治的・制度的分析 ――

目　次

日本語版への序文

第8版への序文

第1章　社会政策を学ぶ …………………………………… 1
- 1　はじめに …………………………………………………… 1
- 2　個人と社会 ………………………………………………… 2
- 3　権利と義務 ………………………………………………… 6
- 4　社会政策——収集魔，それともゼリー菓子，あるいは添え物のサラダ？… 12
- 5　本書の内容 ………………………………………………… 15
- ◇　より深く学ぶための読書案内 …………………………… 18

第2章　現代社会政策の形成 ……………………………… 21
- 1　はじめに …………………………………………………… 21
- 2　貧困と福祉国家以前の国家 ……………………………… 22
- 3　20世紀初頭の「福祉国家」の出現 ……………………… 32
- 4　ベバリッジの「5つの巨悪」 …………………………… 43
- 5　ベバリッジ以降の福祉国家 ……………………………… 48
- ◇　より深く学ぶための読書案内 …………………………… 53

第3章　社会政策の立案策定 ……………………………… 55
- 1　はじめに …………………………………………………… 55
- 2　代議政体モデル …………………………………………… 56
- 3　中央統治制度 ……………………………………………… 57
- 4　権限移譲 …………………………………………………… 64
- 5　地方行政 …………………………………………………… 70
- 6　ヨーロッパの中のイギリス ……………………………… 72
- 7　グローバルな文脈 ………………………………………… 74
- 8　人々の声 …………………………………………………… 76
- 9　政策の立案策定におよぼす影響力 ……………………… 81
- 10　省庁の権力——官僚の役割と外部団体と政治コミュニティの影響力 … 86
- ◇　より深く学ぶための読書案内 …………………………… 93

第4章　政策執行 …………………………………………… 95
- 1　はじめに …………………………………………………… 95
- 2　政策執行の構造——中央政府 …………………………… 96

3　政策執行の構造——地方政府……………………………97
　　4　政策執行の分析………………………………………104
　　5　政策形成の諸問題……………………………………105
　　6　政策移転のプロセスにおけるさまざまな「階層」の問題…………108
　　7　政策執行機関の対応に影響をおよぼす要因………………111
　　8　水平的な組織間関係…………………………………115
　　9　社会・政治・経済的環境……………………………116
　　10　結　論………………………………………………117
　　◇　より深く学ぶための読書案内………………………119

第5章　社会保障……………………………………………121

　　1　はじめに………………………………………………121
　　2　イギリスの社会保障における際立った特徴………………122
　　3　拠出制給付……………………………………………124
　　4　雇用主が支給すべき給付……………………………126
　　5　非拠出制および資力調査無しの条件付き給付……………127
　　6　資力調査付き給付……………………………………127
　　7　税額控除………………………………………………130
　　8　給付制度に関する統計………………………………131
　　9　年金改革………………………………………………132
　　10　資力調査に伴う問題…………………………………137
　　11　社会保障における家族生活と女性の役割についての仮定……141
　　12　社会保障給付の水準と貧困…………………………144
　　13　結　論………………………………………………150
　　◇　より深く学ぶための読書案内………………………151

第6章　雇用政策……………………………………………153

　　1　はじめに………………………………………………153
　　2　雇用政策への代替アプローチ………………………153
　　3　雇用政策へのイギリス・アプローチの進展………………156
　　4　EU加盟のイギリスへの影響…………………………160
　　5　主な雇用政策措置……………………………………161
　　6　訓　練………………………………………………163
　　7　労働市場への参加の奨励／強制……………………165
　　8　失業軽減か，雇用促進か……………………………169
　　9　政府による労働条件と雇用保障の規制……………………174

	10	雇用と社会政策——ヨーロッパの未来？	179
	11	結　論	181
	◇	より深く学ぶための読書案内	182

第7章　保健医療政策 ………………………………… 183

	1	はじめに	183
	2	国民保健サービス（NHS）の組織と運営	184
	3	保健医療サービスへの患者のアクセス	187
	4	NHS の財政	191
	5	運営と専門職の説明責任	195
	6	保健医療サービスのニーズと分配	198
	7	治療の平等——民間部門の影響	203
	8	治療の平等——健康と医学的措置の不平等	205
	9	健康のための政策か疾病のための政策か	209
	10	代表性と公共性の保護	211
	11	結　論	213
	◇	より深く学ぶための読書案内	215

第8章　成人のためのソーシャルケア ………………… 217

	1	はじめに	217
	2	ソーシャルケア・サービスの概観	218
	3	入所型ケア——より詳細な検証	223
	4	入所型施設の外でおこなわれるケア	227
	5	ダイレクト・ペイメントと個人予算	230
	6	対人ソーシャルケアと保健医療サービスの関係	233
	7	ニーズと優先順位	236
	8	結　論	240
	◇	より深く学ぶための読書案内	241

第9章　教育と子ども ………………………………… 243

	1	はじめに	243
	2	公費による学校システムの組織と運営	243
	3	高等教育と継続教育	247
	4	児童ケア	249
	5	児童養護	252
	6	教育システムの監督	257

目　次

   7　政府とカリキュラム………………………………………………… *259*
   8　教育システムにおける多様性と選抜性……………………………… *261*
   9　教育と社会的に不利な状態におかれた子ども……………………… *264*
  10　教育とエスニック・マイノリティ…………………………………… *267*
  11　特別支援教育とその他の福祉的措置………………………………… *271*
  12　結　論…………………………………………………………………… *273*
  ◇　より深く学ぶための読書案内………………………………………… *274*

第10章　住　宅……………………………………………………………… *277*

   1　はじめに………………………………………………………………… *277*
   2　住宅システムが今日の形態に至るまで……………………………… *278*
   3　社会的住宅セクター…………………………………………………… *279*
   4　持　家…………………………………………………………………… *283*
   5　民間借家………………………………………………………………… *290*
   6　ホームレス……………………………………………………………… *291*
   7　社会的排除と残余化…………………………………………………… *293*
   8　結　論…………………………………………………………………… *297*
  ◇　より深く学ぶための読書案内………………………………………… *299*

第11章　世界の中のイギリス……………………………………………… *301*

   1　はじめに………………………………………………………………… *301*
   2　政策学習………………………………………………………………… *302*
   3　先進福祉国家の姿……………………………………………………… *306*
   4　比較理論の中のジェンダー・多様性・文化………………………… *310*
   5　社会政策の比較………………………………………………………… *313*
   6　上からと下からの社会政策…………………………………………… *314*
   7　結論――比較の中のイギリス………………………………………… *317*
  ◇　より深く学ぶための読書案内………………………………………… *320*

第12章　社会政策と社会変化……………………………………………… *323*

   1　はじめに………………………………………………………………… *323*
   2　家族の変化……………………………………………………………… *324*
   3　職業生活の変化………………………………………………………… *328*
   4　イギリスの人口の変化………………………………………………… *333*
   5　結　論…………………………………………………………………… *341*
  ◇　より深く学ぶための読書案内………………………………………… *342*

参考文献 ……………………………………………………………… *345*
監訳者あとがき ………………………………………………………… *363*
索　　引 ………………………………………………………………… *367*

凡　例

一，［　］は訳者注，（　）は原著者のものである。
一，原文のイタリックは，原則的に〈　〉で示した。
一，原文の'　'は，原則的に「　」で示し，必要と判断した原語は，（　）に明記した。
一，引用文献の邦訳書については，巻末の「参考文献」に適宜補った。ただし，訳書を引用箇所には掲げなかった。
一，各章末「より深く学ぶための読書案内」では，原著名の後に（日本語書名）を補った。なお，原書では節あつかいだが，本書では別あつかいとした。

第1章
社会政策を学ぶ

1 はじめに

　多くの学生は，社会政策が含意するものについてかなり大雑把な考えでもって社会政策を学び始める。前に履修した社会学の科目の一部として「教育」や「家族」などの福祉の特定の側面をすでに学んだ人もいれば，ヘルスケアやソーシャルケアという枠組みのもとで社会政策のより応用的分野に親しんだ人もいるであろう。あるいは，社会政策に関する科目を以前に履修したことはないが，その科目が特定の履修コース（たとえば保健学の学位取得コース）の必修科目であるという理由や，この科目が魅力的と思ったという理由で社会政策を学び始めることもあるであろう。学生が社会政策研究に到達するまでの道順が複数あることは社会政策のテーマが魅力あるものであることを示している。

　たとえあなたの教育や研究の道程でこれまで「社会政策」という用語に出会わなかったにしても，生涯を通してあなたはこの社会政策に接していることは確かである。児童手当からGCSE（全国統一試験制度）まで，また，一般医（GP）による医療サービスから高齢者の親戚へのケアまで，社会政策は私たち自身の安全と発達および幸福に対して影響をおよぼす。しかしながら，食料消費や家庭内でのしつけ，グローバルな経済競争などの広範囲な分野もまた社会政策マターであり，社会政策は思いもかけないような経路で私たちの生活と接点をもつ。

　本章では，さらに，社会政策を学ぶ学生がコースで履修することを期待するようないくつかの問題や関心事，トピックスを検討する。人為的で限定的な学問上の境界を確定するような，社会政策の「意味」や「定義」を探索することから始めるのではない。本章の目的は，研究の奥行きと広がりを示し，また，何が限界であり何が境界であるかよりも何が可能かを示すことにある。

2　個人と社会

> **コラム1　ダニエル——何がなされるべきか**
>
> 　ダニエルは地元紙で「犯罪の連鎖少年」として取りあげられた。15歳でかれの非行歴は無断欠席，施設物破壊，傷害，暴行，警官に対する暴行，乱闘を数えていた。かれは自分が住んでいた地域の人々の生活を台無しにしたと報道されている。告発されたこれらの犯罪に加えて，近所の人への虐待，地元の愚連隊の一員としての住民への脅迫行為があり，また，成績が旧友よりもかなり下回っていた学校でのイジメにも関わっていたと報道されている。
>
> 　ダニエルの父親は，仕事で長時間外に出ており，ダニエルの行動は単に10代の高ぶった機縁にすぎないと信じている。一方，母親は，心臓の深刻な持病を抱え病院の行き来に多くの時間を取られており，ダニエルは権威を嫌悪しているが，どのようにしたら自分の行動を変えることができるかについて思い悩んでいると答えている。ダニエル自身は，退屈さと周りの大人の非歓迎的な対応以外には何ら問題を抱えているとは考えていない。

　ダニエルのような少年にはどのような対応をすべきであろうか。個人的なレベルではかれの〈ために〉何かをするという願いをもちにくいように思える。というのも，かれの行動は，かれの性格が共感を呼ぶようなものでないことを示唆しているからである。しかしながらかれの行動は明らかにかれ自身の将来に影響をおよぼし，同時にかれが関わりをもつ人々の生活やウェルビーイングに対して大きなインパクトを与える。ダニエルのような「問題」に対する通俗的で観念的な反応は，新聞や政治家のスピーチにみられる。たとえば，大衆紙は，義務的な軍事訓練の再導入をしばしば要求しており，他方，労働党現政権は教育政策，家族政策，刑事司法政策などさまざまな方策を講じて「責任の強化」プロジェクトに乗り出した。保守党党首のデビッド・キャメロンは，以前，「不良にもハグを」という標語に示されるような，若い人への理解を示しケアするアプローチを擁護していた。ダニエルと社会政策に対してかれが提起している課題を検討するにあたって，ほぼ時間軸に沿った異なった種類の検討を加えるのが有用である。つまり，短期，中期，長期に分けてそれぞれ何をすべきかを考察することである。しかし，それだけでなく，社会における一人の個人という立場に関して生起する問題の深さと奥行きを示すことも有用である。このようにして，社会政策の「主体」（subject）（個人や社会的グループの

成員）とそれに対応した制度や政策措置の間の関係，および，これらの主体が人間性の発展という，より広い文脈，場面にどのように位置づけられるかを検討することが可能になる。

　メタおよびマクロのレベルで，何らかの特定の問題に対する社会の反応の枠組みや，そもそもイシューが一つの問題としてとらえられる方法は，事実上，「良き社会」をめぐる基本的なビジョン，つまり，私たちがその形成を目的としている社会的世界の種類に大きく依存している。これらのビジョンはまた，私たちが本質的に善もしくは利他的であるが環境によって腐敗させられているのか，あるいは，本質的には悪もしくは利己的であるが社会的制裁が存在するためにそうした不快な傾向を抑制しているだけなのかという，人間性に関わる信条を反映している。こうしたことは，もちろん，人間行動の構造と行為主体の間の関係をめぐる考察を必要としている。環境と社会構造における私たちの「位置」（たとえば階級，ジェンダー，エスニック・グループ）か，あるいは，社会的世界における私たち自身の発達を決定する能力（個々のエージェンシー）か，そのいずれかが相対的に重要であるかをめぐる議論は，必ずしも，私たちは環境の影響を一方的に被る受け身的な犠牲者であるか，〈もしくは，〉フリーエージェントのどちらかであるというように両極端に分かれているわけではない。社会構造の影響を強調するマルクスでさえ，個々人として私たちは「行動する」ということを認識していた。しかしかれは，その行動は私たち自身だけが選択したものでないことを強調したのである。

　個人あるいはミクロのレベルで，所得や教育の水準，もしくは住居や健康の状態が人々の人生における決定事項にどの程度影響するかを正確に測定することは不可能である。しかしこれらの要因が選択の範囲，つまり，人々のライフチャンスに影響していることを示す多くの証拠が存在する。たとえば，平均寿命の短さを指標とする健康状態の悪さは低所得階層の人々に見出される傾向がある。他の社会グループと比較して特定の社会グループの平均寿命が短いことは，それ自身，構造的な環境（この場合は社会階層化）の一つの結果であるといえる。しかし，一旦，悪い健康状態や早死にの特定の原因（環境的要因，栄養状態，喫煙など）に分析の目を転ずれば，たとえば労働市場や医療サービス，教育への不平等なアクセスといった形の「構造」を重視する意見と，健康をめぐる行動の個別の説明を重視する意見との間の論争は，より複雑かつ白熱したものとなる。

「肥満，それはあなた次第だ」というような新聞記事の見出し（『オブザーバー』紙，2004年1月18日付）は，社会問題に対する個別的な説明とそれが政府の施策におよぼす影響がますます強くなっていることを反映している。しかしながら，同時に，人間とりわけ子どもは必ずしもフリーエージェントではないという暗黙の認識

は，子どもたちがテレビを視聴できる時間帯でのジャンクフードのコマーシャルを禁止する近年の動きに顕著に表れている。したがって，肥満における階層差が示されているこの例において，悪い健康状態をそれで苦しんでいる人たち自身に（ミクロレベルに焦点を当てて）非難の矛先を向けるということよりも，先進資本主義社会における（マクロレベルにおける）食料消費が関係していることを検討する十分な根拠が存在する。

　構造および行為主体をめぐるマクロ的・ミクロ的問題の重要性に関連して指摘されるべき第2の点は，社会政策研究における一つの中核的な考察，つまり，「誰が何を得るか」という資源の分配に関わっている。社会政策研究の分野で大いに学問的貢献をしているデービッド・ドニソン（David Donnison）は，資源，機会，ライフチャンスに関わるこうした分配上の関心が，事実上，政策を「社会」的なものにすることを明らかにしている。再びマクロレベルでみれば，分析は，分配のパターンとプロセスを支える原理を問題とするものであり，もちろん，「公正」の問題は議論の中核に位置する。不平等についての公正の概念は，不平等が個人の選択の産物であるとみるか，それとも，個人のコントロールを超えた諸力の結果であるとみるのかによって大きく変わってくる。たとえば，ある人が不動産市場で物件を購入する十分な資力をもっていたとしても，より軽快なライフスタイルを好みキャンピングカーをレンタルして生活することもありえる。この種の住宅の不平等は多くの人によって問題なく受け入れられるであろう。もしキャンピングカーの住人が，十分な所得がないために不動産市場で住居を購入できず，キャンピングカーにしか住めない場合には，個人の選択の周辺にある問題を提起することになり，なぜすべての個人が同じ住環境を享受できないかという問題を提起することになる。しかし，もし先ほどあげた［資力のある］キャンピングカーの住人のようなケースが他でも繰り返しみられるようであれば，その時は確かに一般的な住宅の分配や雇用に関する公正さが問題とならないことは明らかである。

「公的な課題」と比べての「個人的なトラブル」の重要性をめぐる議論はメイら（May et al., 2001）の中のロバート・ペイジ（Robert Page）執筆の章で取りあげられている。しかし明らかなことは，社会問題に関する政策的な解釈を探索しようとする試みにおいて，もっぱら個人に焦点を当てることは決して行動に向けた十分な基礎づけを提供しないということである。

　ダニエルの例に話を戻せば，かれの行動をどうとらえるか，また，社会がどのように対応すべきかは，次の2つの理解のいずれであるかによって異なってくる。つまり，かれがどの程度環境の産物であるととらえるか（すなわち幼少期の経験によって何らかのやり方で傷ついてきたのか），それとも，根っからの悪人ととらえ

るか（ただし、かれが法律的には未成年であることを考えれば明確にそう言い切れるか）によってかわってくるのである。事実として、犯罪および刑事司法政策の分野では、行為主体としての個人により多くの重点が置かれている。その一方で、個人の特別な感情の状態が、犯した犯罪の減刑というかたちで考慮されることもある。しかし、失業のような公的な問題の場合にはそのような配慮はない。主観的なミクロレベルの配慮がダニエルのような個人の取扱いに関してなされることがある。かれの振る舞いに対する社会の対応は、かれのニーズ（たとえば怒りコントロールや識字学級）と社会のニーズ（他の人が安全で保護されていると感じるようなニーズ）をバランスよくどのように評価するかによって異なってくる。これらのニーズは互いに背反することがあり、また、それらのニーズをもっているとみられる人々によって必ずしも認識されているわけではない。たとえばダニエルは攻撃的な振る舞いをコントロールする必要性を認めないであろう。社会問題やそれらが対象としている個人やグループへの社会の対応を検討するためには「メゾ」レベルで分析することが必要になる。

　私たちは社会政策研究の中心的な側面を「メゾ」レベルに見出すことができる。つまり、より抽象的な社会的、政治的、もしくは思想的な価値の媒体となり、何らかの集団的な目的を達成するために個々人の生活を形づくるための政策のかたちでそれらを実践に移す制度や構造である。本書が扱う主要な政策分野は公的な福祉の供給であるが、政策とりわけ社会政策は、国家の活動だけに限定されたものではない。社会政策は、それに加えて、家族、友人、コミュニティなど「インフォーマル」セクターと集合的に呼ばれる活動にも関係する。さらに、ボランティア団体もしくは「NPO」団体やたとえば近年ますます雇用に関係して付加される企業年金やスポーツジムのメンバーシップ、あるいは、新しい形の商業ベースによるサービスの提供などの民間セクターの活動にも関係する。その結果、多くの異なる社会政策のアクターもしくは福祉のエージェンシーが存在している。それらは供給上の役割という観点からみればそれぞれが対照的な性格の価値と目的をもっている。それらは、福祉が供給される人々との関わりおよび関係の歴史的な状況の違いから生まれてきたものである。たとえば親と子どもとの関係は、明らかに、雇用主と雇用者との関係と異なり、また、ボランティアの介助ワーカーとクライエントとの関係、学校の教員と生徒との関係とも異なる。大部分の人々にとって、個々の福祉の供給は世帯や家族の中の家庭の中でおこなわれ、これらには食料の提供だけでなく、保険、教育、個人的なケア、感情的な安寧のような基本的なニーズの充足が含まれる。たとえば私たちは風邪をひく度に地元の救急センターに駆けつけるわけではない。しかし、インフォーマルな福祉の供給ではニーズを充足できない場合も多い。とい

うのは，それは物質的・非物質的な資源の存在に依拠しているのであるが，そうした資源は普遍的に利用できないし，また利用できても適切なものではない場合があるからである。他方，インフォーマルな供給を不十分と考え，かつ，物質的資源を保有している人々は，市場に私的供給を求めるという個人的な解決を志向してきた。

メゾレベルでの分析の文脈でダニエルのケースを検討することは，かれの生活に介入するために必要とされる一連の制度およびその介入の性格について吟味することにつながる。ダニエルの振る舞いは，学校やかれの住む地域の青少年犯罪防止協会（Youth Offending Team）などのような，教育，ソーシャルワーク，そして，刑事司法の分野の公的な正式な機関による対応を必要とする。それと同時に，かれの家族や地元コミュニティもまた，もしかれが反社会的行動制限令（Anti-Social Behavior Order: ASBO）のサービス——地元住民はこの機関の監視を奨励されている——を受けることになれば，たとえばかれの両親や後見人が親学級に参加することを要請されたりして，かれの家族や地元コミュニティもまた対応を迫られることになる。ダニエルの「問題」に対するこうした対応から私たちは権利と義務の一種の混合が，ダニエルとかれの家族および地元コミュニティの役割と行動に関する期待というかたちで，また，区によって提供されることが可能で提供されなければならない支援をめぐる各グループ，各個人の期待というかたちで機能していることを知ることができる。親密な家族の成員として，知人として，あるいは，会ったこともない見知らぬ人として，私たちがお互いに対して負う責任や私たちが期待する扱いは，社会政策の重要な一環を成す。

3 権利と義務

コラム2に描かれているサラの事例は，権利と義務の問題についての社会政策の議論における中心的な論題を提起している。戦後の文脈において，ひとり親は，1980年代後半に，一つの（ある人によれば「ソフト」な）批判の的とされた。この時期，保守党政府は，とくにマレー（Murray, 1990）やその他のアメリカの批評家たちに影響されて，とりわけ未婚の母親に対して批判の矛先を向けた。その主張は，若い女性が寛大な所得保障と住居の提供があるために父親なしで子どもを養育することを故意に選んでいるというものであった。これらの母親たちとその子どもたちは，若者の犯罪から低い学業成績，社会の道徳的基盤の崩壊までの多くの社会悪の根源として非難されたのである。当時の政府は証拠も政策思想が不足しているところを，ひとり親家庭という多様で流動的なカテゴリーを激しい言葉で罵ることで補足した。私たちは本書の第12章で家族の変化の本質について取りあげるが，ここ

コラム2　サラ——何がなされるべきか

　サラは36歳の離別シングルマザーであり11歳の息子と13歳の娘がいる。彼女の一家は民間賃貸住宅に住んでいるが，住宅費は住宅・住民税控除（Housing and Council Tax Benefit）を通して全額補てんされている。子どもたちの父親は近くに住んでいるが，養育費は支払っていない。というのもかれはメンタルヘルス上の問題を抱え，そのため働くことができず，就労不能給付を受給しているからである。サラには新しい長期パートナーがいるが，別居している。というのは，サラは別居が子どもにとって好ましいと考えているからである。したがってサラの週収入は資力調査を伴う社会扶助である所得補助と普遍的・カテゴリー別給付である児童手当から成っている。彼女はまたNHSに関連した「パスポート」給付（無料処方箋の発行や子どもの無料学校給食，無料バス通学など）を利用している。
　サラは16歳でOレベル1科目の修了のみで学校を終え，進学しなかった。しかしその後，コミュニティ・カレッジの社会人コースを修了し，大学入学資格を得ている。過去8年間にわたってサラは地元ユースクラブの運営に関わり，そこで1日2時間働き，週20ポンドの収入を得ている。この収入は申告され，所得補助制度の「所得控除」により除外認定されてそのまま手元に残る。彼女はまた地元コミュニティの活動に非常に積極的であり，住民組織やその他の団体のボランティアとして働いている。サラは高望みしたり物質的豊かさを求める性格ではなく，家族およびコミュニティでの役割を果たすことで幸せを感じている。

で，この議論の鍵となる特徴について述べておくことが有益である。というのも，この議論は，「依存」や「参加」のような概念の理解をめぐっての重要な論争を象徴しているからである。このことは，ひとり親に対する道徳的批判は弱まってきているものの，かれらの経済的状態は引き続き政治的関心をひきつけており，それゆえにたいへん重要である。この政治的関心はひとり親の雇用上の地位をめぐってのごく最近の政策の変化となって現れた。つまり，労働党は『仕事への準備——私たちの世代の完全雇用』という白書の刊行（2007年）を受けて，所得保障を正当に請求できる，フルタイムで家事・育児に専念するひとり親の子どもの年齢を制限しようとしているのである。2010年の終わりまでに，ひとり親は，最年少の子どもが7歳になるまでに求職者になることを期待される。

　ここで問題となっている根本的な課題，つまり，賃金労働に従事するという義務は，21世紀イギリス社会において「シティズンシップ」が何を意味するのかという，より広い課題と密接に関係している。マーシャル（Marshall, 1963）は，戦争直後

という文脈で書かれた論文「市民権と社会階層」の中で，20世紀には，以前の世紀で獲得された。

市民的権利と政治的権利に加えて，医療，教育，その他の社会サービスと「わずか」であるが経済的福祉に向けた一連の社会的権利が確立し，それによって社会参加と各個人の地位の平等化が可能になったと述べている。マーシャルはかれが確認した権利に付随する一連の義務について明示的には言及していないが，労働党政府の下での社会政策の影を薄くするような，「私たちが負う責任」，および，その一つとしての働く義務はおそらくもっとも重要なものであると思われる。この問題を検討する際に，次のような2つの他の課題が浮かびあがってくるが，サラの事例はそれらの2つともに関係する。

第1に，賃金労働に従事するという義務には明らかにジェンダー要因が存在するということであり，とりわけひとり親の場合にそれが顕著である。ちなみに，ひとり親は圧倒的に女性であり，1990年代以降，男性の割合は全ひとり親家族の1—3%にしかすぎない。もしサラが働くことを期待されるとしたら，彼女が働いている間，誰が彼女の子どもたちの世話と支援をすべきなのであろうか。もし彼女がパートタイムの仕事だけを期待されるとしたら，その時，イギリスの税額控除システムは彼女の仕事に対して受容できる報酬を保証するのであろうか。彼女が探し求めることのできる仕事に制限があることを考慮すれば（彼女は大卒者用の雇用市場に入ることはできず，また運転免許をもっておらず，また，子どもの養育上の責任を有している），どのような種類の経済的自立を彼女は確保することができるのであろうか。最後に，サラが一人で子どもと一緒に生活しているということのために，二人親世帯の母親にとって可能であるような専業の親であることを選択することができないことは公平であろうか。マクロレベルでは，これらの問題は，生産（経済活動）が社会的再生産（長期にわたって子どもを育て家計を維持すること）よりも高く評価されていることに関係している。サラは子どもを育てるという重要な仕事をしている。しかし，イギリスでは，国はますますこの役割を一つの「ステータス」として支援しなくなっているのである。シティズンシップについての T. H. マーシャルの説明は，ケアラーの役割が社会的権利へのアクセスを制約することを認識していないが（この点について詳しくはリスター（Lister, 2003）の『シティズンシップ——フェミニストの観点』を参照のこと），「新」労働党の見解は，実際には存在しない平等なジェンダー関係を仮定したうえでの「成人」観を代表している。

第2に，自発的意思に基づく活動という文脈で，賃金労働と非賃金労働をどのように評価するかという問題が存在する。若者支援のボランタリー活動を通して地元コミュニティのウェルビーイングを支援する活動へのサラの参加は，福祉の重要な

> **コラム3　エディス——何がなされるべきか**
>
> 　エディスは84歳で，地元自治体が運営するアパートの1階でひとり暮らしをしている。この住居は数年前に夫が亡くなるまで一緒に住んでいたものである。エディスは人工股関節置換手術を受け，地元自治体は彼女の室内移動の便を図るために部屋の改修をおこなった。また自治体の費用で介護者が，午前と午後の2回，家事と入浴の介助のため訪問する。エディスには3人の子（1人の娘と2人の息子）と子をもつ数人の成人した孫がいるが，この直系家族の中の誰も近所には住んでいない。それにもかかわらず，すでに引退している彼女の娘が往復2時間かけて週2—3回訪問し，エディスのショッピングや日常的な活動を助けたり，同伴したりしている。息子は時々エディスの家を訪問する。それ以外の訪問者は，介護者と，徒歩で来れる所に住んでいる姪くらいのものである。
>
> 　最近，エディスは物忘れがひどくなり，うつ状態になりがちである。自分で料理ができてもきちんと食事を摂っていない。彼女のかかりつけの医師は，彼女に抗うつ薬を処方し，また，別の住居に移ることを検討すべき時期がきていると示唆している。

源であり，また，しばしば市民の義務の一部と認められる市民的徳のあらわれでもある。労働党はこの種の活動を奨励しているが，ボランタリズムの役割はイギリス福祉国家の当初からそれに組み込まれていた。もちろん，ボランタリー活動や慈善活動は，もしそれがなければ特殊であることの多い福祉サービスの供給へと振り向けられなければならなかった政府資金を節約することになる。したがって，社会保障給付を受けながらボランタリー活動をする立場から税額控除を受けるパートタイマーの立場へと変わることが，経済的目的に照らして果たして妥当であるかどうかは議論の余地があるのである。そのような立場の変更は社会福祉一般を改善するものではないことは確かである。というのは，サラがおこなっている若者支援のボランタリー活動は，「近隣の再生」（これは政府の目標である）の達成に貢献し，同時に，10代の若者がダニエルの轍を踏むことをおそらく予防するからである。上でみてきたサラの事例から，国家や，家庭により近い地域集団に向けての私たちの権利と義務は，複雑かつ相反することがわかる。サラの事例では，子どもの存在と彼女の給付申請者としての立場によって，公共的・政治的に認められる権利と義務に違いが生じるかもしれないが，エディスの事例では（コラム3を参照）個人と国の責任は異なる基盤に立つ。

　イギリスは引退年齢以上の年齢層の人口が増加し今後も増加していくと予想され

ており，そうした意味において「高齢化社会」であると考えられている。

　全国統計局のイギリスの公式統計によれば，2006年に65歳以上の人口の割合は16％であったが，2031年には22％に達すると見込まれている。エディスと似通った状況の人々の数がますます増えると予想される。そうした人々に対するケアの体制と住居をめぐる決定が，ある時点で，差し迫った問題となるであろう。エディスの事例は，私たちの生活に対する公的な支援と関与に関する期待をめぐっての一連の課題を提起することになる。したがってまた，とりわけ人生後半期にあって，あるいは，人生のいずれの時期にあっても，私たちの自立の保持を可能にする支援を要請するようなケアと支援に関する権利という問題をも提起しているのである。さらに，エディスの事例は，以下のことを示している。つまり，社会政策が以下のようなサービスの供給と密接に関係していることを示している。そのサービスとは，日常的な物理的活動に対する感情的で知的な，また，非常に個人的なニーズ，および，人間の尊厳と個人と個人の間の関係への支援のより一般的なニーズに対応したものである。肉体的必要に対しては，たとえば，手すりを取り付けたり出入りしやすい浴室にしたりして対応することは比較的容易であるが，しかし，自律や自尊，他人に対する尊敬などのニーズへの対応を具体的に特定化するのはそれほど容易ではない。

　もしエディスが持家に住んでおり，また，おそらく本人の仕事上の所得やその他の所得があるならば，彼女のケアと住居のニーズに関わる公的な支援義務は最低限のものにとどまるであろう。公営住宅に住み，地方自治体提供の介護サービスを受けているエディスは，本人のニーズと地域におけるその利用可能性に応じてであるが，一連の居住環境の内，公的な資金によるケアワーカーと住居の提供を受ける十分な資格がある。一連の利用可能な選択肢があるということは，他の先進国と同様にイギリスではケアの「複合構制」（mixed economy）が存在しているという事実を反映している。ケアの複合構制とは，ニーズが，直接公的に供給されるサービスとならんで，ボランタリーで慈善的な組織や民間もしくは商業ベースの組織からのサービスの中から，選択したうえで充足されることを意味している。実際のところ，公的規制の性格がコスト削減の試みの中で変化したことによって，公的に供給されるサービスがますます重要なものではなくなってきているが，このことは公的規制が，供給者というよりも資金提供者としての役割を担うようになっていることを示している。しかしながら，ケアと住居の問題に関わる大部分の決定は，費用を超えた配慮によるものであり，家族やその他の重要な親密圏の関係を舞台に引きあげることになる。

　血縁関係上の義務は，社会人類学的研究の中心的なテーマであり，それは，社会

政策との関係では，どのような社会にあっても見出されるような福祉のあり様について，私たちにいろいろなことを教えてくれる。イギリスのような，ポスト産業化が進み一人ひとりがますます原子化している社会では，経済成長を後押しするために労働移動が奨励されている。そのような社会では「家族」は地理的に拡散することになる。したがって，エディスの家族のように，引退年齢を超えた人の子どもが親の近く，あるいは，子の近くにさえ住んでいないことが珍しくなくなってきている。こうしたことの原因やそのより一般的な含意は，本書の第12章で詳しく論じられる。ここでの要点は，エディスにとって（また彼女と同じ状況にある他の人々にとって）肉親の義務が存在する保証はなく，また，もしあっても理論上の保証はケアと支援を実際に保証するものではないということである。ある国際比較調査によると，イギリスは訪問し合う付き合いの点で南欧諸国を下回っている。つまり，50歳以上の人々の社会的ネットワークに関する，本書の執筆者の一人が携わっている未公刊の研究によれば，配偶者以外の親戚の人と1週間に1回以上会っている人は，スペインでは89％に上るがイギリスでは67％にとどまっている。また，イギリスのメディアでは誰もがその死に気づかないという，大概は高齢者の人の孤独死に関する報道がみられる。これらのケースは極端な例であるが，社会が直面している課題および失敗を示している。その課題および失敗とは，マクロレベルでは，どのようにして社会関係を構築していくかという問題であり，また，メゾレベルではお互いの人間に対する義務が公的サービスを通して調整されるかという問題である。

エディスの事例で彼女の日常生活の変化の触媒役となったのは，一般医の介入であった。一般医はその他の医療およびケア社会サービスにアクセスすることの「門番」役を果たしているのである。エディスの娘がケア役割を果たしてきたという事実は，エディスが今後必要とするであろう集約的な家族的ケア義務が彼女に課せられることを意味している。このことは，ランドとローズ（Land and Rose, 1985）が，「強制された利他主義」と名づけたものを反映しているかもしれない。この用語は，家族内のケア責任がジェンダー的に偏っているということと，女性がそうしたケア役割を担当するに当たって選択権をもたないということから名づけられたものである。しかし，こうしたジェンダー上の問題と結びつきつつも，ケアすることは感情的絆の一表現であり，そこでは，エディスをめぐる意思決定が示しているように，道徳上の合理性のひとつの過程（Duncan and Edwards, 1997）が，経済的な合理性と併行して機能している。経済的なコストはエディスの事例を考えるにあたって必ずしも前面には出ていない。しかし，彼女の家族は，経済的な問題が地元自治体の担当者の議論でもっとも重要な要素になるのではないかと懸念している。エディスの福祉をめぐる異なった主張と異なった視点を代表する数多くの異なった人々の関

与は，その中で社会政策が実践される競技場に，再び，ハイライトを当てることになる。

公的扶助をすでに受給している人の場合と同じように，エディスの将来の取扱いをめぐる「ケースカンファレンス」には，一般医からの情報提供とならんで，家族やソーシャルワーカー，住宅係員などの地方自治体の担当者が関わることになるであろう。もしエディスが持家に住み公的なサービスを受けずにいるとしたら，彼女の福祉をめぐる諸決定は彼女自身と家族だけでおこなわれたであろう。したがって，私たちの社会階級上の地位や福祉サービスの受給者としての立場は，標準的なニーズの定義に影響をおよぼし，その結果，「自立」と「自律」の経験とも関係していることがわかる。このことは家族が公的機関よりも温情主義的でないことを示唆しているのではない。そうではなく，医療や社会的ケアサービスが市場の中で機能するという現状のもとでは，経済的な自立度の高い人はケアに関する決定に際して大きな権限を有していることを示しているのである。

私たちが紹介した3つのケース・スタディは社会政策の研究および実践で生起してくる多くの根本的な概念やテーマ，問題群を検討するための糧を提供してくれる。次の節では社会政策がより広い社会科学研究の中にどう位置づけられるかを検討する。

4 社会政策――収集魔，それともゼリー菓子，あるいは添え物のサラダ？

社会政策を教えている研究者の研究テーマは，本節のタイトルが伝えているようにさまざまであり（Irving and Young, 2004），これまでの議論からも明らかなように，社会政策の理論的かつ世俗的関心は範囲が広く，しかも，道徳哲学からミクロ経済学に至る社会諸科学を通して形成されてきた知識と理解に依拠するところが大きい。このように，一つの学問的努力としての社会政策は，適当と思われるコンセプト，方法，理論を借用し，適当と思われる目的のためにそれらを用いる，がらくたの収集家，社会科学のスリと揶揄される。このことを欠点と考える人もいる。つまり，マルクスやウェーバー，デュルケームが社会学の中で占めるような，キーとなり象徴となるような思想家が存在せず，また，自身のものと主張できる，固有で中核的な研究分野が存在しないからである。ここで，一つの学問分野として成り立たせるものは何か，ということについて詳細に論じるのは適当ではない。社会学でさえも，その学問の由来について同じような批判を受けることがある。学生にとっては社会政策が一つの学問としての地位を獲得しているかどうかよりも，正しく課題が提起され，また，それに対して解決に努力することの方が重要である。さらに，

第1章 社会政策を学ぶ

社会政策の研究に貢献した重要な理論家が多く存在するのも事実である。それらの人々の名前をここで記すのは多すぎるためできないが（続く各章の参考文献のところであげられている），社会政策の理論化にあたって重要なことは抽象化のみではない，といえば十分かもしれない。社会政策は規範的な性格をもっており，単に世界を記述することよりも世界を変革することに，より大きな関心が払われているのである。政治的に曖昧な立場で，あるいは政治的な関心なしに社会政策を学ぶことはたいへん難しい。「エビデンスに基づく政策」というものを重視する最近の政府の姿勢に示される見せかけの中立性でさえも，前に言及したマクロレベルの諸問題をめぐる議論を避けることができない。このマクロレベルの問題をめぐる回答は，「エビデンスに基づく」ことが政策を裏づけるために利用されたものであることを教えてくれる。ただし，社会政策の分析と研究がゲリラ部隊のようでいい加減なものであるといっているわけではない。社会政策の学問的研究は，建設的で批判的な立場からの仕事を含み，理解を深め，変化をもたらし，また，その変化の方向に影響をおよぼそうとするのである。ポール・スピッカーが的確に指摘したように，「何らかの正の効果をもたらすことなく，人間の悲惨さを記述したりかき回したりすることには不快さが付きまとう」のである（Spicker, 1995, p.7）。

社会政策を学ぶ学生にとってその魅力の一部は，社会政策が歴史学者，地理学者，経済学者などのディシプリンに合うようにかたちを変えることのできる，アカデミックなゼリー菓子のようなものであるということである。同時に社会政策の扱う主題にはそれ自身の経験主義的な関心があり，本章の前の節で述べたように，社会政策は一つの応用学問である。この視点からみれば社会政策は添え物のサラダという風にもとらえられる。社会政策は社会学の「深い理論」や政治科学の中の社会理論，経済学のモデリングなどの諸側面を併せもち，また，現実の生活に付随するものであるという意味において添え物のサラダというように把握される。つまり，より抽象度の高いコンセプトや原理，理論が応用される一連の特別な社会的イシュー，社会問題であると考えられる。方法論的に社会政策研究は，大規模調査の技術でつくられた統計的な世界に親和的であり，また同様に，質的なエスノグラフィーの研究方法とも親和的である。このことは，社会政策の主題の1世紀にわたる歴史としてあてはまる。

多くの社会政策研究者は，「ソーシャル・トレンズ」（*Social Trends*）のような全国統計局の年次統計の分析に大きな役割を果たしてきた。その対極に，ジャーナリストは，社会政策の学術的研究に基づきながら，一般的に確認できるやり方で人間を取り巻く環境を伝える仕事をしている。その一例は，ポリー・トインビィ（Polly Toynbee）の『ハードワーク』（2003）であり，この本は物語のかたちを取り

ながら秀逸な社会政策的洞察をおこなっている。この種の著述は，とかく論議を呼ぶこともあった長い歴史を有している。たとえば，ヘンリー・メイヒュー（Henry Mayhew）のロンドン貧民に関する本は，ビクトリア時代の好色で猥褻な傾向に迎合したものであるととらえる人もいれば，その一方で，メイヒューの仕事やその他の社会批評家たちの通俗的な著述は，福祉政策の形成に大きな影響力をもったと考える人もいる。

　社会政策の学術的研究は。20世紀初頭のロンドン・スクール・オブ・エコノミクスの社会科学部における「社会行政」の研究から始まった。その結果，社会政策はソーシャルワークの実践と直接結びつくことになった。しかしその目的は，現場最前線のソーシャルワークの専門職に教授すると同時に，ソーシャルワークの仕事を熟知させることを通して社会研究者を訓練することにあった。その結果，社会政策（および社会行政学）は社会的「事実」の確立に関心をもつ「経験主義的な伝統」をもつことになる。それらは初期の時代にあっては社会調査に向けての方法的な研究のかたちと社会変革を要求するよりも，よりスケールの小さい直接的な「解決」を求めての分析アプローチのかたちをとったのである。

　したがって，「社会政策とは何か」という問題は絶えず議論に晒されること，また，ディシプリンであるのかそれとも領域であるのかという社会政策の学問的位置づけが，その分析に携わる人によって常に検討されるということは不思議ではない。確かなのは，私たちは人間福祉の研究に従事しているということであり，以下のようなことを確かめるべきである。つまり，福祉の改善のために何がおこなわれてきたか，誰がその発展の方向とかたちに貢献したのか，政策は誰の利益に奉仕するものか，その政策の影響はいかほどのものか，政策は社会的，政治的，経済的変化との関連でどのようにそのかたちを変えたのか，などの問題である。30年前，ミシュラは社会政策を「ニードといういくつかの基準に沿っての資源の分配にとりわけ関わる社会編成，そのパターンとメカニズム」というように定義した（Mishra, 1977, p. xi）。この定義は見事に研究の範囲をとらえている。ただ，分配という競技場ではニーズの構築にあたっての論争と軋轢が観察されるのも事実である（エディスの事例を参照のこと，コラム3）。つまり，それらは介入主義的であるべきか，それとも，さりげないやり方でか，行動に対してより多くの規制があるべきか，それともより少ない規制であるべきか，多額の投資が振り向けられるべきか（このことはとりもなおさずそれを賄うためのより高率の税を課すことを意味する），逆に現在の資金をより有効に使うべきか，等をめぐる論争と衝突である。

　これらの種類の問題に対する回答は，1970年代後半および1980年代における「批判的」社会政策の到来以降，理論的に明晰になってきた。初期のフェビアン主義の

影響は社会批判主義に基づいていたが，福祉国家や公的福祉に関するマルクス主義，フェミニズム，反人種主義といった立場からの分析（Gough, 1979 ; Pascall, 1986 ; Williams, 1989）や，さらに最近では多様性とアイデンティティ，文化を重視する構築主義的な立場からの分析（たとえばLewis et al., *Rethinking Social Policy*, 2000）などが，社会政策の地平を広げるのに貢献している。たとえばウィリアムズ（Williams, 1989）は，歴史的には政策の目的と成果は経済構造もしくは資本主義経済のニーズ（教育を受けた健康な労働力，また，社会不安を予防するための所得保障）と結びついているが，ジェンダー，「人種」，エスニシティをめぐる社会的分断が福祉国家という建築物の中に組み込まれていることを示した。1980年代の社会政策研究の例は，社会保障受給者に関する居住者ルールの影響，異なった民族グループ間での社会住宅の配分の違い，教育達成度の違いという問題，医療サービスにおける取扱いの差異を扱い，これらすべてのことが，人種差別主義者によるステファン・ローレンス殺害事件に関するマクファーソン報告書（Macpherson, 1999）がその用語をメインストリームの政策議論に押しあげる以前から，人種による差別的な扱いの慣行が働いていることや制度化された人種主義が存在していることを示したのである。本書のより個別的な内容を紹介する前に検討すべきことは，社会政策はいつでも慈悲深い力とは限らないし，社会進歩がいつもその目標もしくは成果ではないということである。社会政策はいつもいくぶんか両刃の剣的な要素をもっている。つまり，一面では「産業の下僕」および社会統制的な要素をもち，他面では社会改良に向けての闘争の産物的な要素をもつ。

5　本書の内容

本書ではメゾレベルでの分析に焦点を当て，また，キーとなる公的供給の分野，つまり，社会保障，医療，社会的ケア，教育，住宅を主として取りあげる。これらのかなり伝統的な社会政策の分野に集中するという方針決定は，ある程度，恣意的なものである。しかし同時に，この決定は，これらの分野が批判的かつ理論的な厳密な吟味を必要としているという見解に基づいている。こうした見解は，社会政策とは公的な社会政策以上のものであり，また，「社会」政策は福祉サービスの供給だけに直接関係する以上のものであるととらえている。本書の最終章は現代社会政策の性格について分析しており，そこで社会政策の範囲と関心が再び取りあげられる。ここでは，本書では何が明らかにされるのか，また，本書以外で何が明らかにされるべきなのかについていくつかの点が示される。犯罪および何が反社会的な行動であると考えられるかという問題にハイライトをあてたコラムから始めた本書で，刑事司法政策を扱う章がないのは奇妙に思われるかもしれない。しかしそれを意識

的に取りあげていないのは，次の2つの理由からである。第1に，犯罪学の分野は過去10年の間に急速に拡充され，それに伴って必然的に，犯罪についての社会学的な検討や犯罪政策を分析するおびただしい数の入門書が出版されることになったという理由である。第2の理由は，犯罪とその加害者に関する急激な関心の高まりと関連して，1997年以降の労働党政権の下で，社会政策と犯罪政策の境界線が著しく曖昧になり，その結果，犯罪政策が政策形成において優位を占め，犯罪の予防と治療はあまり直接的には関与しないようになった。このことは，住宅政策，都市再生計画，社会的排除対策においてとりわけ当てはまるが，保護施設や出産時サービスにおいても確認できる。社会政策研究は，福祉政治における国家の方向性の変化を増進するのではなく，そのような傾向を疑問視し続けることが重要である。したがって，すべての刑事司法政策が社会的意義をもつことは認めるが，それが住宅やソーシャルワーク・サービスなどの福祉供給のその他の分野と交差する限りにおいて本書で取りあげられる。

　本書がカバーしている政策分野は，表面的には，伝統的でときには批判されることもある「古典的な福祉国家」モデルに適合的な社会政策となっている。ただし，このテーマを理解するためには，膨大な知識を収集することよりも，幅よりも深さに注目して，限られた範囲のトピックスに見出される原理と主題についてのセンスを磨く方がより重要である。ここでカバーされている伝統的な分野以外の分野でも，社会政策分析はおそらく生活の質と福祉の分配に影響を及ぼすいかなる行動に対しても応用可能であるが，一つのテキストの中ですべての側面を取りあげようとするのは不可能であるし，また，賢明なやり方ではない。さらに，もしこの研究分野が「すべて」をカバーしているように見えるとすれば，そのことは，社会政策というテーマが初心者の学生を圧倒してしまうことになりかねない。それゆえに，私たちは伝統的なものから始め，また，学生が基礎をしっかりと押さえたうえで，その後自分自身の選択する方向で社会政策研究を進めることを希望している。

　本書で探求される政策分野は，イギリス福祉国家の主たる考案者であるウィリアム・ベバリッジが指摘した社会悪としての「5つの巨悪」の存在に対応して，第2次世界大戦の直後に発展してきた政策分野である。この「5つの巨悪」とは欠乏，無知，怠惰，疾病，不潔のことであり，それらは戦後の輝かしい再建期に取り除かれなければならないと考えられたのである。1942年のベバリッジ報告は，イギリスの福祉編成の青写真を提供したものと理解されている。しかし，かれのプランは完全には実施されることはけっしてなかったし，報告書の出版時期や1944年教育法のような法律の制定と，現実の政策の実施時期との間に，多くの修正と削除，無視を被ることとなった。所得保障や教育，および子ども政策，雇用，医療，住宅の各分

野に加えて，本書は成人に対する社会的ケアを扱う一つの章を含んでいる。これらの種類の地域におけるケアサービスは，家族・コミュニティ支援システムから出現してきたものであるが，産業化の時代を通して社会的介入の基本を形成してきたものであり，それゆえ，社会政策研究の中心におかれるべきものである。

現在および最近の政策は，それが発展してきた歴史的および政治的背景をある程度究明することなくしては十分に理解することが難しい。21世紀の社会政策として経験するものの大部分は，過去の福祉をめぐる苦闘の痕跡を残しているし，また，1世紀以上にわたる間の政治的変化やそれに伴う福祉改革にもかかわらず，イギリスにおける福祉編制を支える諸原理は，イギリスの前近代の時代に確立したものが多いのである。しかし，歴史的視点は現在の姿の説明には役立つものの（これは次章のテーマである），歴史は現在もしくは将来の発展を決定するわけではない。政策がかたちづくられる媒介項や政策が解釈され達成される方法を説明するような政治の役割が，決定的に重要である（第3章，第4章）。これら2つの分析アプローチを採ることによってはじめて，利害関係者であるアクターとそれを通して権力が行使される構造や制度との力関係，また，政策が意図していたものと実際に達成されたものとの違いを明らかにすることができる。ここで政治的変化ゆえに，また，連合王国を構成するイングランド，ウェールズ，スコットランド，北アイルランドの歴史的な関係ゆえに，本書で用いられている用語法は，取りあげられるトピックと文脈によって異なってくるということに注意が必要である。本書では連合王国（サービスは構成国によってさまざまである）に言及しつつもその中の最大の国であるイングランドを話題にしていることが多い。ただし，他の構成国の特別な特徴については言及している。

本書にはまた社会政策研究の国際比較的側面を扱う一つの章がある（第11章）。第10章まででではイギリスの社会政策に焦点が当てられているが，国家の福祉への関わりは，明らかに，外部からの影響にますます晒されるようになっている。このことは，外国から学ぶということが新しい現象であることを意味しないし，また，国民国家が政治的に不能状態になったことを意味しない。経済的な先進国は，常に，社会政策のアイデアを求めて他国に注目してきた。イギリスは，20世紀初めに導入した年金制度に関して，19世紀後半にビスマルクのドイツで導入された社会給付から情報を得た。そして重要なことは，現局面のグローバルな経済展開がもつ政治的影響力は途方もなく大きいということである。社会政策にとって意義深いことは，国際的な交流と新しい形態の国際的で国を超えての関係が確立し，新しいかたちの不平等とその不平等に対する新しい対応をもたらしていることである。これらの変化を考慮に入れると，社会政策を学ぶ学生は最初から国際比較的な文脈に自覚的で

あること，また，イギリスに居住する学生は，自分たちの国の福祉の編成をより広い世界の文脈において考えてみることが肝要である。国境を越えての社会問題の類似性（貧困，無力性，悪い健康状態など）にもかかわらず，それらに対する社会政策の対応は一律的なものでないし，また，普遍的なものでもない。

　最終章は，政策という文脈や政策領域をめぐる議論を通して明らかになったいくつかのテーマを取りあげ，また，社会政策を理解するにあたっての一つの重要な要素でもある社会変化というトピックとそれらのテーマとを関連させて議論する。多くの社会政策は，本章の権利と義務のところで論じたように，社会変化をもたらすために実施される。しかし，政策は支配と従属というパターンを反映して受身的に，同時にまた，不平等な関係をより強化させ，時には，たとえば支援を受ける資格のある人と，同じような状況下にありながらその資格のない人との間に新しい不平等を打ち立てるという点で能動的に，権力関係の枠組みの中で機能する。したがって，社会変化は必ずしも社会進歩と同義ではない。本書の最終章で検討する変化の諸側面は，直接的には，長い間確立されてきた社会的分断をめぐる分析と関連する。不平等は，その性格については議論があるものの，社会政策の根本的な関心事であり，家族や仕事，人口の年齢構造やエスニック・グループの割合は，不平等の性格とかたちに根本的な意味合いをもつ。社会政策にとって二重の課題が存在する。一つは変化の性質，つまり良い点と悪い点を理解することであり，もう一つは支援を意図した措置を講じて，もしくは，ネガティブな展開を抑止するような措置を講じて，変化に対応することである。

◇より深く学ぶための読書案内

　社会政策が社会の中で果たす役割についてのさまざまなイデオロギー的側面を検討することは，社会政策の鍵となるイシューについての良い導入となる。George and Wilding の *Welfare and Ideology*（1994）（『福祉とイデオロギー』）は，この問題をめぐる非常に優れた概説書である Fiona Williams の *Social Policy*（1989）（『社会政策』）もまた，イデオロギーをめぐる議論の入門書として優れたものであり，同書は，社会政策の歴史や現状を分析するにあたって，ジェンダーや階級，人種の問題を考慮すべきであることを強調している。社会問題と社会政策との関係については，May, Page and Brunsdon（eds.）*Understanding Social Problems*（2001）（『社会政策を理解する』）が検討している。社会政策の全分野を俯瞰したものが，Alcock, Erskine and May（2008）が編集した分厚い *The Student's Companion to Social Policy*（『学生のための社会政策入門』）である。Alcock, Erskine and May はまた，貴重な辞典である *The Blackwell Dictionary of Social Policy*（2002）（『ブ

ラックウェル社会政策辞典』）を刊行している。Hartley Dean の *Social Policy* (2006)（『社会政策』）は，簡潔な入門シリーズの一つとして出版されたが，同書での社会政策の説明は教育的であると同時に読み物として面白い。

　社会政策学会は良いウェブサイトをもっており（www.socialpolicy.net），このサイトはその他の多くの有益なリンクを張っている。また，政府のウェブサイトが存在し，（www.direct.gov.uk），それは個々の省庁や機関，地方自治体やいくつかの国際機関のサイトへの入り口となっている。

第2章
現代社会政策の形成

1 はじめに

　イギリスの社会政策と過去500年以上にわたる社会的給付の形成は「発展」という言葉によって十分に描き出されるというわけではない。なぜならば，こうした言葉は予め多くの到達点や意図した目的地に向かって順調に進んでいくことが入念に計画されているかのように思われがちだからである。しかし，こうした発展という単純だが馴染みのある表現が事実とかけ離れているというわけでもない。社会的・政治的進歩と衰退，人々の闘争と犠牲，利他と利己等々の結果から，あるいはそうした結果にもかかわらずいくつかのケースにおいて，今日の日常生活に影響をおよぼすようなたぐいの社会政策が存在している。本章は，社会政策が展開されてきた多彩で興味深い歴史への入口を用意するものである。その歴史の入口とは産業化以前と産業化の時期の福祉の供給，20世紀中葉のイギリス福祉国家の確立，そしてそれ以降の政策の方向を変えイギリスの社会福祉に影響を与えてきた出来事などをさしている。第1章でみたように，社会政策の関心は貧困の削減ということにとどまらないが，本章では主として貧困問題への国家の対応に焦点を当てている。なぜならば，貧困の存在，貧困に対して何をなすべきかという問題，政治権力をもつ人々によって採用された解決策，これらはすべての先進国経済における福祉供給の発展において根本的な課題であり続けてきたからである。人口の最貧層と国家との関係を検証することによって，私たちは社会政策研究の重要な側面を見通したり，いくつかの永続的なテーマを考察することになるだろう。こうしたテーマには以下のいくつかの問題が含まれている。

- 道徳と社会正義——支援を受けるに値する人とそうではない人との区別，あるいは政治的権力をもつ人々が貧困タイプを区別する範囲。支援を受けるに値する貧しい人とは個人の自己管理を超えた事情（たとえば体調不良や身体障害）によって窮地に立たされるようになったとみなされるし，支援を受けるに値し

ない人とは個人的な欠陥（たとえば怠惰や無気力）によるものとみなされるのである。
- 家族の義務——親族の義務が政策の中に成文化されるのはどの範囲なのか，義務が適用される親族の範囲（たとえば親，子ども，祖父母そしてそれを超える範囲なのか），支援する義務と法的な婚姻との間の関係（たとえば婚外子に関連して）などである。
- 住民登録——社会的責任が，地理的な場所によって，そして出生，結婚あるいは他の家族関連事項によってどの程度，地域と結びつけられているか。
- スティグマと社会統制——社会的不調和を防いだり抑えたりするために，あるいは公的支援への依存を恥ずべきことであるとする個人主義的，残余主義的イデオロギーを強調するような否定的な力として政策が利用されるのはどの程度なのか。
- 労働と福祉の関係——労働の「インセンティブ」，社会貢献そして低賃金の維持の必要性をめぐる基本的な経済・イデオロギー問題。
- 行政構造と官僚主義的手続き——公的支援の供給における地方の行政，規則，自由裁量および政策執行をめぐる政治に対して中央集権化がどの程度強いのか弱いのか。

こうしたテーマに注目することによって，私たちは福祉国家発展の研究における「長期的観察」（long view）が可能となるし，社会政策を形成してきた諸勢力を理解することができる。同じように，たとえば児童の養育費・支援システム，障害者給付金，公衆衛生に対する変化などの今日立法化されている政策が国民の文化的，政治的，経済的諸関係に根ざしているし，そうした諸関係は遠く歴史を遡るものであることが理解できるのである。

2　貧困と福祉国家以前の国家

通常，国家が社会政策に関与する物語は16世紀にはじまっている。その当時，たとえば生活困窮者の登録，地方税の引きあげ，物乞いを犯罪行為とすることなどによって貧しい人々の「問題」（problem）に対処しようとする法律がつくられた。この頃，多くの要因によって深刻な雇用不足がもたらされ，その結果，貧しい人々の特徴に質的・量的変化が現れた。以前には，貧困とそれに関連したホームレス状態（当時は「放浪生活」（vagrancy）として知られていた）は健康な身体ではなく，つまり不健康であったり，あるいは身体障害であったり，老齢であったりして，それ

故に賃金労働，通常は農業労働に就くことができないということであった。1500年代後半，エリザベス女王統治下で，イングランドはヨーロッパの中で比較的強い経済となりつつあったが，収穫量は不十分であった。そしてイングランド経済は，社会的な鋭い分裂があるにもかかわらず貴族的な土地所有者がその下で働く人々（召使い，小作農民，農奴たち）を保護する義務を負っていた封建制から，織物のような商品生産によりいっそう基礎をおく経済へと転換していた。商品生産の経済は，イングランドのいくつかのカウンティが他の地域よりもこうした市場にうまく参入できるようになるにつれて，深刻な地域的不均衡を生み出したし，農業から毛織物生産への転換は農村の人が入手できる仕事の量や食物の量に影響をおよぼすようになった。こうした変化は，拡大する中産階級である商人たちの発展をもたらしたが，地方の村々で自分の生活を守ることができず，仕事を求めて国中を旅し始めた健康な人々，とくに男たちの人数の増加をもたらした。今日，公共の場で男たちが集団でいることに懸念を抱くのと同じようなかたちで（サッカーのサポーター，あるいは街角に集まっている若者の「集団」を考えるように），おなかをすかせて地方を放浪し，失うべきものは何もないような放浪者たちの集団が観察されるようになり，こうしたことは政治的支配階級を悩ませ始めた。貧しい人に施し物を与えることや自らの生活を維持できない人を地元が共同で支えることは中世の宗教的義務としておこなわれてきたが，1500年代末期までには，明らかに健康であるが急に生活困窮に陥った人々に対する態度はこれまでのような寛大なものではなくなっていた。こうした集団は，国家という視点からはよりいっそう扱いにくいものであった。なぜならば，かれらは政治的不安の一つの原因であったし，それ故に新しく樹立された社会秩序への脅威となるからであった。チューダー朝期に大いにその支配力を増した君主制は，新しい秩序の維持にとくに関心をもっていたのであった。課税の水準は現在と同様に16世紀においても一つの争点であった。当時のエコノミストたちは，イングランド経済の強さはいくぶんか課税水準が低い結果であると考えていた。このようにして，社会統制と認識された問題に加えて，貧しい〈人間の数〉が急速に増大するという脅威が存在した。この貧しい人々——農業生産から非農業生産へという経済的移行における敗者——は地方の税負担者へ次第に圧迫を加えつつあったように思われる。こうしたことは政治的混乱の別の原因を示している。

　このように社会的不安定と政治的不安定とが結びつくことで，1601年救貧法（あるいはエリザベス女王治世第43年法として知られる）の制定に至った。これに先立ってスコットランドでは，1574年スコットランド救貧法があった。歴史家たちは次のように述べがちである。貧困に対するこのようなエリザベス期の対応として法定された給付は，先王たちの治世下における場合と比較すると，事実上さらに温情

主義であり，苛酷さもいっそう少ないものであった。先王たちの場合には，放浪生活をすることは村の晒し台や公開のムチ打ち刑，そして奴隷的な年季奉公といった罰さえ課されていた。しかしそれにもかかわらず，エリザベス期の給付は21世紀における貧困に対するアプローチ，つまり「ワークフェア」，ホームレス，ひとり親，低賃金などに関する政策において拡がり続けているアプローチへの道を敷いた，と。1601年の救貧法がイギリスの社会政策の創設にどのように寄与したかを考察するときに重要なことは以下の点にある。

- 全国的行政構造（イングランドとウェールズ地域）の創設。これは救貧法による給付が教区レベルの地元行政によって決まるということである。家屋所有者がその住んでいる建物の価値に応じて課される地方税の納付義務があること，また「住民登録」についての問題，すなわち人の生まれ，住所そしてその人の福祉について責任などを確定するという重要な意味をもっていたことにこの制度の特質があった。
- 個々人の福祉がその親や祖父母あるいは子や孫をあてにしているという限りでは家族の義務，あるいは今日の言葉でいえば「扶養家族への責任」について言及していることである。
- 貧しい人々の間での階層分類。貧しい人々が集団的な支援を求めていることを認識しているが，老齢，病気，障害によって働けなくなっている人々と，「労働が可能な人びと」（able-bodied）との間には区別があった。この後者の貧しいが健康な人々のグループは，疑いや恥さらしという感情で見られており，いつも（物質的，精神的な）公的救済よりも自立することの方が望ましいと信じられていた。
- 「ワークフェア」（workfare）の導入。当時これは「貧しい人たちを仕事に就かせること」といわれた。そして，教区は貧しい人たちに働く手段を提供し，子どもには年季奉公を用意する責任があった（コラム4参照）。

1601年救貧法は，行政的・社会的影響に加えて，制度的支援へと向かう流れもつくろうとした。これはその数が拡大しつつあるそれまでの「院外給付」（outdoor relief）という形態，つまり教区内の貧しい人々におこなわれるダイレクト・ペイメントよりも「院内給付」（indoor relief）と呼ばれる支援への流れである。院内給付は，その時存在していて，とくに矯正のために建設された建物や救貧院で実施されることが期待されていた。興味深いのは，現代的な福祉の複合構制の下で民間そして慈善団体の供給者たちがソーシャルケアや保健サービスを実施するように地方

第2章　現代社会政策の形成

コラム4　エリザベス女王治世第43年

「貧民監督官たちは……時折，二人以上の治安判事の合意によって……子どもを仕事に就かせるための命令を受け取ることになる。なぜなら前述の教区委員や監督官たち，あるいはそうした人たちの多くが，子どもの親がその子どもたちを世話し養っていくことができないと考えているからである。また，既婚や未婚にかかわらずみずから自立する手段がなく，日常生活のための仕事もないようなすべての人々を働かせるための命令も受け取ることになる。そして，どうにか生活するようにさせたり，一週間ごとにあるいは別のやり方（すべての住民に対する課税）によって手ごろな必需品，たとえば亜麻，麻，羊毛，糸，鉄そして貧しい人を仕事に就かせるために必要なその他の商品や飲食物のような必需品を積み増したし，足の不自由な人，労働不能の人，老人，目の不自由な人，貧しくて働けない人を救済するために必要な相当額の金額を引きあげた。また，そうした子どもたちの中から徒弟となる者を選びだした。

（本来のエリザベス女王治世第43年の原文であると信じられている文書からの抜粋。現代的表記法による1601年救貧法。www.sochealth.co.uk/history/poorlaw.htm）

当局からの下請けをおこなっていることと関連して（第7章，第8章参照），1600年代には「貧しい人々の保護を請け負わせること」があった。これは下請けをおこなう者が貧しい人々に食物を与え，住む場所を提供し，そしてこうしたサービスをおこなうために地元の教区にその資金を請求したのであった。ジェレミー・ベンサム（1748―1832年）は著名な哲学者であり，社会批評家でもあったが，彼は各々2000人の収容力をもつ民間ワークハウスの全国チェーンにふさわしい生活困窮者管理プランの中で，こうしたアイデアをさらに展開しようとしていた。幸運にも，こうしたプランは政府が組織した委員会で採用されることはなかったが，福祉供給における民間セクターの役割という現代の考え方は新しいものでもなんでもないことは明らかである。

　地方における1601年救貧法の施行は，法の中央集権化の目的とはけっして合致しなかった（この点に関するいくつかの議論については第4章を参照）。救貧制度は不揃いでバラバラなままであり，救貧の寛容さの程度は完全に各教区内の監督官や治安判事次第であった。かれらは制度の管理に対して，そして17，18世紀の地域的な経済的不均衡を前提とする教区の位置選定についても責任を負っていたのである。先述のように，施しを与えることについて大衆の見方は変化し始めていたし，課税に対する抵抗は2000年代の現代と同じくエリザベス1世時代においても存在してい

た。その結果,教区の生活困窮者に対する「所有権」の問題をめぐる多くの議論が起こった。社会的義務についての空間的範囲は1662年以降,定住法によって規定されてきた。住民登録は父親の出生地か365日間の雇用場所,あるいは女性にとっては夫の出生地によって決まった。1662年定住法において,地方教区の治安判事は,もしある人が生活困窮者になりそうであると思ったならばその人の住民登録の場所を移転させることが認められていた。婚外子として生まれたために,その父親を必ずしも遡及できないような極貧の子どもに対する教区の支援は,しばしば熱い議論の原因となっていた。なぜならば,教区は父系による住民登録判定をおこなっていて,貧困救済費用を忌避しようとしていたからである。教区は未婚の妊娠中の女性が赤ん坊を産む(それは教区の責任となる)前に転居させることに熱心であった。また,こうした女性たちは,後に流動的な労働に対して与えられることになった保護手段からも排除されていた。1743年,「非嫡出」子の住民登録はその子の出生地ではなく,その子の母親の住民登録地となった。それは経済的支援という問題を根拠にして,未婚の母親に対する周知の屈辱の長い歴史が始まったのである。1732年以降,生活困窮女性は婚外子の父親の名前をあげることを法的に求められた。それで父親は子の救済の費用を教区に弁済しなければならなくなった。近年,それを現代化するという論争の試みがありながらも,こうした問題は社会扶助の特徴となっている(第5章 141—144頁参照)。

　しかし,重要な社会的ツールとしての不名誉と集団的な支援とを関連づけることはシングルマザーに限定されたわけではなかった。1697年に,生活困窮者(paupers)は「P」という文字と混乱を避けるために支援の責任をもつ教区の頭文字とが印刷されたバッジを身につけなければならないという法律ができた。この生活困窮者という標識は行政的な便宜だけではなく,貧困を理由としたスティグマを強化させるための一つの方法としても役立っていた。貧困という烙印を押し,貧しい人びとに「怠け者」とか「無能力者」,さらに一般的に不適格者というレッテルをはることは,年を経るごとに進んできたし,そのことはイギリスの社会保障や雇用政策の中にも反映され続けているのである。社会保障や雇用政策(たとえばブレア政権のニューディール政策,給付金詐欺の調査,無能力者給付への転換)では,もし選択が許されるならば人々は仕事より「失業手当」(dole)のほうを選択するだろうと想定しているのである。社会の貧困への対応についてのこうしたアプローチは,英語を母語とする世界のほとんどでみられる自由主義福祉レジームと関連している(さらなる議論は第11章参照)。それはプロテスタンティズムによってもち込まれた個人主義的イデオロギーからもたらされており,大陸ヨーロッパ,北欧そして東アジア諸国で発展した公的支援についての取組みとは対照をなしている。

これらの欧州や東アジア諸国は，異なる形態の集産主義の思想をもっていたし，異なった性格をもつ宗教や政治パターンから影響を受けていた。

18世紀は，イングランドの働く人々がエンクロージャーによって共有地を失ったり，必需食品である小麦の価格の不安定さを甘受するという大いなる苦難と飢餓の時代であった。19世紀を通じて，失業も増大し始めた。とくに南部地方では農業労働者がイングランド経済から押し出され，工業は北部地方へ移動した。未熟練の農業労働者は定住法によって労働の移動が制限されていたので，置き去りにされたのである。1600年代後半には，イングランドの人口の約半分が未熟練の労働者または生活困窮者（約257万5000人）であり，事実，多くの歴史家たちは，農村の経済生活の特徴である自給自足を維持しようとしている大多数の労働者たちよりも救貧院の収容者たちの方がおそらく良い食事を与えられていたと論じてきた（Cole and Postgate, 1971）。教区では生活困窮者の数が劇的に増加するのが目撃されており，たぶんこうしたことが理由となって，スティグマや苛酷な処遇をおこなうことが公的救済への要求に対して抑止力になるものとして利用されたのである。社会変化の結果に取り組み，飢えを緩和させようとして，1790年代にバークシャー州のスピーナムランド教区は，のちに他の教区も模倣するようになった救済のためのシステムを導入した。簡単に述べると，このシステムは家族の規模とパンの価格に基づいた賃金補助を支給したのであり，今日の世界中の社会政策の中で継続しているいくつかのテーマの実例を提供している。第1に，財政支援によって低賃金労働者への賃金補助をおこなうという考え方である。この賃金補助はイギリスや他の先進工業国で税額控除という形でカムバックを果たしている。第2に，家族規模は諸資源に対する家計の自由な使用に影響をおよぼすという考え方である。これは20世紀への変わり目の時期の草分け的な貧困研究の成果であったし，第2次世界大戦に続いて法律化された福祉立法に根拠を与える原理となった。第3に，同様の趣旨で，一般的福祉を食糧とその確保に関連づけること，これはまた，前世紀におこなわれた貧困研究と今日支払われている給付レベルの設計との重要な部分を形成してきた。

1601年救貧法は200年にわたって継続してきたが，1820年代までに都市化と産業化によってもたらされた仕事と生活の変化に対応するには整備が不十分であることが明らかとなった。貧しい人々は政治的に組織され始め，国家は人々を管理するために，長期的にみれば維持できるはずもないが，ますます抑圧的手段を用い始めてそれに対抗した。しかしながら，政治的な力をもつ人々の間でも変化があった。というのも資本主義的経済発展が継続し，新しい経済的自由主義が政治的な力強さを獲得するようになったからである。救貧のための費用は，1832年までに国民的支出の約20％に達しており，当時のエコノミストや人気のある著述家たち（たとえばリ

カード，マルサス，サミュエル・スマイルズ）の言説によって影響を受けたし，貧民たちの存在に対してもっと懲罰的となり，寛容さが少なくなった。ローズ（Rose, 1972, p 10）が述べているように，「貧困は多くの著述家たちによって社会の必要な要素として考えられていた。というのは，その危機感によってのみ労働貧民は働くことを鼓舞されるからである。こうして，社会問題として考えられるのは貧困ではなく極度の貧困すなわち極貧である」。極貧は，状況の結果というよりむしろ個人的短所——つまり怠惰，浪費あるいは不品行——としてみられたし，その解決法は処罰，抑制，そして勤労，というよりむしろ過酷な労働を含むような勤労倫理を教え諭すことに基づいていた。こうした見解は「危険な階層」を「まともな貧困層」から道徳的に区別するということであり，政治家と増加しつつある中産階級の双方によって喧伝されたし，共有された。当時，男性労働者のほとんどが1日に約12時間働いているという事実があり，女性と子どもは労働時間を軽減させる工場法の効果をやっと感じ始めるかどうかというときに，そうしたことがおこなわれたのである。私たちはこうした議論の繰り返しを見出すこともできる。つまり，1980年代に，保守党政権は現代福祉国家が提供すると思われる保護政策によって「依存文化」が増大することを懸念していたし，より最近では，労働党は現行の給付制度から「道徳的に行動するようにという誤ったインセンティブ」を取り除こうと願っている。

　したがって，1834年の救貧法を改正する法律すなわち「新救貧法」（New Poor Law）は，1601年救貧法以来の社会政策立法のもっとも重要な法律であり，前述の見解を政策へ転換しようとする意図をもっていることに驚きはない。この法律は「貧困者に関する法の修正およびより良い管理のための法律」（適切な標題を与えるとするならば）であるから，明らかに貧困者救済の〈行政〉は，第5章と第6章で取りあげるテーマではあるが，問題の一部であり，解決策の再構築の一部であると考えられた。中央集権化と給付の均等性を達成しようとして，法律によって制度を監督するための全国的な救貧法委員会が設立され，教区は救貧区連合として知られるグループへと再編された。全国的な制度への発展に向かうこのような重要な歩みは地方の反発を招き，ほんのわずかしか成功しなかった。しかし，政策の発展に対するこの法律の主要な貢献は「ワークハウス・テスト」と「劣等処遇」（less eligibility）という原理であった。その目的は無差別の「院外」給付を抑制し，給付をワークハウスの「院内」での供給に制限することで費用を削減することであった。こうして「ワークハウス・テスト」では，自ら生活の資を欠くと主張する人々はワークハウスに入るような差し迫った必要が十分にあって，さもなければ真に危急の際には生きていけないほど差し迫っていなければならないということが明文化さ

れた。この制度において、公的支援を受ける人は、働いているがもっとも貧しい人よりさらに貧しくなるようにされていた。このような原理は今日の失業給付の支払いの根拠として継続している。この法律成立後に集計された統計は救貧の費用が低下した事を示すように見えたのであるが、現代の社会史学者たちによると、現実には貧しい人たちはワークハウスに入るよりもむしろ単に他の生存手段へと向かっただけであると、述べている。ヘンリー・メイヒュー（Henry Mayhew）は、1851年に「ロンドンの労働とロンドンの貧民」という記事を発表したが、その中で貧民がおこなっている広範囲にわたる限界的な経済活動を詳細に記述している。そうした貧民とは花や食用の動物の足を売る街頭の売り子から「どぶさらい」（toshers）と呼ばれる人々、つまり下水道を漁って縄や金物を探す人々であり、通りで犬の排泄物を集め、それを皮なめしの仕事場に売っている「犬のフン」（pure）拾得者のような人々までを指している。明らかに、人々がむしろこの種の仕事をおこなったという事実こそ、ワークハウスでの仕事はもっと劣悪であったという恐れがあることを示している。ワークハウス・テストは、強力な抵抗を生み出す争点となり、これをめぐって法の成立前後で、労働者階級運動が組織され、ときには暴力的に抵抗したのであった。

　救貧法改革への抵抗は、法律の中にさらなる悪意ある条項が成立したことから発生した。そうした条項は多くの方法でいっそう深い階級対立の象徴となり、19世紀を通して貧しい人たちに対する人間性の欠如を示すものであった。1800年代の医学の発展、とくに内科医と外科医の訓練をおこなう解剖学校（the School of Anatomy）の発展は、学生たちが解剖実習をおこなったり、人体解剖学を検証できる人体への需要を生み出すことになった。しかし、ほとんどの人々が無傷のままで、キリスト教徒としての埋葬を願うので、死後の権利をもたない絞首刑に処された殺人者のものは別にして、利用できる解剖用遺体はほとんどなかった。こうしたことで、死体を掘りだして盗む「死体復活人」（resurrectionists）（死体泥棒）たちにとっての取引、「首を絞めて殺す」（バーキング（'burking'））という不快な行為をめぐる取引をにわかに繁盛させることになった。「バーキング」とは犠牲者の遺体を売る目的で殺人を犯すことを示しており、それはあの忌まわしいバークとヘア（Burke and Hare）の名前に由来している。かれらはエジンバラでは少なくとも16人を殺害し、その遺体をジョン・ノックス博士が経営する解剖学校へ売ったのである。1830年代、「バーク恐怖症」（Burkophobia）は、とくに貧しい人たちや放浪者の間に定着した。なぜならば、かれらはもっとも「バーカー（絞殺者）たち」の犠牲になりやすく、その肉体は、ルース・リチャードソン（Ruth Richardson）が評するように、生きているよりも死ぬことに価値があったからである。

シャドウェルのワークハウスでの「恐怖」，これは事実として起こりそうにもないのだが，料理人が収容者たちのために「(ア) ナトミースープ」(肉，そして人間の遺体を含む肉も加えた煮出し汁) をつくっていたと，収容者たちが主張していたことである。収容者たちがそうした疑いをもっていたのは，貧しい人たちが社会的に優越する人たちから獣のように見られているのがわかっていたことを証明しているのである (Richardson, 2001, p.222)。1832年の解剖法によって確実になったのは，貧しい人が実際に人間として，より劣っているとみられるようになったことだ。というのもワークハウスの監督官たちは (「生活困窮者の葬儀」(pauper funeral) というよく知られた恐怖に加えてさらに)，解剖のために生活困窮者の遺体を販売する事を認められていたからである。こうした状態は (死後でさえ) 肉体的に無傷でいたいという願いへの脅威となったし，遺体の販売を人々の中のある階層 (公的支援をあてにしている人々) に制限したことで，労働者階級，とくに北部地域の人々の間に大きな動揺を生み出した。というのも，かれらは当時の経済的変動によってワークハウスの収容者となる可能性が十分にあったからである。救貧法改革が出てくるまでに，こうした動揺はすぐに深刻な社会不安や反乱となり，社会的に平等な民主的改革を唱えるキリスト教運動は最高潮に達し，多くの分野では改革の実施が数年間にわたって妨害された。

　改革に対する抵抗がなぜそのように強力であったかを理解するのは容易である。ワークハウスという象徴的表現と結びついて，その内部の現実の状況が実際に恐れられるほどのものであった。ワークハウスに入ることは究極の不面目であり，しばしば肉体的にもそうであったが，入居者たちはプライバシーや尊厳を否定され，家族は引き離されて男女は別々の収容室で居住することになり，家庭生活も否定された。労働可能な入居者は労働することを求められ，砕石や槇皮詰めのような仕事をさせられた。貧弱な衛生施設および施設生活によって助長される病気の蔓延などがあったので，たぶんワークハウスに入る人々はそこで死亡する然るべき機会を得ることになった。ワークハウスは入居者を支えるための最低限の可もなく不可もない衛生施設，食糧，収容設備，医療などを提供していると考えられているが，19世紀後半の出版物で報告されたスキャンダルの数の多さをみると違った様相を示している (コラム 5 参照)。

　実際，多く貧困区連合は，予定していたほど厳格には「ワークハウス・テスト」を実施することができず，院外給付が支給され続けた。ある貧困区連合は新しいワークハウスの建設への投資に消極的であったし，他の連合では，教区保護官 (新しい監督官) が救貧法の条項を実施しようとすると，地元の懸念によって反対されたり，脅かされたりした。19世紀末までに，労働者階級がますます増加し，女性の

コラム5　ハダースフィールド・ワークハウスのスキャンダル

　以下の記述は監督官報告書からの抜粋である。この報告書はハダースフィールド・ワークハウスの収容者がひどい仕打ちを受けているという主張に対応してハダースフィールド住民が依頼したものである。

　……患者はリネンや夜具を交換されることなく9週間ずっとそのままにさせられてきた。そのベッドでは発疹チフスにかかった患者が次から次へと亡くなったし，ベッドは何の交換もなく汚れをとろうともせず，何度も何度も繰り返し新しい患者のために利用されてきた。前述のベッドは麦わらあるいは木の削りくずでつくられた袋にすぎず，そのほとんどが床に置かれて，しかもそのすべてにシラミがうようよしていた……。そして，生きている患者が死後かなりの期間がたった死体と同じベッドを使用していたという事実がある。患者は，その人を世話するために適切に指定された看護人もなく数カ月間一緒にされて過ごしてきた……。かれらは可能な限りもっとも不潔な状態にされたままで苦しんでおり，自分の排泄物で数日間汚れたままで，洗い落とすことさえおこなわれなかった。

　以下の記述は1848年にリーズ新聞に掲載された補足記事の抜粋であり，公的調査の詳細を伝えている。

　……ワークハウスはこれまでのかなりの期間，そして現在も入居者で混雑してきた。縦横が8ヤード×5ヤードの広さの一部屋に，40人の子どもたちが居住していた。こうした子どもは1つのベッドで4，5人あるいは6，7人そして10人までもが眠っている。同じ広さの別の部屋には30人の女性が生活している。そして50人の成人男性は縦7.5ヤード，横6ヤードの広さの部屋にぎっしりと詰め込まれている。施設の食事は，これまでもそうであったが，いまなお不十分なものである。4シリング分の価額の牛のすね肉，すなわち脚のくず肉と42ポンドの重さのポテトが150人の入居者のためのスープとしてだされてきた……。施設の衣服はひどく不足している。施設には服の蓄えはまったくない。入居者の大部分は私服を着ざるをえない。他の人は自らを覆うボロとかわらないものを身につけている。女性でさえ身体を覆われていなくてほとんど裸のようであるという実例も知られていた……。そして全施設のいたる所で，誤った処置，先見性のなさ，ほんとうの浪費，地方税納付者のお金の無駄遣い，そして貧しい人たちの間での慰め，清潔さ，健康，満足などの欠乏といった，ほとんど疑う余地のないような徴候がみられた。
（イギリス史についてのウェブサイト　www.historyhome.co.uk/peel/poorlaw/huddscand.htm）

> **コラム6　最後の手段としての救済から最初の寄港地へ．**
> **建物はどのように変化できるか**
>
> 　シェフィールドのようなより豊かな救貧区連合は，1881年に設立された「フィアベイル」(Fir Vale) のような特別誂えのワークハウスをもっている．このワークハウスは異なったグループ（「臨時労働者」(casuals)，子ども，女性など）ごとに考案された一定範囲の収容室をもち，1500人以上の収容者の住まいを提供しており，病院，学校，チャペルを準備している．この建物は，今日もなおノーザン・ジェネラル病院として立っている．1世紀もたたないうちに，この建物は貧しい人々の刑務所から，初診時は無料で包括的な健康サービスを提供する基本的施設へと転換された．ほとんどの市や町のワークハウスは，現代福祉国家のより積極的な給付の中で新しい生命を見出した．他方でいくつかのワークハウスは販売されて，市民に一時的歳入をもたらしたにすぎなかった．
> （イギリス全体にわたってワークハウスの運命を確認し，検証するには Peter Higginbotham のサイトを訪れるとよい．www.workhouses.org.uk）

保護官が救貧局によって任命されたりするとともに，ワークハウスのひどい状況に対する大衆の強い抗議もまた報告されていた．こうしたことがイギリス社会の貧困に対する取扱いや態度の変化を支持する高まりを生み出すのに役立った．そして私たちが検討するのは，こうした発展を助長した諸要因の集合である（コラム6参照）．

3　20世紀初頭の「福祉国家」の出現

　歴史的な話を紹介するために，特定の日付が分水嶺として確認できると便利である．さらに，その日付が一つの世紀の始まりであるとすっきりとしたものになる．一方でとくに社会史において，そうした日付の選択にはいつも気まぐれな側面があるが，19世紀と20世紀の分割点はとくに重要なものであるように思われる．この時点で，政治的変化と一つの経済力・帝国列強としてのイギリスの強さに対する挑戦とが，社会的良心と結びつき，社会的供給の集産化が発生し始めるという状況を生み出した．1885年に男子労働者階級の巨大な一団が，有権者の中へ加わり，かれらは政治的思考に影響をおよぼし始めたのであった．より多くの男子労働者を議会に送り出そうとして，1899年に労働代表委員会（LRC）が設立され，1906年以降の選挙で議会に戻った50人以上の議員は，労働党あるいは「自由党・労働党連合」

(Lib/Lab) というかたちで成功を収めた。労働代表委員会は，1906年に労働党となった。主要政党である保守党と自由党は，労働者階級の支持を得るためには競い合う必要があることも，そしてイギリスの支配階級が感じているヨーロッパにおける社会主義への懸念もしだいに意識するようになった。保守党の常套手段は帝国主義と社会改革の興味深い混合であった (Semmel, 1961)。自由党は過激派を抱えており，アイルランドに対するイギリス支配についての対立と，ボーア戦争に対する強硬な外交政策論によって一時的に不利な状況になっていたが，党は新しい社会的措置のパッケージを受け容れる方向で準備をしていた。

19世紀後半，イギリスは，多くの経営の意思決定がうまく調整されず，また景気循環が国際的に複雑化することによって先進工業国は不安定な経済的変動に脆いことに気づき始めていた。他の国々，とくにドイツとアメリカは急速に工業化するにつれて新しい競争者として現れてきた。大英帝国はなお安定しているように思われたが，新しい貿易販路の競争は次第に激しくなった。イギリスの経済的弱さへの懸念が感じられ始めたちょうどその頃に，労働者たちは発展の分け前を確保し，あるいは守ろうとしてしだいに労働組合を組織しつつあった。経済的失敗に対する政治的代償は大きくなりつつあり，国家の統一を維持するための新しいイニシアティブが求められていた。

ボーア戦争は，大英帝国の歴史においてむしろ不名誉なエピソードであるが，社会政策にとってはかなり重要な意味をもっていた。〈偉大な〉イギリスは，一般には弱小とみなされていた敵に対して効果的に戦うことができなかったので，何が悪かったのかを検証することに関心が向けられた。とくに政治家たちは，大英帝国の成功は民族的な優越性にその基礎があったと信じられてきた時代に，なぜこれほど多くの志願兵が戦うには相応しくないと判定されたのか，その理由を検証しようとした。19世紀から20世紀への変わり目に，大人3人のうち1人がワークハウスや病院そして保護施設で死亡していた。歴史家たちが報告しているように，アフリカやアジアでの生活条件がどれほど酷いものかが報告されているにしても，それと同じかさらに悪いことがイギリスの町で見出されうることが暴露されて，大英帝国の武勇もかなり傷つけられたものになった。軍隊の新兵で3人に1人は活動的な軍務を経験するには痩せすぎているか，小さすぎるかあるいは病気がちであった。1904年に，体位低下に関する各省合同委員会はそうした調査結果について報告している。

委員会報告は，公的教育制度の中で学校保健サービス制度と学校給食の提供を勧告していた。これら2つの手段とも自由党によって採用され，かれらが1906年に政権についてからすぐに実施された。子どもの健康を無視することが違法であるとした1908年児童法と相俟って，将来の労働者や兵士たちとしての子どもは国家介入が

展開する初期の目標のうちの一つであったことは明らかである。将来の労働者であり有権者として（選挙権は1867年と1884年にかなり拡大された——1884年には，労働者階級の参政権に非常に大きな影響をおよぼした），子どもの初等教育は1870年代から国家の関心事として重要な問題となっていた。1890年代までに，5歳から10歳までの初歩教育は義務であり，ほとんどが無料となっていた。教育に加えて，子どもの死亡率も政府の懸念の原因であった。こうした懸念に対処するための政策は，訪問保健師や赤ん坊へのミルクの提供などを含む公的またはボランタリーな福祉サービスの拡大を認めた。これら2つのサービスは2007年「ヘルシー・スタート」（Healthy Start）イニシアティブ（www.healthystart.nhs.uk/ を参照）といったかたちで今日まで継続している。この「ヘルシー・スタート」は第2次世界大戦以来の食物に関する福祉の供給の中でも，もっとも重要な徹底的見直しであった。興味深いことに，こうしたこともまた，子どもの健康への関心，とくに最近では肥満に対する個人の関心，そして NHS のコストという関心から促進されてきた。

19世紀後半の支配階級における有力な見解は，社会的論争や問題の取扱いに国家が関わることは最小限にとどめられるべきだというものであった。貧困階級の状況についての中産階級の関心は，豊かな者たちに対して貧困層がどのような影響をおよぼすのか（たとえば病気の蔓延とか犯罪の増加など）という懸念によって刺激されていたのであるが，それがとくに慈善活動にも向けられることになった。ボランタリー団体はその数をかなり増加させ，子どもを救済し，住宅事情を改善し，貧しい人々にどのように家庭生活をやりくりするのかを「教える」ことに関心を抱き，さらには現金の手当を提供しさえした。多くの中産階級の女性たちはなお正規の雇用機会をほとんど閉ざされていたので，このような慈善活動に熱心であった。こうした活動，あるいはフラスター（Fraster, 2002）が記述したように，中産階級の労働者に対する「文化的非難」（cultural assault）の結果として，より裕福な人々の中には労働者階級の生活という現実をもっと知るようになった人もいた。ある人々にとって，これはもっと根本的な政府の行動に対する責任を生み出した。しかし，社会問題についてこうした認識が拡大することで慈善活動をより良く組織することを確実にしたり，いわゆる支援を「受けるに値する人」と「受けるに値しない人」をもっと有効に区別できるようにする試みが生まれてきた。

19世紀から20世紀への変わり目に，世間の想像力を引きつけたものは，貧困研究によって明らかにされた発見であった。先述のように，ヘンリー・メイヒューたちは19世紀後半を通じて貧困と労働者階級についての記事を公表してきた。しかし，これらの記事は非常に記述的なものであり，時にはビクトリア期の人々の好奇心に訴えるように目論まれたセンセーショナルな記事であった。イギリスの貧困に対す

る行動の現実的な触媒となり，最初の適切な社会科学的研究となったのは，チャールズ・ブース（Charles Booth）によって実施されたものである。これは調査の方法論をふまえて詳細な事実の収集に努めており，『ロンドン市民の生活と労働』（*Life and Labour of the People of London*）17巻として公刊された。シーボーム・ラウントリー（Seebohm Rowntree）はブースの研究に大いに刺激されて，有名なヨークでの研究を実施することになった。1901年に公表されたラウントリーの研究は貧困についていっそう洗練された定義と測定方法をもっていた。かれの研究は多くの方面に影響を与えた。それは今日の給付水準の計算方法におよぼした影響から始まり，ライフコースに対して貧困の循環的影響があることや，貧しい人々の間に低賃金が広く行き渡っているという具体的な知見によって貧困の社会的・構造的決定要因が存在するという認識に至るまでのものである。ラウントリーが結論づけたように，

> この豊かさのあふれる国において，おそらく前例のないほど繁栄の時代に，たぶん人口の4分の1以上の人が貧困の中で生活している。このことが大きな同情を追い求めさせることになるのはもっともなことであろう。国家が自国民の幸福をもっと集中して考える必要がある。というのは，その基底にこうした大衆の矮小化された人間生活があるような文明は，健全でも安定的でもありえないからである（Rowntree, 1901, p.304）。

　ブースもラウントリーも貧困が発生する範囲を説明する際には，環境の重要性を強調しており，劣悪な住宅状況が不健康や雇用機会の喪失へとつながる働きがあることに光をあてた。19世紀後半，都市化が伝染病拡大の可能性を増大させていたので，公衆衛生の問題が大きく浮かびあがってきた。科学の進展は非衛生的な状態と病気との主要な関連を明確にし，政治家たちは流行病によって示される産業への脅威を認識した。地方行政当局は下水道建設と清浄な上水供給を通して公衆衛生問題に取り組むための方策を講じた。しかし，本当の進展があったのは，中央政府が地方当局に効果的に活動する権限を与え，そしてまた地方当局にそうした行動をとるように求めたときからである。

　19世紀後半の医療の発展によって，病人の看護に関する伝統的な救貧法のアプローチは不十分なものとなっていた。救貧法を出発点とした病院が発展するとともに，多くのボランタリーな病院が貧しい人々に安価に，または無料のサービスを提供することができるように慈善基金から援助を受けて設立され，設立当初から力強く成長していた。地方当局はまた流行病を封じ込め，精神的に病んだ人々を介護する義務を果たすために病院設立の権限を与えられた。病院外での医療ケアは，19世

紀後半にはその重要性が増していたし，もはや富裕層の特権とはいえなくなっていた。こうしたことは，一面では救貧法の展開の結果であり，他面ではボランタリー病院のサービスの拡大があり，また労働者階級の中の豊かな階層に災難に対する保険が広く受け容れられてきていたことの結果である。全体として，保健医療手段の混合パッケージは進展しつつあった。この複雑な混合物は，19世紀に強固に設立された強力な医療専門職によって支配されており，ヘルス・サービスを合理化しようとする，その後に続く試みに問題を投げかけた。それ故に，国民保健サービス（NHS）が実現した形態にも影響を与えたのであった。

　保守党は政権を失う前に，貧困の範囲が拡大していること，そして既存の諸手段が不十分なものであることにも対応して，1905年に王立救貧法委員会を設立した。この委員会の報告書は，1909年になってはじめて提出されたが，当時の社会政策についてもっとも徹底した審議内容を含んでいた。多数派報告と少数派報告とがあった。多数派は，影響力があって多くの意味で反動的な「慈善団体協会」（Charity Organization Society）の見解を代表し，行政上の変革とボランタリー・セクターの役割の拡大を擁護した。他方，少数派はワークハウス制度について十分な検証に基づく批判を展開したが，それはブースの調査から引き出されベアトリス・ウェッブ（Beatrice Webb）が展開してきた結論を反映したものだった。彼女はフェビアン社会主義者であり，ブースのいとこで委員会メンバーでもあった。しかし，王立委員会の報告を待つことなく，自由党政権は社会保障の提供において救貧法の役割をかなりの程度修正した2つの立法化を促進することにした。1908年老齢年金法と1911年国民保険法の2つである。ビスマルク時代のドイツの政策から学んだ自由党政権は，次のようなことを望んでいた。自らの社会保険料の拠出を財源とした労働者のためのナショナル・ミニマムの所得の提供は，社会主義者の思想と関連したさらなる再分配システムという要求を弱めさせ，そして革命と社会保障のコストを抑制することであった。他方で年金に対して，大蔵大臣［歴史的記述なので大蔵大臣と表記］で制度設計に責任をもっていたロイド・ジョージ（Lloyd George）（福祉国家の真の創設者という論者もいる）は，ニュージーランドで展開されていたモデルを採用した。それは保険料拠出ではなく税金によって基金を積みあげ，資力調査を実施するというものであった。社会政策に対するこのような自由党の改革の時代は現在の福祉の編制にとって非常に重要な意味をもっている。なぜならば，国家と個人の義務の詳細，種々の社会的パートナーと専門家グループの役割などは当時の討論や会議の場で徹底的に論じられたが，これらのことは20世紀を通じて反響を呼び起こすものであったし，今日の私たちが享受している社会保障やヘルス・サービスをかたちづくってきたからである。19世紀から20世紀への変わり目に，社会政策の構想

に関わった政治的策略と富裕な著名人についての記録は魅力的で面白い読み物となっている（たとえば Barker（1984）や Jones（1994）を参照）。ここで，私たちは自由党改革の後に出てきたものを理解するのに便利な主要なテーマを要約することができる。

　老齢年金は高齢の貧しい者にとって思いがけない幸運として喧伝されたが，1909年に導入されたとき50万人未満の人——主として女性——にしか資格が与えられなかった。年金は世帯の，というより個人の資力調査に基づいており，70歳以上のすべての人に支払われた。当時の平均寿命は男性が約48歳，女性が52歳であったので，支給年齢が70歳であることが，なぜ受給率が想定されたよりも低くなっているかを説明することになるだろう。ある意味では，この年金は多くの教区で老齢の貧しい者たちに支払われていた院外給付の単なる拡大にすぎなかった。そして，かれらをワークハウスから締め出すことに成功したのであるが，「犯罪者や精神異常者，浮浪者」（Barker, 1984, p.70）のような他のカテゴリーに入る生活困窮者は排除されていた。「外国人」（Aliens）もまた排除されていた。それは，今日，難民申請者が給付システムから排除されているのとまったく同じやり方であった。過去との根本的な断絶を示したものは，年金制度の範囲と寛容性が大きかったということにあるのではなかった。以前には個人の支払い能力がその人の受けられる健康と社会保障サービスを決定づけていた社会において，福祉供給について集産主義の原理の導入が予告されたという事実にこそ過去との断絶があった。だが集産主義の約束があるにもかかわらず，救貧法の精神がいまなお資力調査付きの年金クレジットの中に確認される。このクレジットは現在の給付構造の中で年金受給者の貧困を軽減することを意図したものである。

　国民保険法によって，「社会的にきちんとした」労働者階級に対して，失業と病気の双方をカバーする強制保険が導入された。ここでの労働者階級とは主として造船，建設，機械のような戦略的に重要な，限られた数の職業についている男性を指していた。こうした制度の費用は雇用者，雇用主そして国からの拠出金によって調達された。財政システムの基礎として保険原理を採用することで，ロイド・ジョージは近い将来に廃棄されることのなさそうなイギリスの社会保障の先例をつくり出したのであった。実際には，ロイド・ジョージはこうしたものが最良の選択とは納得していなかった。彼の社会保障についての将来像は税を財源としたより再配分機能の強いモデルであった。しかし，当時の政治的ご都合主義によっておこなわれたことといえば，課税水準は年齢以外の他の社会的リスクの費用をカバーしていなかったし，スティグマを回避するために，契約して拠出する社会保険という魅力が他の方法より勝っていたということであった。国民保険制度は，失業や病気の際に

均一の現金給付を提供し,「保険医名簿」(panel) 登録の医者から受けた医療措置は,国からの現金の払い戻しの権利を与えられていた。このような第1次ヘルスケアは NHS によって提供される一般医サービスの中でも保持されている。女性の拠出金と給付とは男性のものより低い金額になっているが,すべての女性被保険者に直接支払われる出産手当が含まれている。この制度は明らかに女性と子どもの具体的な福祉にとって実質的改善をもたらした。所得に比例した給付よりむしろ保険料支払いが均一であることは,この当時の他のヨーロッパ諸国で開発された社会保険制度とは対照的であった。大陸の保険制度は労働組合のより大きな関与,そしてさらなる職業上の階層性を認めていたのである。1925年に年金制度にまで社会保険が拡大されたことに伴って,拠出制の原理はイギリスの社会政策において存続することになった。これは現在の雇用のパターンや形態とは不適合をきたし,資力調査の必要性を消滅させるのに求められる給付の質を達成できなかったにもかかわらず存続しているのである。

　1909年,ロイド・ジョージは社会福祉への国家介入の進展を引き起こすことになる予算報告を公表した。しかし,1909年予算は累進的で次第に増加する直接的な課税(所得税)を利用する点で徹底的なものであり,子どもや失業に対するさらなる福祉手段に資金をまわそうとして歳入が引きあげられたが,ロイド・ジョージの普遍主義的な傾向は,戦争と冷えこんだ経済とに直面していくらか弱められた。設立されたのは,本質的に男性稼ぎ主のための萌芽的福祉国家であり,その後の福祉国家建設に対して強い影響力をもっていた。こうした発展は,イギリス内部の政治的論争(左翼の政治運動の出現,女性の参政権の要求運動,アイルランドの将来についての闘争など)の量的拡大を背景にして発生したのである。次の数年間に現実に発生したことよりも,もっと劇的な状況の変化が期待されていたかもしれない。現実には,この期間とそれに続く数年間の新しい社会政策の多くが当時の〈現状〉をほとんど混乱させなかったし,実際,多くのことが現状維持を意図したものと考えられているにちがいない。

　第1次世界大戦において,イギリスは初めて徴兵制を経験し,戦争遂行を支援するためにすべての男性を労働力として動員するだけでなく,多くの女性をも動員した。戦時経済は国内に多くの面で欠乏を生み出した。当初は,政府は統制や配給制を押しつけることには消極的であったが,賃金の上昇と産業の不安を抑制しようとする願望がそうした手段を介在させざるをえなくなった。そこで,一般に国の役割は戦争中にかなり増進した。官僚たちは,以前には国家の活動にけっして影響されなかった生活領域にまで政府の政策を実行に移すことを学び,大衆の中の一部はそれを期待するようになった。これは戦争が公共政策におよぼした一般的影響で

あった。社会政策に対する特殊な影響はもっと限定されていた。1915年に民間家賃に対する管理を強制したのは，この時期の社会政策の革新の実例としては珍しいことであるが，重要な意味をもっていた。

しかし，戦時中から終戦時にかけて，政府はより良い未来のためとして多くの約束をしていた。戦争終了前でさえ，教育法が議会を通過した。この法律は，14歳になるまで国が無償教育を支援することを認めていた。戦争終了時に，ロイド・ジョージは「英雄たちにふさわしい家」(homes fit for heroes) を約束した。戦後の最初の立法のうちの一つが住宅法であった。この法律によって「労働者階級のために」住宅建設のための政府補助金が地方自治体へ提供されることになった。この法律は，その提案者であり保健相であった人物にちなんでアディソン法として知られており，地方当局に住宅建設を認めた最初の立法ではないが，補助金を出す最初の立法であった。同法により，効果的に公営住宅建設プログラムに着手することになり，このプログラムは政府の補助金の組み合わせを変えてきちんとした修正をおこないながら，1970年代後半まで継続したのである。アディソン法以降，少数派労働党政府は政権にあった1924年と1929年から31年までに，補助金の拡張という手段によって地方当局の住宅建設プログラムを拡大した。1930年代に住宅政策の変更があった。政府は地方当局が住宅供給に際し，スラム街の解消に重点を置くことを奨励した。厳密な家賃統制は，民間の借家人を守るために戦時中に導入されたが，大戦間期に一部が解除された。しかしこれに伴って，公営住宅建設の場合にもあったように——1980年代まで——，結局のところ，イギリスの住宅市場の特徴を全体として転換させるための諸過程を後戻りさせようとする，現実的な試みはおこなわれなかった。

住宅の質と量は解決できる問題と思われるが，失業の問題はまったく異なった一連の論点を生じさせる。救貧法の規定は，産業上の景気循環あるいは臨時的労働と，その結果としての低賃金・間歇的収入の問題と関連した一種の循環的失業を取り扱うようには考えられていない。また，失業が諸個人の決断というよりは産業上の雇用構造によって引き起こされることも認識していない。1908年法による職業紹介所制度の導入は若いウィリアム・ベバリッジの考え，つまり労働市場の効率的機能についての考えを実施することになった。かれの考える労働市場は，労働の売り手と買い手は労働と労働者へのニーズを満たすためにただ一つの取引の場として期待されていて，こうして摩擦的失業（仕事と次の仕事との間の空白）の範囲を減少させることになる。失業したときの現金支給に責任をもつことになる職業紹介所も設立された。このような「希望の（そして絶望の）オフィス」から，1910年にある評論家が記述したように職業斡旋が発展してきた。サッチャーとメージャーの保守党政

権の下でいくつかの再編がおこなわれたが，労働党によるジョブセンター・プラスの創設は労働と給付を一度でみつけるワンストップショップとなるように制度変更されたのである。しかし，おそらくそれはロイド・ジョージが考えていた「国が労働あるいは生命維持の食物を見出すという義務」を反映するものではなかった（Barker, 1984, p.74）。

しかし，失業という問題は今なお解決されるべきものであり，現在の「福祉から雇用へ」政策においてもこの失業という問題はほとんど取りあげられていない。そして職業紹介所設立から第2次世界大戦までの時代にも実地に試行されなかった「分け与えるではなく，一方から他方へ手渡す」という考え方の中にも，この失業という問題はほとんどなかった（コラム7参照）。第1次世界大戦が終わった後，政府は軍人を除隊させて市民生活へ戻すことをうまく処理してこなかった。そして失業は急速に増加した。その後，経済は回復し問題は減少したが，これは一時的な小康状態であることが証明された。1921年までに，登録された失業者は保険加入労働者の14％を含む200万人となった。失業の程度は大戦間期を通し100万人以上であり，1920年代中葉には少しばかり減少したが，次の1930年代には急速に増大した。1931年までにふたたび200万人を超え，1932年までに保険加入者の約4分の1が失業していた（コラム7参照）。

最初の労働党政府は，1924年の選挙によって成立し，1929年に再び選ばれたが，急進的な姿勢をとることができなかったし，大戦期間期にはすべての党派から成る政権は，失業者への給付費用の増大を抑制することにもっぱら関心を払っていた。社会保険制度は保険料拠出者よりも保険給付申請者のほうが多くなることを予定していなかった。1920年代，30年代には，多くの失業に関する断片的な立法（1920年代だけで15本以上の法律）があった。拠出率を引きあげたり，受給資格を厳しくしたり，支給額を減らしたり，非常に批判があった「まぎれもなく仕事を探している」という審査を通じて劣位処遇の原則を強化する諸法律であった。また，失業者に対する資力調査付きの貧困救済の管理を中央集権化し，コストを低く抑えようという意図から，1934年失業法によって失業扶助庁（UAB）が設立された。失業扶助庁が提出したモデルは，中央政府が救貧法の実務当局の機能を引き継ぎ，1941年までの間に，徐々に失業扶助庁が他の大部分の資力調査付きの現金給付の責任をもつことになる，というものであった。1934年失業法は，世帯の資力調査を導入した（1941年に廃止）。この資力調査は財政的な生き残り戦略であるが，多くの家族の分離をもたらしたし，一種の「ニード」（need）を監視する，つまり検閲官が世帯の資産や所得を評価するために押しつけがましい家庭訪問をおこなった象徴として人々の記憶の中に残り続けた。また，この法律は国民保険制度に加入しうる年齢を

コラム7　失業——いくつかの問題と解決法

　1930年代，現在と同様に失業の水準は地域的な変動があった。ジャロウ（町の失業者たちが自分たちの境遇に抗議してロンドンまで行進したことで，「ジャロウ・マーチ」（Jarrow march）として有名）のようないくつかの地域では，失業の程度は労働人口の3分の2以上であった。1920年代，30年代の不況期は，失業から生じる極端な窮乏で特徴づけられ，多くのストライキや大衆の抗議が目撃されたし，多くの人が全国失業労働者運動によって組織化された。この当時，家賃の支払いができないために家族が立ち退かされたり，帰還した兵士たちが生計の道を求めて国中を歩きまわり続けていたので，ホームレスも増加した。飢えもまた蔓延していた。というのも，失業者とその家族は利用できる給付額では十分に栄養物を確保することができなかったからである。この問題をめぐって多くの論争があり，失業扶助庁設立への提案があった。また，収集された証拠から失業者家族がそれさえも得られないことが明らかになった生存維持最低限のものだけではなく，最適な食事に必要とされるカロリー量をめぐってもイギリス医療協会とそれ以外の運動家グループとの間に論争があった。

　1920年代の失業を軽減するための計画

- 運輸大臣および失業交付金委員会によって運営される地方救済計画
- 帝国領土への移住促進（大英帝国定住法）
- 不景気の地域——とくに鉱業地域から，もっと好景気の地域への移転（1929年に3万2000人，1930年に3万人）
- 年少者雇用センター——（のちに年少者教育センターとなる）
- 政府訓練センター——主として，1925年以降は熟練を要する職業のためのセンター
- 教育センター
- 女性の訓練と雇用に関する大臣諮問中央委員会の管轄下で女性のための訓練，はじめは家政サービスであったが，のちに他の職業にも拡張された。

（資料：Price, 2000, p.68）

引き下げたが（14歳—学卒年齢），保険加入労働者が給付を申請できる年齢を16歳に据え置いた。他方で，14—15歳の年齢層を被扶養者でない者として分類しなおした。かくして，給付に対する権利はかなりの割合の若い人々から取りあげられることになった。保守党政権は，1986年社会保障法において，まさしく同じ戦略をとった。このとき，16—17歳の受給資格が奪われたのである。

　失業に対していっそう極端な解決法の一つが，労働キャンプあるいは「転職教育

センター」である。これは地方に設置されるが,「不況地域出身の男を元の状況に戻したり,鍛えたりする」ためのものである(Price, 2000, p.76)。また,こうしたセンターは道路工事や掘削の訓練によってかれらに雇用の準備をするためであったし,他方で賃金,というより手当と最低生活必需品の配給によって基本的宿泊所(しばしばテントであるが)で生活させるためのものであった。1929年に開設されて,1933年までに参加した人の半数以上はいったん滞在が終わるとつぎの雇用についていたと,デービッド・プライス(David Price)は肯定的な成果があったという観点から報告している。こうした雇用の質とその確保については,公共の救済事業が減らされてきたのでわからないが,キャンプの経験が有用であったという肯定的見解を示唆するものではない(Humphries and Gordon, 1994)。しかしながら,雇用および社会保障政策のどれもが,仕事不足という基本的な問題に十分には取り組んではいなかった。状況が変化したのは1939年の戦争の開始によるものであった。政府は第1次世界大戦の時よりも第2次世界大戦においては,国家のあらゆる資源,とくに大衆を動員するために,さらに多くの準備をおこなっていた。規制と配給とは以前のときと同じように消極的に採用されるというのではなく,戦争遂行にとって本質的に重要な手段として採用された。政治的には,少なくともチャーチルが1940年に首相としてチェンバレンにとってかわった後に,国はいっそう団結した。労働党は一部の指導者たちから見限られたことで粉々に打ち砕かれていた自信を取り戻した。というのも,この指導者たちは挙国一致内閣を形成し,1931年の総選挙の際には労働党をさんざんに打ち負かしていたからである。労働党は連立政権に参加した。チャーチルは,ときどき連立政権を不幸なことであると訴えたのであるが,平和のためのプランは,戦時中には正当性をもった政治上の仕事として広く受け入れられたし,国民的な戦意を押しあげるための楽観主義の源泉を提供した。

　平和のための計画のもっとも重要な例——ベバリッジ報告——を考察する前に,〈その場しのぎの〉戦時手段がその後の平和時の政策転換の前兆となっていたことを示すいくつかの点に注目することが重要である。直前の節で,1940年には扶助委員会と改名された失業扶助庁が公的扶助委員会からさまざまな機能を引き継いできた事情に言及した。同様にして,ボランタリーの,そしてワークハウスの病院サービスもまた戦時中に救急病院制度へと統合された。子どもたちの疎開は特別なサービスの発展を必要としており,これが戦後の児童ケア発展の前兆となった。家賃は再び厳格に管理されるようになり,空き家は徴発された。戦争遂行において,巨大な国家投資から生じる完全雇用とともに,価格統制と食糧配給制も福祉に対して重要な貢献をおこなった。ボーア戦争の影響で,子どもの健康に優先順位がつけられて食糧政策は政治課題においてもっとも高い優先度をもつ問題であった。そして多

くの貧しい子どもが最初は十分な栄養物を受け取れた。「福祉国家」は現在一般には，戦後に創設されたと考えられているが，戦時国家は現在の「福祉国家」の多くの特徴をそなえていた。たぶんもっとも重要なことは，戦争の最中に税金が引きあげられたことである。こうした結果，大衆は将来のサービスのための財政需要増加にいくぶん慣らされることになった。

4 ベバリッジの「5つの巨悪」

　ベバリッジ報告書とは，1911年国民保険法の起草者の一人が議長を務めた委員会による，「社会保険および関連サービス」に関する報告書である（Beveridge, 1942）。報告書の発端は，さまざまな職業分野に対して存在する数多くの給付を「整頓する」必要があったこと，また，別の社会集団（とりわけ，力を強めた労働組合）が社会保険に統一性をもたせ，行政上の煩雑さに終止符を打つことを求めたことに由来する。公務員の経験があったベバリッジは，この大規模な社会改革に携わるという好機をとらえ，行政再編に関する非常に公正な報告を作成した。報告書に示された3つの基本原理のうち，かれが第1項に記した言葉は，福祉供給における新時代に向けたかれの貢献をよく言い表している。その言葉とは，「世界史の中の革命的時期は，つぎはぎの修繕のためではなく，まさしく革命のための時なのだ」というものであった。しかしながら，その後で「ここで提案している計画はある意味で革命だが，より重要なことは，これが過去からの自然な発展であるという点だ。これはまさに，イギリスの革命なのだ」と述べているとおり，この報告書は過去の遺産の不名誉な側面をも継承しているところがあるとされる。報告書に対する大衆の反応はといえば，多くの人々が社会保障に関する最新の白書ではなく，児童小説の最新刊を我先に読もうと夜通し道に列をなすような今日の状況からは想像しがたいが，歴史家たちによると報告書は60万部以上を売りあげたベストセラーだったようだ。また，イギリス国民の目前に広がる明るい未来を宣伝するプロパガンダ実践として，占領下フランスとナチスドイツに空輸され空中投下されたらしい。

　報告書は，強制加入で拠出制の社会保障システムを取り入れるよう勧告した。これは，疾病，失業，老齢時の貧困からすべての市民を保護することで既存システムに改良を加えるというものであった。新しいシステムには，家族手当，出産手当，寡婦と孤児のための給付を含めるべきであると提唱された。拠出に関しては，以前と同様に雇用者・雇用主・国による保険原理に基づくべきだが，しかし制度の適用範囲はユニバーサルに，つまりライフサイクル，産業間，家族間にわたって全国民的なリスクプール方式が望ましいとした。私たちの誰もが経験しうるリスクをプー

ルするということが，社会保険の「社会」の側面である。拠出と給付は定額のままとし，給付は生存水準の額を支給するとした。ベバリッジは，両大戦間期に実施されたますます精緻になる社会科学調査の結果を参照している。たとえば，貧困の発生を説明するのは貧困者自身の欠陥というよりもむしろ，稼得力の喪失と（個人よりも）家族を支える稼ぎを得られないことであるというラウントリー（Rowntree）の結論に繰り返しふれた。それ故，かれの報告書が，社会保険制度と家族のニーズへの応答の両方を通した所得の再分配を推奨していることは明らかだった。資本と労働の「停戦」や，関連する福祉法案の通過にみられる慈悲にみちた精神，この戦後福祉国家の誕生に関わった人々の間の合意の程度については，現在でも活発な歴史的論争の主題となっているけれども（この時期に関する素晴らしい論評としてPage, 2007 がある），上のような考えは戦後の「福祉をめぐる秩序」の中でおおむね受け入れられた。基本原理の最後の項には，個人の自由に対するベバリッジの信念が，国家の個人に対する義務と，またその逆を明記するかたちでもっとも明確に提示されている。しかし，彼はまた「国家が保障を編成する中で，インセンティブや機会，責任を抑え込んではならない。ナショナル・ミニマムを設定する際には，各個人が自身と家族のためにその最低水準を上回る稼ぎを得るための自発的な行動を可能にし，奨励すべきである」という考えももっていた。それ故，ジョージとワイルディング（George and Wilding, 1994）が指摘したように，ベバリッジは「しぶしぶの集産主義者」であり，この報告書は一種の妥協といえる。その内容は，イギリスの社会的給付を通して助長されてきた個人主義的な性格の一端をあわせもっていた。

（1940年代においてさえ）もっともよく耳にしたベバリッジの基本原理といえば，再建への道のりの中で根絶されなければならない5つの「巨悪」が存在するということである。そのうちの一つが「欠乏」（貧困）であるが，これは「もっとも着手しやすい」とされ，本報告書のいたるところで論じられた。しかし，より包括的な一連の福祉制度を必要とする他の4つは，疾病（不健康），無知（不十分な教育），不潔（劣悪な住居），怠惰（失業）である。それ故，報告書には，社会保障システムが効果的に機能するために必要とされる補足的な制度について多数の構想が記されていた。第1に，児童手当は貧困と家族規模の問題に取り組むことに加えて，就労インセンティブは維持しながらも低賃金が大家族のやる気をそがないようにすることで出生率を押しあげることが期待された。このような出生主義的な政策は，人口の総数において戦争の影響が政治的に懸念されていた1940年代のヨーロッパでは珍しい試みではなかった。第2に，「労働能力を回復する」ための医療・保健と社会復帰サービスの包括的な国家システムが必要とされた。第3に，1920年代に経験

した被保険者の失業をめぐる保険数理上の問題を鑑みれば，完全雇用の維持が不可欠であった。「完全」雇用の着想は，それが実在するのか，実現できるのか（あるいはそれが望ましいのか），学術的にも政治的にも論争の対象となり続けている（この点に関するさらなる議論については第❻章を参照）。しかし，福祉国家の構造において有償労働が中心になることは疑う余地がない。

　ベバリッジが提示したものには上のような明示的な構想の他にも，標準的で望ましい社会現実と人々の行動についての暗示的な構想もあった。たとえば，扶養家族と寡婦に対する制度は，男性稼ぎ主と妻・母としての女性の「責務」からなる結婚を想定していたが，これは現代における男性と女性の利権のバランスを保つ試みに困難な遺産を残した。また，「国家」の意味合いに関する構想もあったが，これはイギリスの国際関係と構成国の民族的なアイデンティティのいずれの実情にも調和してこなかったし，現在もますすその傾向を強めている。戦後の社会政策による秩序は本質的には，賃金労働者の福祉国家をつくるプロセスの延長であった。女性や児童のための政策は，彼女たちを基本的には男性労働者の「扶養家族」として扱った。第２次世界大戦中における女性のフォーマル経済への莫大な貢献にはほとんど注意は払われなかったし，戦争が終われば彼女たちの多くは労働力から撤退するだろうと考えられていた。その意味では1940年代は，男性が（女性は除外されたが）20世紀初頭に獲得した政治的権利に続いて，限定されたかたちでの「社会的権利」を獲得した時代といえる。

　ベバリッジの保険制度はおおむね法制化された。連立政府のもっとも後期の施策の一つである1945年家族手当法によって，家族手当が各家庭の第２子以降の児童に対して支給された。残りの大部分は戦後の労働党政府によって制定されたが，年金の満額受給のための資格期間が非常に短かいという点で保険原理からの乖離というきわめて重要な変更がなされた。このようなベバリッジの計画からの逸脱は，一般課税に対して制度が高くつくようにさせ，そしておそらく，他の資源をもたない人々への最低生活所得を支給するに足りる給付レベルの導入を妨げ，生活費の上昇に伴う給付の増加を抑制する傾向を強めた。

　1946年国民保険法（National Insurance Act）と1948年国民扶助法（National Assistance Act）の通過で救貧法は確かにその効力を失った。しかし，ホームレスや難民申請者の管理をめぐる地方自治体の援助規定や，もっと一般的にはイギリスの社会保障システムにおいて資力調査が引き続き重視されていることには，救貧法の亡霊が今もはっきりと生き続けている。残りの４つの巨悪を根絶することに関して，一般民衆の生活における他の側面を改善し，彼らの「雇用可能性」を高めるための法律もまた制定された。1944年に通過した教育法（当時の文部大臣 R. A. バト

ラー (Butler) の名から，通称バトラー法と呼ばれる) は1988年まで教育システムの枠組みをつくった。バトラー法は，すべての者を対象とした無償の公的な中等教育を提供することを定めたが，それがとるべき形態，あるいは選抜制の学校を設けるべきかどうかなどの規則については明記しなかった。1948年の国民保健サービス (National Health Service) の創設は，社会政策におけるもう一つの重要な革新であった。一般医 (GP) は独立した業務提携者として，また他のコミュニティサービスは地方自治体の管理下に据え置く一方で，医療セクターの統合をめざして設計された複雑な制度の中で，一般医や病院医療のサービスがすべての人に無料で提供された。この構造は，当時の保健相アナイリン・ベバン (Aneurin Bevan) と，国家医療に対して深い懐疑の念を抱いていた医師らの間の激しい交渉を経てようやく成立した (Eckstein, 1960; Pater, 1981)。制度は一般税を財源としていたが，保健サービスの一部は国民保険からまかなわれたため，これがサービスの資金源であるかのような紛らわしい誤解を生んだ。完全な無料サービスという概念は長くは続かなかった。まもなくして，大蔵大臣はサービスの需要が予想よりもはるかに大きいという懸念を利用して，まず眼鏡と歯の治療に対してわずかな料金の徴収を決め，つぎに処方箋に対しても料金を徴収し，歳入の増加にあてようとした。

　労働党政府 (1945—51年) は，両大戦間期に展開した地方公営住宅への助成システムを変更しなかったが，1949年住宅法 (Housing Act) によって利用できる公的資金は相当に拡大された。法令は，地方公営住宅の提供を「労働者階級」のみに限定していた制限を正式に取り除いた。1940年代後半の政府の関心は，爆撃被害と戦時の住宅建設の中止から生じた住居不足を埋め合わせるために建設を活気づけることにあった。しかしながら，戦後の資材不足により新たな建設を加速させることは困難を極め，またその後数十年の間には1968年の高層ビル，ローナンポイント (Ronan Point) 崩壊をはじめとする，安価なプレハブ工法で建てられた建物の質をめぐってのスキャンダルが相次いだ。労働党政府は，地方公営住宅が販売目的の民間の建物よりもむしろ一般的な需要を満たすためのものであることを重視したし，何より近代的な下水設備を備えた住宅の建設をとおして，新しい入居者が当初抱いていた屋内トイレへの疑念をよそに，不衛生への取組みは確実に進んだ。労働党はまた，効果的な土地利用計画や土地投機の抑制などの試みにそれまでの政府が実施したことのないほど取り組んだ。1947年都市・農村計画法 (Town and Country Planning Act) はこの目的のグランドデザインを示し，その後保守党によって廃止されたものの一定の成功はみられた。公営住宅の提供に大きな影響を与えたもう一つの重要な革新は，1946年ニュータウン法 (New Towns Act) であった。これは，過密状態の都市および衰退した産業地域から来た人々に，新たなコミュニティで仕

第2章　現代社会政策の形成

事と住居を提供するというものであった。

　広範囲にわたって公共化されたこれらの社会政策改革の中で，一般大衆にはそれほど大きな影響を与えなかったが，それでも重要な意味合いをもっていた施策がある。それは，1948年児童法（Children Act）である。剥奪状態にある児童に対するサービスに関する改革は，児童ケアをめぐるスキャンダル，「オニール事件」が発端となったようだ。児童法は，児童ケアに関する既存の法律を統合し，いずれは家族支援の領域でも専門的なソーシャルワーク実践が展開される部門を設立した。一連の法令の中でも怠惰の巨悪に対して直接的に対応しようとするものは，それほどみられない。1944年障害者雇用法（Disabled Persons Employment Act）がこの点における唯一の明白な法的措置である。1920―30年代に失業法が連発されたあとで，戦後期には雇用を「やるべきこと」リストのもっとも低い優先順位に置くことができるのを政府が喜んでいたことは不思議ではないだろう。政府は1944年雇用政策に関する白書の中でこれに取り組むことを表明していたため，雇用率が高く安定していたことは幸運であった。軍隊動員の解除をした後10年間は，さまざまな再建プロジェクトと新たな福祉サービスの両方で多くの仕事があった。イギリスは，その仕事を充足するために以前のイギリス連邦植民地，とくにカリブ海諸国からの移民労働者に大きく依存していた。今では経済学の正統派にとっては一つの論点になりつつある，予算を管理することで完全雇用を達成できるとするケインズの教義（Keynes, 1936）に従って，完全雇用の維持への傾倒がみられた。1940年代のこのような経済管理は少しインフレ傾向にあったが，完全雇用と経済成長に払う代価としてはそれ相応であるとおおむね考えられていた。振り返ってみると，この政策は（当時考えられたあらゆる懸念にもかかわらず）1920―30年代と1970―80年代の悲惨な経済管理のいずれと比べても成功であったのだが，この成功がどの程度，良好な経済管理によるものであったのか，あるいは政府管理以外の部分における内在的・外在的経済要因によるものであったのか判断することは難しい。そうとはいえ，戦後の幸福感に沸き立つ日々が終わり，雇用に対する一つの改革も声明もない状態で，過去にはうまくいかなかった雇用の供給面に焦点化した政策になぜイギリスが回帰したのか（そしてそれ以降，ずっとそうし続けている），その理由を見出せるだろう。

　1940年代は，戦時と平時の両方にわたり，今日のイギリスの社会政策システム創設にとってきわめて重要な時代である。1945―51年の大きな社会保障改革の主要な立案者は労働党政府であった。しかし，この時期の革新はそれまでの政策に先例があるものばかりだったし，新たな制度がどのような形態をとるべきかという重要な検討の多くは，両大戦間期になされた。本書では，古典的な福祉国家の主要な政策

領域のより現代的な展開を，これ以降の章で考察するが，1940年代の福祉改革の導入以降5つの巨悪がたどった運命について，そしてイギリスの社会政策における近年の歴史をかたちづくっている重要な要因についてふれて本章を締めくくることにしよう。

5　ベバリッジ以降の福祉国家

1951—2008年の時代は，大きく4つの時期に分けることができる。
1. 1951—64年は，社会政策の革新はほとんどない時期であり，政治的見解によっては，固定あるいは停滞の時代ともとらえられるだろう。
2. 1964—74年は，両政党によって活性化され，かなりの政策変化がみられた時代であり，願望を実践にうつす中で困難にも直面した。
3. 1974—79年は，急速なインフレ，高まる失業，議会の過半数を失った労働党政府の時代であり，これらは政治・社会システムに，また社会政策はもっと発展する必要があると信じていたすべての人々に厳しい打撃を与えた時代であった。
4. 1979—2008年は，1979年マーガレット・サッチャーの首相就任によって戦後の展開の逆を行き，それはおおむね1997年以降も労働党政権下で継承された。

第2次世界大戦から1979年の間は，日常生活の多くの側面が比較的富裕になり，改善された時期であったといえるが，戦後の福祉拡充（welfarism）の熱気をもってしても社会問題がすべて溶けて消えたわけではなかった。ブライアン・エーベル＝スミス（Brian Abel-Smith）とピーター・タウンゼント（Peter Townsend）が1965年の出版物『貧困者と極貧者』で示したように，当時750万人もの人々が資源の欠乏によって社会の「普通の活動」に参加できないままであった。ブース（Booth）とラウントリー（Rowntree）が指摘したことと重なる興味深い事実は，このような人々の3分の1はフルタイム就業者であったことである。ホームレスも蔓延していたし，「キャシー・カム・ホーム」（Cathy come home）という最初のドキュメンタリードラマが，ある家族が自らの落ち度はないにもかかわらず財産を喪失して窮状に陥ったことを描いたことで，福祉ネットに穿たれた巨大な穴の存在を，裕福な多数派層にさえも痛感させることとなった。1966年にこの番組が放送されたときには，（大半の人々はテレビを所持していなかったにもかかわらず）イギリスの人口の4分の1がこれを視聴し，住居に関する活動団体である「シェルター」（Shelter）の設立につながった。

労働党は1964—70年に政権に返り咲き，また1974—79年にもかろうじて実質的な過半数を得て再び復帰したが，多くの圧力団体や政治活動家らはこれを，前述のような問題に取り組み，1940年代の福祉改革を強化する機会ととらえていた。とりわけ，社会保険を統合し資力調査を最小化すること，そして総合制中等教育を実施することが目標に掲げられた。前者については，進展は限定的であった。保険給付の水準を引きあげ，すべての人々に十分な年金を保障するための努力はなされた。このような方策は，経済的困難を背景に公共支出の抑制がとなえられた当時の時勢に逆らって実施されたのであるが，1979年以降は保守党によって大部分が廃止された。総合制中等教育の実施はもっと円滑に進んだが，（第9章でみるとおり）この改革は平等主義の公約を果たすには至らなかった。

　労働党・保守党両政権下の1960—70年代は，より効果的な公的社会サービス提供の仕組みを確保するという，今日まで続く試みが高まり始めた時代であった。これは，地方政府と保健サービスの両方に影響をおよぼした。その変化の一つは，成人と児童に対するケアサービスを統合した「社会サービス部門」（スコットランドではソーシャルワーク部門）を創設したことであり，この時期にはこのような「シンデレラ」サービスが成長した。第8章，第9章では，成人と児童に対するサービスは現在では再び分離されていることが示されるが，この理由として，これとは別の関連性がより重要であるとみなされるようになったことがあげられる。それは，児童に対するサービスと教育との間の関係性である。実際のところ，異なるサービスを連結するための理想の定式は存在しない。ある世代にとってきわめて重要と思われる組織形態が，別の世代にとっては意味をなさないこともあるのだ。

　この時期には，戦後の改革の限界とさらなる発展の可能性が確認された。労働党は1970年に多くの支持を失い，1970年代半ばに再び社会政策を強化しようとしたが，この試みはかなり不利な経済的・政治的状況下での実施となった。それゆえ，労働者階級の人々の政治的擁護者としての労働党に対して，さらにはより一般的な福祉国家の成功に対して疑念が高まったのと同時に，これに代わる右派の主張が注目を集め始めた。1960年代以降，自由市場の「シンクタンク」である経済問題研究所（Institute for Economic Affairs，以下 IEA。現在では Civitas と呼ばれる）が福祉への公共支出の削減や，規制緩和と公的サービスへの市場原理の導入を説いたパンフレットや評論を出版している。IEA は多数の政策シンクタンクのうちの一つにすぎず，彼らの見解は1960年代には主流ではなかったが，その後多くの政策アイデア・原理が受け入れられるようになった。その中でも（「サンデー・タイムズ」とならんで）1980年代にとりわけ大きな影響力をもったのは，チャールズ・マレー（Murray, 1990）に IEA が与えた演壇と彼の「下層階級」論であった。「下層階級」

論は，その社会科学としての信頼性に見合うよりもはるかに多くの知的注目と大衆からの支持を得た。

1970年代はインフレ，産業の不安定，過去10年間の繁栄に恵まれた経済の失速など，経済的な混乱の時代であった。それは保守派にとっては，福祉の費用と影響による損害と考えられているものに関して，「だから言ったじゃないか」と自分たちが正しかったことを主張する好機となった。1980年代イギリスにみられた社会政策をめぐる思潮の変化は，右派指導者のマーガレット・サッチャーが保守党政府に当選をもたらしたせいだと考えがちであるが，実はそれ以前から変化は少しずつ生じており，それはイデオロギー的な機運と同じくらい経済の移り変わりにも起因していた。もっとも，1975年公共支出の増加に関して地方政府に「パーティーは終わった」と警告したのは，労働党の大臣であるアントニー・クロスランド（Anthony Crosland）だったのである。

サッチャーの時代には，福祉の形態と供給者のバランスが相当変化しただけでなく，ある意味もっと重要なのは，公的福祉の根底をなす信条として，残余主義への回帰がみられたことだ。それ故に，保健と教育サービス以外に国家に頼ることは最後の手段となった（これらですら多くの人々は可能な限り自ら購入した）。救貧法の残響が何世紀にもわたってこだまする，この残余主義が文化的にもつ意味を軽視すべきでない。他の文化では「依存」は人間が生きるうえで価値のある一つの側面とされる一方で，フレイザーとゴードンの考察のとおり，イギリスでは「依存」には「強い感情的，視覚的連想と，強力な軽蔑的まなざし」が伴う（Fraser and Gordon, 1994, p.4）。

1979—97年の保守党政府は「公共部門の圧縮」（コラム8参照）という公約を掲げ，民営化，受給資格の制限，いくつかのサービスの完全な廃止などあらゆる戦略を実施したにもかかわらず，公共支出の削減に成功したのは住宅領域のみであった。しかしながら，その後労働党がとった政策の方向性からみても，ニューライトの政策が包含するネオリベラル的なメッセージが広く一般に受け入れられていたことは明らかだ。公的な供給に対する批判は，完全に吸収され内在化されてきたようである。その批判とは，公的供給は独占的であるゆえに（消費者主導よりも）生産者主導的で，サービス消費者は，質の低い画一的なサービスの提供によって自力で行動を起こすことや自活することへの動機を与えられないまま，自ら選好を表明するエネルギーを削がれる，非効率で官僚的であるといったことだ。

保守党政府は公的供給をめぐる（現実および想像上の）問題に対して「市場」的な解決法を提示した。これまでの福祉制度において，欠点や意図しない結果があったことは間違いない。たとえば，サービス利用者からはサービスが力を奪う，不十

コラム8　サッチャー政策の基本的指針

1　〈集産主義アプローチへのイデオロギー的挑戦〉
　　メディア，シンクタンク，学術書（とりわけアメリカからの）

2　〈民間による福祉供給の推奨〉
　　医療保健分野（NHSへの直接的な攻撃はなかったものの），公的年金の縮小と私的年金の促進，住宅の所有（公営住宅を居住者に売却することは，地方公営住宅が担う役割を変えた。これについては第❾章で詳しく述べる）。公共サービスの提供に関して競争入札の義務化，福祉における内部（準）市場の促進。

3　〈公共支出の削減〉
　　ケインズ経済主義でなく，マネタリズムへの傾倒，支出の削減とサービス料の徴収。

4　〈公共サービスへの新たな管理主義の導入〉
　　「効率」と「効果」の向上を目的としたビジネス原理の適用。

5　〈地方自治体の権力の削減〉
　　政策立案，資金獲得，公共支出における中央集権化。

6　〈シティズンシップの再定義〉
　　ユニバーサルな権利よりも，市場への参加を義務化。

（出所：Wilding, P. (1992) "The British Welfare State: Thatcherism's Enduring Legacy", *Policy and Politics*, 20 (3), pp. 201-212)

分，不適当，遅いなどの経験に基づいた批判が指摘されてきた。民族的に多様なイギリス国民のニーズに対して十分な把握と対応がなされておらず，また制度的な人種差別があることは，1999年マクファーソン報告書（the Macpherson Report）によってこの概念が主流化されるよりもずっと前から明らかであった。1970年代に制定された平等法にもかかわらず，女性の社会的権利は男性に比べ未だ劣位にあったし，教育や保健の面における社会階級間の不平等は根強かった。このような公的供給に関する真の意味での失敗は，ベバリッジ報告と1940年代の関連法律の制定を受けて生み出された福祉国家への期待からはかけ離れている。しかし，これらが公的供給に本質的につきまとう問題であり，したがって民営化や福祉のビジネスモデル化によって改善できるという仮説は，実践の中で立証されるには至っていない。

すでに述べたように，イギリスでは常に公的，民間，ボランタリーな社会的供給が混在してきた。だが，1980年代以降，保守党政府が徐々に社会的供給の民営化と市場化を漸進させるプログラムを多岐にわたって実施した。ここでいう「民営化」には多くの意味がある。たとえば，非国有化（ブリティッシュ・エアウェイズ，ブリティッシュ・テレコム，ブリティッシュ・ガスなど）から，病院の清掃・配ぜん・送迎など補足的サービスの外注，また退職・失業・健康不良に対する民間保険の推奨，保育所や介護施設など民間企業によるケアサービスの直接的な供給まで，さまざまである。しかし，ヒラリー・ランド（Land, 2005）が指摘するとおり，「民営化」はしばしば費用と責任の市場への移転にとどまらず，家族への移転をも意味する。

次章以降の内容を視野に入れてより一般的な見方をすれば，1980年代以降の社会政策にみられた変化は，ジュジャ・フェルゲ（Zsuzsa Ferge）の「社会的なものの個人化」（individualization of the social）という概念が的確にとらえている。歴史家たちが主張するように，1940, 50, 60年代の戦争国家から福祉国家への変遷に伴って生まれた日常生活への国家介入の許容と期待は，国家と市民との関係においては一時的な変化にすぎなかったようだ。自らの最大の政治的功績は何かと聞かれたマーガレット・サッチャーが，「ニューレイバー」だと答えたという有名な逸話がある。新聞雑誌的な笑い話ではあるのだが，政策に関していえば1979年以降に保守党政権下で生じた福祉の個人化と，1997年以降労働党による個人の「責任化」（responsibilization）戦略には，かなりの連続性がみてとれる。というのも，両者とも福祉国家（welfare state）の重視というよりも福祉のあり方（state of welfare）に焦点を当てているからである。1997年の直後には，保守党の施策が転換されるような主張もあったようだ。たとえば，民営化に関しては教条的というよりは，何がもっともよく機能するかを重視した実利的なアプローチをとることが約束された。また私的年金とは対照的に，十分とはいえない公的年金の給付に関して未解決の問題が再び検討された。何よりも，貧困問題が存在することを認めるつもりがなかった保守党に対して，労働党政府は貧困の低減に真剣に取り組むことを誓った。しかしながら，2008年以降はサービス供給の問題に対する組織的な「修正」への取組みに熱が帯びる一方で，非常に多くの点において政策の転換よりも継承が目立った。本書においてそれぞれの政策領域に関する各章は，現状を理解するうえで重要な場合には過去の歴史を振り返るが，社会政策の歴史の中でも1997年以降に起こった出来事にはより多く注目することとなろう。

社会サービスの歴史的展開の詳細を示すよりも（これについては，「より深く学ぶための読書案内」を参照），本章はイギリスの福祉供給の発展過程におけるいく

つかの決定的な時機を示した。さらに，長期的な視点からとらえて次のようなことを提起した。それは，どうすれば私たちは2000年代の社会政策について何が新しく，独創的で，先駆的かをよりよく評価し，また，その時代の政策を形づくる政治的，経済的，社会的諸要因にかかわらず，歴史という網は福祉国家という構造によって複雑に編みあげられていることをよりよく理解できるのかということである。

◇より深く学ぶための読書案内

　社会政策の展開におけるさまざまな歴史的時期を扱ったものには多くの書籍がある。Fraser の *The Evolution of the British Welfare State*（2002）（『イギリス福祉国家の発展』第3版）は1700年代後半からの時期を取りあげている著名な歴史書である。一方，Kathleen Jones の *The Making of Social Policy in Britain*（2000）（『イギリスにおける社会政策の形成』第3版）は，1830年代から現在までにみられたさまざまな問題により焦点化したアプローチをとっている。Harris の *The Origins of the British Welfare State*（2004）（『イギリス福祉国家の起源』は1800—1945年における社会政策の起源を広く探索しているし，戦後に関してはMargaret Jones and Rodney Lowe の *From Beveridge to Blair*（2002）（『ベバリッジからブレアまで』）が1948—98年に焦点を当て，5つの主要な政策領域における目的と達成を考察している。また，Timmins の *The Five Giants: a Biography of the Welfare State*（1996）（『5つの巨悪——福祉国家の誕生史』）はジャーナリスティックな視点から，社会政策の形成に関わった政治家や他の政治アクターについて生き生きとした説明を加えている。本文でも記述した，Robert Page の *Revisiting the Welfare State*（2007）（『福祉国家再訪』）は，戦後の社会政策の展開に関して興味深い再評価をおこなっている。

　サッチャー，メージャー政権が社会政策に与えた影響についてもさまざまな説明がなされている。サッチャー時代に関してもっとも包括的な情報を提供するのはSavage, Atkinson and Robins 編の *Public Policy in Britain*（1994）（『イギリスの公共政策』）であり，メージャー時代に関しては Dorey 編の *The Major Premiership*（1999）（『メージャー政権時代』）がある。またブレア政権に関しては，Martin Powell 編の *New Labour: New Welfare State?*（1999）（『ニューレイバー：新しい福祉国家？』），*Evaluating New Labour's Welfare Reforms*（2002）（『ニューレイバーの福祉改革を評価する』），*Modernising the Welfare State*（2008）（『福祉国家の現代化』），Savage and Atkinson 編の *Public Policy under Blair*（2001）（『ブレア政権下の公共政策』）などがおすすめである。ブレア政権下の全時期における社会政策の成果について評価がなされる日も遠くないと思われるが，現時点では Seldon

編の *Blair's Britain 1997-2007*（2007）（『ブレアのイギリス——1997—2007年』）が多くの章を充てて社会政策のさまざまな側面を検討している。

第3章
社会政策の立案策定

1 はじめに

　本章では，社会政策の立案策定システムを取りあげ，イギリスの中でこのプロセスに関係する重要な機関を紹介する。そして，第4章では社会政策の執行について考察する。政策プロセスを「立案策定」(making) と「執行」(implementation) とに分割するのはさまざまな理由により難しいため，これら2つの章は一緒に考察するべきである。つまり「立案策定」が終わり「執行」が始まったといえる境界線の確認は難しいからである。また政策執行は，次の政策立案策定に影響をおよぼすというかたちでかなりの程度のフィードバックがある。そして多くの政策はまさしく骨組みだけなのだから，そのインパクトは執行段階において政策がどのように解釈されたかにかかっているからである。実際，政策の立案策定を〈政策形成〉と執行とを合わせた一連のものとして描写することが適切である。

　本章は，イギリスの政治制度が特定の観念と対応していると思われる点から出発しよう。つまり，イギリスの政治制度の中で政策形成は選ばれた代表者たちの責任であるとみなされ，代表者たちは選挙の際に公益のために仕事をしたかどうかについて責任を問われることになるのである。本章ではまず，このモデルに対応する制度の特徴について，さらに政策の立案策定過程に責任をもつとされる諸機関について検討する。1998年以降，行政権の一部がスコットランド，ウェールズ，北アイルランドへ移譲されてきたので，政治制度はより複雑なものになってきている。こうした権限移譲の意義について考察した後に，地方政府の役割に関わるいくつかの論点を展開する。その後，イギリスが欧州連合 (EU) の加盟国であることが，社会政策にどのような影響をおよぼしているのか，そして広く社会政策に対する「グローバルな」影響についていくつかの考察をおこなうことにする。

　さらに，さまざまな方法で代議制モデルは修正され，実際にはおそらくその土台さえも危うくされているので，そうした道筋の検討へと議論をすすめる。これは人々の意思がどのようにして政治的行動へ転換されるかに注意を向けることであり，

55

この制度の中で圧力団体やメディアによって担われる役割を検証し,「政治エリート」が民主政治の土台をかなり危うくしてきたケースを検証することである。

2 代議政体モデル

　イギリス,アメリカ,西ヨーロッパのほとんどの国々,そしてイギリス連邦の多くの国々の政治体制が民主主義であると主張される時,そうした主張は国民の代表という形態が政治体制の中に広く普及しているという見解に基づいている。複雑な社会においては,多数の意思決定を少数の代表者がおこなうので,このような政治制度は明らかに直接民主主義を意味するものではない。ときどき,国民投票において投票結果が拘束力をもつプレビサイト(plebiscites)や拘束力をもたないレファレンダム(referenda)を利用して,国民をより直接的に参加させようとする国もある。後者のレファレンダムという手段はイギリスではわずかながら利用されてきた。それは権限移譲措置と関連して利用された。政府はイギリスが欧州通貨制度に加盟する前にはレファレンダムを利用すると約束してきた。そして,新しい欧州連合憲章を受け容れるかどうかについて,レファレンダムを利用することが広く主張され続けている。

　代議政体が間接的であるということにはもう少し深い意味がある。代表者と代理人との間の区別がしばしばおこなわれるのである。代理人とは,代理人を選んだ人々から特定の政策を支持し,その後の結論を説明するために戻ってくるよう委任されているとみなされる。イギリスの政治家たちは,自分たちが代理人とみなされるべきだという見解を繰り返し拒否してきた。代わりにかれらの義務とは選挙民の最上の利益を理解するという見地に立って,自らが判断することであると主張している。他方で,もしかれらは自分が代表している人々との接触がほんとうに疎くなったならば,もちろん次回の選挙の際には拒否されるかもしれないということも認識している。この意味において,かれらは自分に投票した人だけでなく選挙区民全体の利益と関連していると主張している。こうした主張は,18世紀後半にはじめてエドマンド・バーク(Edmund Burke)によって詳しく説かれた。もちろん今日では,政党の重要性が高まっているので,選出された代表者たちはすべての選挙区民を代表していると主張するのは難しい。しかし同じく,こうしたことはかれらが代理人の役割であると考えるのも難しくしている。国会で,そして地方議会での政党グループの存在は,議員と選挙区民との直接的関係とは離れて,政党綱領の実現のために影響力を行使するのである。だから,代議制民主主義の現代的修正とは,大衆がその時その時に2つ以上の包括的な政治綱領の中から選択することが認めら

れており，公約を実行できなかった政党を拒否できるものとして理解することである（Schumpeter, 1950）。しかし，政党やその他の団体も世論の動向を調べるためにさまざまな選挙テクニックを利用している。

このような民主主義モデルが依拠している理論によれば，社会政策が政党の責任によって決定されることが期待されるだろう。そして，政策転換の提案は選挙のマニフェストで設定されることになるだろう。福祉国家の成長は，民主主義の拡大であり，こうした方法で社会変化を理解するように選択している人々がいることと明らかな関連がある。しかし，政策の立案策定についてのこのような見解には弱点がある。それはこの章の後半部で検討されることになる。まず，そのような分析に関係するにちがいない統治機関についてもっとはっきりと確認する必要がある。これまでにイギリスの政体についての講義で学んだ人たちは次節を読みとばしたいかもしれない。

3　中央統治制度

イギリスは非民主的な時代につくられた諸制度を民主化してきたことに，その政体の風変わりな特徴がある。ほとんどの国は，わりに近代的創造物である政治制度をもっている。それらの制度はまったく新しい諸機関の設立を求める激動の政治的事件のあとに考えられたものであるか，新しくつくられたり新しく独立した国家の必要に応じて設立されたものであるかのどちらかである。たとえばフランスやドイツの政府はこうしたカテゴリーの前者に分類されるし，アメリカやイギリス連邦諸国は後者に分類される。イギリス人は，他の世界各国のモデルとなるような政治制度を発展させてきたことに誇りをもっている。なるほど実に多くの立憲主義的な考え方はイギリスから借りてきたものであるが，私たちイギリスの今日の制度は，政治制度を構想する人なら誰もがおそらく採用したいとは思わないような特徴をもっている。

のちの権限移譲についての節では，1998年の出来事がイギリス政治全体の性格をさらに不明確にしたことが示される。しかしながらまず，イギリス全体を統治する機関を調べる必要がある。それらの権限の一部はスコットランドに移譲（ウェールズと北アイルランドにはより小さな範囲で移譲）されたが，イングランドに対してはどのような部門の行政団体にも移譲されなかった，ということを記憶にとどめておこう。

君主制と上院（貴族院）の存在はイギリス政治の2つの特徴である。形式的には，国王は政策の立案策定過程にはほとんど影響力がない。他方で，上院はいまなお法

律を詳細に調べるための広範な権限をもっているが，政府の意思を妨げる能力は1911年以降の一連の立法によって弱められてきた。上院はいまや一代限りの任命議員（貴族）とこれまで存続が認められながらも人数を制限されている世襲貴族との奇妙な混合物である。本書の執筆時点で，国会での一連の長く複雑な討論に続いて，政府は選出された議員で国会を構成する法律を計画している。しかし正確には，その選挙制度がどのように機能すべきか，そしてこの変化が上院議員たちの権限にどのような結果をもたらすのか，いまなおはっきりしていない。国王と貴族の限定された権限と責任をめぐる問題に入っていくことで，こうした議論をさらに込み入ったものにすることはお勧めしない。

　主要な立法機関である下院（庶民院）は600以上の選挙区（通常の選挙区境界の変更によってその数は変化するので正確な数字はいえない）から議員が選出される。各選挙区は，各々の選挙で投票の単純過半数を獲得した候補者を議員に選出する。総選挙後，国王は多数党の指導者に政府を組織するように求めるという形式上の責任を負っている。たいていの場合に国王の務めは明確であるが，明らかに多数を得た政党がない状況では，その仕事は複雑になる場合がある。一般に，国王はその時に民主的過程を侵害するような決定をおこなうことはないだろうとの期待がある。なぜならば，こうした状況下で政府を組織することに同意した人が誰であれ，その人は国会から十分な支持があることを証明する責任を負うからである。言い換えれば，もし他のすべての政党が結束して反対したならば，少数党政府の地位はもちこたえられない。しかし，こうした状況には両義性がある。というのは少数党政府の寿命は，かれらへの積極的な支持によるというよりは，かれらを辞任に追い込むことに気が進まないことによって長続きさせられることになるだろう。本書の執筆時点で，このような顕著な実例は，国民党によるスコットランド統治である。この党はスコットランド最大の政党であるものの，イギリス国会では多数を占めてはいない。

　新しく任命された首相は政府を組織し，首相の支持者たちに100あるいはそれ以上の公職をあてがう。さらにこれらの公職は首相が所属する党の党員というのが通常の想定であるが，例外的に政府の公職が他の政党に割り当てられて連立が形成される場合がある。公職を与えられた人はすべて，通常は上院または下院の議員であるか議員となる予定の者である。そのほとんどは下院議員（「国会のメンバー」すなわち「MP」として知られている）である。政府メンバーの選択は首相の好みにかなり依存している。しかし，首相は自党内の利害や派閥を無視できないし，明らかに任命された人たちの能力にいくらかの注意を払うだろう。

　首相による任命の中で閣僚の任命はもっとも重要である。慣例として，15人から

第3章　社会政策の立案策定

> **コラム9　省庁の名称変更**
>
> 　本文で述べているように，省庁の名称変更はたいへん頻繁に起こっている。そこで省庁の名称と機能について最新の情報を取り入れつづけることは非常に難しいといえる。たとえば，2007年にゴードン・ブラウンが首相になったとき，以前の教育技能省は子ども・学校・家庭省とイノベーション・大学・技能省に分割された。もっと紛らわしくさえあるのは，イングランドにおける地方政府のための省——現在は，コミュニティ・地方行政省であるが——は，歴史上何度も変化したが，過去のそれほど前ではない一時期には副首相府であったことが知られている。その時期に副首相もそうした役割を担っていたのである。

25人の閣僚を任命する。それは主要な政府省庁の長を含むが，同時に省庁の権限をもたない数人のメンバーもおり，かれらには政治的役割あるいは調整的役割が与えられる。首相によって主宰される内閣は政府内での主要な意思決定機関である。伝統的に，いくぶん重要な新政策の試みや新しい立法は内閣の承認を必要とするが，最近，とりわけトニー・ブレアが首相であった時期に，こうした伝統が無視されてきたという状況がみられた。各省間の利害の対立もまた，一般的には閣内あるいはその委員会内で生じている。歴代内閣はより詳細に仕事をするために数多くの委員会を設置した。こうした委員会のいくつかは閣外大臣の支援に依拠している。
　イングランドの社会政策を論じるときに注意を払うべき主要な政府省庁は，財務省，保健省，雇用年金省，コミュニティ・地方行政省，児童・学校・家庭省，イノベーション・大学・スキル省である。さらに環境・食糧・農村省も付け加えられるだろう。この省は，保健一般やその他の地方福祉にも影響をおよぼす問題について責任を負っているからである。
　これ以外の2つの省，内閣府と内務省もまた少しばかり役割を果たしている。読者は次のようなことに用心しなくてはならない。その時その時で，表面上では政策調整のために可能な限り最良の枠組みを見出すためであるといわれているのだが，胸の内ではあまり高邁ではない政治的動機を秘めながら，省庁の構造を変更することが最近の政府の慣行となってきた（コラム9参照）。したがって，本書が読者の手元に届く時までに，省庁は新しい名前となり，政策の責任はある省から他の省へと移っていることがあるかもしれない。
　首相とは，厳密には第一大蔵卿（the First Lord of the Treasury）である。この古風な名称は私たちに次のようなことを思い起こさせるだろう。今日私たちは，財務大臣（Chancellor of the Exchequer）[第2章の歴史的記述の際には大蔵大臣と訳出し

> **コラム10　省庁の大臣たちの職責**
>
> - 新しい立法を提案するための責任。これは，野心的な政治家がおこないたいと望む価値あることである。大臣は，政党綱領から政策の発議に連なる仕事を確実に達成したいであろう。
> - 日々の膨大な行政事務を監督すること。これらの多くは立法措置を必要としない新しい政策についての明確な記述，あるいは省内の新しい危機への対応を決定することなどが含まれている。政策の形成と執行との間の区別がたいへん不明瞭となるのは，こうした種類の仕事においてである。
> - 省の政策や活動について下院議員からの質疑に対応すること。こうしたことは，国会答弁に必要な情報提供を求められる公務員たちがおこなう大量の日常業務を含んでいるので，もともとは受け身の行動としてみられるかもしれないが，新しい政策の発議を公表する機会を提供することにもなるだろう。実際，多くの質疑は大臣側の後方議席にいる味方の下院議員によっておこなわれ，各省の活動の広報に役立っている。
> - 国会の枠を超えた広範囲の広報活動という役割。これは，省の活動を外部の世界と関わらせるための演説，会合そして訪問などの計画を含んでいる。

た]を財務省の上席大臣とみなしているが，首相はとりわけ歳出や課税，経済の運営に関する主要な決定に関わらなくてはならない，ということである。実際，首相と財務大臣との関係は，消息通や情報をもつジャーナリストによって提供されたすべての記事から判断すると，現代政治を機能させるためにはなはだ重要であるように思われる。歳出を管理することによって社会政策を形成するという財務省の役割は近年では確実に注目を集めてきた（Deakin and Parry, 1998参照）。しかし，それに加えて社会保障政策のきわめて重要な手段として税額控除が登場したことは，財務省にいっそう直接的な役割を与えることになった。税額控除は，歳入関税庁と呼ばれる政府機関によって執行される。歳入関税庁は財務省が決定した政策を実施し，財務省への説明責任を負っている。

　上記の各省には，上席大臣すなわち内閣の閣僚がいる。また，首相は，時には内閣のメンバーとして，他の特定の省庁から大臣を受け容れるという選択をするかもしれない。各省庁の長は，省庁担当大臣あるいは政務次官の名で知られている閣外大臣に支えられている。これらの閣外大臣たちは特定の政策領域において個別の責任を負うことになっている。コラム10は，各省庁の大臣たちの責任について要約したものである。

　閣僚の一員でもある大臣の役割は，政府内の中央政策調整チームのメンバーとし

ての立場と省益を守り増進させる責任との間でかなり大きな対立を含んでいる。個人が省の問題においても，大臣の責任の外で生じている主要な政治的戦略問題においても誠実に対応するということは，誰であっても個人としては困難なことである。さらに，統治に対する理性的アプローチにとってきわめて重大な問題がある。それはすべての人が各省のニーズと優先度によって決められた，つまり対立しあう「視野狭窄」のイメージをもっているような個人の集まりの間では，交渉によって戦略的な問題がもっともよく解決されるというわけではないということである。さらに，この問題を解決しようとする多くの相互に競合する方法がある。こうした仕事を支援するために，歴代の首相は内閣府を発展させてきた。公的支出全体に対する財務省の責任は，とくに強力で野心的な財務大臣の下では，内閣府に調整的役割をおこなうようにさせることでもあった（Deakin and Parry, 1998）。閣内にあって各省には責任を負わない無任所の閣僚もまた，こうした問題の解決を促進することが期待されている。しかし，ここには継続的で避けることのできない対立があるように思われる。

　公務員たちによる大臣の支援についてはすでにたびたび言及してきた。自明のことだが，公務員は政策の執行において重要な役割を果たしている。強調する必要があるのは，公務員は政策形成に深く関わっているということである。各主要官庁は，その活動の中心に100人またはそれ以上の公務員を抱えており，その最上位に「事務次官」がいる。事務次官は，その多くを大臣承認の必要がある「政策」的事項の決定に関係している。代議政体の理論で明らかに求められていることは，かれらは大臣の「政策スタッフ」とよばれる立場であって，表向きは政策の代替案についての情報や証拠を提供するが，政策の決定をおこなうのではないことである。

　イギリスの政府システムは大臣に指揮された省庁のネットワークにとどまらないものを含んでいる。種々の特定の公共サービスの責任は一定範囲の特定政府機関に移されているが，それぞれのケースにおいて政策の究極の責任は中央省庁の一つに帰属する。社会政策を学ぶ者は，この種のたくさんの重要な機関の例に出会うことになるだろう。そうした機関のあるものは全国規模の権限をもっているし，あるものは地方あるいは地区の責任をもつ。最近では，それらの機関はその数を増やし，その重要性を高めており，「ニュー・パブリック・マネジメント」（Hood, 1991）制度の出現とみられるようになってきた。以前にあった単一の行政機関が，その従業員に対する勤務条件が異なるさまざまな組織のネットワークによって置き換えられてきた。中央政府において，1980年代に始まった「ネクスト・ステップ・イニシアティブ」は，政府の多くの日常的業務を個別の請負機関に委任するようにした。これらのほとんどの機関は全体として公的な性格を維持しているが，いくつかのもの

> **コラム 11　立法段階**
>
> 1．「第1読会」──これは単なる法案の形式的説明を含むにすぎない。
> 2．「第2読会」──普通はここで法案の基本原則について密度の濃い討論がおこなわれる。
> 3．「委員会段階」──法律案が詳細に検証される（通常は，院全体ではなく小規模な「常任委員会」によっておこなわれる）。
> 4．「報告段階」および「第3読会」──ここでは委員会から出てきた法案が承認されるが，委員会の決議のいくつかを無効にするように再修正される場合もある。

は政府との契約の下で仕事をしている民間組織（たとえば政府文書を発行する政府刊行物発行所のような）である。請負機関については第4章においてさらに議論されることになる。

　この節での議論は，国会の構成について，そして政府と国会との関係の特質についての考察から始めて政策形成に関与する諸組織のより詳しい説明へと展開してきた。しかし，国会の役割についてもう少し検討する必要がある。国会へ選出された600人の議員のうちおよそ100人が政府の特定の職務に関係することが示されてきた。残りの議員たちは政策形成においてどのような役割を果たしているのだろうか。

　主要な政策形成には，国会制定法の公布が含まれている。政府はこれらの政策の圧倒的多数を議会で通過させるように努めており，当初の政府提案（「法案」として知られている）は各省庁内のスタッフによって準備される。次に，法案は上下両院（庶民院と貴族院）でそれぞれ4つの段階を通ることになる（コラム11参照）。

　明らかに，大臣職についていない議員は，これらのすべての段階に参加しているだろうし，野党議員は，とくに政府の活動を精査し，攻撃することに注意を払おうとするだろう。最大野党は政府の活動に対して熟慮し，専門に特化した対応をおこなうために「影の内閣」を組織している。

　国会制定法に加えて，両院とも「下位」あるいは「委任」立法として知られている大量の法律を取り扱わなければならない（コラム12参照）。

　国会での質疑は政府の行動について平議員たちに審議の機会を与えるものだということはすでに言及してきた。国会議員は前もって最初の質問事項を提出している。多くの質問は文書で大臣たちによって回答されているが，口頭で回答をうけた議員はその結果として補足的質問をおこなう場合がある。質問をおこなう権限に加えて種々の議会手続きは，議員たちが関心のある話題について短い討論を促進する活動機会を議員に提供している。最大野党にはこうした種類の特別の便宜が他の野党よ

第3章 社会政策の立案策定

> ### コラム12 下位立法
>
> 　多くの国会制定法は，政府にその後の変化や新しい規制を促進するのを認める条項を含んでいる。これは，政策の小さな変更のすべてをコラム11で記述されたような入念な立法プロセスへ戻すのは国会の時間の浪費であるという考え方なのである。こうした一例としては，小さな規則変更があまりにも頻繁に必要となる社会保障立法があるだろう。そうした法律では給付率がいつも明確に定められているわけではない。こうした給付率は定期的に変更が必要とされるので，この変更は追加的な規定によっておこなわれる。
>
> 　下位立法を促進するために，政府は「委任立法集」（statutory instrument）を発行しなければならない。この立法集は国会議員たちの精査を受けるために公開される。この立法の中には議会の承認を求めるものもあり，他のものは発表から40日以内に両院のどちらかで否定的な議決がされた場合には廃棄されるものもある。それゆえ，（下院の）平議員たちは下位立法を妨げるために介入するかもしれない。委任立法集を精密に吟味し，その結果，下位立法について議会の検討を容易にするために，上下両院の合同委員会が設置されてきた。しかし，かれらには巨大な仕事量があり，国会に先だって提出された限定された数の委任立法集にしか細かく注意を払えない。

りも多くあり，野党自身の選択した話題について討論する日数が配分されるのである。

　イギリス国会が他の国々の多くの立法機関，とくにアメリカ議会と区別される一つの風変わりな特徴とは，専門委員会を利用することが少ないことである。法案を検討する委員会は決して専門化されていない。委員会はそのテーマにかかわらず順番で新しい立法について検討するのであり，個別の調査の仕事をおこなうことはない。

　しかし，むしろもっと専門化された特別委員会という制度もある。おそらくこれらの中でもっとも重要なものは国家会計委員会であろう。この委員会は公金の使われ方の調査に関わっている。つぎに，行政に関する国会理事「オンブズマン」の仕事についての特別委員会，そして委任立法集やヨーロッパの立法についての特別委員会もある。1979年に，特定の（場合によっては2つの特定された）政府省庁の仕事に関わりをもつ委員会制度が創設された。しかしわが国の制度上の政府権力は強力であり，これらの委員会がかなり優れた圧力グループの役割を超えた働きができるかどうかは疑わしいものである。委員会は専門アドバイザーの助力を得て特定の問題を調査し，影響力をもつ報告書を発行したりするが，立法に関する役割は担っ

ていない。

　こうしたイギリスの中央政府の制度についての説明は，選出された代表者たちが議会での広範な職務をもつことを示している。もしかれらが政権与党に所属しているならば，おそらくかれらはある種の政府の役職に就くことになるだろう。もしかれらが役職についていなくても，かれらはなお政府との特別な関係にあって，その関係の中で，かれらは与党のメンバーであることや，役職についている多くの同僚や友人がいることによって，有利となることがいくつか生じることもある。他方では，党への忠誠ということでは政府を支持する義務があることを意味しているので，不利なこともあるだろう。野党議員に浮かんでくる政策批判の一部は政府支持派には否定される。他方，政党に即して厳格に組織される国会において野党の立場とは，いわゆる自らの考えに対して多数の支持者を確保するには非常に困難な状況であることを意味している。

4　権限移譲

　1998年に行政権がスコットランド，ウェールズ，北アイルランドに移譲されたことはすでに述べてきた。スコットランドへの権限移譲は内容のある実質的なものであった。1998年のスコットランド法によって具体的に示された権限移譲の主要な特徴とは次のようなものである。

- スコットランド議会は小選挙区比例代表並立制として知られる投票制度によって選出される。
- スコットランド議会は4年間の固定した任期であるが，例外的な解散や再選の規定がある。
- スコットランド行政府は首席大臣によって主導されており，首席大臣はスコットランド議会が選出し，女王によって承認される。ついで，首席大臣は他の大臣たちを選任する権限をもっている。
- スコットランド議会の機能として，その権限に関してスコットランド法に特記されてはいないが，イギリス連合王国［本節でのみ，イギリス全体をさすときは連合王国と訳した］政府に留保されるべき権限だけが定義されている。留保された主な権限とは憲法に関すること，外交と欧州連合，防衛，経済政策，入国管理と国籍，ほとんどの社会保障政策，雇用政策などである。
- しかし，スコットランド法には「連合王国国会がスコットランドのための法律をつくる権限に影響を与えない」と宣言する条項（第28節第7款）がある。

- スコットランドの財政資金のほとんどが地方交付金に基づいているが，スコットランド議会は所得税を連合王国における税率の3％ポイントの範囲で変更する権限をもっている。
- スコットランド議会がその権限を踏み越えないことを確実にする手続きがある。それは事実上，連合王国政府に最終的な拒否権を与えるものである。

 それ故，社会保障と雇用政策以外の社会政策の主要な領域のすべてが，いまやスコットランド行政府の責務となっている。しかし，連合王国国会は，経済政策に対して，またスコットランドの予算のほとんどをコントロールしているので，移譲した政策領域においてさえ政策立案策定に対する実質的な影響力をもっていることになる。
 ウェールズでは，権限移譲は「議会」に対してではなく，「協議会」(assembly)に対するものであった。1998年のウェールズ統治法の下でのウェールズへの権限移譲の主要な特徴は，上述したスコットランドで掲げた一連の項目との比較によって十分に際立つことになるだろう。

- 協議会はスコットランドと同じ投票制度によって選出される。
- 協議会も4年間の固定した任期であるが，例外的な解散をめぐる条項はない。
- 協議会に「立法機能」はないが，むしろ統治法はウェールズ担当大臣（連合王国政府が任命した者）が行政権を移譲するかどうか考慮しなければならない政策領域のリストを掲げている。その領域には，農業，保健，地方行政，ソーシャル・サービス，運輸，企画立案，文化，ウェールズ語，環境などの領域が含まれる。事実，最初の立法以来，協議会の自治権を拡大するためにこれらの権限が広範に行使されてきた。
- ウェールズの公共サービスのための財政資金は地方交付金に基づいており，追加的あるいは独自の税を引きあげる権限はない。
- 立法上の権限移譲がないことは，連合王国国会との論争を解決するための仕組みについてはあまり注意が払われてこなかったことを意味している。明らかに，連合王国国会が最終決定権をもっている。

 北アイルランドでは，1922年から1974年の間には部分的な自治制度が機能しており，ナショナリスト（分離独立派）もユニオニスト（統合派）も満足していたので，以前のような自治制度を再建する方法が探し求められていた。このことは，同じようにエール（アイルランド共和国）をも巻き込んだ複雑な交渉プロセスを伴ってい

た。暴力を終息させ，武器を統制下におく手段を含む妥協に達する必要があった。こうした終息に向けての交渉は，1998年にその成果が達成されることになるが，これは労働党が政権に就く前に開始されていたものだった。1998年4月の聖金曜日に，きわめて重要な合意に達した。だが合意の実施は困難なことが明らかとなった。合意が実施され始めてすぐに，協議会と行政府に対する取り決めが一時中断されたからである。2007年春以降になってはじめて合意が機能し始めた。立憲上の北アイルランド合意には以下のような事が含まれている。

- 協議会は単式移譲投票形式による比例代表制によって選出される。
- 協議会による首席大臣や副主席大臣の選出。これは一緒に役職に就く2人の個人はナショナリストとユニオニスト双方の「コミュニティ」(communities) に広く受け入れられることを確実にしようと考えられた複雑な提案である。
- 行政府の構成。これは協議会で代表される主要な「コミュニティ」を代表することを確実にするように考えられた手続きによっておこなわれる。
- 行政権限の特定領域（ウェールズと同様，立法権を含まない）の権限移譲——主として農業，保健，ソーシャル・サービス，経済開発，環境などの権限移譲である。
- 地方交付金による財政資金。ただし，課税権限は移譲されていない。
- 北アイルランドとエールとの間に積極的関係があること，とくに南北大臣評議会とイギリス・アイルランド評議会を含む関係があることを確実にする仕組みの確立。

すべての権限移譲の取り決めのもとに，連合王国と移譲を受けた行政府との間での意見の相違を解決するための仕組みが確立されねばならなかった。しかし，こうしたことはスコットランドの場合にのみ真の重要性がある。というのは他の2つの国［ウェールズと北アイルランド］には立法権が移譲されないからである。意見の相違を解決するための中心課題は，上述の合意と関連した3つの特質にある。すなわちいまなおスコットランドのために立法をおこなう一般的な権限をもっているという事実があること，定義をめぐって紛争が生じそうな多項目の権限が留保されていること，さらに，連合王国は拒否権をもっており，紛争解決を補助するために秘密めいた色彩をもつ法的団体つまり枢密院司法委員会に依拠するという事実があることである。こうした状況において，連合王国政府は権限移譲の限界に関する自らの定義を守ることができるように思われる。実際に自らそうしたいと思うなら，その限界を引っ込めることさえできる。裁判で決めるべき紛争——それはスコットラ

ンド立法の一部に関するもの（その逆の連合王国に関するものではなく）——がある場合に，統治の各レベルの間でなされた合意の後見人として機能できる自律的な「最高裁判所」（supreme court）のような存在はない。

　権限移譲と関連した財政的合意は，権限移譲の前にすでに機能していた方式が適用される。1980年になるまで，連合王国を構成する各国間に資金が配分される方法を合理化する公的な努力はおこなわれなかった。1980年に，人口規模を考慮した〈追加的支出の増分〉を取り扱う手続きが開発された。その新しい手続きは，1978年にその手続きを開発した大臣に因んでバーネット方式として知られるようになったやり方によって進められる。

　イングランドと比較して，スコットランドと北アイルランドはそれを上回る補助金を受けており，ウェールズはそれを下回る補助額であると論じられている。しかし，バーネット方式は——時の経過とともにこれらの相対的関係を変化させるかもしれないが——，そのような不平等を是正するように設計されているわけではない。さらに不平等の証拠は複雑であり，連合王国を構成する各国の相対的なニーズに関係する立場によって左右される。それにもかかわらず，権限移譲は４国間の財政資金移転についての問題をよりいっそう明らかなものにした。——もし，上述の補助金の過大と過小という主張が信頼されるものであるならば——相対的に低い補助金支出割合の国は，不満の感情をかきたてることになるであろう。

　スコットランドだけが課税変更権をもっていると述べてきたが，こうした権限さえ制限されたものである。しかし，もしこれらの権限が行使されたならば，全体の財政的関係にどのようなことが起こるのだろうか。スコットランドが保有する制限付き権限に関して，もしそれらの権限が行使されたとしても　現在のところ中央のファンドからの助成金削減はないだろうと理解されている。しかし，これに関する絶対的な保証があるわけではない。ウェストミンスターの財務省が今なお財政的統制手段を保持している権限移譲措置はかなり最小限度にちかいものにとどまることは疑いないが，財政的権限移譲には固有の複雑さがあることを軽視しないことが重要であろう。

　権限移譲について考えるときには，それがイングランドにおよぼした影響について少し注意を払うことが大切である。最近では，イングランド人のアイデンティティについての問題にかなり注意が向けられてきた。権限移譲後の仕組みはイングランドにとって不公平であるという議論は，以前への逆戻りを求めるイングランド・ナショナリズムを煽ることになるだろう。権限移譲の仕組みがイングランドに対してもっている中心的意味は，一連の国内政策問題に関していえばスコットランドの立法機関はスコットランド議会となったが，イングランドの立法機関は連合王

国国会（いわゆるウェストミンスター）であることにある。それ故に，連合王国国会のスコットランド出身議員はイングランドの国内問題について投票できるが，スコットランドの国内政策問題のほとんどはスコットランド自身の議会に留保されている。

　この問題は，スコットランドとイングランドとの間の著しい相違という観点から述べられてきた。この問題はもっとも先鋭的状況にあるが，イギリスの他の２つの国に影響をおよぼしているもっと複雑な同様の問題があることも明らかである。この問題は連合王国国会がどのように機能しているかという問題としてしばしば分析されているし，この問題の重要性を考えない人々に，スコットランド出身（またはウェールズやアイルランド出身）の議員が連合王国国会でどのように振る舞うかについての慣習的なきまりによって処理されうるのだという議論に向かわせるのである。４国の一つだけに関係する立法を取り扱う委員会は，その国出身の委員だけで構成されうる等々である。しかし，そのようなアプローチは，ウェストミンスター国会が大いに今日の政府の補助的役割を果たしているという事実をすっかり無視するものである。一般に，立法上の決定は政府によっておこなわれ，議会によって（これを確実にするために政治的多数を利用して）是認される，というのが真相である。

　それ故に，もし連合王国政府がスコットランドからの支持がなければ政権につけないようなぎりぎりの過半数しかもたない状態であるならば，スコットランド立法府に権限移譲された事柄に関して，イングランド統治としてのウェストミンスター国会の役割についての問題が重大な局面を迎えることになるだろう。こうしたことは，与党労働党への選挙での支持が低下するにつれて生じることになる。というのも，労働党はイングランドよりもスコットランドにおいて，はるかに強力な支持を得るようになったからである。

　では，このような「イングランド問題」はどのように対処するべきなのか。国会議員たちの行動についての取り決めは十分なのであろうか。取り決めを超えるもう一歩進んだ段階は，公式にスコットランド出身議員がイングランド立法に関して投票することを防止する法律を制定することなどである。保守党は，2010年選挙のマニフェストでそのような提案を含めようとしていると思われる。しかし，こうしたことはある選挙に関連して描き出されたシナリオへと私たちを再び直面させる。そうした選挙において，イングランド出身議員の間での勢力状況とウェストミンスター国会全体の勢力状況とが異なっているからである（これは1974年に実際にあった）。確かに，このような状況でスコットランド議員が投票することを禁止する法律は，並存する政府の存在を意味することになる。つまり一方の政党による連合王

国政府と，他方の政党によるイングランド政府とが存在することになる。

　そこで，もっとも単純な代替シナリオとは，イングランドを含むすべての国にとっての諸政府と連合王国にとってのもう一つの政府の選挙を含むものである。しかし，こうしたことは連合王国国会の権利と権限移譲を受けた政府の権利とのかなり曖昧な区別という問題を解決することが必要である。連合王国のたいへん小さな部分（スコットランドは連合王国人口の９％未満であり，ウェールズは５％未満，北アイルランドは３％弱である）が権限移譲を受けたが，たぶん比較的曖昧な決定というのが実情であろう。そうしたことは，ときには「全面的な権限移譲」として知られている代替案と多くの論争を引き起こすようになるだろう。各政府にとって明確にされた権利と，連合王国政府だけが優位となるような事がない紛争解決のためのメカニズムとがなければならないだろう。一つの党が連合王国を支配し，他の党がイングランドを支配するような分割統治のシナリオにおいて，人口の100％を代弁する政治的機関と人口の83％を代弁する機関との間において「正当性」をめぐる非常に強い衝突が起こることになるだろう。

　こうして「全面的な権限移譲」とは「連邦」（federal）政府という形態への発展を意味することになる。「諸国民」（nations）の人数の不均衡は，イングランドの地方分権化のケースからわかるように，人々がその問題の連邦的解決を求めるようになるのは避けられない。イングランドはさまざまな行政的目的によって地域に分割されている。一つの機能のために用いられる行政地域は他の機能のために用いられる地域と同一となるようにかなり努力が払われてきた。さらに，これに対して統治機関として進展する可能性をもつ地域協議会制度が付け加えられている。そうした地域協議会のためには直接選挙が開かれる場合がある。しかし，それは新生の地域協議システムから統治の連邦システムの構成単位形成への大きな飛躍である。後者は，地域的部門を堅固で明確なものとみなすことを意味する。地域的境界を越えた連携はますます困難になりうるだろうし，サービス（保健や教育のような）はこうした境界の双方でまったく異なるものとなるだろう。連合王国政治の中で，そうした違いはしばしば問題となっている。ジャーナリストたちは「郵便番号くじ」とうわさしている。それは，人が手に入れるものはその人がどこに住んでいるかにかかっているという意味である（社会政策の中で交わされる，もっと洗練された議論はこれを「地域的公正」の問題と表現している）。

　最初期の権限移譲措置の後で，政府はイングランド諸地域へのある種の民主的な権限移譲という考えを模索した。しかし，この選択は重大な障害に出会った。2004年11月のレファレンダムで，おそらくそうした地域的な実験には最良の地域であろうと思われたイングランド東北部で，投票者の４分の３がそうした選択を拒否した

のであった。でもこれとは対照的に，コーンウォールは経済的には恵まれていない地域だが，「独立」のための，歴史的に成熟した政治運動がおこなわれてきた。

　だから，権限移譲の決定に関しては「未完の事業」の要素があると主張されている。さらに，権限移譲が連合王国を構成する諸国のどこにおいても「ナショナリスト」勢力を勇気づけたので，私たちはさらなる憲法上の変更を経験するかもしれない。2007年，ナショナリストの政党はスコットランド議会とウェールズ協議会の選挙では好結果を収めた。スコットランドではスコットランド国民党は単一の最大政党となった。独立への運動に傾倒しているので他の政党は国民党との連携を拒否した。だから，全体的な多数を占めることがないにもかかわらず，政府は国民党だけによって形成された。同時に，上述のように，ウェストミンスター国会のスコットランド出身議員がイングランドの域内政策を立案策定するのに関わるという現在の権限移譲の合意の下で，イングランドの保守党はますます変則的なものとなりつつある。

　話はかわるが，別個の政府が存在することは政策が異なるかもしれないことを意味している。一方で，それは地方の自主性の重要さを示す健全な発展として考えられるかもしれない。他方で，それはこれまで比較的「統合されてきた」連合王国内で対立と変則さを生み出す。したがって，社会政策においては，かなり重要な意味をもつスコットランドのイニシアティブがすでに存在していた。それらの一つとして高等教育の学生に授業料を課すことをすでに立法化していた連合王国の措置に対抗してスコットランドが拒否したことがあげられる。もう一つのイニシアティブは，居宅ソーシャルケアや保育ケアにおけるケアコスト（それは「ホテル代」とは区別されたもの）は公的財源から支払われるべきであるという，介護に関する王立委員会（1999年）の勧告に関わるものであった。連合王国の他の地域では，保育ケアのコストだけが公的財源から支払われている。ウェールズ協議会は NHS の自己負担の薬代を廃止した。本書の執筆時点で，スコットランド政府もこうしたことを実施するのを期待されている。

5　地方行政

　イングランドの地方行政は2つの異なる制度で組織されている。ロンドン，ウエスト・ミッドランド，南ヨークシャー，大マンチェスター，マージーサイド，タイン・アンド・ウィアのような大都市圏において，歴史の古い一層制の大都市地域があり，そこは対人社会・サービス，教育，住宅についての責任を負っている。1996年以降，さらに多くの一層制の行政当局が機能しはじめた。　これらはもっとも都

第3章　社会政策の立案策定

市化した地域にあり，カウンティから権限を引き継いで拡大した地域である。たとえばエイボンやクリーブランドのようないくつかのケースでは，カウンティの行政当局はすべて消失した。

　イングランドの他の地域では教育と対人社会サービスに責任をもつカウンティ行政当局があり，さらにその責任の中に住宅を含むような，より下位の地区もある。計画の責任は2つの階層で共有されている。

　以前には，ロンドンを含む多数の大都市カウンティが存在した。これらは1980年代に廃止され，権限は地区と特別に設けられた行政当局へと分散した。1998年に，政府は直接選挙で選ばれた市長と議会をもつ大ロンドン行政当局を復活させた。しかしながら，これは社会政策にとっては特別な意味をもつものではなかった。というのも新しい行政当局は，運輸とか環境という，一定の大都市圏の広範な問題に関心を向けただけだからである。

　また，カウンティの中には最小限の権限をもつ教区という第3層もある。これらの多くは古い小教区であるが，中には，以前には独自の大きな権限をもつ町もあり，そのいくつかは町長をかかえており，自らを町会とよんでいるものもある。これら第3層の行政当局はどれもが重要な社会政策の責任を負っていないので，ここではこれ以上立ち入らない。

　スコットランドの地方行政制度は全体として再編されてきた。1996年春以降，スコットランド全体では一層制の地方行政システムである。ウェールズでも類似しているが，やや複雑な状況にある。ほとんどの権限がカウンティあるいはカウンティ・バラとして知られる一層制の行政当局にある。例外として，イングランドの教区に似ている地区評議会制もある。

　北アイルランドの地方行政は，時間がかかったがいまやその主要な権限のほとんどが奪われてしまった。以前には，いくつかの場所で選挙区境界を操作したり，宗教上の差別手段を用いたりするといったことがよく知られていた。保健サービスと対人社会サービスは4つの指定部局の下に集められた。教育は3つの独立した教育・図書館局の責任となっている。公共住宅は北アイルランド住宅行政局の仕事である。

　全国的な法律は地方行政当局の権限を明確に規定しているし，その権限に制限を設けることもある。それはまた，地方政府に一連の義務を課している。イギリスにおける中央政府と地方政府とは複雑な関係にある。地方政府は自律的なものではないが，単なる地方運営ということでもない。いくつかの法令は，地方行政当局にかなり明確な職務を課しているが，法令の多くは権限を与えているし，こうした権限が地方イニシアティブの範囲を危うくすることなく行使されるべき方法を示してい

る。他の国会制定法は，単に地方行政当局が行使するかどうかを選択することができる権限を地方行政当局に認めているだけである。例外的に，地方行政当局は新しいベンチャー事業をおこなう権限を確保するために，自ら「平議員の提案する」法律を通過させようとするかもしれない。地方政府の役割について，第4章でさらなる議論がおこなわれる。

6　ヨーロッパの中のイギリス

イギリスが欧州連合（EU）（しばしば欧州共同体（EC）とも呼ばれる）の一員であることは，イギリスの政体と政策の立案策定過程に影響を与えてきた。現在，EU憲章によって決定されている法律領域があり，EUにおけるイギリス国会の役割は法の施行を管理する役割に限定されている。

このようなEU優位を条件としているのは主として経済活動である。EUの起源は，超国家的貿易圏を建設しようという熱望にある。コラム13で説明しているように，EUの他の法律はそうした熱望の結果から生じたものである。

それゆえにEUの発展は，経済政策や環境政策とならんで「社会政策」を発展させることになった。しかし，社会政策の関心は，主として従業員の権利に向けられ，さらに投資と訓練を通じて雇用を刺激する試みに向けられていた。主要な社会政策の介入は雇用に関する規則と，仕事を生み出し職業訓練プログラムの援助を促進するための諸基金の提供とを調和させる努力に限定されてきた（Kleinman, 2002; Hantrais, 2007）。欧州社会基金——これは社会保障における社会基金と別物——は，主要な社会政策手段のように聞こえるが，実際には職業訓練に補助金を与える手段（仕事をつくり出す程度はさらに小さい）である。農業支援金と比較して社会基金の支出は小さいし，この資金を得た国は，その国が支援する計画に対して応分の拠出金を追加する必要がある。これに加えて，かなり大規模な欧州地域開発基金がある。これは低開発や経済悪化に苦しむ地域で経済開発を刺激する試みに用いられるので，「社会的効果」が確かにある。

社会政策はEUの役割の範囲に関する議論の中で目立つかたちで登場してきた。その中で，イギリスの保守党政府——80年代と90年代の間——は，限定的で慎重なアプローチを主張してきた。イギリスは，1992年の「マーストリヒト条約」の「社会条項」を受け容れる必要がないという合意を堅く守ってきた。労働党政府は，1997年にこうした決心を覆した。しかし，「社会条項」の願望——社会的諸条件と社会保護立法のいっそうの調和に向けて——は，こうしたことに対していくつかの国（今なおイギリスも含まれる）が反対し続けているので，実現は容易ではないと

第3章 社会政策の立案策定

> **コラム 13　欧州連合の「共通市場」願望はどのようにして EU の他の法律を生みだしているのか**
>
> 1．製造基準，消費者保護，環境規制，雇用条件などに対処するために異なった国には異なった規制システムが存在しており，それらは競争に影響をおよぼすことになる。低い基準をもつ国は，高い基準をもつ国に対して競争上の優位に立つことになるだろう。高い基準をもつ国はそうした低い基準が除去されることを望むことになるだろう。
> 2．もし，ほぼ同じような雇用機会と生活水準が享受されるなら，諸国間の経済協力は強化される。
> 3．単一市場という考えは，単一労働市場を含んでおり，そこでは労働者は仕事を求めて自由に国境を越えて移動することができる。労働者は，もし望むなら自ら社会的権利を携えて移動するようになるだろう。

認識しておくことが大切である。この問題は，EU に対する狭い視点（市場）と広い視点（社会共同体）との間の対立という点に関わって，第6章でさらに詳しく論じる。

ヨーロッパの社会政策の進展はブリュッセルにある欧州委員会（雇用・社会問題・機会均等総局）の存在によって加速されるかもしれないという別の見解がある。欧州委員会はヨーロッパの社会政策を発展させようと強く願望しており，政策の目標を掲げ，社会政策の実験（ヨーロッパ反貧困プログラム）を促進し，社会的諸条件や社会保障制度に関するデータを公表している。こうした欧州委員会は諸国の政府に対する圧力の源泉を提供し，社会政策の問題を重要課題として維持するのを手助けしている。

このように，EU がイギリスの社会政策にプラスの効果がある影響をおよぼしているという見解は，本節の最初の段落で概要を述べた政体上の変更がおよぼす全体的影響によって補強される。キング（King, 2007）はこうしたことを次のように説明している。

> 第1に EC 法の優位，第2にイギリス法廷が EC 法を適用する義務，第3に，それに応じてイギリス法廷が EC 法の下でイギリス市民によって提起された訴訟を取りあげる義務，これらの累積的効果はイギリス政体の権力と権限の均衡を変化させて，その結果，裁判所と裁判官にとっては都合よく，時の政権とイギリス国会自身には不利となった（King, 2007, p.98）。

読者は，こうしたことが社会政策とどんな関係があるのかと問うかもしれない。しかし，興味深いことにキングは続けて，社会保障給付の受給資格や年金受給権に関して，欧州司法裁判所の決定がおよぼした影響をその一例として引用している。この点に関しては，社会権の実施範囲が拡大されてきたといえるかもしれない。こうした展開は，現実にはより広い付託を受けた組織である，欧州人権裁判所から生まれてくる「欧州の」影響力によって強化されている。イギリスは EC に参加するずっと前からこの裁判所の役割を認めていた。この組織は，欧州人権条約に関する裁判権をもっており，イギリスの社会政策に影響をおよぼすいくつかの決定，たとえば精神疾患を患う人の権利，そして体罰の行使に関する決定などをおこなった。1998年の人権法は，欧州人権条約をイギリス法の中に具体化したものであり，それによって人権侵害に関する訴訟が容易になった。

　しかしながら，イギリスは市民に明確な受給資格（第**5**章参照）を付与する社会政策が相対的に不十分であり，EU の基準（これについては第**11**章の詳しい議論を参照）からみると，多くの点で社会政策の不十分な実行者であり，政権に就いた政党がどこであれ，欧州連合規模の社会政策の発展を抑制させたいと考える傾向があるようだ。

　さらに，東ヨーロッパからの新規参入に伴う EU の拡大は，こうした点でいっそう複雑さを増している。というのもこれらの国々では社会政策の発展が不十分であるからだ。域内の相対的に貧しい国々の加入は，次のことを意味している。(a)構造基金からイギリスの地方への補助金はいっそう稀になる。(b)社会政策の調和した形態をめぐる見込みはいっそう遠いものとなる。ヨーロッパについての２つの見方の間の闘い，すなわちヨーロッパを連帯主義的な「社会」実体とみるか，単に緩やかな経済「連合」としてみるかの闘いにおいて，後者の見方の優勢がよりいっそう明白になっている。開かれた市場という考え方に関してさえ，新しい参加国（とくに2007年のブルガリアとルーマニア）が増えた結果，喜んで低賃金を受け容れるような労働者の大量移動を恐れて，労働の自由な移動が制限されてきた。

7　グローバルな文脈

　前節において，より積極的な「社会的ヨーロッパ」モデルよりむしろ連合の限定的な「調和のとれた市場」モデルが優位になるため，EU が社会政策に与える影響は制約されたものにとどまるという展望を示した。欧州連合がイギリスの社会政策に対して唯一の超国家的影響力をもつことが認識されると，そうした見解が強化される。イギリスはヨーロッパの仲間たちとともにグローバル・システムの中に埋め

込まれている。そうした世界では，国同士の貿易に制限を課そうとする国内政策は，国際協定（とくに世界貿易機関の協定）において禁じられている。

　グローバル経済がどの程度まで社会政策を制約しているのかという問題は，大きくて複雑なものである。諸機関についての議論という観点からは，そうした問題は，種々の団体の一員であることが明示的に何を意味するかについて，いくらか特定の問題に限定されるだろう。しかし，国際組織の会員資格は(a)その根拠となるような明白な政治的関与を意味するし，(b)国民経済（したがって国民福祉）はイギリスが世界経済の中で果たそうと探し求めている役割（この問題についてのさらなる議論は第11章を参照）によって影響を受けるという認識を意味している。

　すでに確認できることであるが，国際組織（たとえば国際連合，世界銀行，国際通貨基金，世界貿易機関，経済協力開発機構，国際労働機関，国際保健機構）への正式な政府参加がある。しかし，これらの機関がイギリスの政策に直接的な影響力をもつような，非常に多くの明白な介入をおこなった事実を探し出すのは困難である。とはいえ，これらの組織は間接的な影響力をもっているかもしれないので，これらの組織が何を意味していて，誰が支配しているかについて問うべき問題がある。では，これらの多くの機関（とくに世界銀行，国際通貨基金，世界貿易機関，経済協力開発機構）に関して確認されうることは，(a)自由競争を妨げる国家の政策を最小化させながら市場に基づく国際経済活動に強力に関与していることであり，(b)そうした観点を強化しようとするアメリカの影響力が強いことである。それでも，グローバルな社会政策の比較研究が示しているように（Deacon 1997；George and Wilding, 2002），これらの機関の介入をどの程度受け容れるかは国によって異なっている。そうした意味でイギリスに対するこうした機関の影響を分析するには，政府がこれらの機関からのイデオロギー的な影響に従い，進んで政策を形成したことに立ち戻って関連づけがおこなわれねばならない。

　しかしながら，グローバリズムを分析する人たちの中にはさらに進んで，グローバル経済へのイギリスの経済的依存とは一国の政策に対して決定的な影響力をもっていることであり，その場合に国際的組織は私たちが無視できないメッセージの伝達者とほぼ同じであることを示唆する人もいる。この話題を追求するには，本書の範囲を超えて進んだ比較分析が必要である（たとえば，先に引用したディーコン（Deacon）の本，ジョージとワイルディング（George and Wilding）の本，そしてヒル（Hill, 2006, 13章）も参照）。ここで述べる必要があるのは，この話題に関してグローバルな影響は圧倒的であるという見地（ときにはマルクス主義理論による歴史的必然性の予言とよく似た形態をとっている）と，グローバルな影響をさまざまな面で今なお自由な政治的選択がおこなわれていることに対する強い影響力と考え

る見地との間には重要な違いがあるということだ。ヘイ（Hay）が論評したように，「グローバリストの命題が『正しい』かどうかは，命題を用いる人々によってそれが正しいと〈考えられている〉かどうか——あるいは，そもそも有用であるかどうかということに比べるとどうでもよいことかもしれない」（Hay, 2002, p.258）。そうした意味で，イギリスの社会政策に対する制約，次の事柄に対する政治的関与から生じるイギリスの社会政策に対する制約がある。

- 国際的な競争力
- 世界の金融市場における中核的参加者としてロンドンのシティを維持すること
- アメリカ合衆国との同盟

　第11章で比較の視点からイギリスの社会政策を研究するときに，ここでの帰結のいくつかに立ち戻ることになるだろう。しかし，こうした点は次節において政治システムがどのように機能しているのかという側面について議論することともけっして無関係ではない。

8　人々の声

　すでに述べたように，イギリスの政治制度において国会議員は，単純に多数票を得た候補者が勝者となるという手続きに基づいて個々の選挙区から選出される。一般的な例として，投票者は特定政党を代表する2人から4人の候補者の中から，時にはほとんど誰もが真面目に取りあげることがないような他の人々を加えた中から選ばなければならない。こうして選挙による選択が独自に組み立てられている。有権者は，特定の政策公約をもっている特定の人を，より一般的な政策傾向やその人が属する政党の政策公約と関連させて評価を下し，それに基づいて決定しなくてはならない。政党の意図は個々人の公約よりももっと重要である。しかしながら，政党が提示するものは広範な政策パッケージであり，その中には投票者が好む項目がある一方で，好まないものもあったりする。

　それ故に，選挙過程を通して政策に影響をおよぼそうとする個々の有権者の試みは，出発点から選択が限定されている状況にある。そうした中で有権者の国会議員選びを左右しているのは，一般的な政策傾向であったり，あるいはしばしば「政党のイメージ」と表現されるようないっそう一般的な意見でさえあったりする。さらに，有権者の投票は，おそらくたいへん異なった政策選好によっても動機づけられた，たくさんの他の投票と一緒にされて数えられることになるだろう。だから，一人の投票行動は，年金を引きあげるというある党の公約に影響されたものかもしれ

ない。そうした公約が他の政策についての公約——たとえば，有権者が同意していない教育支出の増加——といったものがあるにもかかわらず，有権者を支持に向かわせるものである。同じ党に投票した他の人は，直接的に反対の意見——すなわち教育には強い関与を示すが，たとえば年金についてはまったく関心がないといったような——によって動機づけられているかもしれない。

　上記のような例は，政策優先順位を設定する手段として代表者間での選択性を利用することについての根底的な問題を説明するために選んだものであった。現実には，党の綱領はもっと複雑で，望ましい目標間の選択が故意に曖昧なものにされている。広く望まれている目標の間で明白な選択を選挙民に示すような政党はない。一般に政党は何であれ望まれることを少しばかり多めに，しかも少なめの費用でもたらすことができることで納得させようとする。有権者は，一般的イデオロギー，価値傾向やイメージといったことで，政党を区別せざるをえない。

　さらにいえば，ほとんどの有権者は実際には選挙での〈選択〉をおこなってはいない。多くの人が毎回投票した同じ政党に投票するし，たぶん特定候補者の個性や政策についてほとんど注意を払わないだろう。有権者は，集団の選択パターンに関する限り，政治学者がかなりな程度，その職業，社会的出自，そして個性から予想できるような仕方で行動する。選挙民のほんの少数が，選挙と選挙の間に反対陣営側へ変わるだけである。実際，イギリス国会で権力の均衡を変えるような変化の多くが，投票するかしないかの間で起こる変化，あるいはまた同じことだが，その逆が起こっただけにすぎない。さらに，調査研究の知見によると，投票をよく変える人——浮動票——は一般に選挙民の中でもっとも情報が少なく，政策の間で注意深い選択をするとはいえない人々である。そのかわりに政治的〈イメージ〉——リーダーの個性，国家の問題を取り扱う能力や適性についての推測など——がとくに重要である。そうした「イメージ」はマスメディアによって大衆に広く伝達されている（以下で立ち戻る問題である）。総選挙においてもっとも考慮されることは，経済状況の対応において現政権が成功したかあるいは失敗したかという点にある。こうした意味で，選挙による審判は政策に示されるかもしれないが，それは非常に一般的な方法においてそうなのである。

　だから，明らかに有権者は，社会政策や社会政策のオプション間での明確な選択をおこなう機会を，通常は与えられていない。確かに，社会政策に対する政党のアプローチには人々が政策を判断するのに助けとなるような一般的特徴がある。そして，とくに選挙の際に社会政策に賛成または反対する人がとりわけはっきりするだろう。

　しかし，人々の声が聞きとられる余地をそのように示すことでさえあまりにも楽

観的すぎるかもしれない。上述したような非常に一般化された見方は，とかく厳しく制限された政策課題の幅の中に閉じ込められたものである。こうしたことは，私たちを前述のグローバリズムの議論の中でのイギリスの政治的オプションについての前提へと引き戻す。主要政党は，経済への介入と社会目標のための支出には限界があるという共通の前提を共有している。

　過去30年間くらいのイギリスの選挙の一般的特徴は，課税がどの程度削減されうるのか，税額の増大をどの程度回避するのかなどの高いレベルの論争があったことである。1980年代の大きな敗北の後，労働党は高課税の党としてみられることにたいへん慎重になった。しかし，2001年の選挙までには，イギリスの主要政党のすべてが，課税レベルへの関心と，大衆から政府支出が十分でないと認識された政策領域にもっと多くお金をかける必要があるという関心とのバランスをとろうとしているとみることができるだろう。労働党政府は自らを増税に反対する政党としても，保健や教育への支出増加に賛成する政党としても示すことができたが，その理由は，政権の第一期に支出に注意を払ってきた結果として，予算の余剰が積みあがったからであった。他方，野党保守党は減税に賛成したが，同時に公的サービス低下に賛成であるとみられるのを望まなかったことで，その信頼性を危うくするように思われた。本書執筆時点で，保守党はそのような立場から離脱しようとしているように思われるが，保守党も労働党政府も（事実上，第3党の自由民主党も），現在の課税水準からわずかでも離れていくとみられるようなリスクに備えができているわけではない。

　さて，もちろんそうした制限を課すものは税に対する大衆の敵意であることが示されるかもしれない。しかし，政治エリートたち（以下でのより詳しい議論を参照）は，世論から選挙民に何が提示されるべきかについて自分なりの態度をとるだけでなく，そうした世論を形成することにも貢献している。ここでとくに重要なことは，政策課題を形成するときのマスメディアの役割である。私たちは，問題を一人の男の影響に帰着させるような単純な陰謀説に賛意を示すことを願うわけではないが，オーストラリア生まれのアメリカ市民で大富豪のルパート・マードック氏は，現在，もっとも権威あると考えられてきた（たぶん，誤りなのだが）新聞（タイムズ紙）も，最大発行部数を誇る日刊紙（サン紙）も，有力なテレビ網とあわせて所有しているのはそれなりのわけがあってのことである。

　メディアに対する全体的な規制に関する問題の先には，ジャーナリストが問題を単純化し，センセーショナルに報道しながら話題を提示しているという問題がある。ジャーナリストはけっして民主的な説明ができるものではない。たとえ，かれらの上司がかれらの行動を命じなかったとしても，大衆への説明責任は，新聞の売れ行

きが良くなることへの関心におよぶだけである。大量発行という考えの先をみようとしている新聞やテレビ局があるが，ジャーナリストは他のジャーナリストの行動や判断に熱心に注意を向けている世界で今なお活動している。こうして，メディア研究（May et al., 2001 の第 3 部の 3 つの章；Franklin, 1999；Negrine, 1994）が示してきたように，大衆に提供される社会的世界や社会政策についての描写を制限するメディア「合意」がある。

先行するいくつかの段落で説明したような「マクロ・ポリティクス」を超えて，他の問題についての複雑な「ミクロ・ポリティクス」がある。多くの社会政策は人々の中の不利益を被っているごく少数のグループを支援するための特定の施策である。たとえば，障害者を支援する政策は一般に望ましいものとみられるだろう。そして，こうした意味では選挙において訴える力をもっているだろう。しかし，直接，間接に利益を受ける人の数は人口全体の中では少数派である。障害者は相対的に「よく知られた」少数派グループである。しかし，たとえば長期にわたり失業状態にある人々を支援したり，犯罪者を社会復帰させたり，放浪生活のアルコール依存患者に施設を提供するような社会政策についてはどうであろうか。選挙での人気を求めることと社会政策の決定との間に直接的関係があれば，きっと，少数派という理由はとうてい今ほどの注目を浴びることはないだろう。そして，広く認知されているわけでもない少数派という理由はまったく注目を浴びない（あるいは懲罰的反応さえある）だろう。世論調査が示しているのは，イギリスで実施されたさまざまな社会改革——たとえば死刑廃止や同性愛に関する法律の緩和など——は，大衆の反対があった中で立法化されたことである。

さらに，他の調査結果が示しているのは，年金，教育，保健サービスについては強い大衆の関心がある一方で，保護施設を求める人，失業者，ひとり親といった福祉国家からの支援をもっとも必要としている人々に利益となるような他の社会政策は大衆からの支持をほとんど得ていない（Taylor-Gooby, 1985；Edgell and Duke, 1991）。もちろん，こうした問題に関してもマスメディアは，誰が受け取るに値するのか，値しないのかといった意見に影響をおよぼすことで巧妙な役割を果たしている。

選挙を大衆世論の意向を意味するものとみなすことには問題がある。総選挙の勝利者は国全体の中でのかれらの得票規模によって正当化されると思われる以上に，イギリス国会ではるかに大きな多数派となる傾向がある。しばしば，より多くの投票者が，勝利した党ではなく反対する方に投票した。イギリスの選挙で伝統的な「小選挙区」（first past the post）以外に世論を反映した多くの代替的な方法がある。これらの代替的手段についての議論は，選挙のためにこれらの手段のいくつかを利

コラム 14　現在イギリスの選挙で利用されている「小選挙区」の代替案

　スコットランド議会やウェールズ協議会の選挙に利用される投票制度は、小選挙区制度によって各選挙区から議員が選出されるが、さらに追加の議員が、各政党が前もって準備した名簿から順に、比例制を基礎として各地方から選出される。これは小選挙区比例代表併用制（AMS）として知られている。

　大ロンドン協議会の選挙においてもまた、小選挙区比例代表並立制が利用される。しかし、ロンドン市長選挙では、投票は小選挙区制とさらにもう一つの制度との間での選択があって、これが一人の人間に対しておこなわれるというのが事実である。ここで選択されたのは選好投票制度（SV: supplementary vote）である。この制度の下では、各選挙人は 2 回投票する。もし一人の候補者が、最初の選択投票の 50％以上を獲得したなら、候補者は当選したことが宣言される。もし誰もこうしたことにならなかったなら、上位二人の候補者は第 2 ラウンドに進み、そこで落選した候補者の票の第 2 の選択が算定される。

　北アイルランド協議会の選挙で利用されている制度は、中選挙区比例代表制（STV）である。この制度はそれ以前にも北アイルランドで地方政治や欧州議会選挙において利用されていた。選好投票制でおこなわれるように、投票者は候補者の選好を表明する。しかし、選挙区あたり 2 議席以上あり、誰かの当選は必要な法定得票数を達成することである。ひとたびそれが達成されると、余剰票は 2 番目に選好した候補者へと向かい、すべての議席が埋まるまで進められる。この制度は過激さがあまりない候補者へ票が少しだけ向かうように拡散させるものであり、北アイルランドの大きな分裂に橋渡しをする努力を表すものである。

　欧州議会選挙ではさらに違った制度が採用され、各地域で一つの政党の名簿に対して一票に限定している。議席配分は各議席ごとに必要とされる割り当てと関係していて、各政党に対する投票の規模によって決まる（全投票の 100％を議席数プラス 1 で割った数が 1 議席に必要な割り当て票数である）。この方法について多くの批判が集中した点は、制度が投票者に一つの政党の名簿の異なった候補者の中から選択する機会を認めていないということである。

用することから始まり、権限移譲を受けた政府へ、ロンドンの政府へ、そしてヨーロッパ議会へと深まっていった。こうしたことはコラム 14 に示している。

　もちろん、ある種の比例代表制の導入が必ずしも上述の概要で示したような一般的な「政治算術」問題を解決するわけではない。ウェールズ協議会では、全体の多数派となる単一政党が存在しないことで、最大のグループ（両方の場合とも労働党）がいくつかの他の政党と妥協をはかる必要に迫られることになる。これはまた、

労働党と自由民主党の連立が2007年まで統治したスコットランド議会にもいえることである。それ以降，上述したようにもっと曖昧な状況がある。それはスコットランド国民党が過半数を得ることなく，単独支配をしようとしている状況である。それ故，議会の投票が必要とされる場合には，多くのことが利害関係の異なる特定の問題に関する他政党の性質によって左右される。北アイルランドでは，全体の制度（先の権限移譲の節で述べたように）は「ナショナリスト」党と「ユニオニスト」党の間の妥協を求めるように慎重に設計された。

9 政策の立案策定におよぼす影響力

圧力団体

政策立案策定過程における圧力団体の役割についての詳細な分析の多くは，アメリカ合衆国でおこなわれてきた。アメリカの政治システムはとくに小グループの人々が政策決定に影響をおよぼすことを容易にするようないくつかの特徴をもっている。第1に，システム内の権力は分離されている——すなわち大統領と議会の上下両院との間で，連邦政府と州政府との間で，そして州政府と地方政府との間で分離されている。第2に，このような巨大で多様性に富んだ国において，政治選択はイギリスにおけるよりも，なおいっそう地元の利益によって決定される。だから，議会の議員と，議員の地元の選挙民との間の関係は，全国的な政党の考え方によって影響される度合いが小さい。第3に，したがって連邦レベルでは，諸政党は政治的イデオロギーによって統一されている度合いはずっと小さい。だから政治的アクターたちは，選挙に影響をおよぼそうとする小グループによって容易に影響される。

イギリスにおいて，圧力団体はおそらくアメリカと同じほどとても目立った存在である。多くの研究（Finer, 1958；Wootton, 1970；Jordan and Richardson, 1987）において，圧力団体はシステムの中で重要ではないという観念を打ち消されてきたが，アメリカにおけると同様に政治システムにおよぼす影響が直接的なものであるという仮説については慎重を要する。アメリカ政治における圧力団体の重要性から，政治学者たちは代議政体の理論についての修正をおこなうようになったが，その修正によれば，前節でみたように個々の有権者の弱さを，有権者が利益団体の成員となることによって埋め合わされると考えられている（Dahl, 1961）。こうして民主主義は，ある政治家が多数のグループと継続的に妥協するプロセスに従事することで「多元的」なものとみなされるのである。そこでこうした理論は，政治家が少数派の利害を尊重することを説明するものと考えられている。つまり少数派の利益が保護されたかたちで政治的コンセンサスが達成されるという特徴をもつ，民主主義理

論についての新しくて,おそらくより優れた解釈が示される。

しかし,こうした理論はアメリカでは非難を浴びてきた。このシステムには,ある利益が他のものより聞き入れられることをいっそう容易にしたり,〈現状〉に対する変更が支持されるというより,拒否されることをいっそう容易にする偏りがあるということが指摘されてきたのである(こうした文献についての議論には Lukes (2005) を参照)。

このような圧力団体の多元性についての一般的な指摘は,イギリスの制度が機能する仕組みについての重要な問題を示唆しているので,私たちが考慮に入れるべきことである。上述した大西洋の両岸の2つの政治システムの対比からわかることは,政治システムがとりわけ影響を受けやすい点を確認するのは,イギリスの圧力団体の方がいっそう困難であるだろうということである。個々の選挙区の既存の政党についての不満の種は,非常に深刻に感じられ,広く共有され全国的な選挙結果を狂わせるのである。地元の問題によって動機づけられた選挙への直接的介入はまれである。上述のように,政治家たちはしばしば地元の問題に鈍感であることができた。そして,現在の3党以上による政治体制はさらに情景をゆがめている。スコットランドとウェールズの比例代表制がどれほどの変化を生み出すかはまだ明瞭ではない。

全国的な圧力団体が,自分たちの主張を無視すれば選挙での危険に直結するのだと政党に説得するという,よく似た問題がある。さらに,こうした方法で脅威を与えることができる利益団体は,たぶん主要政党との特別な関係をもっているだろうし,その意味で重要なものとして認められているだろう。イギリスの圧力団体の中でもっとも強力なものの多くが,一政党またはその他の政党との間で既定の関係をもつ傾向にある。労働組合は,こうした現象のもっとも明白な例であった。労働組合は,労働党の当初の設立に重要な役割を果たした。しかし,最近の労働党は組合とは距離を置くようになった。反対側の産業界は,保守党の重要な資金源となっていたし,イギリス産業連盟や経営者協会のような団体は,ある程度の政策的影響力を享受していた。しかしながら,本書執筆時点で,保守党に対するビジネス界の支持はかなり低下しているが,他方で労働党はこうしたビジネス界からの資金提供額を増やしつつある。明らかに主要な政治的境界線が「労働」と「資本」の間の利害の分裂と明らかに対応しているかぎり,圧力団体にとってそのことがもつ意味は比較的はっきりしている。いまや圧力団体は政策に対してさまざまでかついっそう隠然とした影響力をもっている。こうしたことに対抗して,政党や個々の国会議員に対する寄付金についてもっと公開性を求める運動がある。また圧力団体は,集合的な問題と同様に単独の問題を,また,地方や国の政治に限定された問題だけでなくグローバルな問題を代表するように発展してきた。そして,こうした団体を支持す

る会員や支持層を予測するのははるかに複雑なものとなっている。

　特定の団体が政治システムに対して制度化された関係を享受している方法について，もっと綿密に調査することが重要である。とくに政党との密接な関係という実例を超えて進む必要があり，いくつかの圧力団体が政治システムとの関係で享受している地位にあることで，特定の政党へ忠誠を尽くす恩義をまったく感じていないのかどうかを考察する必要がある。

政治エリート

　いくつかの圧力団体の力は，政策の立案策定システム内の「インサイダー」の地位とでも呼べるような見地から説明できる。こうしたことは，民主的な理論からのさらなる逸脱であり，その内部で数人の個人やいくつかのグループが特別な地位をもっているようなシステムを意味している。多くの政治学者や社会学者は次のように述べてきた。社会というものは政治エリートを抱えていて（Bottomore, 1966 参照，とくにイギリスに関しては Urry and Wakeford, 1973; Stanworth and Giddens, 1974 参照），しかも，政策の立案策定者は社会の狭い範囲内から生み出されている。社会構造についてのマルクス主義の伝統的な見解は，政治システムがブルジョワジーすなわち資本家階級の代表によって支配されていると述べてきた。こうした理論の現代版では，同様に人種やジェンダーに基づく支配のパターンとの関連が指摘されてきた（Williams, 1989）。ここで，どんな人が，そして誰の利益が重要なものと考えられるかを決定する際に，メディアが果たす役割についてもう一度心に留めておこう。

　エリート理論の現代的な解釈は，基幹的な政策職務が狭い範囲内の社会的出自をもつ人たちによって占められていること，あるいはお互いに非常に密接な関係によって特徴づけられる限られた人々が政策決定の役割において優位にあることを示そうとしている。イギリスに関しては，閣僚，高級官僚，主要諮問機関のメンバー，一流組織の長などは相対的に狭い社会階層グループ，すなわちパブリックスクールやオックスブリッジで教育を受けたこと，同様に狭い範囲の上層中産階級の職業についている両親をもっているといった特徴をもつ階層グループの出身という傾向がある。しかし，状況はそれほど単純ではない。最高の政策意思決定者の出身背景が，最近では少し広い範囲の社会的出自をもつ人を含むように変化してきたという証拠がある。確かに，もし多くの重要な役割において同じような社会的・教育的背景をもつ人々がいるならば，こうした人々の関係は考えや意見を共有することを容易にするが，こうしたことに関わる過程は必ずしもこのように単純に説明できるものではない。

イギリスのいくつかの圧力団体の力を説明するために，いっそう重要かもしれないことは，政府によってある種の諮問がおこなわれるべきだという前提を政府がある程度もっているということである。そうした前提にはいくつかの根拠がある。その一つは専門的意見が公的な意思決定に役立ちうるというものである。専門家の意見は他の人々の意見よりも重みをもっているという官僚たちの見解である。大学人が時には政府に影響力をおよぼす手段を確保するのはこうしたことに根拠がある。同様に，圧力団体の中にはその専門的知識があることで注目を集めるものもある。教育や医療の分野には，そのような「重量級の」圧力団体がある。専門分化されたさまざまな政策領域において，多くの「政策ネットワーク」や「政策コミュニティ」があり，そうした政策領域においては政策立案策定者と圧力団体の代表者との間で定期的な諮問がおこなわれているということが示唆されてきた。こうした圧力団体（従業員，とくに専門職である従業員を代表する団体を含む）の代表者は部分的なインサイダーの役割を与えられてきたのである（Smith, 1993）。

　圧力団体が影響力を保っているもう一つの根拠は，伝統的なエリート集団と提携していることにある。ボランタリーな組織は自分たちが王室の後援を得たり，また副会長職や支援者として名声のある人物を獲得することによる恩恵があると信じている。そのような後援は必ずしも容易に得られるわけではない。影響力のある人々の共感を得る主張をもつことは明らかに助けになる。また，立派であると考えられるように行動で示すことも重要であるかもしれない。これは，この種の圧力団体の活動の興味深い特徴である。ある程度まで，圧力団体の力は，その団体の武器庫にある露骨な武器の使用を断固として拒み，大声をあげて世論形成のキャンペーンを仕掛けることを避け，威嚇的な諸種の直接行動を避ける能力があるかどうかにかかっている。ここでの想定は，イギリスの行政には根本的にはエリート主義的なアプローチがあるという信念に基づいている。かなり狭い範囲の人々が重要な決定に責任を負っている。こうした人々のうちには民主的な代表制の手続きによってそうした地位を獲得している人々もいるが，かれらは他の人々を自らと同じような地位に推挙するのである。こうして引き入れられた人々は，社会的背景を共有する個人であるかもしれないが，その推挙のプロセスはもっと偶然的なものであるだろう。圧力団体出身の個人，あるいは少なくとも特定の利益を代表する個人は，単に専門的識見だけではなく，粘り強さや魅力のような個人的特質によって権力を行使する人々の地位への参入を確実にする。こうした個人的特質によって，かれらは公的な意思決定に貢献する何かをもっているということを他人に納得させることができる。一般的に，かれらは公的な場への参加に関連した暗黙のルールのいくつかを理解していることも立証し，直接的な戦術を利用することや報道機関との軽率なコミュニ

> **コラム15　政府アドバイザー**
>
> 　その熱心さと細部への注意力によって，政策立案過程に確固たる地位を占めてきた人々の実例がある。20世紀前半においては，ウィリアム・ベバリッジはそのような個人であった（Harris, 1977）。1980年代には，経験豊富なビジネスマンがアドバイザーとして助言を求められた。そんな一人（ロイ・グリフィス卿）は保健サービス組織に対して，またコミュニティ・ケア政策に対して，もっと一般的に社会政策に市場的価値を導入することに重大な影響力をもっていた。最近でかれに相当する人物は，銀行家のデレク・ワンレス（Derek Wanless）であるように思われる。かれはブレア首相やブラウン首相に対して，国民保健サービス改革についての勧告をおこなった。
>
> 　1997年以降，インサイダーの新しいグループが出てきつつあるように思われる。多様な背景があるので，かれらを分類するのが困難になっている。かれらは，重要な政治家たちとの密接な個人的関係をその力の拠り所としているように思われる。嘲笑的な「ブレアのお友達」という表現が，ブレアのもっとも親密なアドバイザーの何人かに対して使用された。しかし，かれの後継者，ゴードン・ブラウンも親密なアドバイザーの小さなサークルをもっていると書かれてきた。政治ジャーナリストはこうした個人的ネットワークを重視しており，こうした文脈において政治家に対するメディア・アドバイザーの役割は忘れられるべきではない。

ケーションや委員会の場での見苦しい行動などによって支援者を困らせることはない，ということを立証しなければならない。そうすることで，かれらは公的委員会や諮問機関の一員を繰り返し要請される人々のリストに入ることになる。

　この議論は，イギリスでは政治的影響力は独立した政治団体の助けなしに確保されるだろうというものである。このシステムはその地位に他の人を推挙し，躊躇なく一部の市民に注意を払う。今では，人々は理念の力をめぐる問題に，当然にも懐疑的になっており，他の説明や裏側にある動機をあれこれと考えている。しかし，社会政策の研究においては，個人の重要性は全体として過小評価されるべきではない（コラム15参照）。

　もちろん，圧力団体の活動の多くは「正当な理由」と関わっている。また，政策立案プロセスについての理論は「善良な人々」のためだけでなく「正当な理由」のためという必要性を要求している。政策立案における利他主義の立場は無視されるべきではないという重要な論点がある。政治家というものが，もしくは一部の政治家といってもよいが，理想への熱意をもっていると主張するのは無邪気な見方というわけではない。多くの政治家は「正当な理由」の支持者とみられたがっている

ということを認めるのは確かに重要である。それ故に，障害者，高齢者，ネグレクトされた子どもなどのための圧力団体は，そのありのままの力とは不相応な影響力を行使することになるだろう。圧力団体にとっても，マスメディアの上手な利用は重要であるし，権力をもつ地位にある重要人物との交際は大きな助けとなるだろう。こうした意味で，圧力団体は，「政策コミュニティ」の仲間に入れてもらおうとするのである。

　利害が対立する状況においては，正当な理由があるかどうかについてどれほど議論の余地があろうとも，社会政策の立案について語るとき，こうした「正当な理由」の潜在的な影響力を無視すべきではない。実際，このような多くの圧力団体の苛立ちを募らせる現象の一つは，政治家たちが圧力団体は重要であるという主張を繰り返すにもかかわらず，ろくな具体的な行動を起こさないからである。この種の利益に好都合な政治的状況を予言するのは難しい。おそらく，ここで利益団体（interest group）と大義団体（cause group）という圧力団体の研究の中でしばしばおこなわれてきた区別を心に留めておくことが有益だろう。だが，影響力をめぐる戦術的闘争においては，それぞれが相手側の支援をこちら側に引き入れようとするかもしれない。利益団体は「正当な理由」をもつものとして認識されようとするし，大義団体はより強力な「利益」で後押しされるようにと努めている。

　すでに述べられてきたことであるが，圧力団体が選挙人と被選挙人との間の単純な関係に対して修正を加えてきた。圧力団体は，個人が支配集団との関係では無力であるという問題を解決している，と論じる著述家たちもいた（Dahl, 1961; Beer, 1965）。それがあてはまる状況はたくさんあるが，政治システムにおいて，ある圧力団体が他の団体より影響力を容易に確保するという偏向があることを認識することが重要である。加えてイギリスでは，政治算術の粗雑な打算に従って，権力基盤をまったくもたないと思われる団体が影響力を行使するという奇妙な現象がある。イギリス社会で力強い地位を占めているマイノリティは，民主主義の観念に基づくでもなく，誰が権力をもっているかという打算に基づくでもなく，かれらが傾聴し相談するのを誰にするかということを選択することができる。

10　省庁の権力——官僚の役割と外部団体と政治コミュニティの影響力

　ヒル（Hill, 1972; 2005）は，異なった政治状況の中で政治家・官吏の関係の異なった特質を明らかにしようとして，統治スタイルの類型論を作成してきた。政治システムの三類型が以下のように分類される。「イデオロギー型政治」（ideological politics），「行政型政治」（administrative politics），「交渉型政治」（bargaining politics）

である。
　「イデオロギー型政治」システムは「代議政体」モデルと非常に明瞭な関係をもっている。政治と行政との伝統的区分がもっとも容易な制度である。政党は，選挙に勝利するために選挙民が選択できる独自の綱領を発表して競争する。政治家は，官吏に自らの権限や責任と矛盾しない政策をつくるように指示する。サッチャー政権はこうした現象の実例としては際立っている。
　「行政型政治」は常勤の官僚がいっそう明らかに優勢であるような上記のものとは対照的なシステムのことをいう。「行政型政治」はこの組織的システムにとっては公開というよりむしろ内部的なものである。それ故，主要な対立の多くが省庁間のものである。中央政府の大臣たちは，形式上，主要な政策立案権限をもっているが，現実には省庁内で生み出された見解を詳しく説明したり，政策を擁護したりすることに主に関わっているのである。多数党に属するが大臣職に就いていない政治家たちは，腹立たしいことに，自分にはほとんど配慮されずに意思決定過程から締め出されることになる。
　「交渉型政治」という概念は，アメリカの地方政治についての説明を検討することから引き出されてきた。一部はアメリカの文献への発表の結果として，一部は権力へ向かう現実的アプローチを採用しようという欲求から，社会学者や政治学者はイギリスにおける同様のシステムの兆候を注視してきた。そのようなシステムにおいて，政治的成果は権力資源の投入量次第であるようにみえる。選出された地位を保とうとする人は「代表者」というよりも，むしろ諸利害を融合させようとする「ブローカー」である。かれらは再選されたいという欲求が強く，圧力団体に対して非常に敏感な戦略をとることになる。こうした見方への疑念はすでに述べてきたが，交渉という要素がイギリスの政治的情景からけっしてなくなることはないということは認識された。交渉型政治とは，政治家にとって明確な役割を意味し，官僚が部下の地位を占めることになる。こうしたことは，政治的将来が問題となる限りでは正しいが，イギリスでは明らかに選挙との密接な関係をもった政策はまれであるといわれてきた。だから，交渉型政治とは特定の政策，あるいは特定の組織上の取り決めを維持することにより大きな関心があるのかもしれない。もしそれが本当ならば，官僚は政治家よりも失うものが多いか，もしくは明示的に積極的関与を果たしているということかもしれない。主要な対立は省庁と外部世界との関係に関わっている。大臣たちには省庁の利益擁護を支持することが期待されている。
　イギリスの中央行政は，対立がしばしばイデオロギー上の特質をもつようにみえる文脈として，そして代議制モデルがかなり重要なものとして取り扱われる文脈として記述されねばならない。しかし，大臣とその省庁との関係という議論の中で主

要なテーマとなっていたのは，政治家が明確な政策的関与をどれほどもっているかということ，しかし，常置の行政官によって，そしてとくにその省庁内の「政策維持」の必要性によって決定された役割にどの程度まで政治家が社会的適応するか，ということである。さらに，大臣が心に抱いていたが行政的に実行できないとわかったような政策イノベーションと関連したテーマがある。政策が政府の外部で計画された時には，規定の利害関係者と圧力団体がこれまで現実化したことのない政治的「影響力」（clout）を行使するものだと認識することである。政策策定の成果は3つの力，すなわち政治的インプット（イデオロギー型政治），省庁内の組織的動機（行政型政治），そして外部からの圧力（交渉型政治）の相互作用によって決定される。マーシュ（Marsh）とローズ（Rhodes）の『サッチャー政策の施行』（*Implementing Thatcherite Policies*, 1992a）は，1980年代にイデオロギー型政治が現実には弱められていく過程について優れた解説をおこなっている。反対に，キャンベルとウィルソン（Campbell and Willson, 1995）は次のようなことを述べている。サッチャーおよびメージャー政権はイデオロギー上の目標をめざして，かれらに無批判の助力をおこなおうと準備を整えていた職員を昇進させようという傾向をもっていたので，行政官僚の優位は部分的にその土台を崩されることになった。

　こうした一般論を越えて，政策が立案策定される過程に影響を与える諸要因についてのより詳細な研究ではさまざまな動機を考慮する必要がある。まず，どのような種類の政策が関係するのか。こうしたことは，これまで本書の中で避けてきた問題，すなわち政策とは何かという問いを引き起こすことになる。政策分析についての著述家たちは，政策は決定以上のものであることに同意している。フレンドら（Friend, Power, and Yewlett, 1974, p. 40）は「政策とは本質的に一つの姿勢（スタンス）なのである。こうした姿勢はひとたび明確に表現されると，その後の一連の決定がおこなわれる文脈に寄与することになる」と述べている。ジェンキンス（Jenkins, 1978）は同じく，目標の選択や行動の道筋の採用と関わって相互関係をもつ決定という考え方を強調している。スミス（Smith）は「政策という概念は相互関係をもつ諸力の影響というよりも，むしろ行動するかしないかについての慎重な選択を意味している」と述べている。かれは「不作為」を強調し，「変化を生み出す決定にもっぱら注意を向けるべきではなく，変化に抵抗する不作為，そして政策立案策定過程において立法機関による法律の制定によって示されることがないので観察するのが難しい不作為に対しても敏感になるべきである」と私たちに注意を喚起しているのである（Smith, 1976, p. 13; Marsh and Rhodes, 1992b 参照）。境界線の設定が問題の性質と分類に関係しているのか，それとも行動や関連するアクターの関与に関係しているのかに関わりなく，政策はまた境界線の設定とも関連してい

る（Hodgson and Irving, 2007）。

　このように，政策を定義するのは容易ではない。上述の定義で示されたこと以上に正確さを達成しようとしても得られるものが多くあるのかどうかは疑わしい。大臣とその省の活動にとって政策がもつ意義を具体的に考察することのほうがもっと実りがある。大臣職に任用されると，新大臣はその省の多くの政策について責任を引き継ぐことになる。こうした政策の圧倒的多数が，まさしく物事を進める既存の方法によるものであるだろう。非常に多くのことが国会制定法に謳われることになっているが，これらには組織的取り決め，行政システム，政策を定義するのにも役立つ機能上の慣例などが随伴しているのである。

　一つの省での日常業務の多くを決定し，それ故に新大臣を制約するもっとも決定的な一群を提供するのが，このような政策の存在である。ほとんどの人は，大部分の時間，現存の政策にその関心を集中することになる。イノベーションは，スタッフが新しい政策の形成にとりかかる機会を見出せるかどうかにかかっている。イノベーションはまた，省内部出身の人々が古い政策，つまりこれまでまったく満足なものとみなされてきた政策を変えるための説得ができるかどうかにかかっている。明らかに，イノベーションをすすめる大臣は，巨大な運営組織がそのやり方を変えるような方法を見出さなければならない。

　たぶんもっと重要なことは，新しい大臣もその省が新しい政策を形成しつつあると知ることであろう。こうしたことは必ずしも前政権から残された仕事というだけではない。それらの中の多くは，既存の政策の中にあってその省でこれまで行政官たちが訂正しようとしてきた弱点に由来するものだろう。さらに，そのいくつかは既存の政策が展開している世界の中の変化に，すなわちそうした政策を失敗させたり，不適切なものとする変化に，その根源があるだろう。こうした一連の政策すなわち「まだ出来上がっていない政策」が重要である。新しい大臣は，大臣自身あるいは党の抱負がその省で機能している政策的課題にぴったりと合っていることを理解するかもしれない。そうした状況の中で，大臣はイノベーターとなったり，あるいはそうみられるようになるのはかなり容易であることがわかるだろう。しかし，大臣は省の政策ニーズについての自分の見解が省内部で取り組まれつつある主要な問題と関連性がないという事実，あるいは大臣自身の関与が省内で政策イノベーションに関心をもつ人々によって取り組まれている政策とまったく反対の方向へ向かわせるという事実にさえ直面しなければならないだろう。大臣たちの成功あるいは失敗についての大衆の議論は，しばしば大臣たちの個性と経験に関しておこなわれる。もちろん，しばしば「強力な」大臣と「弱い」大臣とを区別することはできるが，巨大組織のトップの地位に就くかなり一時的な在任者は，次の点ですこしば

> **コラム 16　個性と政策**
>
> 　1997年，選挙による労働党政府の誕生後，社会保障担当閣内相のハリエット・ハーマン（Harriet Harman）は，社会保障改革の「大臣」として活動するために，関連する専門性を相当にもった年長の同僚であるフランク・フィールド（Frank Field）に加わってもらった。フィールドは，支出抑制という背景の中で革新的な政策課題を展開することは大変困難だということを悟った。ハーマンは，財務官僚たちがすでに予定された支出削減を法律にしようとしていた財務省から圧力を受けていた。さらに，二人は一緒に働くことがたいへん難しいことを思い知ったといわれている（Rawnsley, 2001）。二人とも一年以内に職を離れたが，ずっと後になって，ハーマンはゴードン・ブラウン主導下の労働党の副代表となって復帰した。

かり幸運であったか不運であったかにすぎないということを忘れてはならない。——大臣就任時に主要な審議官たちが刺激的なイノベーションが必要であると同意しがちな時に就任するという点で，あるいは反対に既存の政策の統合や喜ばしくない現実への対処が，大臣たちが心に抱いている政策変更よりもっと重要であるということに気づくという点で，である。コラム 16 はこうした現象について興味深い，しかし関係する個人にとっては痛みを伴う例を示している。

　さまざまな種類の政策イニシアティブがある。いくつかの政策は，その大臣自身の省にとって単に間接的な結果しかもたず，とくにその立法と執行とが他の機関に依存している場合にはそうである。地方政府に対する権限と義務を付与する立法はこのカテゴリーに入る。一例として，障害者とその介護者の利益を守るための立法がある。それは，国家的政策の発展と関連しているように思われる一方で，現実には地方政府次第であることによって中央政府の関与が比較的軽くみえることになる。明らかに，大臣は省内で進行している多くの仕事の方向を実質的に変える政策を形成することよりも，この種の立法を受け容れることのほうがいっそう容易なことである。上述のようなケースでは，政策の立案策定は現実的であるというより「象徴的な」（symbolic）ものであるだろう。大臣たちは，イノベーションを現実的に立法化することなく，名声を得ようと望むかもしれない。

　行政システムに対して修正がおこなわれ，その多くが立法を必要としないケースもある（政府の省自体のリストラについてさえこうしたことがいえる）。そのような変化は，政策的課題（学校での成績不振，ヘルスケア，子どものネグレクト）への新しい対応を始めるように考えて提示されるかもしれないし，コストに関して中立的とみられること（おそらくこれは誤解だが）もあって実施が容易かもしれない。

第3章　社会政策の立案策定

　他方で，ひとたび大臣が「新しい資金」の支出を求める政策を立法化しようとすれば，大臣がいっそう困難な政治的実践に関わるのは避けられない。形式的には，おそらく優先課題設定の一つにおいて閣内の支持とともに財務省の承認が必要とされる。そして優先度の設定において，大臣は他の支出を熱望する同僚閣僚との競争に巻き込まれるのである。こうしたことが，大臣とその官僚たちとの関係にとって意味していることはかなり複雑である。特定の支出への関与はけっして単一の省が負うようなものではない。それ故に，そのような特定のイノベーションの妥当性については組織内の闘争があるだろう。大臣がある特定のプロジェクトを促進していると世間からみられるようになるということは，おそらく省内のさまざまな官僚集団が特定の事業には賛意を示し，他の新規事業には反対することをめぐって議論を積み重ねてきた長いプロセスが終わったことを示すものであろう。所轄大臣と財務大臣との政治折衝は，官僚間のさらなる念入りな交渉に相当するものだろう。省内で議論されたときに，比較的に弱みをもっていたケースはこうした骨の折れる交渉の場ではさらなる問題に直面するようになるだろうし，自からの省内での異議を抑えるのに成功した大臣が，こうした範囲がさらに広がった戦いにおいて敗れるということも十分にありうるだろう。さらに行政の研究者たちは官僚全体の中での財務省の威信と権力という観点から，官僚たちが自らの大臣のためにどの程度まで効果的に財務省に対して闘うことができるのかについて疑問を呈してきた（Heclo and Wildavsky, 1981）。

　政策の種類の違いを区別し，また大臣の権限にとってのそうした政策がもつ意味合いを解釈するときに，いくつかの政策は2つ以上の省庁が関わっていることが認識されねばならない。たとえば，住宅費用に関する支援への新しいアプローチは，社会保障政策との関連では雇用・年金省によって，そして住宅政策に対する責任ということではコミュニティ・地方行政省によって検討されなければならないだろう。財務省も早い段階で関与することを期待しているだろう。一つには課税についての責任があり，さらに支出全体についての関心があるからだ。加えて，地方政府も関与することになる。こうしたことのすべてが，官僚間での交渉の重要性とそれに関連する現状維持の風潮とを大いに高めるという複雑な形態を付け加えることになる。

　こうした議論は，大臣たちがその大臣所属の省にとって比較的軽い意味あいをもって立法化できる政策と，その省の詳細な関与を必要とする政策との間の区別を明確にしてきた。イデオロギー的な関与がある場合には，比較的安易なみせかけと困難な行政上の闘いとの間で，区別するのがよいことを示した。また，政策の成功が他の組織の反応次第であるような場合には，「交渉型政治」のいくつかの難しい局面が関係しているというケースがあるかもしれない。税額控除や年金改革の進展

91

のある側面は，小規模事業者が政府のために新しい仕事を請け負うことをめぐってつけられた条件によって影響を受けた。保健政策における医師の権限は，これと関連した実例を提供している。この場合，問題は正確には国務大臣所属の省内からではないにしても，少なくとも公的機関内部から出ている。また，社会政策の分析にとって重要なことは，中央政府と他の政府機関，とくに地方政府との間の相互作用である。地方政府は政策執行において決定的な役割をもつだけではなく，ある点では地方政府自身が政策立案者でもある。

　保健省内部で保健および対人社会サービスに対して全般的な責任をもつ新任の大臣，あるいは教育政策や住宅政策に対して責任をもつ新任大臣は，省と地方政府あるいは保健サービスとの間で一定の重要な特性をもつ「既定の」関係があることがわかるだろう。制定された一連の法律，中央政府からの補助金交付のパターン，新しい資本金支出のための借款の引き受けを含む新しいイニシアティブの認可に関連した一連の手続き，おそらく一連の監査あるいは政策の見直し，そして中央からくる回状に記されたさまざまな政策上の期待とそれに関連したメッセージなどがあるだろう。地方当局の義務はきわめて明白であるような少数の場合もある。しかし，むしろもっと多くの状況では，地方当局は明白な義務を負っているが，それをどのように遂行するかについての詳細なガイダンスを与えられてこなかった。さらにその他の重要な場合には，地方当局は自らを重要な政策立案者とみなすだろう。中央の要請は，大衆に付与されるサービスの質を現実的に指示する決定は地方ごとにおこなわれるという一般的な表現をもって明記されていることだろう。それから，中央政府は，もし地方当局が願うのなら，その活動を〈認める〉ことで政策イニシアティブが地方当局次第であるということを非常に明白にしてきたという状況もある。最後に，数は少ないが地方当局がほぼ完全にイノベーターとなっていたり，国会によって地方の法律制定を促進してきたり，自分たちに与えられた一般的な権限をまったく新しい方法で解釈したといった状況があるだろう。

　変化をこのような様式の中に導入しようとする新任の大臣には，さまざまな選択の余地がある。しかし，選択のそれぞれは，新しいアイデアに対する抵抗があるところではどこでも困難に遭遇するだろう。新政策は新しい法令だけでなく，大臣の声明，白書，そして地方当局への回状などにおいても頻繁に表明されている。それぞれのケースで，大臣は間接的な武器を用いて勧告を強化することができる。間接的な武器とは，貸付金を調節したり，活動を認可したり制限したりする他の権限を使ったり，中央と地方の共同活動が必要な状況において，協力したり，協力を打ち切ったりすることによるものである。国民保健サービスにおいて，資金交付に対する調整もまた中央からの政策変更を容易にしている。

本節での議論は政策に影響をおよぼす多くの事柄にわたった。明白な政策的関与をもつ新任大臣という，とくに代議政体と関連した考え方を用いることによって，そうした関与をくじいたり，あるいは他の原因から引き出された関与によって置き換えるような圧力に対して注意を向けてきた。　既存の政策を維持することに加担する強力な勢力があり，多くの新しいイニシアティブは，事実上，イノベーションを起こそうとするほどの関心からというよりもむしろ，既存の政策の欠陥を正そうという関心から出ていることが強調されてきた。
　ブレイブルックとリンドブロム（Braybrook and Lindblom, 1963）は，政策過程がある程度「漸進的」（incremental）であることについて注意を喚起した。かれらはとくに以下を非難することに関心があった。すなわち，利用可能な最善の選択に続いて代替的政策のすべての代替的結果について合理的な評価であると理解したり，あるいは，そうした評価が可能だというように政策過程を描くことに対する非難である。もし漸進主義がこのような言い回しで理解されるのならば，社会政策の適用可能性について理解するのはほとんど難しくない。歴史的叙述の章で示したように，社会政策の発展は新しい出発を促進するための基盤を排除することなく，古い政策の上部に新しいイニシアティブを積みあげる過程であった。次に，こうした積みあげプロセスが進むにつれて，未来の発展が考慮しなければならない新しい利害関係を生み出した。政治的な価値は，社会政策に関する対立でしばしば問題となってきたので，イデオロギー上の問題のまさしく特質はすべての政策オプションの冷静な評価を妨げてきた。
　政策の立案策定は合理的意思決定における純粋な実践というものではない。単にイデオロギーの実践への転換でもなく，まったく一貫性のない交渉とその場しのぎの過程でもない。むしろ，これら３つのすべての混合であり，たぶん第１のものがもっともみえにくく，第３のものがもっとも明瞭である。

◇**より深く学ぶための読書案内**───────────────
　イギリス政治の基礎的説明を必要とする人々は，いくつかの標準的で最新のテキストから満足を得るだろう。Leach et al. の *British Politics*（2007）『イギリス政治』と Kavanagh et al. の *British Politics*（2006）『イギリス政治』を推薦する。
　権限移譲と他の憲法上の変化についての解説としては，Jowell and Oliver 編の *The Changing Constitution*（2007）『憲法（基本法）の変化』第６版がいい。さらに地方政治に関しては，読者は Stoker and Wilson の *British Local Government into the 21 Century*（2004）『21世紀に向かうイギリス地方政治』を参考にすべきである。欧州連合に関しては，Hantrais の *Social Policy in the European Union*

(2007)『EU の社会政策』を参照していただきたい。本書執筆時点で，権限移譲が社会政策におよぼすインパクトを記すという扱いにくい仕事を引き受ける人は誰もいなかった。

　Hill の *The Public Policy Process*（2005，新版 2009）『公共政策過程』は，政策の立案策定の研究についての理論的問題の多くを探究している。イギリスにおける政策立案策定にとくに焦点を当てた本には Richards and Smith の *Governance and Public Policy in the UK*（2002）『イギリスにおける統治と公共政策』，そして Doroy の *Policy Making in Britain*（2005）『イギリスにおける政策の立案策定』がある。

第4章
政 策 執 行

1 はじめに

　社会政策を扱う本書において，なぜ，一つの章が政策執行の研究に割り当てられるのか。私たちの議論において，政策執行はなぜ重要な問題なのか。政策執行の単純な定義は，政策に対する期待と政策の効果の間に何が起きているかに関わる問題である。なぜそれが重要なのか。それについては，次のようないくつかの理由がある。

- もっとも重要なことは，政府がいっていることが——それが法律に定められているとしても——その通り実現しないかもしれないということである。
- 前章で指摘したように，実際の政策形成は「政策の策定」と「執行」との継続的な相互作用の組み合わせであり，その2つとも実際の政策的帰結に決定的な影響をおよぼす。
- そのため，政策効果が疑問視される政策は，最近においては政策そのものだけではなく，政策執行のプロセスとその政策の執行機関についても議論が必要な問題として認識されている。

　幅広く知られている「トップダウン」の視点からは次のような疑問が出てくる。「政策を執行するであろうと期待されているアクターは，なぜ，彼らに求められていることをおこなわないのか」。しかしながら，政策執行に携わっている多くの人々がもっているボトムアップの視点に基づくと，彼らは逆の方向からの疑問を投げかけるであろう。それは，「私たちは，私たちが直面している課題や問題の解決に役立たない政策を執行するよう期待されているのか」という疑問である。この2つの疑問とも妥当なものであり，政策執行についての適切な議論のためには，この2つの視点の正当性と，政策執行プロセスのあらゆる部門から影響を受ける，政策執行の実態を考慮する必要がある。また，政策の恩恵を受ける人々に対する政策形

成プロセスの影響も重要な問題として議論されるべきである。

本章は,これらの問題を中心に議論を進める。しかしながら,まずは,いくつかの重要な社会政策執行機関を確認しておく必要があるであろう。

2　政策執行の構造——中央政府

ここから次の節まで,イギリスにおける主な社会政策の執行機関の概要を述べる。ここでは,通常地方政府は関与していない主な政策領域について検討する。次の項では地方政府の役割について述べる。イギリス連合王国の4つの構成国においては,それぞれ組織機構が異なるため,この項目での議論は特段断らない限りイングランドについてである。しかしながら,社会保障や雇用については,イギリス連合王国のうち,イングランド,スコットランド,ウェールズでは単一の仕組みがあり,北アイルランドは,それに酷似している。

社会保障給付は,財務省(現在は歳入関税庁と呼ばれている)と雇用年金省の出先機関の所管である。税額控除,児童手当,国民保険料の徴収は歳入関税庁の所管である。他は雇用年金省の所管であり,同省のさまざまな出先機関が業務をおこなっており,その中でもっとも重要な役割を果たしているのは年金局と雇用安定局である。

かつて,すべての社会保障給付は地方事務所に申請しないと認められない時期があったが,現在は,短期給付,地方事務所への登録と面接を必要とする失業給付だけが地方事務所の所管である。

イングランドとウェールズにおける保健政策の執行は,複雑な方法で移譲されてきた。中央政府には,国民健康増進局があり,その職員には保健省の官僚が当てられている。そして,多くの側面において,保健省の延長であり,保健大臣直属のようなものであると考えられている。

地方政府における,家庭医サービスを含むすべてのサービスの提供は,1次ケアトラストの所管である。これは,1次ケアサービス(と一部のコミュニティ・サービス)を提供し,二次ケアの委任機関である。後者は,いくつかのコミュニティ・サービスと病院を運営する他のトラストによって提供される。これについては,数カ所の戦略的保健局(Strategic Health Authorities)がもっとも大きな責任をもつ。すべての保健局(Health Authorities)とトラストは,それぞれ職員を雇うが,その理事(外部理事を含む)が大臣によって任命される準自律的な組織である。保健サービスに関連し,論議を呼んでいる2つの問題がある。

- トラストの自律性の問題である。これについては本書の第7章でも検討するが、より高い自律性をもつ基金トラストがある。
- 委託委員会が、国民保健サービスのサービス提供機関を経由しないで、どの程度独自に民間部門への適切な委託先を探すことができるのか。

　環境・保健問題に関連する問題と、たとえば、食料政策のような健康への医療以外の影響については、環境・食糧・農村省の所管である。同省の業務の多くは、環境局や地方政府を通じておこなわれる（詳細については次の節を参照）。
　2007年以降、高等教育と職業訓練は、新たに誕生したイノベーション・大学・職業技能省の所管となっている。政策執行は、エインリーが明らかにしたような、複雑で「本質的に不安定なシステム」（Ainley, 2001, p.474）の下での諮問機関などの行き過ぎた介入によって複雑化している。
　イギリスの高等教育は、多くの大学が、それぞれの大学の拠点を置く自治体の領域を超えて教育活動を展開しているという事実を考慮し、特別な組織を必要としてきた。大学関連では特別な中間組織が長年存続していた。しかしながら、1986年の教育法によって、政府の直接的な統制の下に置かれるイングランド高等教育基金公社（HEFCE）が設置され、比較的独立性の高い大学助成委員会は廃止された。

3　政策執行の構造——地方政府

　イギリスの地方自治制度の概要については前章でふれているが、本章でも、その運用のさまざまな側面について検討している。今までの議論では、地方政府の権限と義務は国の法律によって定められているということを明らかにした。したがって、政策執行の多くの側面において地方政府は「単なる」中央政府の出先機関にすぎないと考えることができる。しかしながら、首長や議員は選挙で選ばれており、かれらは自ら有権者からの委任を受けていると考えている。
　そのため、中央政府と地方政府の関係はパートナーシップと対立という二面性をもつ。中央政府は自らの意志を立法だけではなく、幅広い指導や指針などによって貫こうとする。これは、中央政府からの定期的な通達によって具体化され、あまり公式的ではない大臣、官僚、専門家の助言というかたちで地方政府に伝わる。すべての地方政府に対して中央政府の政策の影響が表れることを保証するために、中央政府による介入は国レベルの政治参加という点から正当化される。地方政府の自律性向上の必要性と、住民にはどこに住んでいても他の地域と同水準の行政サービスの提供が求められるという「地域格差の是正」との間には内在的な対立が存在する。

1980年代，1990年代のサッチャーとメージャーの保守党政権は，地方政府の自律性と権限に大きな制約を加えた。かれらは，財政的統制を強化し（下記参照），地方政府の行政サービス権限の一部を吸いあげた（たとえば，教育システムの一部），また，他の分野においては規制を強化し，行政サービスの外部委託を進めるよう圧力を加えた。労働党が政権に就くと，民営化への執着をやや弱めたものの，一連のプロセスを継続させた（DETR, 1998）。

　1999年の地方政府法によって，首長や地方議員に対し，かれらが提供するサービスが「ベストバリュー」を維持していることを証明するよう求める仕組みが導入された（コラム17）。

　公共部門において，「ベストバリュー」を達成するためのさまざまな努力が求められている。それだけではなく，外部監査に加え，成果をあげている政府部局は会計監査委員会を味方につけられるような会計検査と監察制度を導入した。

　それ故に，標準的なサービス水準を下回っていることが判明した場合，それが中央政府に報告される仕組みがあり，中央政府には自ら介入できる権限が与えられた。教育においては，すでに制定されていた1998年の教育法において，成果をあげられない地方教育当局のすべて，あるいは一部を廃止し，他の主体にサービスの提供をおこなわせる権限を政府に与えたが，それはボランタリー組織，民間企業，当該の自治体以外の自治体などである。政府はすでにその権限を行使しており，1999年の地方政府法は，どの地方政府に対してもそのような権限が行使され得るということを想定している。

　地方政府における政策形成は，公選職，つまり，地方議員の責任である。国会議員が有権者を代表するように，地方議員はそれぞれのディストリクト，区を代表する。近年，地方政治の多くの部分においては党派色を強めており，多くの地方議員は，イギリスの中央政界で活動を展開する政党の代表でもある。地方政府の政党色が強まったことにより，中央政府―地方政府間の対立はさらに深化した。とくに1980年代はじめごろ，地方政府におけるラディカルな労働党，中央政府における保守党という構造の下で非常に激しく対立した。

　2000年まで，地方議員の仕事は議会委員会の仕組みの中に組織化されていた。議員個人は複数の委員会のメンバーでもある。多くの議案の審議は委員会の中で進められ，全体会議では議案成立のための形式的な採決だけがおこなわれる場合が多く，それは議員には政治的な人気取りのための機会を与えるようなものである。このような委員会の構造は，基本的にはそれぞれのサービス提供に対する地方議員や首長の職務上の責任に関わるものである。最近では，地方議員や首長は，一種の「執行部」を形成するよう求められており，責任をもって自治体の政策を効果的に執行す

第4章　政策執行

コラム 17　ベストバリュー

政府の白書には,「ベストバリュー」について次のように記述されている。

　ベストバリューは,行政サービスの明確な水準——コストと質の両面——に基づき,可能な限り,もっとも効果的,経済的かつ効率的な手段によってサービスを提供する義務である。この義務を果たすうえで,自治体は,住民に対して説明責任を果たさなければならず,中央政府に対しても,幅広い公益の代弁者としての役割を果たさなければならない。そのために,自治体は自らの責任で提供するすべての行政サービスの水準——コストと質の両面——を定めなければならない。しかしながら,教育や社会サービスのような,主に中央政府の責任で提供されるサービスについては,中央政府が統一したサービスの水準を定めなければならない（DETR, 1998, para 7.2）。

1999年の地方政府法は,教区会（parish councils）を除くすべての自治体にこの義務を課した。自治体は,自治体のすべての行政サービスに対して,次の3つを設定するよう求められている。

- 具体的な業績目標と目標の達成手段
- 基本的な成果評価プログラム
- 地方政府の事業計画

るように求められている。そのようなかたちを取っているいくつかケースにおいては別に選ばれた市長に対して責任を取る場合もあるが,ほとんどのケースにおいては,個別のサービスに責任をもつ個人と多数党の重鎮たちによって形成される（これは中央政府における「内閣」モデルに近い）。そして,市長や議会の野党の議員は,決定された政策内容の管理責任を負う他は市民の代表としての仕事のために努力すれば良いという考え方である。地方議員を関与させるもっとも重要な仕組みは,調査委員会である。国会の特別委員会のように,この調査委員会は議員の活動に関連する争点について精査する。

　自治体は主に3つの収入源をもつ。地方税,サービス利用料,中央政府からの補助金である。1980年代半ばまで,この3つのうちの最初のものは,居住用と事業用の不動産税であった。

　政府は,居住用不動産税を個人税,地域「社会税」,人頭税に変更し,事業用の不動産税は中央政府の財源に組み入れた。人頭税に対する世論の反応は,首相とし

てのサッチャーのキャリアに終焉を告げた（Butler et al., 1994）。結局，彼女の辞任の後，彼女の後継者は人頭税の影響を和らげるため，中央政府からの補助金を急激に増やしたが，これは付加価値税収増額分で賄われた。かれは，1993年に人頭税を廃止し，「住民税」（Council Tax）[1]を導入した。これは，居住用不動産税を単純化したものであり，居住用不動産の価値とそれへの成人の居住者の数を考慮したものである。このような地方税制の改革，変更は，地方政府の独立性の急激な低下をもたらすものであった（コラム18参照）。

中央政府は地方政府の借金に対しても統制を加えつづけている。最近の傾向としては，事案ごとの細かい統制から借金総額に対して幅広い制約を加える方向に変わってきている。制約を加える仕組みはこの2つのやり方の組み合わせである。

この項目での詳細な記述はイングランドの地方政府についてであり，それは，イギリス連合王国の他の構成国については適用されない。スコットランドとウェールズの仕組みは，大枠は類似しているが，前述のように，北アイルランドでは地方政府は非常に限られた役割しかもっていない。

以下においては，政策執行において地方政府が時に重要な役割を果たしている政策領域について検討する。

多くの政策領域における執行の複雑な仕組みの一つとして，ここで注目しているのは地方自治所管省庁のコミュニティ・地方行政省である。この省は，財務省とともに，地方政府との重要な財政的，法律的連携を維持しているが，教育，社会サービス，環境・保健政策については責任をもたない。これが，地方政府レベルにおける，総合的なアプローチを求める声と多額な支出を必要とする個別のサービス需要との緊張や対立を助長している。スコットランドとウェールズの仕組みはもっと調整が取れているといえよう。

成人向けの社会サービスは，それがボランタリー組織ではなく公共機関のコントロールの下に置かれている場合は，かつて「社会サービス部局」と呼ばれていた——現在は名称がさまざまであるが——地方政府の部局の所管である。多くの自治体は，他のコミュニティ・サービスや住宅の管理を，公共機関のコントロール下に置いた。地方政府における保健サービスと社会サービスの効率的な調整の必要性が高まり，保健サービススタッフをケア管理の仕組みの中に統合する改革につながった。これは，結果的には社会サービスの一部あるいは全部を保健サービスに統合させる，ラディカルな組織改革につながるかもしれない。これについては，本書第7章で検討する。

1993年以来，自治体は，成人向けのケアサービスにおいて，「ベストバリュー」（コラム17参照）を達成するような購入者／供給者システムを運用するよう求めら

第4章 政策執行

> **コラム18　地方政府の支出に対する中央政府の統制**
>
> 　人頭税が導入される以前においても，保守党政権は地方自治体が中央政府の定めた範囲を超えて地方税を引き上げる権限に「制限」を加えていた。コマーシャル・レーティングシステム（*Commercial rating system*）の中央政府への移管は，地方自治体の歳入の4分の3を中央政府の直接のコントロール下に置く効果をもたらした。また，人頭税の影響を抑えることに対する拒否反応によって，サッチャーの失脚後，地方の歳入の約80％が中央政府のコントロール下に置かれるようになった。労働党政権は，「雑な」地方税率に対する制限を廃止したが，依然として「過度な地方税の引きあげをコントロールする権限」をもっていた（DETR, 1998, para 5.7, p.34）。中央政府から地方自治体への資金の供給が増えないのは明らかである。一定水準の事業税収は維持されているが，自治体に補助的な課税手段を講じたり，税の減免優遇措置を講じる機会をもたらした（DETR, 1998, para 10.8, p.77）。一方で，それは，自治体における緩やかな支出の増大への備えとなり，それの影響は地方政府の責任として認識されるという意味において中央政府の負担を軽減させるものであった。

れている。提供者は，管理上，とくに，会計処理上の一定の自律性をもつ自治体の関連部局である。それは，ボランタリー組織である場合も，営利組織である場合もある。また，保健サービストラストである場合もある。政府は，地方政府の外部のサービス提供者が社会サービス供給契約に関わる競争において良い機会を与えられるべきであるという点について関心を示してきた。大部分が民営化された施設介護サービスの提供において，自治体による直接供給は急激に減りつつある。公共・民間両部門におけるほとんどのケアサービスを管掌する準自律的な委員会（保健サービスも管掌する）がある。

　成人向け社会サービスの提供に携わる責任者や幹部職員の多くは，専門的な資格をもつソーシャルワーカーであるが，職員の相対的に低い割合しかソーシャルワークに従事していない。他の重要な労働者としては，ホームヘルパー，施設介護職員，作業療法士などを含む。政策執行は，異なる職種間の協力の仕方によって影響を受けることが多い。

　児童向け社会サービスは，中央政府においては子ども・学校・家庭省の所管であり，地方政府レベルにおいては，「教育児童局（正確な名称は自治体によって異なるが）」の所管である。学齢期の児童向けの学校教育とその他教育サービスについてもそれらの部局の所管である。

自治体における教育サービスの提供に関連するさまざまな問題は，自治体と学校との関係に起因する。連鎖のイメージが100％正しいというわけではないが，異なる責任と異なる自律性が関係しており，連鎖の中の個人を迂回するかもしれないが，執行はさまざまなアクター同士の連携によっておこなわれているということを認めることが重要である。それは，地方議員などの自治体の公選職，教育行政の責任者とその部下の職員，自治体の視学官とアドバイザー，学校理事会，校長，学校の中の学科の長，学級担任などである。教育サービスの提供について検討すると，自治体の自律性，学校管理の役割，専門的な裁量の位置づけについての興味深い論点があることがわかる。

　1986年以来，数回にわたる教育法の改正によって，強化されつづけていた教育当局に対する中央政府の統制と学校の自治を向上させるための措置が結びつけられた。これによって予算編成のルールを定め，かつ自律性を高め，学校理事会の力を強めた。また，高い自律性をもつさまざまなかたちの学校の設立が認められるようになり，長年維持されている協定の延長，国によって資金提供を受ける学校の運営への宗教団体の参加が認められ，企業などにも一定の財政的な貢献への代価として学校に対する一定の発言権が認められるようになった。

　政府は，分権を進めると主張してきたが，親の影響力が強まり，自治体における政治的コントロールが弱まったのはさらなる集権であると考えられていた（Glennerster et al., 1991）。後者のような見方は学習指導要領の開発と中央政府の教育基準庁（Ofsted）などの独立的な監査役の権限の強化によってさらに強まった。ここで簡単に紹介した一連の変化の詳細については本書第❾章を参照されたい。

　自治体における教育行政と児童サービスの統合は，本書執筆の時点においては比較的新しいことであったため，その運用に対する評価をするのは適切ではないかもしれない。しかしながら，それは主に，学校と「対等」な関係を築いている，教員経験者によって運営される教育行政サービスと，前述の学校や児童サービスの統合である。その児童サービスにおいては，資格をもつソーシャルワーカーがもっとも重要な役割を果たし，彼らのもっとも直接的な関心は，準民間の資源（とくに，養父母，ベビーシッターと昼間保育サービス）と施設における直接的なケアサービスの供給によって社会的弱者層の児童向けのサービスを開発し，児童虐待を防ぐことであるという点を指摘しておく必要があろう。統合後における多くの自治体部局の長には校長経験者が当てられるようになったが，長期的にはソーシャルワーク・マネージャーがそのような役割を担うようになるのではないかと考えられる。児童ケアシステムは最近においては児童・学校・家庭省の所管であり，学校監査システムの一員である職員によって監査を受ける。

単一のカウンティ，あるいは複数のカウンティにおいて，基礎自治体は環境・保健事業について幅広い責任をもっている——たとえば，ごみの収集と処理，店やレストランなどの監督，また，ネズミや他の有害動物の駆除などの義務，そして，伝染病発生時には保健部局との連携によって業務を遂行できる幅広い権限をもつ。

イギリス連合王国の中，ブリテン（イングランド，ウェールズ，スコットランド）の自治体における住宅政策は，統一の自治体か基礎自治体の所管である。北アイルランドでは，自治体による差別に対する抗議によって，地方住宅局［Province-Wide Housing Executive. 北アイルランドは4つの地方（Province）に分かれている］が設置され，また，スコットランドにおいては，自治体の業務を補助する，重要な全国規模の「公共」住宅組合（Housing Associations）がある。そして，イングランドとウェールズにおいても，住宅組合に資金提供をおこなう住宅協会（Housing Corporation）がある。最近では，政府は住宅政策に関連し，資金の調達と管理をおこなうための新しい方法を模索中である。これは，公費支援を受けるか，公費と民間の資金その両方からの支援を受ける住宅組合の重要性を高めている。自治体の所管となっている部分（一般的ないい方としては，公営住宅）は，急激に縮小した。多くの地域において，関係自治体は住宅を所有しなくなり，住居を探している住民が低家賃住宅に入居できるように助けるのが自治体の責任であるが，その責任は，住民のいない空き家に次の入居者を指名する権限を行使することで果たされている。

住宅政策にはさまざまな部局が関係しており，それに関連する多くの重要な決定が民間の機関によって下されている社会政策の領域である。そのため，一元的な執行体制が構築されていない。住宅に入居する方法は，主に次の3つである。つまり，住宅組合か自治体から借りる（低家賃住宅），入居者自ら購入する，民間の家主から借りる。そして，それぞれのコストと質を管理するために政府が介入しており，住宅政策執行は往々にして非常に複雑な問題でもある。そのため，それを研究するためには，政府と自治体との関係だけではなく，政府が住宅金融組合，家主，民間の建設会社の行動にも影響をおよぼそうとしている点に注目する必要がある。それだけではなく，住宅政策においては，公共部門と民間部門との重要な相互作用がなされている。たとえば，地価をコントロールし，投機を防止するために政府が介入しており，住宅の賃料をコントロールするために金融市場にも介入している。また，政府は課税権と社会保障政策を駆使することによって，住宅市場における負担と便益の変化をコントロールしている。

低所得者への家賃補助は住宅手当の支給によっておこなわれる。ブリテンにおいては，それは雇用年金省の所管である。実際の支給は自治体がおこなうが，それに

よってほとんどの費用が賄われる。

　前項と本項では，イギリスにおける政策執行の仕組みが複雑であることを明らかにした。また，それはいっそう複雑になりつつある。単純な官僚制モデルへの依存——一つの社会保障関連省庁，階層制組織である国民保健サービス（NHS），縦割りであると考えられている自治体——から，契約に関連するさまざまなモデル，システム横断的なパートナーシップ，成果の監査システムなどへの移行をめざす動きがあった。これらはさまざまな実験の連続である。

- 1960年代，1970年代の新しい官僚組織
- 1980年代と1990年代における市場と準市場の仕組みを構築するための取組み
- 中央政府における所管省庁の連続的変化
- 1990年代と2000年代の，「うまくいっていること」だけが大事であるという考え方を重視した混乱した実利主義，新しいコントロール方法を継続的に模索するための政府における協力体制構築の必要性の強調（Newman, 2001 参照）

「ガバナンス」の仕方は全体の構図を混乱させる（負の）遺産を残している。この点については，以下においてさらに検討を加える。

4　政策執行の分析

　政策執行の分析のための検討項目は論者によって異なるが，本書では次のように分ける。

1．政策形成に関連する問題
2．政策移転のプロセスにおける「階層」の問題
3．執行機関（組織および，職員の自律性の程度）の対応に影響をおよぼす要素
4．水平的な組織間関係（政策執行において協力が求められる水平的な組織間関係）
5．社会的，政治的，経済的環境の影響

　それぞれの項目の検討を，本章の残りで別々におこなうが，コラム19では，それぞれの見出しのもとに，政策執行の研究項目を説明している。

コラム 19　政策執行の分析に含まれる項目

　政府の政策執行の研究のために考慮する必要がある項目は次のとおりである（Vick et al., 2006）。ソーシャルケアにおける直接給付（この政策については，第8章を参照）

1．政策形成に関連する問題
　・国政レベルの立法，政策と指導・指針
2．政策移転のプロセスにおける「階層」の問題
　・中央政府における成果のモニタリング
　・自治体におけるサービスの監督と規制
3．執行機関（その機関の組織，その職員の自律性の程度）の対応に影響をおよぼす要素
　・自治体内部のリーダーシップ
　・ダイレクト・ペイメントへの自治体の政治的支持
　・公共部門労働組合による支援
　・現場職員に対する支援と訓練
4．水平的な組織間関係
　・ボランタリー組織からの支援
　・保健関連組織との関係
5．社会的，政治的，経済的環境の影響
　・サービス利用者とケアサービス提供者からの要求
　・支援者個人としての就労可能性（地方における労働市場の状況を考慮した場合）

5　政策形成の諸問題

　第3章では，政策形成は主に法律の制定，あるいは，規制の拡大や修正の産物という文脈で議論した。ある政策が執行される時，何が起きているかを観察すると，実際起きていることについての複数の情報源があるかもしれない。それらは，執行の詳細に関連するさまざまな規定，執行に関わる指針などさまざまである。それを一括りにまとめると次のようなものが含まれる。

・政策がどのように執行されるべきかについて設定された手続きや作業手順

- 実際の政策執行に責任をもつべき機関の特定化（特定の自治体，保健機関など）
- 資源——政策執行に必要な費用をいかに調達するか
- 評価——その政策の執行がどのようにおこなわれているかについてのモニタリングやチェックの仕方

政策執行において，それらのことが事前にどの程度具体的に決められているかが非常に重要である。実際には次の3つの問題が起こり得る。

- こうした要素の一部は完全には決められず，実際の執行のプロセスの中で定着することになる。
- 一部の要素については，再交渉され，執行に関わっているアクターは，当初のプランに対する代替案を提案したり，それによって当初のプランが修正されることもある。
- 一部の要素は，執行担当者によって明らかに無視される。

執行に関して広範に普及している多くの議論においては，前述の3つ目の問題だけが議論され，政策執行に対する抵抗への対策を講じることを執行担当者の責任にする傾向がある。これは大きく間違ったアプローチであるかもしれず，何が成し遂げられるべきかについて，そのすべてを事前に決めておくことは不可能であり，執行の段階ごとにその詳細をめぐる再交渉が必要になるかもしれないということを明らかに無視している。

多くの政策は，たとえば一定の条件 y, y_1, y_2 の下では x, x_1, x_2 の目的を達成するというような，非常に複雑なかたちで定式化される。この複雑性は執行のプロセスに大きな影響をおよぼすであろう。ある政策はその目的や条件が非常に曖昧である。それは執行プロセスの中で明確になってくるであろう。

抽象論としては，政策は他の政策から切り離したかたちで分析できるかもしれないが，実際には新しい政策は他の多くの政策がすでに存在する文脈の中で採用される。こうした既存の他の政策の中には新しい政策への前例になったり，新しい政策を条件づけたり，新しい政策との対立をもたらすものもある。そのため，既存の他の政策は新しい政策が執行されるプロセスの中で政策を修正させる方向に働く。

また，政策執行の仕方がなぜ事前に明確にされないかについては，いくつかの理由がある。第一に，政策形成をおこなうアクターが，自ら何を望んでいるかわからないという単純な理由である。明確さが足りないのは，政策を理解し，政策執行を

第4章　政策執行

> **コラム 20　多様な執行策の一つとしての代替的な政策目標**
>
> 　第9章では，義務教育年齢以下の児童向けケアサービスと教育サービスの提供が，まったく異なる3つの目的――つまり，フォーマルな教育への準備を支持する議論，母親の労働市場への参加を促進したいという熱望，育児放棄への懸念――によって影響を受けてきたということを議論する。この3つのいずれもが影響をおよぼしているのは明らかである。また，それは就学前児童への，民間からのサービス提供に対する支援を求める声，コストを最小化したいという願望によっても影響を受けた。そのため，地方政府によって状況はかなり異なり，これらのさまざまな目的の中のどれを重視するかによって実際の政策執行のあり方が変わるというのはあまり驚くことではない（この分野における1990年代の政策展開については，Liu（2001）参照）。

研究することが無意味になるほど大きな問題である。このような種類の「政策」は，政治的な人気取りのための政策をアピールしようとする政治的野心から策定される。

　第2に，政策の明確さ不足は，かなりの程度潜在的な合意形成の不足によるものであるということを考慮する必要がある。政策は単なる妥協の結果としてだけではなく執行に関連する重要な問題については，曖昧なまま策定される場合がある。こうしたことが発生すると，政策執行担当者の間での合意形成もまた困難になる場合が多い。その政策は多様なかたちで策定され，執行のプロセスを巡るさまざまな対立が発生する（コラム20参照）。

　政策目標に関する合意形成の不足から生じる曖昧さは，政策に反対する人々や政策目的を自らにとって有利な方向に変えたいと望んでいる人々にとっては良いチャンスを与える。これは実際に「抵抗」が起きる典型的な文脈である。バルダク（Bardach, 1977）は，多様な「執行ゲーム」についての包括的な分析をおこない，そのゲームが政策の執行を遅延させ，政策を変更させ，政策の目的を変えてしまう事情を知っている人々によっておこなわれていることを明らかにした。ある政策は，たとえば，提供すべきサービスやベネフィットを提供するという明確な義務の不履行など，その反対者が政策執行を妨げるような特徴がほとんどみられないが，別の政策は，保健省による精神障害者向けのコミュニティ・ケアの実施のように，政策執行担当者の熱意に大きく依存し，本来とは異なる方向に容易に転換したり，効果のないものになってしまう。

6　政策移転のプロセスにおけるさまざまな「階層」の問題

　前述のように，多くの政策は行政システムの一つの階層によって形成されるが，執行はそれ以外の階層によっておこなわれる。ある論者は，ある階層は他の階層に「指示する」といっている。それには，「移転」のプロセスも含まれている。本書では，前述のように，イギリスにおいて，中央政府は政策形成プロセスにどのように関わっているかを検討してきたが，執行は地方政府のような組織に任せられる場合が多い。その場合にも中央政府は執行プロセスにおいて常に利害関係を保持している。

　このような指示のプロセスは，各階層間（政府間）における財政的な取引を伴う場合が多いであろう。イギリスにおける政策発案者としての中央政府と政策執行者としての地方政府という役割分担は，地方政府における資源の不足によって中央政府の意向が歪められるような状況をもたらす。しかし一般論として，前述のように，地方政府の資源の量と質を決めるのは中央政府である。社会的養護の分野において，1990年代半ば頃の地方政府は，中央政府の事前に設定した経費が賄えるよう中央政府の社会保障予算から追加的な資金の交付を受けた。同時に，地方政府は自らの税収を増やすことに対する，中央政府の設定した制約に従っていた。多くの地方政府は，新しい立法により自らの資源は自らに与えられた責任に比べて大きく不足するようになったと考えていた。

　一見したところ，中央政府のサービスを司るために設立された「出先機関」は中央政府からより明確な指示を受けているように思われる。こうした機関は枠組み合意によって執行における責任が明確になるように運営されている。しかしながら，政策形成と政策執行を明確に区別することにある本質的な困難は，執行機関が提供するサービスが本来提供されるべきサービス内容とは異なる場合もあり，政治的な懸念を巻き起こすことがあり得るということである。さらに，何か不祥事が起きれば，それは執行機関が中央政府の指示を実行に移すことができなかったのか，中央政府の指示そのものに何か問題がなかったのかをめぐる論議に発展するであろう。事実，その明確な区別は，中央政府の失敗に対する責任を，執行機関の管理職に負わせることを可能にする（本書143頁のコラム29参照。このようなカテゴリーに分類できる養育費審査局の歴史の概略を示している）。

　これらの問題は，アカウンタビリティと統制の権限に関連する議論をより一層複雑なものにする。政策執行に関する従来のヒエラルキーモデルや「官僚制モデル」に対する批判によって，従来のモデルに取って代わるさまざまなモデルの実験がおこなわれた（Hood, 1991）。1980年代，1990年代には，その実験は，サービスの民

第4章 政策執行

> **コラム 21　ガバナンス**
>
> 　伝統的な政府観は，特定の領域において独立した権力をもつ単一国家という概念に結びついていた。しかしながら，一種の独立国家として活動を展開する，国家を超えた機関が存在する。これには，国民国家の政策に対して影響力をおよぼそうとする国際組織と，とりわけ国家を超えた立法者として行動する EU のような組織がある。しかしながら，同様にイギリスにおける権限移譲（本書第3章を参照）は，一つではなく4つの国家が存在するということを意味するのか。この問いに答えるのは困難である。前述のように，イギリス政府は依然として圧倒的な権力をもつが，長期間にわたる，とくにスコットランドにおける実際の自治の度合いは高かった。
>
> 　しかしながら，政策の世界はさらに複雑である。国家は，公共というより民間部門であると考えられるような特徴をもつ制度を駆使して活動を展開する。それらの現象の第2の現代的表れは，従来においては，政府の機能であると考えられていたことを移譲するという意図的転換である。これが意味するのは公共サービスの一部かすべてを提供するための政府と「民間」との契約である。それは，政策形成が依然として政府によっておこなわれるという執行のメカニズムを示すものでもあるが，主要な活動，とくに政府が独占的におこなってきた事業の委託は，政策に対するコントロールの仕方の変化を意味するものである。これに関連する現象の一つは，資源が歳入と民間部門の両方によって賄われるという公共部門と民間部門のパートナーシップである。このような状況においては，政策に対するコントロール手段が共有されるのは明らかである。
>
> 　国家を超えた組織や機関の重要性の増大と，国民国家内部の変化からもたらされる，前述のような複雑な状況を，最近の研究者は「ガバメント」から「ガバナンス」に向けての動きであるとしている。リチャード＆スミス（Richards and Smith）は，次のように主張している。
>
> > 「ガバナンス」は，過去数十年間における政策形成プロセスの本質の変化を強調するために使われている記述的用語である。とくにそれは，政策形成に関わるアクターと政策形成がおこなわれる領域が絶えず増加しているという事実を，私たちがより敏感に感じ取ることができるようにしている（2002, p.2）。

間の供給者に誘導するか，あるいは，公共部門の「購入者」とは準市場的関係にある自律性をもつ公共部門のサービス供給者によっておこなわれるべきであるという，「ヒエラルキー」モデルより「市場」が大事であるという考え方によって大きな影響を受けた（Williamson, 1973）。このような見方は，徐々にヒエラルキーに対する継続的な不信，（市場メカニズムが機能しているということを条件とする）市場メ

> **コラム22　ニューマンの「ガバナンスの4つのモデル」**
>
> - 市民と地域力に基づいた移譲をめざす，セルフガバナンスモデル
> - ネットワークの中の力関係に基づいた柔軟性をめざす，開放型システムモデル
> - 公式的な権威に基づいた統制をめざす，ヒエラルキーモデル
> - 管理能力に基づいたアウトプットの最大化をめざす，合目的モデル
>   (Williamson, 1973, p. 38)
>
> ニューマンは，ブレア政権について次のように述べている。
>
> 　労働党政権は，合意と包摂に基づいた新しい社会の仕組みと，より強制的で条件つきの社会福祉レジームの両方を導入しようとした。それは成果基準を設定し，それを達成することによって政策の運用における効率性と一貫性を確保するためであり，それと同時に，パートナーシップと地域力を育むことによって新しいかたちの共同ガバナンスの制度化を図っている。そして，市民参加を促進し，政策形成プロセスにより幅広く，多くのアクターを取り込む一方で，中央政府からの強く一貫したメッセージを発信するようにしている（Williamson, 1973, pp. 163-164）。

カニズムの容認，また，可能な限り，下の階層の執行機関に責任を移譲する方法を模索するという，より実用的なものに取って代わった。前述のような展開は，サービスの管理にサービス利用者を参加させるという新しい参加型民主主義へのコミットを含むものである。ここで，私たちは，現代の政府において，幅広く使われている「ガバナンス」の概念に注目する。この新しい用語は，現代の世界における政策形成と執行の複雑な仕組みを把握するために用いられてきた。コラム21ではこの用語の使い方について説明している。

　ジャネット・ニューマン（Janet Newman）は，イギリスの「新しい労働党」（new Labour）の下におけるガバナンスの研究において，ガバナンスは，一方では，持続性と革新との緊張，他方では，中央集権と分権との緊張を含む「常に対立する複数のモデルによって特徴づけられているようである」（2001, p. 39）としている。コラム22のように，彼女は前述の緊張関係に注目し，それについてより精緻な分析を加えることによって，ガバナンスの4つのモデルを提示している。

　ニューマンの分析は分権化の必要性をめぐる対立によって特徴づけられる，執行に対するコントロールについての新しいアプローチを模索するものである。その方法の一つは，さまざまなコントロール・モデルの中から選ばれるというものである。

第4章 政策執行

表4-1 3つの種類のガバナンス

	権威	取引	説得
最も重要な政府の活動	賦課 規制 財貨とサービスの提供	枠組みをつくる 結果の評価	参加を呼びかける 方向性を示す
執行の管理に関する適切な見方	強制	成果	合作
管理の手段	インプット	アウトプット	共有された結果としてのアウトカム
政策領域の例	明確な規定のある法律的権利としての社会保障給付(たとえば、児童手当)	効果的なモニタリングが可能な直接的なサービスの提供(たとえば、ごみ収集)	特定の状況において、信頼される専門家が決定を下さなければ、効果的な提供が不可能なサービス(たとえば、一次医療)

出所：Hill and Hupe（2002，第7章；2007）から着想を得ている。

それは、ヒエラルキー／市場二分論を補足するかたちで上位政府の参加を必要とするものである（リンドブロム（Lindblom, 1977）は「説得」といい、カリバシューとラムール（Colebatch and Larmour, 1993）は「コミュニティ」といっている）。ヒルとヒューブ（Hill and Hupe, 2009）は、執行についての異なる期待を含むガバナンスモデルを次のように類型化した。

- 「権威」――事前にルールが決められる。
- 「取引」――一定のアウトプットが期待され、往々にして契約というかたちで具体化される。
- 「説得」――この活動の重要な様式は協働もしくは「合作」といってもよいものを必要とする。

表4-1は、これらのモデルをいくつかの政策領域に適用している。

さまざまな選択肢の中でどれを選択するかという問題は、選択権をもつアクターのイデオロギーと、どうすれば「最適な」方法で政策執行をおこなえるのかの工夫の2つによって左右される。そのような工夫は、（表4-1で示されているように）何が試みられているかに関わってくる。

7 政策執行機関の対応に影響をおよぼす要因

行政に関する従来のアプローチには、組織内部だけではなく組織間においても権威への服従が期待される、正当な政策決定者からの「公僕」に対する行動規定があ

ると考えられている。しかしながら，組織行動論の多くの研究においては，部下の行動規定には一定の制約があることが示されている。細かいルールづくりは困難で時間のかかることである。もし，ルールが詳しい監督と統制を必要とするのであれば，そうした活動が自滅的になることもある。製造業者がどの程度ルーティン化された大量生産作業，いわゆる「フォーディズム」モデルから離れたのかについて分析することは興味深いテーマである。ペーターズとウォーターマン（Peters and Waterman）のような経営の鬼才は柔軟な組織運営のメリットを強調しており，従業員を積極的に関与させ，従業員が組織改革を大胆に進め，組織の変化に対処することを求めている。このアプローチは，政府にも同様に通用すると考えられる（Pollitt, 1990 ; Butcher, 2002）。

社会政策の多くの領域においては，業務上の裁量の重要な構成要素がある。コラム23においては，本章のさまざまな部分からテーマを集め，こうした裁量の主な源を確認している。

実際，政策執行関連規定においては，裁量の「源」を組み合わせることによって現場のスタッフに裁量を与える。そのため，裁量を考えるもう一つの方法は「現場官僚制」としての現場の職員（教員とソーシャルワーカーを含む）を観察することである（Lipsky, 1980）。そうした職員の業務は不適切な資源配分，多様性，時には彼らの役割に対する市民からの支持の低さ，また，曖昧で実現可能性のない成果への期待によって特徴づけられている。職員の関心事は，特定の政策が自分と特定の個人との関係に対して，実際どのような影響をおよぼすかということである。これは，時には執行機関の「責任者」が関心をもつ，幅広い政策問題についての無関心につながり，政策問題についての理解を不可能にする。「現場官僚制」の役割は不明確なものにならざるをえない。専門職業訓練（あるいはセミ・プロフェッショナル。下記参照）としての適切な訓練は，その訓練中に教え込まれている理想を実践に移すことを，かれらの役割として定義する。

「現場官僚制」は，相反するさまざまな要求に直面している政府の執行機関の代表でもある。普段から顧客との，またコミュニティとの日常的な接触において，多くの場合，職員は，ある程度自分の雇い主に反感をもつかもしれない個人やグループから支持されるよう行動せざるをえない。自らの果たすべき役割について混乱しており，自らの役割についてストレスを感じているような状況においては，執行システムの最前線にいる人は，まるで自分たちが単なる役人にすぎないかのように，上位政府からの新しい政策提案には反応を示そうとしない。しかしながら，新しい政策は，管理されなければならない，諸要求の網の目全体の中の単なる要素である。ソーシャルワーカーと教員はとくにこのような状況に置かれやすい。

> **コラム 23　裁量の源**
>
> 1．地方政府の自律性についての慎重な評価
> 2．重要な政策的ジレンマを解決するうえでの「政治的」困難
> 3．特定の状況におけるルールづくりの「論理的」問題。とくに，質的な課題が問題になっている場合
> 4．業務に対する規制に関連する本質的な限界
> 5．他人に対して規制をかけようとする場合の人間の動機づけの問題

「現場官僚制」は，「2つの顔」をもつ。一方で，人々のニーズに合わせて政策を効果的に修正したものと考えられ，他方で，スティグマと差別を助長し，横暴な行動を取り，政策を歪めてしまう権力をもっているとみられている。2つのうちのどちらになるかは，問題になっている政策がどのようなものなのか，そして，現場で働いている人々の仕事ぶりや彼らの熱意によって異なるが，組織的なコントロールシステムによって合意が得られている範囲の広さによっても異なる。このような現象は，政策執行システムに組み込まれている「バイアス」から独立しているものではない。現場で働いている人は，かれらの所属機関から関与する許可を与えられている場合には，特定の顧客に有利になるように，あるいは顧客の意に反して「システム」を操作するであろう。

「現場官僚制」の裁量と役割を考えるうえでは，執行における専門主義の含意を考えることも必要である。専門主義に関連し，次の3点が提示されている（Johnson, 1972）。

1．専門主義は，素人の監視を困難にするほどの専門性をもたらす。
2．専門家は，理由はともあれ，正当な自律性を与えられている。
3．専門家は，自らの行動を自分で決められるような一定の権限と影響力をもつ。

このような専門主義的な自由の源は，(a)関わっている専門家，(b)専門家が活動を展開する組織の仕組み，(c)専門家に執行が求められている政策，によって明らかに異なる意味をもつ。政策執行力における専門性のレベルの重要性について，ある論者は専門家と準専門家に区別している（Etzioni, 1969）。前者は医師と弁護士，後者はソーシャルワーカーと教員である。

だが，専門性に関連する問題は複雑である。それは「確定性」——専門家の対応が事前に計画されている程度——と重要な相互作用をおこなう。より複雑な専門的業務は，かれらが不測の事態に対処する能力をもたなければならない状況と，ルーティン化させることが可能なさまざまな活動の混合物である（コラム24）。

> **コラム 24　専門的な業務におけるルーティンと複雑性のバランス
> ――一つの例としての医療行為**
>
> 　多くの医療行為はルーティンでおこなわれる――多くの患者は症状を明確に告げるが，それに対する処方は予測できる。そして，しかるべき一連の検査が診断にたどり着くまでおこなわれる。しかしながら，優れた医師は例外的な条件を特定できなければならず，治療に対する予想外の反応にも対処しなければならない。保健システムは，「プロトコル」を用意すべきで，標準的な手順が守られるようモニタリングする必要があるのか。あるいは，それは，医師が自らの裁量によって不測の事態に柔軟に対処できていると感じさせるべきなのか。もちろん，これはどちらかを選ばなければならないという問題ではない。問題は，どのようにして両極端の立場の間で理想的な道を探すかである。国民保健サービスの管理において，非常に良い例がある。つまりそれは，専門家の自由とアカウンタビリティを融合させるために，「医療ガバナンス」のシステムを構築しようとする取組みにおいて明確に表れている。これについては，第**7**章で改めて論じる。
>
> 　似たような論点は，教育やソーシャルワーク，他の公共サービスについても提起することができたであろう。

　上記の自律性についての2番目の点は，組織的な，とくに公共部門の職の専門家の活動におよぼす影響に関する論議を呼ぶテーマであった。結論は，直前段階で述べた考察で書かれた通りである。つまり，「それは，専門職と組織によって左右される」というものである。3については，それもまた問題になっている政策の種類によって大きく左右される。

　多くの場合，政策執行のプロセスにおいて専門的な判断は大きな影響力をもつと考えられる。多くの政策においてこれは明確である。これは，専門家とかれらのクライエントとの対面によって下された決定にも適用される。これに関連する多くの問題は論議を呼び，「ルール（たぶん「権利」の確立）」に対する「裁量」をめぐる議論を巻き起こす。このような議論の中で，専門性の重要性と裁量の効果的な制限の範囲についての論議が起きる。その効果的な解決は，多くの新しく難しい政策問題――選択に関する道徳的権利（たとえば，堕胎）――を提起し，資源の最適な配分方法（たとえば，腎臓透析に関連して）を示してくれるであろう。これらは，現在は，専門家の裁量によって一部は覆われているものである。

　そして，解決しにくい重要な問題がある。それは，クライエントとの個人的な関係に対処する専門家の自律性をどのようにして結合させるかに関わってくる。また，専門家がかれらのサービスを，全体的にどのように配分するかに関する政策に基づ

いた関心(あるいは「公的関心」)がある。専門家は、優先順位の問題に直面するのを好まないとされている。つまり、かれらは往々にして、サービスを必要とする患者一人ひとり、クライエント一人ひとりを、ある程度の優先順位づけが必要な集団的倫理を考慮することなく、個人として取りあげることを好む。この側面において、個別に下された決定が、ひとくくりにまとめられた時に政策を「策定」するということができる。その結果は、待機者の名簿をより長いものにするであろう。それに対する政策的対応は待機者名簿を人々に対する非常に重要な公共サービス(対象者を細則に明記し公表する)の指標としてきた。しかしながら、これは競合する優先順位問題の解決にはなっていない。それは、提供されるサービスの質の低下をもたらしたり、量的指標が入手できず、その解釈も容易でない部門を犠牲にして、特定の問題(たとえば、患者がルーティンとなっている一定の処置をどれだけ迅速に受けられるか)が注目されるような結果をもたらした。また、このような種類の指標が操作され、その結果、サービス全体を改善するよりも、手続きを変え、実際の運用状況の記録の仕方を変えてしまうことに関連する問題もある。

　本節は執行機関の側にある自律性の源に関するものを主として取りあげてきた。この自律性については議論が分かれている。自律性が、統制をおこなうさまざまなアクター——上層部の政治家、中間組織と専門家、「現場」の担当者、最後に、しかし、大事ではないとは決していえない、政策のアウトプットの受給者としての大衆——の権利に関して、アカウンタビリティをめぐる対立を背景に発生するためである。

8　水平的な組織間関係

　個別の執行機関の活動においてさらに重要で複雑なことは、多くの活動が2つ以上の組織の協力に依存しておこなわれているということである。私たちは、組織が互いに「責任をもつ関係にない」ため、それを「水平的」関係と述べている。前述のような各階層同士の関係は、各階層に一つの組織が存在するという単純なモデル——一つの政策執行機関と当該政策所管の一つの中央省庁、あるいは、一連の個別地域のそれぞれにある、いくつかの地方当局と関係のある一つの中央省庁——とは乖離が生じているために複雑となっている。政策執行は往々にして、異なる組織の協力に依存している。そうした異なる組織では、地方政府レベルにおける責任は、(a)別々の管轄地域をもついくつかの組織に移譲されており、(b)2つ以上の地方組織同士における調整された行動に依存している。しかしながら、実際には協働は水平的関係でおこなわれると同時に各階層間の垂直的関係でおこなわれることもある

（たとえば，保健とソーシャルケアの協働は，地方レベルの水平的関係でおこなわれるが，その関係は，全国レベルの保健省が地方の保健関連組織と地方政府の両方にどのように関わるかによって影響を受ける）。

多くの組織は，問題によってその特徴と密度が異なる関係性のネットワークに組み込まれている。ある活動は異なるレベルの政府間の相当の協力を必要とするが，ある活動は協力をほとんど必要としない。しかしながら，一つの関係によって得られた成果が他の関係への対応に影響をおよぼすであろうから，全体像を把握しないのは誤解を招く恐れがある。関係というものは進行中のものである。つまり，それぞれの関係には歴史があり，それが新しい問題への対応を条件づける。同様に，それぞれの組織は他の組織との関連でそれぞれの課題，ミッション，役割認識についての独自の認識を育てていくであろう。これらは，何であれ新しい状況への対応に影響をおよぼす。

個人向けのさまざまなサービスは統合される必要があると一般的に認識されている。これは，保健と対人社会サービス政策においてとくにそうである。多くの個人は多様なヘルスケアとソーシャルケアの組み合わせを必要とする。それらのサービスを効果的に組み合わせるためのもっとも良い方策の模索については第7章と第8章でさらに詳しく議論されている。簡単な答えはない。こうしたことをおこなう構造をつくるためのさまざまな試みがなされてきたが，決定的に重要なことは，専門家自ら所属している組織に関係なく「現場」において，さまざまな専門家が一緒に活動できるよう奨励する方法がたぶんみつかるということは正しいということである（Hudson and Henwood, 2002 参照）。

9 社会・政治・経済的環境

政策は認識された社会的ニーズへの対応と解釈することができる。政策は，問題が発生し，政治的解決が必要であると考えられ，新しい政治的対応を求めて圧力が発生する環境の中で徐々に発展していく。政府は，人々のグループに「何かをおこなう」（doing things to），人々のグループから「何かを取る」（taking things from），あるいは，人々のグループのために「何かを提供する」（providing things for）ことに関心をもっている。政策の実施は，政府のさまざまな執行機関とそれが直面している環境との相互作用を伴う。

多くの政策は望ましい最終的な「成果」とみなされるものをもたらすかもしれず，もたらさないかもしれない「成果」を出すものとしてとらえることができる。前者は，精査される政策以外の要素によって決まるであろう。政策は成果の達成——健

康増進，貧困の減少，識字率の向上など——を目標としているようにみえるが，実際にはそれができない。これは，コントロールしにくい環境要因が存在しているためであろう。

　しかしながら，社会政策をみるうえで，私たちは政策システムとその環境を容易に区別できるのかという問題について考えるべきである。福祉の政策決定要素は多重的で，時には予測ができないものである。つまり，個人の福祉は，国家の活動とは関係のない現象によって影響を受ける。個人の福祉の決定要因は，自分自身をケアする個々人の能力に左右されるものとして類別される次の3つの要素と結びついている。(a)市場活動と市場との関係，(b)家族がもっとも重要な役割を果たす「インフォーマルなケア」サービス提供者としての「重要な他者」の行動，(c)国家が果たす役割，である。政策を研究するうえで必要なのは，あらゆる「決定要因」に注目することである。福祉の提供方法の変化は，とくに，こうした「決定要因」が担う役割の転換，「決定要素」間の関係の転換に関わっている。言い換えれば，政策システムと環境との相互作用は非常に活発であり，そうした相互作用は，政策システムとその環境との曖昧で変化しつづけている境界を越えておこなわれる。コラム25では，それについての具体的な例を紹介する。

10　結　論

　本章では政策執行のプロセスを複雑なものとして述べてきたが，そのプロセスは多くの点において政策立案策定のプロセスと非常に複雑に絡み合っている。本章は社会政策の研究において，政策形成の仕方から直接もたらされる政策執行の問題への注目が重要であることを示唆しているが，同時にまたこれらの問題と組織間・組織内の諸要素との間に複雑な相互関係があることを認識することの存在を認識することの重要性も示唆している。最後に，こうしたすべての込み入った状況は複雑な環境と相互作用をおこなう。

　公衆と公共政策を執行する組織との関係については，人々が社会政策システムから実際何を得るかを確認し，説明するために研究されるであろう。確かに，公務員の行動における傾向，少ないサービスとベネフィット配分の仕組み，「門番」としての役割，ベネフィットの効果的な「受給」を保証するなどの問題は，政策執行にとっての関心事である。こうした事柄を研究するうえでの執行者のモチベーションに関する多くの論点は，政策の本質，政策執行システム，政策の特徴の間での相互作用に関連している。政策の実施を「公平な」プロセスとしていくことは容易ではない。つまりたとえば社会階層，ジェンダー，人種による違いは，専門的サービス

> **コラム 25　政策システムとその環境——一つの例**
>
> 　ソーシャルケアは，家族や近隣，購入されたケアサービスが，それぞれ一定の役割を担う個別ケアシステムの唯一の要素である。サービスの利用可能性，個人の状況の変化，あるいは細かい制度の変更による影響が出る。
>
> 　社会的環境に変化をもたらすのは，たとえば，寿命の伸び，結婚と子どもの養育状況の変化，地理的移動可能性の変化，大家族における家族関係の変化などであろう。
>
> 　国における日常的な政策執行においてはさまざまな要素との関係を管理し，時には間違った管理をおこなう担当部局が存在する。そのため，社会政策の分析においては「福祉の複合構制」（Webb, 1985）を想定してきた。現代における多くの政策執行策——民営化，社会支出の削減，ソーシャルケアの拡大——は，「福祉の複合構制」におけるさまざまな要素同士のバランスの変化を伴う。政府が社会福祉から撤退するか，社会福祉に関連する直接的な予算の投入を削減した場合でも，政府は依然として間接的な役割を担うであろう。たとえば，もし，民間によるサービス提供に対して社会給付から補助金を出す場合や民間によって提供されるサービスの質を保つために一定範囲の規制権をもつこともある。あるいは個人や家族が直面している新しい困難からくる別な問題に政府が直面することもあるだろう。その一方で個人や家族に起きている社会的変化は「複合」そのものも変える。

へのアクセスに影響をおよぼす。次に，サービス利用者の中には不十分な情報しか与えられず，他の利用者に比べ，簡単に排除されてしまう人もいる。さらに，白人にとって，地域のニーズを充足させるうえで責任感の強い「現場の官僚」は，黒人にとっては，白人にとってのそれとは非常に異なる存在であると認識される。システムにおけるこのようなバイアスは，政策そのものの失敗，あるいは，政策執行の失敗をもたらすのか。答えは，多くの場合において，どちらの答えも正しい。それらの相互作用については非常に注意深い研究が必要である。

　私たちは，政策執行のプロセスの効果を経験しており，多くの人々は政策執行のプロセスに多様なかたちで参加しているが，政策形成に関わっている人はほとんどいない。はるかに多くの注目を浴びているのはこの政策形成，とくに最上層部においておこなわれる政策形成である。特定の政策領域における議論の状況を検討する時に，次節でふれられているように，読者は政策形成プロセスと公衆に対して影響をおよぼす社会政策の執行プロセスとの相互作用の重要性を念頭に入れておくことが望まれる。

◇より深く学ぶための読書案内─────────────────────────

　Tony Butcher の *Delivering Welfare: the Governance of the Social Services* (2002)『社会福祉サービスの提供──社会サービスのガバナンス』においては，ブリテンにおける社会政策サービスの供給体制の概要について説明がなされているが，その説明は今になってはやや時代遅れである。Hill は，本章で提起された理論的論点について，*The Public Policy Process*（2005；新版は2009年に刊行）『政策過程』第9章と第12章において，また，Peter Hupe との共著 *Implementing Public Policy* (2009)『政策執行』においてさらに詳しく論じている。Peter Hupe 編著の *The Policy Process Reader*（1997）『政策形成過程読本』所収の拙稿ⅣとⅤも参考にしていただきたい。

　政策執行のマネジメントについての新しいアプローチ，そして，専門主義に向けた政策執行のマネジメントの含意については，多くの研究がなされている。Newman の *Modernising Governance*（2001）『ガバナンスの進化』は示唆に富む。

　政策執行システムの中の組織についての多くの情報は，各省庁や他の組織のウェブサイトから入手できる。それらのサイトには www.direct.gov.uk. 経由でアクセスできる。

訳注
[1]　Council Tax（住民税）　イギリスにおいて，不評であった community charge に代わり，1993年から導入された地方税。住居に課税される。納税義務者は，課税の対象になる当該住居の所有者，住居への居住者である。住居に課税されるという意味では日本の固定資産税に似ているが，納税義務者が異なる。税額は住居の価値に応じて変わる。減免制度がある。

第5章
社会保障

1 はじめに

「社会保障」(social security) という用語は，ここではイギリスにおけるすべての所得補助のための公的システムを含めたものとして用いる。それらは以下のような5つのカテゴリーに分類される[1]。

1．拠出制給付
2．国家が雇用主に対して支出を求める給付
3．拠出の必要のない給付。資力調査はないが，受給者個人が特定のカテゴリーに属することを条件とするもの
4．資力調査付きの給付
5．税額控除

　本章では，イギリスのシステムにおける基本的な特徴を観察することから始めていく。そうすることで，主要な給付についての簡単ではあるが事実に基づいた説明がおこなわれ，またそれらが上述の5つのカテゴリーへと整理されていき，さらに，いくつかのカギとなる政策課題を概観することへつながっていくだろう。
　社会保障給付に対する責任は，雇用年金省と財務省が分担している。雇用年金省は出先機関を通じて給付をおこなっているが，その出先機関でもっとも重要なのがジョブセンター・プラスであり，この機関は社会保障が果たすべきある種の役割を就労・雇用支援（第6章で検討する）というかたちで提供している。また，年金サービスや障害者およびケアラー（carer）サービスも重要である。財務省の役割として考えられる範囲では，責任を負う機関はイギリス歳入関税庁であり，この機関では児童給付金と税額控除を扱い，さらに保険料の徴収をおこなっている。住宅手当と住民税の間接的給付は単一自治体もしくは州と区に分かれた地方自治体によって雇用年金省によって定められた規定にしたがって管理されている[2]。

2　イギリスの社会保障における際立った特徴

　社会保障制度の各部分を詳細に分析する前に，この非常に混乱したシステムにとくに際立ってみられる特徴や，またなぜそれが現代のかたちを守ってきたのかについて議論することは，おそらく読者の理解を助けることになるだろう。第2章で明らかにしているように，ある時代の一時点における政策決定は，いずれも未来を暗示するものとなる。なぜならそれらの決定によって，給付と支出についての期待が生じるからである。社会保障の場合，ある特徴的なタイプの方法――社会保険――がそのとくに強烈な例としてあげられる。社会保険を採用することは，市民による将来の給付への期待が生み出されることだけでなく，拠出を通じて所得が国家へ流れるようになるということも，同時に意味している。

　イギリスの社会保障の歴史において鍵となる要素は，社会保険制度の構築である（その法律は1911年にはじまり，1940年代のベバリッジによる改革で見かけ上は頂点を迎えた）。この社会保険制度は後に深刻なダメージを受けるが，しかしけっして完全に廃止されはしなかった。イギリスの国民保険制度には，「積立金」や保険料の運用などはない。その代わり，現時点で保険料として国に納められているものが現在の受給者に支払われて出ていくのである。しかし保険制度の範囲と総額は保険料の総額とはほとんど関係がない。保険制度の範囲はかなり狭められてきているが，国民保険の保険料による政府の年間歳入は拠出制給付の予算を上回っており，そのため別の法律によって定められた国民保険の財源に対する別口の国庫支出も，もはやおこなわれてはいないのである。

　イギリスにみられる一連のセーフティネットでは，救貧法の影響を残しつつ，資力調査付き給付制度によって拠出制給付制度を後ろから支えるかたちがとられている。ただし，このようなセーフティネットは，けっしてこの国に特有のものではない。イギリスの場合におそらく特徴的なのは，2つの制度が複雑に重複しているという点である。イギリスではさまざまな理由により（そのいくつかは本書第12章で取りあげるが），拠出制の給付制度は数多くの方法で必ず補完されるようになっている。

　イギリス型社会保障は，限定的な家族給付金制度とともに拠出制の給付制度の発展によってつくりあげられてきた。この家族給付金制度は，資力調査付き給付への依存を最小化すると考えられていたが，しかしながら，この給付がベバリッジたちが想定したようなセーフティネットの役割に集約されるようなことはなかった。実際にここ数年の間には，資力調査付き給付と税額控除に重点をおくことによって社会保障費の支出を制限しようとする代替的戦略がとられている。労働党政府は，自

第5章 社会保障

コラム 26　社会保障の根本的な改革のための課題

　社会保障政策への「ベバリッジへの回帰」や「新たなベバリッジ」アプローチでは，保守派がとった被保険者資格を得ることが難しい人々（ケアラーやパート従業員）を社会保険構造による保護の下へと送り込むという新たな手法と，弱体化された本来のベバリッジの社会保険体系に対する部分的な修復を組み合わせることが，社会保障政策にとって理想的な方法だととらえている。比較的その理想に近いといえるのが，強固で広い範囲を包括し，拠出ができない者に対して十分かつ最小限の給付をおこなうスウェーデンのような社会保険システムである。

　社会保障改革へ向けたこのアプローチの一種で，さらに極端な選択ともいえるものが，すべての人に対する「市民所得」あるいは「ベーシック・インカム」を擁護するものである。このような制度では，すべての国民に対する国家が定める最低所得の保障が伴うこととなる。そしてその場合，国家が定める最低所得を上回るような稼得所得を確保できる人々が，現在課せられているよりも重い税を不可避的に課せられることになる（Walter, 1988；Parker, 1989；Fitzpatrick, 1999）。このような制度は，現在のわれわれの制度からの根本的な脱却といえる。このアプローチにおいて重要なことは，多くの労働者が臨時やパートタイム，あるいは不安定な仕事に就いているような状況では，抑止効果をもつ資力調査と保険料負担額の審査が伴う社会保険の両者が，運営が難しく不適切な制度とみなされるという点である。権力の回廊付近でこのベーシック・インカムへの支持はほとんどない。たとえば，現代の政府の政策において就労が強力に重点化されていることは，仕事が不安定である危険性を少しも認識していないことを示している。しかしながら同時に，ベーシック・インカムの一つとして，高齢者や療養者などの特定の条件をもったグループにおける「参加所得」（participation income）を主張する意見もある（Atkinson, 1994）。この議論は，年金拠出金が支払えるほどの水準の労働には加われずにきた，女性を中心とした人々に対する年金の問題と関連している。

分たちがベバリッジ改革を成立させたことをかつて誇りにしていたにもかかわらず，1997年以降，いわゆる「ベバリッジへの回帰」（Back to Beveridge）や「新たなベバリッジ」（New Beveridge）と呼ばれる社会保障政策へのアプローチに対して，費用を理由として断固として強硬な反対の態度を示してきた。それゆえに，かつてまさに精力的にされていた議論は，むしろ本当に学術的な議論の中だけに縮小されてしまった。そのような議論は，課題を強調するのには有用なものだが，しかし現実の政策論争の中でみられることはほとんどないものである（その特徴はコラム 26 に提示している）。

3　拠出制給付

　ベバリッジの拠出制の給付に関する計画（Beveridge, 1942）では，それらの給付が加齢や疾病，失業，そして配偶者との死別などの出来事に対して，市民の生活を保護するための主な資源となることが予測されていた。1940年代の法律では，初期の拠出制の社会保障制度の中の主な部分を取りあげ，上記に該当する対象者への給付が試みられた。その当時に始まった拠出制の給付制度はほとんど残っていないが，しかし先述のとおり，保険料のシステムや給付の原理，そして他の拠出制の制度とそれを後方から支える代替的給付という性格も，いずれもかなり変化してしまっている。

　自営業者を含むすべての就業者は，国民保険の保険料を支払うことが求められる。保険料は収入に対する割合によって算出され，支払いが免除される所得の最低基準と，またそれ以上の所得は算出の対象に加えられない上限の基準が設けられている。通常，就業者の保険料は雇用主が負担するが，雇用主は就業者に対するものと同様の基準で雇用主自身に対する国民保険の保険料も支払わなければならない。

　国民保険制度の原型は1940年代にかたちづくられ，保険料と幅広い給付制度との間の関係性が明確に規定されていたが，このことは現在では当てはまらなくなっている。そしてその結果，多くの点において保険料は単に税金とみなす方がより適当だと思われる状況となっている。この章では，限定的に残っている拠出制給付の制度について議論していく。

　拠出制の給付制度には，まず定額制の年金がある。[3]女性の場合は60歳，男性の場合には65歳になったときにその受給資格を得る（女性の年齢は2010年から2020年の間に65歳までに段階的に引きあげられる）。実際に支給される年金額は，男性であれば44年，女性であれば39年の保険料支払い期間のうち，保険料を満額支払った就労期間の長さに応じて決まる。

　この年金には，2002年の公的第二年金（State Second Pension）とともに，現在は存在しない2つの制度（1961年に導入された定率報酬比例による加算と1978年に導入された公的報酬比例年金制度（State Earning Related Pensions Scheme：SERPS））による相乗的な加算が付け加えられる。加算は報酬比例となっているが，より所得の低い者へと再分配されるようになっていて，私的年金に加入している者は公的第二年金から除外される（基礎年金からの給付は受けられるため，私的年金を公的第二年金の代替と位置づけている）。年金基金への保険料の出資はなく，受給資格を判断するための公式は，年金制度にいくつかの階層が設けられて以降，何年にも渡

る大幅な修正の対象となってきた。

　定額制の年金は，そのままでは——政府自身が定義した——最低生活費に足るだけのものを支給できない。さらには，さまざまな定率報酬比例の方法による加算も，その差を埋めることができないこともしばしばあるが，この課題については後で述べよう。

　疾病を理由として働くことができない就業者は，最初のうちはその雇用主からの給付に頼る。一部の例外を除き，雇用主は少なくとも議会によって定められた最低レベルの疾病手当を28週間まで支給することを要求される。もちろんこれは，〈本来は〉拠出制の給付ではないが，しかしこの制度は前述の国民保険制度にとって代わったものであり，中小企業の（以前はすべての）雇用主は，就業者に疾病手当を支給した分，雇用主の国民保険の保険料からいくらかの払い戻しを受ける。

　雇用されていない状況で罹患した者は，彼らがその少し前までの期間に保険加入者であった場合には，拠出制の給付制度からの給付を受けることになるが，それが現在，いわゆる「短期就労不能給付」（short-term incapacity benefit）と呼ばれるものである。その受給の間，受給者は自らが従来の職務に戻ることが適わない状態であることを証明しなければならない。

　罹患して最初の6カ月が経過後もなお働ける状況にない者は，より支給額の高い短期就労不能給付へと移行する。これは彼らの罹患期間が1年間になるまで続けられる。罹患して1年後からは，長期就労不能給付へと移行する。その支給額は短期就労不能給付よりもわずかに高いものとなる。

　就労不能給付の受給資格の規定は非常に厳格である。念入りな「個人能力評価」手続きがあり，そこでは仕事に関するあらゆる能力が評価される。この評価における政府の目的は，訓練やその他の形態の支援（本書第❻章の記述を参照）を受けてもなお再度労働市場に戻ることができないということが明確でないままに，国民が長期就労不能給付に腰を落ち着けることを避けることである。

　上述の就労不能給付に加えて，兵役や労働災害にあたる怪我や疾病を理由として働くことができない者に対しては，一般的にもっと給付されやすい特別な適用がなされるが，ここではその詳細にはふれない。

　法定の疾病手当と同様に法定の出産手当の制度があり，39週までの給付が規定されている。もし就業者が6カ月以上にわたり雇用されている場合には，出産手当は雇用主から支払われる。働いていても雇用主からの支給を受ける資格がないような経歴の女性に対しては，それよりも減額された国からの出産手当が支給される。

　失業者に対する給付は，「求職者給付」と呼ばれる。その名前が示唆するように，受給資格を得るためには，手順に従って仕事をみつけるための努力に専念するとい

う「求職者同意書」に署名し，確実にそれを実行しなければならない。しかしながら，失業者への拠出型給付には，失業以前の保険料の支払い状況についての厳しい基準と，失業がある程度彼ら自身の責任によるものであるという証明があった場合に受給資格がないとする規定，そして有期限の受給資格などの条件があり，そのためにその給付は常に限定的なものとなる。求職者給付は，それが導入された際に受給資格の期限を6カ月とした。6カ月の受給の後，あるいは前述の拠出その他の条件が満たされずに受給ができない場合，求職者給付は資力調査付きのものとなる（その規定は所得補助を申請する者におおむね適用されているものである；本章128頁参照）。求職者給付のような失業者に対する拠出制の制度は，それ自体も6カ月後には資格を失うものであるが，制度が利用できず資力調査付き給付を必要とする者が多く取り残される制度でもある。とくに，労働人口に新規に参入した若者たちは，この拠出制の給付制度の下では保護されないことになる。

　最大2000ポンドの一括支給の忌引見舞金は，規定の国民保険の保険料納付条件を満たした者が亡くなった場合にその配偶者に支給される。さらに45歳から年金受給年齢までの遺族に対して1年間支払われる忌引手当もある。また，寡婦および寡夫が年金の受給資格を引き継ぐことによる給付もある。寡婦および寡夫は，もし彼らに養うべき子どもがいた場合には，彼らの亡くなった配偶者の拠出に基づいて，拠出型の給付の受給資格ももつことになる。ただしこの給付は再婚もしくは「同棲」（cohabitaion）によって失われる。

　死別以外の理由での婚姻関係の終了に対して給付をおこなう規定はない。あるいは婚姻関係のない「パートナーシップ」の終了に対しても，それがどのような理由（死別も含む）であれ拠出制の給付が適用されない。そういった場合の給付は，資力調査付きの給付となる。

4　雇用主が支給すべき給付

　この領域の主な給付については，これらの給付が初期の疾病および出産への保険給付に端を発したものであり，残りの同様の給付と未だに関連しているものとしてとらえるべきであるため，先述の議論の中ですでに言及している。先述の法定の疾病手当や出産手当のことである。

　それに加えるものとして，雇用主は解雇手当の支払いの義務を負う。その最低額は報酬率と勤続年数を考慮に入れた公式によって決定される。

　ここでは，私的年金についても言及すべきだろう。民間の制度である私的年金を利用することは，公的第二年金の代替手段となるからである。法令によってすべて

の私的年金は専門機関によって監督されている。2001年には，より厳格な国家による監督のもとにおくため，ステークホルダー年金として知られる新たな私的年金制度が法律によってもたらさた。政府はこのステークホルダー年金に，低賃金労働者以外のすべての者に対応することを期待しているが，その実現のためには，雇用主には就業者がその私的年金を利用できるようにすることが求められる。しかし，雇用主による私的年金への拠出は強制されてはいない。

5 非拠出制および資力調査無しの条件付き給付

非拠出制の給付ということは，国民保険の保険料の支払いの有無にかかわらず受給可能だということを意味する。たとえば児童給付金は，16歳未満のすべての子どもと，学校に通うかもしくは認可された訓練プログラムを受けている16歳から19歳の子どもの親および保護者に支給される。受給のための唯一の資格要件は，「出入国管理」と同様，政府による管理の下にあるということであり，つまりは居住している者であるということである。

また長期の障害をもった者に対する非拠出制給付がいくつかある。それらを労働災害による障害手当や就労不能給付と混同してはいけない。労働年齢にある者については，働く障害者のための手当があり，それはたとえば移動などにかかる追加的な経費に対するものとして設計されている。さらに追加的な支援（それは時にソーシャルケア制度の一部としてとらえられるものであり，第8章で記述している）を必要とする障害者のための特定の給付がいくつかある。また，20歳になる前に障害をもった者には就労不能給付の受給資格もあり，言い換えれば，彼らは決して労働人口となることはなく国民保険の受給者となる。

6 資力調査付き給付

社会扶助政策についてのある比較研究は，イギリスには「所得補助」（income support）の周囲に構築された「統合されたセーフティネット」があると表現し，またその所得補助は「社会保険の中もしくはその下層に広範囲に広がるセーフティネットを提供する，大きく国家的でかつ普遍的なプログラムである」とした（Eardley et al., 1996, p.169）。この広範囲におよぶ資力調査付きの所得補助は，前述したような拠出制給付の利用範囲におけるさまざまな制約によって，必然的に生じたものである。また別の理由として，いくつかの拠出制給付（基礎年金，短期就労不能給付，求職者給付）の水準が，少なくとも住宅費を考慮した場合において，そ

れらの受給者が，しばしば追加的な資力調査付きの給付も受けられる程度のものであることもあげられる。ただし上記の鍵カッコの中の「統合された」という語句について，それがどの程度妥当なものであるかを未だに疑うだけの根拠もある。明らかなことは，政府はやはり資力調査付きの制度全体が一つに統合されて機能することを見込んでいるが，しかし歳入関税庁による税額控除制度の展開（次項を参照）は，その統合をいくつかの側面でより困難なものとしている。

　主要な資力調査付き給付は「所得補助」と呼ばれるものである。その資力調査は単純な個人単位の給付構造に基づき，いくつかの場合に「追加給付」によって補足される。またカップルや25歳以上の単身者，そして18歳から24歳までの単身者に対しては，個人に対する特定の給付が設けられている。かつては世帯内の児童に対する年齢に応じた基準の給付もあったが，現在では児童の養育への補助は児童税額控除制度（後述を参照）の中に組み込まれている。そして，家族やひとり親，あるいは障害者に対する異なる追加給付も存在する。その根底にみられる考えは，世帯への適切な受給資格の付与の決定はシンプルで予測可能なものであるべきだというものである。特別なニーズに対する加算は廃止され，規定されているのは，どのような所得を考慮に入れるべきであるかという点である。常勤労働者（週16時間以上の就業と定義される）は所得補助の受給からは除外されるが，非常勤（パートタイム）労働者であれば受給することができる。この非常勤労働者には別途収入に関する規定が用いられているが，それは純所得に基づくものであり，そのため少額の所得は算入されず，それ以外の部分が資力調査に算入される。同様の「所得控除」はその他のいくつかの種類の所得においてもみられるが，所得以外の公的給付による収入はすべて算入される。貯蓄の扱いについては特別な規定があり，少額の場合は算入されず，変額制が適用され，完全に給付の資格を失う上限額以下までの貯蓄については給付の削減などがある。

　年金受給者に対する資力調査付き給付は，年金受給年齢以下の人々への給付よりも高い額となる。2003年以降，それは「年金控除」（pension credit）と呼ばれてきた。この給付には，少額の貯蓄と私的年金がある場合に適用される「控除逓減型」（taper in）（このトピックについての以下に続く議論を参照）の控除の規定があるため，その全体が複雑になっている。

　住宅手当制度は，所得補助と互換性のあるものとして設計されている。所得補助の規定は住宅手当の計算にも用いられ，所得補助が受給できる所得水準もしくはそれ以下にある者で賃貸住宅に住むどんな者も，住宅手当の受給資格を得ることができる。住宅手当は賃貸のための経費を支援するものであり，つまり家を購入するための支援は提供しない。しかしながら，持家に住みながら所得補助や求職者給付あ

るいは年金控除を受けている者は，抵当権付住宅ローン金利の支払いやそれ以外の住宅に関連した経費のための援助を受けることができる。

また住宅手当制度は，実質的には住民税にまで拡大される。低所得の住民税納税者は税の減額を申し出ることができ，その制度は住民税給付として知られている（これは住宅手当と同様の方法で計算される）。

住宅手当の受給額には複雑な規定が存在する。対象となる賃料水準を限定するための規定が存在し，その規定が25歳未満の個人と，そして対象となる住宅が大きすぎるあるいは高価すぎるとみなされる場合に適用される。他の成人した世帯員（受給者の「配偶者」を除く）からの援助も考慮に入れられる。それらの調整の影響を受けることによって確定されたいわゆる総額が，所得補助の受給水準あるいは最低所得保障の水準と同等もしくはそれ以下であった場合に，住宅手当が支給されることとなる。同様に，そのような所得水準の者もしくは経済的に自立した成人のいない場合に対して，住民税給付がおこなわれ，それによりすべての納税義務の免除がなされることになる。ただし所得が所得補助水準以上の場合には，住宅手当の65％および住民税給付の20％まで，所得水準に比例して給付額が漸減される。

本書第10章は，住宅手当がどのようにして低所得賃借人に対する住宅の補助制度の中心的なアプローチになったかを示している。住宅手当の制度は雇用年金省の代理にあたる地方当局によって運営されているため，その他の給付制度と常にうまく調和がとれているわけではなく，管理上も費用がかかっている。また，とくに貸主と賃借人が給付を最大にしようと共謀する可能性のある民間の賃貸部門においては，むしろ不正に対して脆弱でもある。政府は制度を単純化する方法を模索しているが，それにより導入される方法は，賃貸料に対する全面的な現金補助金よりも少ない給付額になる傾向をもつことが考えられる。

1988年まで実施されていた補足給付制度（supplementary benefit）の下では，ひとり親家庭に対して例外的な支出──たとえば転居費用や家財道具，住宅の修繕その他もろもろの費用を援助するための給付が存在した。それらの受給資格の取扱いには複雑な構造の規定があった。1986年の社会保障法は，それらのひとり親への給付を一掃したが，その代わりに専門的な訓練を受けたスタッフによって管理される社会基金（social fund）というものを創設した。その基金の下には，所得補助を受けている人々が受ける権利のある２つの種類の助成金，すなわち出産および葬祭に伴う必要性に対する一括金による給付があった（葬祭への給付額は実費相当だった）。また社会基金によって支払われるものとして，コミュニティ・ケアの利用の促進を援助するための助成の規定もあった。それらは，施設ケアの後のコミュニティにおける生活を確保するために支援を必要とする場合や，病院や施設にいる近

親者を尋ねるための交通費の補助として，さらにコミュニティにおいて「社会的弱者」(valuable groups) と定義される人々の居住環境の改善のためにも用いられる。社会基金の職員には，ニーズ決定における助けとなる緻密なガイドが提供されている。かれらに期待されているのは，業務においてソーシャルケア・サービスおよび保健医療サービスと緊密な連携を取ること，そして現金もしくはそれに類する援助を提供しなければならない可能性のあるそれらの部門の権限を考慮にいれることである。ソーシャルサービスや保健医療サービスから提供される以外の社会基金からの支援は，貸付金の方式を採り，一般的に週1回の給付からの天引きによって返済される。改めていうが，職員にはどういった状況で貸付金が提供されるかについて，綿密な指示が与えられている。社会基金は，先述の権利としての2つの給付を除いて，「限定的な現金給付」である。その予算においては，30％がコミュニティ・ケア利用の助成に充てられ，70％が貸付金に充てられる。このことが意味しているのは，その地域の社会基金の事務所が年間予算をもち，その利用可能総額を根拠として一連給付や貸付におけるの優先順位を決定することが期待されているということである。

　また，地方自治体によって運営されている非常に重要な資力調査付き給付の一つが無償学校給食であり，所得補助を受給している親をもつ子どもが利用することができる。その他の資力調査付き給付としては教育助成，NHS サービスの利用料の軽減，法律補助（法律相談サービス）がある。地方自治体のソーシャルサービス部局は，入所ケアや在宅ケアの料金の決定においても資力調査を用いている（本書第8章参照）。

7　税額控除

歳入関税庁による税額控除と給付は次のものから構成される。

- 初期の制度――勤労家族税額控除，児童養育税額控除，児童税額控除，障害者税額控除における育児給付部分，および資力調査付き給付の児童加算――を単一の制度にまとめた統合された児童税額控除。
- 子どものいない低所得者向けの勤労者税額控除。

　税額控除が積極的に活用されていることは，労働市場参加に対する政府の関心と強く関連している。この制度では，少ない所得であってもそこから得る可処分所得が，失業者が得る給付よりも多くなるという見込みが意図されている。

表5-1 年金受給者でない成人世帯への給付，2007年5月

（単位：1000ポンド）

計	5,232
求職者給付	837
就労不能給付	2,643
ひとり親給付（所得補助を受け，16歳以下の子どもがいる世帯）	766
その他の所得補助	167
忌引手当	114
ケアラー	375

出所：雇用年金省による出版されたさまざまな統計データからの数字。

　税額控除のこれまでにない特徴は，それが税制度に統合された給付であるという点である。しかしそれが税の減免制度のように〈単に〉納税の義務を減じるものであれば，納税者になれるだけの十分な所得のある者のみに対する給付となるが，そうでないという点が，税額控除がこれまでと異なっている点である。税額控除では，それとは対照的に収入の低い者の税額が逆に給付となるような結果をもたらすような税額の算出が可能となる。

8　給付制度に関する統計

　給付制度は今や，歳入関税庁が管轄するものと雇用年金省によって管理されるものとに分けられているため，制度について十分に連動した統計をまとめることは難しい。全国統計局（National Statistics, 2007, p. 103）によれば，2005年度におけるすべての給付にかかった費用は1300億ポンドであった。これには，歳入関税庁の管轄下での170億ポンドの税額控除と100億ポンドの児童給付金も含まれている。2007年には1330万人の児童に対して750万件の児童給付金支給があり，980万人の子どものいる世帯に対して590万件の児童税額控除と，30万件の勤労者税額控除があった。

　雇用年金省が管理する予算の範囲内では，その65％が年金受給年齢以上の男女に対する給付に充てられた。2007年5月には1210万人が公的年金を受給しているが，そのうち21％は年金控除を受給している。

　一方で，雇用年金省の予算の31％は年金受給年齢以下の成人，4％は子どもへの給付に充てられた（子どもの養育ニーズは通常児童給付金と児童税額控除によってカバーされるが，しかしもちろん多くの給付を受ける成人——とくに所得補助を受けている者——は子どもの養育者であるということを指摘しておく）。表5-1は，非年金受給者グループへの主な給付について，雇用年金省の支給額の分配状況を示した統計データである。

9　年金改革

　ここからは多くの政策課題に目を向けていくが，最初に年金改革に目を向ける。年金制度に関する課題はきわめて明確に，現在の年金給付の適正についての課題と将来の給付についての課題に振り分けられる。またその両者からは，どのようにして必要な費用を負担するのかという問いが導かれる。さらにこれに関連することとして，ほとんどすべての私的年金の運営と多くの公的年金給付の方式は，現時点で年金受給者でない人々からの拠出を伴うものであり，その意味において，年金に関する課題は単に高齢者のニーズに関する課題だけでなく，将来の期待と現在の若い世代によってもたらされる負担に関する課題でもある。

　公的基礎年金が提供するものが，一般にそれだけでは最低所得水準以下のものと思われる水準であることは先述した。しかし1940年代にこの制度が導入された際の前提では，給付はおおよそ最低所得水準程度だとされていた（ただし，実際のところは歴史家の間での議論を呼ぶものではあるが）。ただ，いずれの場合でも，多くの者は実際の所得がその水準以上になることを保障するために私的年金を備えるだろうという期待があった。そして実際にそうしたことが起こる場合もあった。しかしながら，もちろん，それが可能なのはそもそも長期に渡る良好な賃金労働に従事している者であったため，特定の社会階層およびジェンダーによっては老後の生活の保障の程度に格差が生じた。先に述べたようなさまざまな補足的な拠出制給付の制度や公的第二年金を頂点とする制度は，部分的にこの問題に対応するものであったが，しかし，それらも雇用との関連があったため，限定的な解決策しか提供できなかった。その結果，資力調査付きの給付が高齢者の生活困窮の軽減に欠かせないものとなる状況が続いている。

　1997年の労働党政府の選挙の後，年金改革は政策課題の中でも優先順位の高いものとみなされた。それにもかかわらず政府は，どんな手段をとっても大幅に公的支出が増大するだろうと思われたために，改革に対して二の足を踏んだ。その前の保守党内閣と同様に，私的年金制度の利用を増加させようとしたが，そこで採られた方策は，実際には私的年金の市場における障壁のために頓挫した。しかしながら，かれらの方策においてもっとも重要なものは年金控除の導入であった。この年金控除については，すでに資力調査付き給付の手法の一つとして非常に的確に記述されている。この制度は，初期の年金受給者向けの資力調査付き給付をふまえたもので，年金受給者でない人々への給付よりも十分に高い水準にまで年給受給者である人々への給付額を引きあげ，他の所得の算入手続きを簡素化したものであった。

また2002年には年金改革の今後の調査のための委員会が設立され，さらなる行動が約束された。この年金委員会は，非常に詳細な最初の状況評価を2004年におこない，2005年には一連の提言を示した。この動きに対応して出された白書の中で，政府は，イギリスの制度は「世界でもっとも複雑」（DWR, 2006, p.13）であるとした年金委員会の判断を繰り返した。そして，政府が制度上で鍵となる問題点だと考えていた点について，対策を講じることを目的とした改革の輪郭を描いた。それらは2006年の終わりに開始された法制度の中に具体化されているが，しかし非常に複雑な実施プロセスを取るために，その歩みは緩慢なものとなっている。

　年金委員会による改革の提案と，政府によって実施された改革の間には違いがあったが，この２つのアプローチの全体的な比較にはとくに光は当てられていない。ここで注目すべきは，白書で提示された政府の提案であるだろう。

　当然のことながら，白書は現在の制度と政府が1997年からその改善のために取ってきた段階を擁護することから始まる。しかし，引き続いて次の観点からの改革を主張している。

- 人口統計的および社会的な変化がもつ意味合い
- 老後のための蓄えの不足の程度についての根拠
- 公的年金制度における不平等
- 複雑さ

　政府の課題は，(a)蓄えの不足に関する課題（以前，政府が私的年金を促進しようとした取組みはその不足の解消に失敗した）と，(b)現在の政策の中で年金受給者の貧困に主に対処しているのが資力調査付きの年金控除であるという事実，この２つの点からかたちづくられている。

　ここで提案された年金貯蓄制度は，表面的には，比較的正攻法的なやり方であった（しかし今後，管理上の細部に「悪魔が宿る」(the devil will reside)[4]ということがおそらくわかるだろう）。この制度は個人年金貯蓄口座の制度で，就業者は全体の収入の４％を年間に5000ポンドから３万3000ポンドの間で貯蓄し，それにかれらの雇用主が収入の３％に相当する額を追加することになっている。また政府からも収入の１％が追加されるが，それは単に基本的な減税率に相当するものであり，それも私的年金拠出に対する補助としては最小限の水準であると認識されている。この個人年金貯蓄口座の制度は強制加入的な制度ではないが，政府が「自動登録」と呼ぶ仕組みがあるため，就業者は自分から脱退しなければ自動的に加入することとなる。また就業者がそうしない限り，雇用主が脱退することはできない。この資金

> **コラム 27　年金の積立における錯誤と人口動態上の変化**
>
> 　民間の市場もしくは社会保険のいずれかを通じた将来の年金のための積立制に賛成する意見は，若者に対する高齢者の数の増加に社会が対処することができなくなるだろうという理由から，広汎に流布している。この点が疑問となってくる理由は2つある。まず，将来の年金のための貯蓄が，実際には現時点での受領者（政府や私的年金の基金）によって，現在の経済活動における投資として用いられているということがある。そのためお金が年金のかたちで戻される必要があるとき，ちょうど税金のように，それは将来の経済活動における権利となるのである（Barr, 2001；2002 参照）。2つ目に，それらの権利が不確実な場合，その時点での非就労人口に対する就労人口の割合によっては問題が生じる可能性がある。これは，度々引き合いに出される若者対高齢者の「好ましくない」人口割合の影響を受けるものではあるが，まったく同一のものではない。むしろ，すべての年齢層による経済活動への参加における選択と経済の原理の両者によって影響を受けるものであろう（Hill, 2007；本書第❻章参照）。

はその後運用に回されることになる。白書では，個人年金貯蓄口座制度が民間セクターの投資会社によって運用されることについてはさらなる検討が必要だと指摘しているが，この指摘の目的は管理コストを低く抑えることであるだろう。またこの口座制度では投資先の選択肢が提供されるとなっているが，選択権を行使しない者に対しては「規定投資商品」（default fund）が用意されることになっている。

　公的年金に付随して出された提案は，年金の受給資格者の人数を増加させ，最終的には資力調査付き給付が減少するような状況となることをねらいとしていた。そのため，この提案では公的基礎年金の受給要件となる期間を短縮し，たった30年間の拠出で満額の年金が確保されるようにするものとされている。この変更は，子どもや障害者のケアをする人々に対して取られていた，拠出の控除方法の改善と関連したものである。これらの手法により，現在の年金の運用下では満額の年金を確保するための十分な労働人口への完全な参加ができない人々，とくに女性の公的年金への加入が増加するだろう。

　ここで次のことにふれておくべきである。それは，国民保険制度の中に具現化された国民負担の原則を，完全に放棄することには抵抗があるということである。このことと，そして私的年金を促進しようとする政府の継続的な熱望の，両者の中にみてとれるのは，拠出制のアプローチが年金政策に必須の特性であるという従来の視点への政府の固執である。コラム 27 は，（この課題についての新聞記事の中に提

示されているような）年金についての使い古された言い訳が，ごまかしであることがわかるということを示唆している。この言い訳は，われわれの社会における人口動態上の変化についての議論の中で涵養されてきたものである。しかしながら，政府の視点から考えれば，拠出制へと固執することの目的が露骨な増税を避けようという試みであることは明らかである。

公的基礎年金が年金控除によって保障される生活水準より完全に下に置かれている限り，これらの改革の影響は限定的なものだろう。それでは，白書はこの公的基礎年金の水準の引きあげについて何を言うべきだろうか。実際に白書が提案しているのは，収入に合わせて基礎年金の増額をするという従来の提案（コラム31参照）に立ち返った改革を，2012年から始めるということのみである（その増額ですら「実行可能性と財政状況を条件とする」という回避のための条項によって，限定的となる可能性がある）。それが実現することになれば年ごとの漸増がおこなわれることになるが，それは1979年に定期的な年金額増額の原則を断念して以来，基礎年金の価値を低下させてきた長い時代を顧みないものだといえる。さらにいえば，この提案が同様の増額の原則を年金控除にも応用するものであるため，この提案による変更は2つの制度間の格差を何ら縮小するものではないだろう。

しかしながら，改革を完全に理解するためには，公的第二年金に何が起きており，また何が提案されているのかを確認する必要がある。政府は次のように述べている。

　　自らの受給資格について自覚している人はほとんどいないし，さらにその受給資格がどのようにして獲得されるかということについて，自覚する人はさらに少ない。多くの人々は，自らがそうしていると気づくことさえなしに，公的第二年金の受給資格を獲得しようとしている（DWP, 2006, para 3.46, p.116）。

公的年金制度は，報酬比例の保険料と同じく報酬比例ではあるが，最低保証額のある給付との2つがあって機能する。政府が十分な代替手段として考えている私的年金制度を利用する個人は，公的年金制度の保険料の拠出から適用除外となることもできる。相当数の割合の拠出者にとって改革の意味するところは，かれらがゆくゆくは，年金控除を受けた場合の閾値以上の所得を，公的基礎年金と公的第二年金を合わせたものにより獲得できるだろうということである。現在提案されている2つの変更点は，一つは一定額の年金を提供するようなものへと制度を発展させることであり，もう一つは拠出の適用除外となるという選択肢を削除することである。このことからは，白書が示すおよそ2030年までの変革の方向性がわかる。それは，相当数の人々の所得について，2つの拠出型公的基礎年金の組合わせが年金控除を

受けた場合の水準以上になるような状態であり，そしてそれによって，ゆくゆくは年金控除に依存する人々を減らすという目的を達成することである。

その結果，イギリスの年金システムについての急進派の批評家からは次の2つの要求が突きつけられている。

- 基礎年金額の年金控除の水準以上への引きあげ
- 複雑な社会保険の資格規定の廃止

そして提案されているのは，次のようなことである。

- 公的第二年金との統合という手段によって実質的に基礎年金を増額するという，非常に長期的なプログラム
- 拠出がなくなるような変更をせずに，また反対に狡猾な方法で一部の人からの拠出を増額する方向で，社会保険の規則を緩和すること

改革の提案の中にみられる最後の点は，言及せざるをえないものである。計画では，2024年，2034年，2044年のそれぞれに，公的年金の受給年齢を1年ずつ引きあげるとしている。これらの流れは，公的な支出の抑制を暗に意図したものである（年金額を減らし拠出額を増やそうというもの）。というのも白書の他の部分には，基本的には自発的なものとして労働に従事する期間を伸ばすように，政府が現在も働きかけまた今後も働きかけていくかもしれないということがおおむねみてとれるのである。ここでは次の点について記述しておく必要がある。それは，この改革についての報道関係者の反応は「人々は公的年金を得るためにより長く働かなければならないだろう」ということを強調するものであったが，現実は複雑だという点である。なぜならこの意見では，われわれがいつ労働市場への参加を始めるのかという点や，公的年金を全額受け取るための就労年数に関する規定を政府が緩和しているという事実が軽視されているからである。

ここでの基本的な疑問は，年金委員会と政府によるすべての改革の作業は，結果的にイギリスにおける年金の問題に対して満足のいく解決策となるのだろうか。ということである。多くの不安定で低所得の労働者には自らの年金貯蓄を十分におこなえないといえる根拠がある中で，周辺的かつ非常に漸進的な基礎年金の改良のためのアプローチに付随して発生した私的年金の貯蓄という新たなアプローチは，長く取り組まれている問題に対して満足のいく解決策を提案できていない。なお，年金政策に関する困難な課題はヒル（Hill, 2007）でより全面的に議論されている。

10　資力調査に伴う問題

　資力調査に関しては，その問題について述べる膨大な文献が存在する。この問題についてのこれまでの記述の多くは，その代替手段として拠出制の給付を推奨する人々から発せられたものであった。彼らは，適用範囲の点でも，より優れた給付の提供という点でも，給付をより普遍的なものとするために拠出制の給付を支持してきた。このアプローチに対しては，すでにこれまでいくつかの政治的な反発――コストを理由に――がみられ，政府は，自らが公式に社会保障改革に向けた好ましいアプローチとして位置づける税額控除や年金控除を開発してきた。

　以前には「負の所得税」と呼ばれていたものがあり，税額控除の展開は，その発展を要求する声に対する，一つの対応としてとしてとらえることができる(Minford, 1984)。税の源泉徴収を目的としたイギリスの「源泉課税徴収」(pay-as-you-earn：PAYE)システムは，控除よりもむしろ追加をもたらすようなシステムを構築することができる理想的な手法に思えた。しかしながら，1年毎の税額の評価基準という点について，状況が頻繁に変化する低所得の者たちのニーズに対して，年1回の評価はあまりに融通が利かないとして長い間反対されてきた。

　税額控除の制度体系において，年1回の税額評価プロセスを適用させるという管理上の方向性はすでに変わってきている。ただし，それは納税額をより頻繁に評価していくという方向では決してない。ヒルとその同僚による研究では，収入の低い者には所得の変動がよくみられることが示唆されている。その結果，必然的に過去の所得に基づいた税額控除の水準の決定には，公平さを欠くという問題が存在する(Hills et al., 2006)。しかし，そこでもし，評価後の所得の低下を埋め合わせるためにより高い水準の控除額評価を求めれば，支払いの遅れが課題として生じる。個人に対して初期段階での所得の試算を出させ，税制年度が終わったところで過去に遡って調整をおこなうという規定はあるが，しかしながらこの規定は，最終的に人々に対して，低所得の人々の状況に適応するのが苦手な内国歳入省への借金を負わせるという結果に行き着く可能性がある。この問題について特別議会委員会がおこなったある調査では，2003年度には，提供された全税額控除事例の3分の1が過払いであったとされている（190万ケース，額にして20億ポンド近く）。過払いに対する国からの返還要求における規定は緩やかなものであるが，そのため公平性の問題が残される。これに関連して新聞記事（*Guadian*, 1 June 2006）が報じたのは，税額控除に反対する勢力は継続的なサービスの非効率性を攻撃していること，労働組合の見解では歳入関税庁の人員削減を推し進めたことが問題の一端であると考えら

れること，また社会保障給付についての広範な専門知識をもつ労働党議員であるフランク・フィールドの「税額控除は明らかに，反貧困に対するもっとも鈍い武器である。……それは繊細な腹腔鏡手術を弓鋸でやろうとすることと同じだ」という見解などであった。

税額控除は――この章で言及してきた給付のカテゴリーという点でいえば――税制度を通じておこなわれる資力調査付き給付にすぎない。複雑なのは支給の上限額で，これは低所得の人々に対して，その所得が逆に課税される水準に達するまでの範囲にある間，所得の上昇に合わせて漸減するものである。

一般的に資力調査付き給付に反対する理由は，資力調査付き給付が支援を必要とする人々を混乱させ，給付を阻み，そしてスティグマをもたせる点である。人々は，明確な権利によって得られ，またそれについて明白な情報を得られるような給付を好む。支援を求める人々はしばしば，それ以前の問題を抱えた状態にある。たとえばかれらがそれについて恥じ，あるいは隣人から批判されるといったことである。そして，給付を得るために自分についてのすべてを公に明らかにしなければならないことは「スティグマ」の感覚をより深めるのである（コラム 28 参照）。一部の給付において捕捉率が低いことは，このスティグマと，さらに資力調査付き給付の実施に関連する複雑さの両者に起因しているのである。

資力調査付き給付の捕捉率の水準がその他の多くの給付よりも低いことは，疑いようのない事実である。しかし，さまざまな資力調査付き給付の中でも幅があることに注意しなければならない。捕捉率については，いくつかの給付の捕捉率を試算した雇用年金省のデータが有用である。しかし，少数のとくに深刻な課題よりもむしろ多数の明らかな捕捉の失敗があるために，このようなデータを読み解き，問題の深刻さを確認するには困難が伴う。ピアショーが2003年度のデータを用いて示した，潜在的に存在する全ケース数に対する制度から抜け落ちている人の割合は，求職者給付では39―50％，年金控除では26―38％，そして児童税額控除に先行しておこなわれた給付では 9―13％ にのぼると示唆されている（Hills, Le Grand and Piachaud, 2007, p. 209）。

税額の評定と給付資格の判定をリンクさせることは，捕捉率の問題を減少させるようにもみえる。しかし一方では，この新たなシステムによって雇用主たちは，その雇用者たちが税額控除を受ける資格があることを判断するために相当量の負担を強いられる。この新たなシステムが一旦定着した段階で，税額控除における捕捉率の課題についてもっときちんとした評価がなされることが重要となるだろう。

いくつかの給付における受給者の捕捉は，所得補助の受給をそれらの給付についての自動的な「パスポート」とするルールによって促進されている。このことは，

コラム28　スティグマ

　社会的給付制度の特徴として，受給者にスティグマを与えてしまうことがある。救貧法の実施をめぐる非常に厳格な管理によって，資力調査付き給付の適用は受給者にとって非常に屈辱的なプロセスとなった。そしてその結果として，救貧法におけるスティグマが，現在では救貧法にとって替わった資力調査付き給付にまで拡大したといわれている。またそれぞれの制度の中にスティグマがあるかどうかは，社会保障システムにおいて拠出制の給付（社会保険給付）と非拠出制もしくは資力調査付きの給付を識別するものとして位置づけられる傾向がある。そのような識別は，スティグマ化された区別を私たちの社会にも反映させ，また時にそれを増幅させる。マースデンは，扶養者のいない母親について「私たちの社会は彼女たちをスティグマ化することによって結婚制度を守っている」と述べて問題を提起した（Marsden, 1973）。同様の指摘は，失業状態をスティグマ化することによる労働の価値の浸透という点についてもいえる。さらにいえば，裕福で物質主義の社会において，その理由の如何にかかわらず貧困状態にあるということはスティグマを感じることである。そのような感覚によって，人々は自分の窮地が注目されることを嫌がるようになる。

　一方で，個人が受給の権利を有しているという考えを促進するための努力は，しばしばそれと同時に，社会保障サービス申請の審査における厳しさを増大させようという運動によって打ち消されてきた。社会保障制度からの詐取だと受給者を責めるような考え方が広く蔓延していることや，不正受給の数を強調するような政治的な動き，そして労働能力有りとすることで人々を給付申請の対象外としようとする手法も，すべてがスティグマの問題を今も存在させる要因となっている（Deacon, 1976 ; Golding and Middleton, 1982）。

NHSの利用料免除を受けている場合にもっとも明白となっている。しかしながらこのことは，ある人々のニーズに対する懸念が生じることを暗示している。それは，所得補助を受給する水準のすぐ上の水準にいる人々や，また受給できたとしても少額となる所得補助を申請しないことによって，その他の給付へのアクセスからも自らを締め出してしまうような人々である。

　多数の資力調査付き給付に伴う際立った問題の一つは，それらが一緒に実施されることによって貧困の罠（あるいは貧困状態での停滞）を生み出すことである。これは「税効果」の一種で，ある個人の稼得所得が増加しても，税および国民保険の保険料が増加する一方で給付額が減り，その結果，実際の可処分所得の増加はわずかなものとなってしまうものである。新しい税額控除にみられる低いテーパー比[5]は，

減少する額を漸減させることでこの問題への対応の一助となっているが，それでもまだ住宅手当のテーパー比が強い影響を与えている。全体的にみてピアショーは「貧困の罠は，その深刻さは軽減してきているが，さらにより低所得の世帯にまで拡大してきている」と述べている（Piachaud in Hill, le Grand and Piachaud, 2007, p. 206）。政府の試算を引用して，彼は150万以上の世帯が60%以上の所得増加があってもなお手取り額の減額を経験していると示唆した。一方で，高所得者に対しては，所得税率の税率は最高でも40%でしかないことを考えてみてほしい！

ここで留意すべきことは，パートタイムの仕事や2人で給付を受けているカップルのどちらかが仕事をみつけた場合，あるいは臨時雇いの仕事に就いた場合にも，貧困の罠の影響は当てはまることである。言い換えれば，貧困の罠の影響から直接的に生じる労働市場への参加阻害要因については，複雑な課題がいくつかあるということである。

貧困の罠の問題は，あらゆる統合された資力調査付き給付システムを悩ませるに違いない。低いテーパー比の影響が減らされることになれば，理論的に給付の受給者が所得の分配をさらに拡大させ，それには制度のコスト上昇が伴うだろう。その状況に対する最後の手段は，全体の税率を上げるか，もしくはより一段高い税率群へ変更することによって埋め合わせをすることだけである。

アルコックとピアソン（Alcock and Pearson, 1999）の研究では，貧困の罠の問題は，応能負担による利用料制度を採る社会サービスによって強化される可能性があることが示されている。かれらによれば，これはさまざまな地方自治体サービスにおいていえることであり，それにはソーシャルケア・サービスや付加的な教育給付（たとえば音楽レッスンなど）の料金，旅行パス，そしてスイミングプールへの入場券などがあげられる。このような問題は，上記のようなサービス利用の可否の決定の際には資料調査よりもむしろ，対象範囲（たとえば年齢など）をゆるやかに設定することによってのみ避けることができる。またアルコックとピアソンは，資本保有に関する法則が同様の「貯蓄の罠」（saving trap）をもたらす可能性についても示している。これはとくにソーシャルケアの資力調査に適用されるもので，本書第8章で詳しく述べている。

資力調査に関連した複雑さは，必然的に，その受給要件を確保するための協力や助言のサービスを発展させる。しばしば「福祉受給権関連業」（welfare rights work）と表現されるこの種の仕事を開拓した者たちは，これまでとくにチャイルド・ポバティ・アクション・グループ（Child Poverty Action Group）などの任意団体や，一部の地方自治体，サービス部局などであった（Fimister, 1986）。このような業務を，ソーシャルワーク領域の活動のなかでどの程度担うべきかについては大

きな論争があった。一部では，非常に貧しい人々への効果的サービスのためには，そういった業務も不可欠であるととらえた人々もいたが，一方ではそれらの業務によってソーシャルワークの活動が歪曲され，ソーシャルワーカーたちが「本当の」（real）ソーシャルワークから引き離されてしまうと感じた者もいた（Becker and Silburn, 1990）。現在，そのような業務は徐々に民間の任意団体組織や相談事務所に集中するようになっている。

11　社会保障における家族生活と女性の役割についての仮定

　救貧法に組み込まれた家族生活についての仮定は，この法律にみられる世帯単位での資力調査に影響していた。というのも，資力調査ではすべての世帯構成員のニーズと資源が考慮に入れられ，困窮したカップルの成人した子どもは，資源としてその家計維持に貢献することが期待されたのである。1911年にもたらされた拠出制給付は，申請のあった被保険者だけを単独で受取人として扱い，いずれの場合にも同程度の均一の支払いをおこない，彼らの家族の状況については注意を向けなかった。しかしながら1920年代になって，妻や子どものニーズを考慮に入れるという加算給付の原則がもち込まれた。1940年代にもたらされた進歩的な拠出制給付の制度はこの原則を維持したものであり，一方で資力調査付きの給付はその資力調査の対象を世帯（household）から家族（family）へと変化させた。そして，大きくいえばイギリスの社会保障制度全体が，典型的な受給申請者像を無職の妻と扶養されている子どものいる既婚男性とする前提の上につくりあげられていった。それらの制度が単身者からの申請に対応できないわけではもちろんなかったが，女性労働者や，法律上の結婚制度以外のかたちで多様な人々によって構成された家族に対応することも難しかった。興味深いことに，同性愛者の結婚の可能性が生じてもなお，状況は変わっていない。ここでの見解は，同性愛の人々にも適用されるかもしれないが，ただしそれは，ここで取りあげたジェンダー構造を伴わないものであるのは明らかだ。

　1970年代まで，結婚した女性には男性よりも低額の拠出が求められ，また男性より低額の給付を受け取っていた。この偏った状態はその偏りゆえに廃止されたが，年金の受給資格における偏った状況は続いている。また別の偏りも残されている。たとえば，結婚した女性が夫を被扶養者としてその分の給付の増額を求めることはできない。できるのは夫が無職の妻を「扶養家族」に位置づけ，その分の給付の増額を申請することのみであり，この制度が継続されていることによって，働く女性が自らの拠出に対して受け取るものが，場合によっては，満額と無職の妻に対する

増額分との差額分だけになる可能性があることを示唆している。言い換えれば，一方で扶養されている妻への給付と，もう一方では結婚した女性の拠出者および受給権者としての権利の行使の実現という課題があり，この両者の公平なバランスを一つの制度の中で確保することには，困難があるということである。

資力調査付き給付の位置づけは，男性と女性が一緒に住み，またおそらく子どもをもち，しかし結婚していない場合にはさらに複雑になる。家族の資力調査には，家族とみなされる状態が存在するかどうかの判断が求められる。これは一般的には単純なもので，家族の状況についての公的な解釈に申請者自身が同意するというものである。確かにこれは，男性にとっては働いていない「女性」と子ども（それがかれの子どもでなくても）を自分の家族として申請するには都合がいい。しかしながら，申請者，それも女性の申請者が扶養されていない者として扱われることを望み，しかし一方で社会保障や住宅手当の機関が彼女たちをその男友達（結婚していないパートナー）の「妻」とみなした場合，そこに難しさが生じる。政府は，安定した関係とそれよりも確定的でない関係とを区別するために「妻として男性と一緒に暮らす」という定義をもち込もうと試みたが，それでも課題や不一致はいまだに起きている。このような課題は，伴侶を亡くした者への給付にもあてはまることではあるが，基本的に給付が家族を基礎としていることから生じるものである。結婚していない「カップル」を結婚している者たちと別の扱いとすることは可能かもしれないが，この種の問題を避けるための唯一の公正な方法は，給付制度における家族のパターンについての前提を捨て，代わりに〈個人単位〉の給付資格の構造をもつことである。

関連した課題は，その多くが母親であるひとり親家庭の扱いについても懸念されている。このグループのイギリスでの位置づけは，他の国々からみて比較的寛大なものとなっている。このグループは所得補助が利用可能であり，母親はその子どもが16歳になる年まで労働市場への参加を求められることはない（ただし第❻章にあるように，この点での今後の変更について議論がある）。同居していない父親にも負担が期待されているが，その父親の所得水準の低さや新しい家族の有無によっては，父親の負担を制度によって確保することは難しいことがわかっている。

アメリカでマーレイ（Murray, 1984）がひとり親世帯を糾弾したことはイギリスでも取りあげられた。政治家たちはひとり親世帯の増加を，給付や住宅の利用可能性の高さに起因するものだとし始めた。このような状況は(a)ひとり親の就労の機会や，(b)同居していない親の負担についての議論をよび，それは極右に位置する人々の範囲にもおよんだ。1つ目の点については，第❻章でも分析しているが，5歳以下の子どものいないひとり親に対して職探しを推奨する動きが引き起こされている。

第**5**章　社会保障

コラム 29　養育費制度の改革へ向けた努力

　1991年の法制度には4つの主な批判があった。
1．実質的に遡及的である——裁判による決定も含むすでに同意を得たものが覆される（ここでとくに問題なのは，以前の制度で，養育費支払いの見込みが低い時に，支払いを免除される替わりに住宅の権利を放棄するという同意を非養育親が受けていた場合に，それが覆されて支払い義務が課せられることになる場合である）。[6]
2．非養育親が新たな家族をもった場合，その新たな家族への責任は養育費計算の際に相対的に小さく評価されてしまう。[7]
3．子どもを養育している親が所得補助を受けている場合，彼女（この場合，ほとんど常に女性である）が養育費徴収に協力することで得られるものがほとんど何もない。それは，養育費として手に入れたものがすべて国に戻されてしまうからである。ここでの特徴的な問題は，子どもの父親との間接的な交渉から女性を遠ざけて守る強固な理由がある場合を除いて，彼女からの情報提供における協力が期待できるかということである。
4．非養育親との定期的なやり取りがあり，それに関連したさまざまな支出がある場合，厳格な公式に基づいた法制度の実施が不公平な状況を招く。

　1991年に施行された制度では，関係当局や実施プログラムに対して目標獲得額（養育費徴収の成果の目標値）が課せられたが，関係当局はまずは「所得補助」を受けている家族や，より簡単なケース（つまり，より従順な非養育親）を制度の対象としていこうと考えたために，目標設定の効果はなかった。

　1995年，政府は制度改正した。それは声高な男性側の圧力団体に屈したものだった。制度の基本的な原則は変更されなかったが，上述の1，2および4の点に関連して，ある程度限定的に制度の運用方法を修正できる余地を与えた。しかしながら，なお問題は残っていた。2000年のさらなる制度改革では，法的義務の決定の形式を単純化した。さらに，上述の3の点にも注意を向け，子どもを養育している親が公的な給付を受給している場合であっても，彼らが同居していない親からの援助の一定割合を蓄えることを認めた。しかし，それでも運営上の問題は残され，その後，本文の中で述べたさらなる改革の波がやってきた。

　2つ目の課題についての懸念に関していえば，1990年に保守党政府が非養育親からの養育費の徴収の問題に取り組むことを決めた。そして，現行の資力調査付き給付の運用の一部としておこなわれていた査定と，婚姻関係の破たんの際に裁判所が養育費決定に用いる査定の，その両者に取って替わるものとして，統合的で公式に

基づく査定方式を採用し，非養育親からの徴収をするという取り組みを実施した。その結果，1991年には養育費徴収法（Child Support Act, 1991）が施行され，それを管理するための機関が整備された。この制度は実施上の深刻な問題に突き当たり，1995年と2000年に規定を追加することによってその問題を収拾しようと試みたが，なお問題が残った（コラム29ではこの経緯の主な特徴について詳しく述べている）。全システムの見直しを命じた後，2006年の終わりになって，政府は別のかたちの改革に挑戦することを決めた。2008年から養育費審査局が児童養育費執行委員会と呼ばれる公共団体に取って代わられた。この変化からみえるのは，一方で，名前を変えることによってそれまでに効果のなかった管理上のアレンジメントを解決しようとする，政府の策略の様相である。しかし他方でその提案の一側面が示唆するのは，政府が1991年に取り入れられた総合的なアプローチを，ある程度放棄したということである。新たな制度は，「可能であれば親同士が個人間での取り決めをするように奨励し動機づけるものである」とされ，その上で，扶養義務の強制を強化するような一連の取組みが採用されている。これらのことから，表向きはすべての人々に適用されるような公式に基づいたシステムに転換し，今後は社会保障による所得補助への依存を減らしたり防いだりするためのお金を確保することが，第一義的に強調されるようになることが推測できるだろう。このような変更は，1991年以前の社会保障制度の中で用いられていた手続きと，同じようなかたちに戻そうとしているようにもみえる。所得補助を受けずに子どもを養育している親のための養育費徴収のアレンジメントは，放棄されてしまっているようである。しかしながら同時に，もう一つのきわめて重要な問題に対しては，より効果的な取組みがおこなわれている。それは「子どもを養育しかつ給付を受け取っているすべての親は，支払われた養育費のうち10ポンドを取っておくことができ，それは給付額には影響しない」というものである。この新しい措置について，もっと詳細な研究がおこなわれるべきなのは明らかである。

12　社会保障給付の水準と貧困

　社会保障のシステムを，単にそのシステムの構造だけでなくそれによって提供される給付の水準という点からも評価することは，明らかに重要なことである。イギリスでは，貧困に陥らないために必要とされる所得水準と比較した場合の給付水準についての関心が，社会保障システムについての論争の大半を占めている。その意味で，従前所得に対する代替率という観点ではなく，最低限の給付水準の妥当性という観点での給付水準の評価への関心が，ベバリッジ報告以来存在してきた。その

結果，貧困に関する相当量の議論は，拠出制給付についてではなく資力調査付き給付の水準やその水準以下に所得が陥った人々の場合について展開されている。

このことから明らかなのは，貧困に対する効果という観点から給付の水準をみることが重要であるということである。他の資源をもたないすべての者に給付を保障するために，イギリスの社会保障の法制度が——アメリカとは異なって——おこなってきた相当程度の努力を考えれば，イギリスにおける貧困に関する議論の多くは，受給可能な給付額の妥当性についての議論としてとらえることができる，ということがわかる。しかしながら，社会保障と貧困の関係においては，次のような念頭においておくべき2つの重要な検討事項がある。

(1)社会保障は貧困防止のためにデザインされた政策としてのみとらえられるべきではない。社会保障政策については，所得の再分配のためのメカニズムとしての多様な議論がある。給付は，それが代替所得として人々に提供されるという意味において，彼らの本来の所得に対する割合というかたちで評価されることがある。あるいは，人々の中に資源を行き渡らせるメカニズムとして評価されることもあるだろう。そこには，単純に労働収入だけによらない所得の保障を正当化する理由が，さまざまに存在する。ここでの疑問は，私たちが市場によるもの以外の手法による再分配を，単に貧困を予防のためだけに正当化すべきか，また，所得の分配への国家の介入を正当化するその他の理由があると考えるかどうかということである。

(2)社会保障を，所得の分配に関与し貧困の発生に影響を与える幅広い現象の一つにすぎないものとしてとらえることが重要である。分析上でも，所得の分配へのその他の影響があった〈事後〉に——課税と同時に——作用するととらえた方が適切であることがよくある。市場動向は税や社会保障の〈事前〉に起こる所得への重要な影響になりそうであるが，それも唯一のものにはならないだろう。市場行動に影響を与え，また制限する公共政策も非常に重要となる。貧困の防止について考えるという点でいえば，人々の収入に影響する方策（たとえば最低賃金法や機会均等の法律など）も重要だといえるし，雇用創出のための方策も同様である。これらの課題については第❻章で改めて取りあげる。

貧困の分析にはさまざまなアプローチの方法がある。20世紀の前半には，基本的な最低限の生活必需品の獲得に必要な費用に基づいた絶対的基準と，貧困とを結びつけようとする試みをおこなった研究があった。20世紀の終わりに向かう中で，このアプローチは不十分なものであることが示された。著名な研究者の一人であるピーター・タウンゼント（Peter Townsend）は，個人の平均的な生活水準が社会で広く当たり前とされる生活水準に結びついているときにのみ，貧困は意味のある概念になることを示した（Townsend, 1979；1993）。イギリスでは最低限度である水

コラム30　他の人々にとって当たり前の活動や生活様式に参加できていない人々が一部で存在している。そのことを認識するという貧困理解のアプローチは，どのようにしてその他の重要な問題を浮き彫りにするのか

　低所得にある人々は，かれらの資源についての単純な調査からは自明とはならないかもしれない課題を抱えている可能性がある。もしあなたが安い住宅しかもつことができなかったら，それは暖かい部屋や良好な管理状態を保つためにさらに費用がかかるような質の悪い住宅である可能性がある。もしあなたが，多くの人々が低所得であるような地域に住んでいたら，質の良い――そして皮肉にももっとも安い――お店には行くことができないかもしれない。お店や娯楽設備，さらには仕事や教育がたくさんある場所への交通費が，あなたのわずかな所得に食い込んでくるかもしれない。さらに，もしあなたが車をもつことができなかったら，限定的で信頼性のない公共交通に頼ることになるだろう。これらのすべての懸念は，困窮者が集中する市街地エリアに住んでいる貧困状態にある人々に当てはまると考えられるが，同時に地方で孤立している貧困状態にある人々にも当てはまるものである。このようにして，貧困状態にある人々は支払う額に対して他の人々よりも得るものが少なかったり，またかれらの低い所得がかれらの生活に「波及効果（knock on effects）」を与えるものであることに気づくことになるだろう。

　これらのいくつかの問題に対するよく知られた対策は，貧困状態にある人々が利用できる無料もしくは低価格の施設を用意することだと思われるかもしれない。しかし，これは先に議論した資力調査の問題，とくに貧困の罠の問題を強化するという結果をもたらす。ここでの一つの代替手段は，特定のサービスの利用を地理的に限定する形式を取るもので，これは剥奪を受ける人々が生活する地域のサービス改善に意図的に注意を向けたものである。このような方法は，剥奪に対する優れた非差別的アプローチと考えられている。しかし難点は，このような措置は間接的で，それをもっとも必要とする人々にとって直ちに利益になるものではないという点である。その点では，時には人口の大半の人々が裕福であるような地域に住む中で人々が孤立しているような，地方での貧困の状況に対してはとくに解決が難しいといえる（Cahill（2002, ch. 6）を参照のこと）。

準も，発展途上国の貧困状態にある人々にとっては確かに絶対的に良質な生活水準に当たるといえるかもしれない。しかし同時に，適切な生活様式のために何が必要かについての見解は，時とともに変化する。そのような変化は，国家全体における生活水準に関連している。国民扶助（National Assistance）の基準が1948年に始めて設定されたとき――それは現在では物価上昇のために大きく更新され，所得補助

表5-2 2005年4月時点での貧困線と受給可能額（住宅費は含まれると想定）

	貧困線（所得の中央値の60%）£	受給可能額 £	貧困ギャップ
65歳のカップル，子どもなし	193	88.15	54.4
25歳のカップル，4歳の子ども一人あり	228	148.13	35.1
25歳の単身者，4歳の子ども一人あり	141	116.18	17.7
70歳のカップル	193	167.05	13.5

資料：CPAG（2005, 図1, p.3）を引用。

の基準の基礎となっているが――，当初はテレビの所有はまったく認められず，冷蔵庫や洗濯機，暖房設備もほとんどの世帯がもたなかった。もし貧困レベルの定義がこのような変化を考慮に入れるものであるならば，重要となる疑問は，たとえば，公式な貧困線の水準に当たる所得とは，他の大多数の人々の生活を享受することをどの程度難しくするものであるべきか。あるいは，言い換えれば，平均的所得と貧困線の水準に当たる所得との差はどの程度の大きさであるべきか，といったことになる。

タウンゼントが切り拓いた貧困研究のアプローチは，他の人が当たり前に送っている生活を獲得できないという意味での剥奪に着目するというものだった。かれは説得力のあるかたちで，社会保障に頼っている人々や低賃金にある多くの人々を含む多数のイギリスに住む人々が，貧困の中で生活していることを論証した（Townsend, 1979）。より最近の研究（Gordon and Pantazis, 1997）はタウンゼントの議論をさらに支持している。かれらは低所得の人々の生活が，世論調査に基づいて生活必需品と考えられている物をどの程度欠いた生活なのかを実証した。このアプローチは，低所得であるということの幅広い含意を明らかにする一助となるものであり，その追加的な側面をコラム30で提示している。

剥奪の測定をめざした当局による丁寧なアプローチは魅力あるものだが，タウンゼントがおこなったような類の，正確に対象をとらえかつ定期的に連続しておこなわれる研究には費用がかかる。その代替案として，平均所得を相当に下回るような状況を明らかにすることのできる所得調査がある。このような調査は剥奪についての研究から手掛かりを得ることで，生活必需品に不足している可能性のある人々の数についての定期的な試算が可能となる。イギリスでは，平均所得水準の一定割合を下回る所得の世帯数を試算することができる調査が，1979年から定期的におこなわれている。これらの調査は低所得世帯のタイプについての情報も提供してくれる。

よく用いられている貧困の指標は，平均所得の50％もしくは60％以下の所得の世帯で生活している個人の数である。そして表5-2は，これまでも示してきた次の

ような要点を示している。それは、イギリスでの給付水準についての議論の大部分は、ある想定上の世帯における貧困の指標とその世帯が利用可能な給付水準とを比べるものであったということである。この表が示しているのは、政府の反貧困戦略は所得の中央値の増加を相当に上回るほどの給付額の増額を求めているが、その給付を得てもなお人々に所得の不足があるということである。年金控除との関連から発生した年金受給者のみへの増額の提案は、政府にとって負担の大きいものである。この年金控除は年金受給者の場合のギャップ（表5-2にみられるように）を生み出しているが、そのギャップは他のグループよりもむしろわずかなものである。

　しかし、定められた閾値以上に所得を押し上げる公的な給付を除けば、貧困の減少はさもなければ、低所得の人々に収入をもたらすような、何らかの状況の変化だけに頼るものとなる。それはもちろん、就労が貧困から抜け出す最善の方法であるとする意見を支持するものである。しかし、その実現可能性はさておき、そこには（前述で確認した）潜在的な問題がまだ残る。それは貧困の罠である。そして、「就労と福祉」戦略においては、税額控除のような給付の金額を、所得の増加とともにどう変化させるかという方法を検討することが求められるということを意味する（政府や研究者によるモデル構築では、個人が戦略的に最善の選択肢を選ぶことをめざすというやり方よりも、もっと簡単な方法でこのテーマに取り組んでいる）。

　イギリスの貧困に関するデータを簡略に説明するだけでは、調査データとの関連において生じた技術的な疑問、たとえば異なる住宅費の影響や世帯規模が剥奪に与える影響、そして時間の経過に伴う世帯内の変化から予期されることなどについての疑問の範囲に、立ち入って述べることは不可能である。読者にはこうした話題についての議論のために本章の最後で勧めている、貧困に関する著作を参照してもらいたい。また表5-3は、さまざまな世帯タイプにおける貧困の発生数と発生率のデータである。この類のデータにはよくあることだが、そのデータの算出が少し遅れたことで、図表の作成のデータも少し古いものになっている。しかし（上記に提示した理由により）基本的な状況が大きく変わるようなことはおそらくないだろう。

　社会保障政策において鍵となる問題の多くは、給付増加へのニーズや実際の給付額増といった観念的な意味では、水準の設定にはそれほど影響してはいない。政治的な働きかけをする団体は、長年に渡り、彼らが代表している者の不利な状況へと、政治家の注目をひきつけてきた。貧困の問題における判断では、2つの重要なオルタナティブな指標が用いられている。それは、収入に関する指数と物価指数である。それら指数の算出のための最善の方法について膨大な議論がなされてきた結果、複数の形式が両方の指数で用いられている。とくに、貧困状態の人のための物価指数は、より平均的な人々とはむしろ異なるべきだという議論がされてきた。なぜなら

表5-3 貧困発生数と発生率（2005年度イギリスにおける，平均所得の60％以下の所得の世帯内の個人，住宅費控除後）

世帯タイプ	貧困者数	貧困率	タイプ内の貧困世帯内の内訳[1]
児童	380万	30	
カップル		23	58
ひとり親		50	42
労働年齢の成人	720万	20	
単身者（子どもなし）		24	36
カップル（子どもなし）		12	20
年金受給者	180万	17	
カップルの年金受給者		16	55
単身の年金受給者		19	45

資料：雇用年金局，『平均所得以下の世帯』（*Households Below Average Income*: HBAI）1994/5-2005/6 表4.5～6.5より。
注(1)：「労働年齢の成人」については，子どものいる世帯も含んだ値であるため「グループ内の貧困世帯の内訳の合計が100になっていない。

貧困状態の人々の支出には他とは異なる状況があるからだ。コラム31では最近の給付水準引きあげ規定の過程を解説している。

　社会保障による所得と低賃金の関係は重要なものであるが，この点については次の章でさらに議論している。ただ給付とその他の所得との間の関係についての懸念はもちろんのこと，給付システム内での相互の関係性についての懸念もまた存在する。カップルで暮らす者が単身者よりもどの程度安く生活できるかや，高齢者や障害者における追加的なニーズ，さまざまな年代における子どもにかかる異なったコスト，そして25歳以下の単身の成人のニーズはより少ないなど，そういった仮定が所得補助制度の規定によってなされている。そのうちのいくつかの見解には，明らかに議論の余地がある。とりわけ，25歳以下の単身者に対する所得補助給付水準の低さ，そしてとくに16歳から18歳の学校に行っていない子どもへの対応には厳しいものがあるが，それには，そういった人々がその親と同居することができたり，逆に家計を分けることができなかったりするという前提が関係していると思われる。子どもにかかるコストに関する所得補助制度の規定も，10代の子どもに関しては非現実的だと批判されている。これまで所得補助の規定を定める際に，実際のコストの根拠を検討することが，貧困状態にある人々の中で誰がもっとも受給に値するかという考えと混同されてきたことを，ここで提示しておくことが公平であろう。

　貧困の撲滅における給付の役割とその水準については，複雑に入り組んだ幅広い範囲の課題があることがわかる。今回の議論の中では実際の給付額についてはふれていない。それらは毎年変更され，そのためここ数年に渡って利用される教科書の

> **コラム31　給付水準向上の規定**
>
> 　1973年以前には，給付水準の決定にあたり賃金や物価の動向が勘案されるような要件は，政府が法律で定めるものではなく，〈その場その場の〉政治的判断が給付額増加の決定を左右してきた。しかしながら，時間の経過とともに，短期給付の額と賃金の間の関係が大まかにではあるが変化しないという傾向がみられるようになった（Barr, 1981）。そこで1973年社会保障法において，保守派は給付水準と物価上昇をリンクさせることを法定化した。1975年にはこの社会保障法の修正によって，長期給付の額を物価か収入の水準のどちらか増加が大きい方と一致させて，また短期給付の額は物価水準と一致させて増額していくことが，労働党政府により約束された。1970年代後半の激しい物価上昇は，社会保障給付受給者にいくらかの相対的な増額をもたらした。1979年，保守党は法定要件を改正し，長期給付は物価水準だけにリンクするものになった。さらに短期給付は，物価上昇率以下の範囲で最大5％まであげられるものになった。これらの規定は拠出制給付のみに関連したものだったが，多くの場合で資力調査付き給付の額も同様の基準で増額されてきた。1979年以降の変化は，平均賃金と比較してあらゆる給付水準の深刻な低下を招いた。1997年以降の労働党政府にも，この状況を是正しようという意思は，年金控除に関する以外にはほとんどみられなかった。年金控除との関連では先述の議論の中で，政府が基礎年金の増額規定を1975年の設立当時の状態に戻すという最終的手段について公表したが，これについてはすでに述べた通りである。

中でそれを扱うことは，混乱を生むものであると考えられるからである。それらの給付額に関する論点についてより詳細にふみ込んでみたいと思う学生は，参考文献の推薦図書の文献の中で取りあげられている資料のいくつかを参照することが必要になるだろう。

13　結　論

　この章では，イギリスの社会保障がベバリッジ報告の実現の後に期待されていたモデルから，大きく逸れていっていることを示した。当初のモデルでは，社会保険システム（国民保険）が支配的な要素となることが期待され，徐々に縮小される社会扶助のセーフティネットといくつか私的年金はその社会保険システムを側面から支えるものだった。しかしその代わりに，資力調査付き給付が貧困状態にある人々の所得においてますます重要なものとなり，一方で豊かな者は一般的に，高齢になってからの保障をめぐって私的年金を頼りにするようになっている。

第5章　社会保障

　社会保障省が2001年に雇用年金省に取って代わられたことは，労働党政府による社会保障改革戦略を明確に示していた。その戦略とは，年金受給年齢以下の人々に対して就労を強固に重視すること（そしてそのための税額控除のような就労支援給付を重視すること）や，あるいは年金システムのさらなる民営化である。この文脈においては，左派の多くがもつ「普遍主義者」の期待が打ち砕かれただけでなく，他方で制度の効果についての深刻な懸念が残された。この章では，国民のための年金の効果的な枠組みの保障の問題，給付制度の中での資力調査付き給付の欠点の問題，不十分な女性への対応の問題，そしてイギリスにおいて貧困は未だに広く存在することの証明などの点に言及しながら，労働党政府の社会保障改革戦略における課題を浮き彫りにしてきた。

◇より深く学ぶための読書案内

　社会保障政策に関するもっとも新しい教科書は Jane Millar 編集の *Understanding Social Security*（2003）『社会保障の理解』であり，その本の新しい版が準備中である。Walker による *Social Security and Welfare*（2005）『社会保障と福祉』はいかにして社会保障システムが機能するかをイギリスの資料を用い，また海外にも目を向けて検討している。

　ここで議論された多くの題材についてうまく概観しているのは，Alcock の *Understanding Poverty*（2006）『貧困の理解』である。そして，貧困と給付に関する事柄についてのより資料となるのが Lister の *Poverty*（2004）『貧困』である。David Piachaud はその著作の中で社会保障の発展の影響を図表に示しており，また Hills, Le Grand and Piachaud の中のかれの論文 *Making Social Policy Work*（2007）『社会政策の構築』もお薦めである。

　年金改革に関する事柄については Hill の *Pensions*（2007）『年金』が分析している。

　Child Poverty Action Group（CPAG）による資力調査付きおよび拠出制の給付についての年次ハンドブックは，制度の詳細についての重要な資料であり，少なくとも年1回は変わる（そのためここでは引用しなかった）給付額も載せている。また CPAG のパンフレットは，システムに対する批判的な情報源として有用なものである。その他の良質かつ全般的で最新の資料として CPAG の雑誌 *Poverty*『貧困』と *Benefit*『給付』がある。Child Poverty Action Group のウェブサイトは www.cpag.org.uk である。

　雇用年金省は，主に出版物の提供に加えて受給希望者や求職者へのアドバイスを提供するウェブサイト www.dwp.gov.uk を用意している。

訳注
[1]　イギリスにおける「社会保障」(social security) という語句は，所得保障 (income maintenance) とほぼ同義であり，医療サービスや福祉サービスは含まず現金給付のみを指すものとして用いられる。
[2]　イギリスの地方行政区には，現在，州 (region) と区 (district) という2層構造のものと1層構造の単一自治体のものがある。
[3]　公的基礎年金 (Basic State Pension) のこと。
[4]　一般的に「悪魔は細部に宿る」(Devil is in the details) とする慣用句をアレンジして用いている。
[5]　テーパー (taper) とは「先細りになっている状態」を示すもので，徐々に手当が少なくなるように漸減していく比率のこと。
[6]　家族で住んでいた住宅が共有財産であった場合，離婚して子の養育をしない親が，その財産を放棄すれば，その分養育費の査定額が低くなったため。
[7]　これは，非養育親は最初の家族に対する責任が主にあり，最初の家族へのサポートが，新しい家族よりも優先されるべき，という考えがあったため。

第6章
雇用政策

1 はじめに

雇用政策は，以下の4点に影響をおよぼそうとする試みに関与する。

1．労働市場参加の全体水準
2．仕事の特徴
3．労働供給の性質
4．労働需要

これが示唆するのは，雇用政策を学ぶことは，特定の政府介入の実施について検討する一方で，幅広い考察に基づいてこの4点を理解しなければならないということである。すなわち，経済運営全般の中での政府の役割について検討する一方で，あらゆる社会政策の提供（「福祉」）の労働に対する関係について考察しなければならない。だが本章の目的は，政府の経済運営を詳細に検討することで〈もなく〉，他章の特定の課題を横断的に考察することで〈もない〉。本章で検討するのは，雇用の促進と管理に対するイギリス政府の全般的な方向性についての論点である。

そのため本章は，職業斡旋，訓練，雇用保護に関連する政策を検討することと，より広い問題を扱うことの二重の役割をもつ。本章が社会保障についての章の直後に配置されたのは，単に雇用政策と社会保障を現在同じ省が管轄しているからだけではなく，社会保障政策と労働市場管理の関係についていくつかの重要な論点があるからである。

2 雇用政策への代替アプローチ

労働市場管理に関する政府の役割を考察する際に，2つの極端な政治的立場を対比することができる。1つ目の立場は，市場に基づく経済制度の保護を主な優先事

項として考え，社会政策ができる限り市場に干渉しないよう要請する。2つ目の立場は，社会目標に第一義的重要性を与え，社会目標の達成を確実にするために市場の力を管理し時には排除しなければならないと要請する。もし前者の立場が採用されるならば，仕事をみつけ維持する諸個人の展望に影響をおよぼす市場の力は，放任されるべきであり，唯一の関心事は，社会の中で不可避とみなされる国家介入が，労働市場におよぼす影響を最小にすることである。そのような体制に特有の社会政策が，例外的な状況において社会扶助を提供するための「救貧法」（第2章参照）であり，救貧法は労働市場参加に不都合な効果を何も与えないように考案されている。対照的に後者の立場は，労働市場（と他の市場）管理は，社会目標にとってまったく当然の課題であると考え，そのため雇用政策を公的な社会政策の主要な課題とみなす。

　もちろん実際の政治上の言説は，これら正反対の立場の間にある。そのため雇用政策は，社会的な影響力をもち，学ばれることになるのだ。また他の社会政策（とくに社会保障政策）の雇用への効果についても考慮すべき問題がある。しかしながら，これらの効果について重要な論争が存在する場合もある。だがこの論争は，労働市場がどの程度まで政府による市場操作に従属できるか（すべきか）についての異なる見解という文脈で理解される必要がある。この点について各国は著しく異なるということを，社会政策の比較分析は示してきた（第11章でこの主題を吟味しているので参照のこと）。比較理論によればイギリスは，政府が（少なくとも1970年代後半以降）市場の自由を最大化することを広く支持してきた国家のグループに入る。しかし，EUの一員として，イギリスは別のモデルを支持してきた国家に近い。さらにEUの中で，異なる社会保障政策は容易に調和させることができないにもかかわらず，社会目標と共に，積極的な労働市場政策を展開しようとする試みがなされている。そのためイギリスがEEC（現在EUと呼ばれる）に参加して以来，雇用政策の形成について政治的論争が存在してきたし，イギリスは労働市場の機能に影響をおよぼすかもしれないその共同体からの措置に対応してこなければならなかった。

　重要性を増している「グローバルな」市場勢力へのもっとも適切な対応については，議論が進展中である。ある議論では，グローバル経済の中で国が競争し得る唯一の方法は，労働市場の規制緩和と賃金や関連する雇用コストの引きさげを採用することである，と論じられる。他の議論では，いわゆるグローバルな勢力のもつ強さを疑うか，EUのような巨大な経済ブロックはそれらの力に抵抗あるいは影響し得る，と論じられる。中間の立場は，効率的に高度に訓練された労働力によって，国家は必ずしも賃金を引きさげることなく同時に競争し得る，と提起する。イギリ

第6章 雇用政策

スの雇用政策の対応のいくつかは，この「中」道の可能性が前提になっていることが，本章で明らかになるだろう。

このように幅広く考察をおこなうという文脈を説明したうえで，「1　はじめに」で具体的に特定した4点に戻ることができる。第1に，政府の介入は，労働市場参加の全体水準を引きあげることと引きさげることの両方を目的とする場合がある。救貧法のアプローチ（第2章参照）は，明らかに労働市場への参加を最大化することを目的とする。逆に年金や疾病給付の導入は，一部の人に労働市場への参加の試みから脱却できるようにするものとして理解できる。しかしながら，他の多くの政策が，労働市場参加に影響をおよぼす。女性はこれまである種の労働市場参加から明確に排除されてきたが，近年，女性差別に反対し女性の労働市場参入を促すための努力がなされてきた。教育政策は，若者に労働力から一時的に遠ざかる機会を提供できる。最後に，移民政策は，労働力の規模に影響をおよぼすだろう（この最後の論点についてさらに考察するためには第12章を参照のこと）。

第2に，政府は仕事を規制できる。すなわち，仕事の時間，条件，賃金率，言い換えれば仕事の特徴に影響をおよぼすことができる。また政府は仕事の保障に影響をおよぼす措置の立法化もおこなうことができる。政府は，労働組合や団体交渉についての規則を通して，使用者と雇用者がこれらの項目について交渉することを可能にする諸条件に，より間接的に影響をおよぼすことができる。

前述の第1点は労働の量を扱うものであるが，第3点は労働の「質」と呼ばれ得るものにとくに関係がある。政府の教育訓練政策は，労働供給の性格に影響をおよぼす。そのため仕事に対する態度に影響を与える施策は，労働供給の性格に影響をおよぼし得る。この範疇には，雇用者と使用者が契約を結ぶ賃金率に影響をおよぼす施策（ジョブセンターなど）も含まれる（もっともこの施策は〈それ自体としては〉労働市場参加の水準に影響をおよぼすものではなくその機能に影響をおよぼすのではあるが）。また移民政策も関連しうる。

第4に，政府はさまざまな方法で労働需要に影響をおよぼす。雇用政策の議論では，明確な雇用創出施策あるいは明確な「ケインズ主義的な」需要創出の経済政策が注目される傾向にある。だが実際は，多くの政府主導の取組みによって，意図したわけではないが結果的に，仕事が創出されうる。この意味において，多くの社会政策のイノベーション，すなわちヘルスケアやソーシャルケアや教育の利用可能性を増加させる，あるいは住宅供給を増加させることは，雇用創出効果をもつ。そのためもちろん戦争遂行の決定は雇用創出効果をもつだろう。

これらのすべての主題がイギリスの雇用政策では生じてくることになるが，第1点と第3点が他の2点よりも目立つ傾向がある。現代の政策を理解するためには，

政治的諸立場が4つの主題をさまざまに強調しながら相当な年月をかけて進展してきた道筋を考察する必要がある。これは次節でおこなわれる。

3　雇用政策へのイギリス・アプローチの進展

　19世紀の政府は，労働市場を管理することにほとんど留意しなかったが，労働力の中で成人男性の参加を最大化する施策と，女性や児童の参加を制限する施策の両方を採用した。平行して，またときには後者の施策の核として，労働条件を制御する努力がなされた。

　20世紀初期にイギリス政府は次第に，経済とそれに基づく労働市場は「自然に」機能するよう放任されるべきであるという見解を拒絶するようになった。19世紀末には「古典的な」経済理論の支持者が，市場システムがより円滑に機能するのを支援する際に政府が役割を果たすことがおそらく必須であると認識し始めた。とくに短期間のうちに変化する経済情勢への適応という問題は，とても深刻であるため，介入を正当化できると考えられ始めた。そのような問題の1つは，労働の「売り手」を「買い手」に結びつけることに関係した。この目的のため1909年以降，職業紹介所の制度が創出された。

　20世紀初頭には，しばしば多数の女性を含む周辺労働者が搾取されるさまざまな「苦汗産業」の存在が注目された。1909年賃金委員会法や，第一次世界大戦中のいくつかの産業における最低賃金制の設立に向けた動きの中で，労働者のための保護施策が制定された。これらは雇用規制の強化に向けての道筋であった。しかしながら，男性優位の労働者階級運動は，労働組合への法的な保護を強化し，主に労働組合が，使用者との交渉による合意を通して賃金水準や雇用条件の擁護者になることに，より多くの関心を抱いた。政府が直接には関与しない労使の自発的な交渉による雇用規制へのアプローチが支配的になった。

　2つの世界大戦の間，経済は働きたい者すべてを容易には吸収しえないという事実が明らかになり，失業問題は政治的課題であり続けた。失業者のための所得保障施策を行き当たりばったりに展開させる強力な圧力が存在したが，政府の雇用政策はほとんど進展しなかった。限定された雇用創出や訓練の制度がいくつか進展したが，当時の正統派経済学は，1930年代半ばまでにアメリカの政策対応を特徴づけ始めた雇用創出への大量の公共支出には反対した。だが当局は，戦争への準備が失業問題をやや緩和させるのに応じて，雇用創出への大量の公共支出を受け入れ始めた。このアプローチの変化と主に関係するのが経済理論におけるケインズ革命である。この革命は，失業を過少消費と結びつけ，不況から抜け出すために，政府に支出さ

第6章 雇用政策

せ，必要ならば予算を不均衡にさせるよう促した。この場合，要請された主な政策対応は，〈それ自体としては〉雇用政策の一形態というよりもマクロ経済的な対応であった。しかしながら，それと同時に，特定の地域，とくに衰退しつつある重工業に雇用が頼ってきた地域の，特別な問題も認識され始めた。

前述したように，2つの世界大戦は巨大な労働需要の創出という構想として理解されうる。実際，労働の必要性は非常に高かったので，労働力へ新しい参加者，とくに女性を引き込むための施策が採用された。

1945年から1970年までの予期せぬ低失業率のおかげで，イギリス政府は雇用政策に比較的消極的な立場を採用し続けることができた。労働組合は政府が雇用政策に対して何も働きかけないことにおおむね満足していた。すなわち完全雇用は，男性労働者階級の向上を集団行動という手段によって継続させる理想的な状況を提供したのだ。この雇用状況は，少なくとも最初は，女性の利害に有利に働かなかった。女性差別の防止やチャイルドケアの供給不足への注目が無視されることによって，戦時中の女性による高い労働市場参加は終結するだろうという予想が強化された。

1950年代と1960年代の完全雇用は，かつての大英帝国諸国から労働者を募集することの公認につながった。公的部門は，保健医療サービス部門を含めて，これらの国々から労働者を求めた。カリブ海やインド亜大陸からイギリスに門戸を開くことに対して人種差別主義的な反対キャンペーンが存在し，管理法が制定された（1962年の施策をはじめとする一連の施策）。これらの管理施策は，入国許可証の交付の重要な審査項目の一つに労働の必要性を用いた。

1970年に，エドワード・ヒースに率いられた始まったばかりの保守党政権は，行政をより活動的にするための取組みの一部として，職業安定サービスを再編成することに決めた。諮問文書『人々と仕事』（*Department of Employment*, 1971）は，雇用サービスは近代化される必要があると公表した。職業紹介所は従来，失業者への限られたサービスと過度に同一視されていた。政府はドイツやスウェーデンの「積極的な人的資源政策」という概念に影響を受けたが，その概念では，激しいインフレを伴うことなく完全雇用を保持する際に，雇用サービスは重要な役割を果たすものとして理解された。実際には，1970年代初期のイギリスの雇用政策の取組みは，激しいインフレという状況だけではなく，急速に失業率が増加しているという状況で実施された。失業とインフレの間に直接的で単純な関係が存在するという「ケインズ主義」の信仰を多くの経済学者が捨て去ったが，そのような経済において，近代化された雇用サービスは機能しなければならなかった。「積極的な人的資源政策」は比較的重要ではないものにされ，失業に対処する施策が優位に立ち続けた。

1979年に政権に就くと同時に，サッチャー政権は，失業問題に対処するためのさ

まざまな特別な施策を前政権の労働党から受け継いだ。その初期の傾向は，公的支出への総攻撃の一部としてこれらの活動を抑制することだった。政府の主な雇用政策は，労働市場への厳格な市場原理の再導入を強調することであった。一連の施策は労働組合を弱体化させた。それと同時に政府は，1909年以来少数の労働組合のために存続してきた賃金規制のような，まだ法令集にあるわずかばかりの雇用保護施策の影響力を，しきりに削減したがった。

労働市場が自由に機能するよう考案されたサッチャー式の施策の影響力を，1970年代にはすでに生起し始めていた労働市場の中での変化と区別するのは困難である。後者の効果が現われた速度を前者が加速化させた可能性が高そうである。これらの論点にここで深入りするのは適切ではない。しかしながら，マーガレット・サッチャー政権が，1970年代後半に展開された特別な施策を完全には破棄できないと即座に決定した，ということは重要である。特別なプログラム，とくに若年失業者のためのプログラムは，増大していく失業問題へのもっとも安価な対応手段を提供するということが，すぐに理解されるようになった。そこで実際に1980年代初期には，特別な訓練制度と一時的な雇用創出施策について支出の増大がみられた（Moon and Richardson, 1985）。それ以来，失業者の支援プログラムや訓練プログラムは，大きな変化を経ることになった。学生は，ごく最近の書籍でさえもが詳細な政策について誤っていることに気づくだろうし，近年の変化を明らかにしようとするならば，それぞれしばしば頭文字によってのみ特定される「アルファベット略語が飛び交う」さまざまな政策によって困惑するであろう。

1990年代初期には，保守党政権の雇用創出や訓練施策へのアプローチは，既存の経済制度の必要性を重視するものとなり，管理は民間セクターの使用者の手にしっかりと委ねられた。若者の訓練が非常に重視された。高齢者や長期失業者には，特別なプログラムがあったが，金銭的な支援の条件として求職活動に対する要請が強化された（たとえ通常の労働市場に戻るよう個人を支援することが容易ではないにしても）。保守党政権は，この最後の施策の望ましさについて意見を二転三転させた。その要因の一つは，高水準の失業率によって政府が支出するよう強いられた給付金の巨額な合計金額であった。政府は，しぶしぶ支出するとともに，給付金を削減し個人がそのような支援を利用するのを抑止する方法を次第にみつけるようになった。

1997年以来，労働党政府は雇用政策を非常に重視してきたが，その政策は，多くの点で，前政権の政策と強い連続性がある。雇用政策の歴史を調べると，従来，労働党は雇用創出施策を主張し，また労働力の保護装置としての労働組合の役割を強化する立場をとるように思われるかもしれない。しかし，その立場は，正真正銘の

「旧労働党」戦略として拒絶された。代替策として労働党は，再び1970年代の取組みのいくつかを採用し，それらにさらに明確な欧州「大陸」のひねりを加えて，雇用保障を重視することもできた。しかし，最低賃金の必要性が承認されるという一部の例外もあったが，そうした雇用保障も拒絶された。その代わりに労働供給を改善し増大させる施策が非常に重視された。労働党の1997年選挙のマニフェストは，若年失業者について供給サイドのプログラムを強調して，以下のように述べた。

　労働党の福祉から労働へプログラムは，失業問題に取り組み，社会保障支出の急上昇を断つであろう。

このように強調する典型例が，福祉改革についての緑書にみられる。

　それ故，利用可能な支援の範囲を著しく広げる政府関与は，労働可能な人々との契約を変更する。雇用機会を推進しそれを活用する人々を支援することは，政府の責任である。雇用機会を活用することは，雇用機会を利用することができる人々の責任である（Department of Social Security, 1998, p.31）。

このようにしてここで，人々に——おそらく欲するよりも，あるいは失業以前に受け取っていたよりも安い給料で——，仕事を探すよう圧力をかけることによって労働コストを削減するという，供給サイドの施策を目にすることになる。これらの施策は税額控除を伴ってきたが，前の章で検討したように，それは低賃金に補助金を支払うものである。関連する訓練施策も，この低賃金労働という効率を増大させることによって供給サイドの効果を引き出すことが期待されている。
　要約すれば，イギリスは，失業を防ぐ計画を立てようとする努力がほとんどなされなかった1930年代の状況から，地域政策がきわめて卓越していたものの概して労働市場の健全さが計画を不要にするように思われた1945年から1971年にかけての時代を経て，イギリスの経済問題の一部は「積極的な労働市場政策」の欠如から生じると認識される短期間の局面に移った。1975年からの失業率の上昇は，積極的な労働市場政策を「乗っ取り」，失業者のための特別な施策に努力が集中させられた。それ以来失業問題への対応は，制度の最重要関心事になったが，それに加えて1997年以来（失業率が減少するという状況の中で）政府は，以前は失業者として定義されていなかった人々による労働市場参加さえも奨励することに関心を増大させてきている。

4 EU加盟のイギリスへの影響

前述したように，積極的な労働市場政策への関心の高まりは，イギリスのEEC加盟の開始と同時に起こった。雇用管理に対するイギリスと欧州大陸の態度の違いについて前述した見解をさらに考察するために，本章の最後で話を戻す。しかし，主な雇用政策の施策に移る前に，EUの政策がイギリスの雇用政策に影響をおよぼすそのきわめて特殊な方法について手短に考察する必要がある。

第3章で述べたように，EUから生まれる主要な社会政策による介入は，雇用に関連する規則と，雇用創出を促進し訓練プログラムを支援するための補助金の規定を調整するためのわずかな取組みであった。実際，EUはそれ自身の資源を何ももっていないことに留意する必要がある。EUの予算は，加盟国への課税によって確保される。その結果，予算は小規模でありヨーロッパのGDPの1％強である。歴史的に介入は農業支援に非常に重点が置かれてきた。近年になって介入は他の種類の支援政策を好んできた。この変化に大きな影響をおよぼしたのが共同体の拡大であり，経済を支援するようイギリスより強力に主張する国が加盟許可された。にもかかわらず，未だにイギリスは，欧州地域開発基金や欧州社会基金から雇用に対して影響力をもつ給付金を獲得している。後者の基金は，長期失業者や若年失業者，「社会的排除」（コラム32参照）という問題の軽減に向けて支援を提供する。

EU支出という政治問題は込み入っている。もっとも必要な国に補助金を向かわせる努力はなされるのだが，これを単にブリュッセルの賢人が合理的な支出決定をおこなう過程として理解するのは不適切である。各国政府は預け入れたものから得るものを最大化しようとする。そのため構造基金についての議論は，どのように農業補助金がうまくいくかに影響を受ける。その議論にとどまらず，政府は構造基金や結束基金が考慮すべき国の必要性を強調する。そのうえ補助金が交付される際，受け取り国は経済力に見合う拠出を期待されることが一般的である。こうして結局，イギリスが，EUの比較的裕福なメンバーとして，小規模の予算からそんなに多くを得ることは期待できないということになる。

しかしながら，ここで述べたEUの基金の存在は，国の政策の方向性に影響をおよぼす。失業者の支援に関連して，EUの優先政策が国の政策に影響をおよぼすのは，それらが追加の補助金の可能性を与えるからである。そのため，EUの優先政策における若年者の訓練や長期失業者の支援を重視することは，イギリスで踏襲されてきた。同様に，EUが支援の必要な地域を特定化するという事実によって，失業率が高いイギリスの地域に向けての支出が導かれる傾向がある。しかしながら，

> **コラム 32　欧州社会基金**
>
> 　欧州社会基金の50周年記念報告書（欧州委員会『社会的課題』第15号2007年9月）では，2007年から2013年の期間における基金についての計画の要点が述べられている。支援は4つの優先事項，すなわち「適応能力，雇用へのアクセス，包摂，そして人的資本」に集中的におこなわれる。全期間の予算は（名目値，すなわち1ユーロ約3/4ポンドで）3474.1億ユーロである。イギリスの負担は106.13億ユーロと予想されるが，それは全体の約3％である。

　これが複雑な問題であるのは，より大規模な国家予算に小規模な外からの追加金がおよぼす影響を見抜くのがきわめて困難であるからだ。構造基金の追加金がウェールズでおよぼす実際の影響は，イギリス政府とウェールズ議会の論争の主題であった。

　EUは，直接的な支出金は比較的小規模なので，補助金の管理方法によって政策に影響をおよぼそうと試みるであろう。しかし，おそらくEUがイギリスにおよぼす影響としてさらに重要なのが，雇用規制に関してEUがとる立場である。この主題は，後の節でさらに考察をおこなう。

5　主な雇用政策措置

　イギリスの雇用政策は雇用年金省が責任を負っている。求職者に対する地方のサービスは，（すべての労働可能な成人に対する）雇用サービスと給付金管理を統合する一つの部局によって運営されるのだが，その部局はジョブセンター・プラスと呼ばれる。

「ジョブセンター」とは，その名の通り，1908年に設置された労働者を探す使用者と雇用者を結びつける職業紹介所を，現代に継承するものである。1970年代にジョブセンターは，大規模な職業紹介所を，商業中心地やショッピング・センターにおける現代的な店頭事務所に置き換えるものであった。セルフサービス，すなわち開放展示された広告から仕事を選ぶことができることや，助言が必要なときだけ職員に頼ることが，強調された。ジョブセンターの目的は，1971年に述べられたように，「そのサービスが多くの労働者や使用者から失業者のためのサービスとしてみなされる」（Department of Employment, 1971, p.5）という問題を克服することであった。しかしながら，このアプローチへの期待は，失業率の上昇によって粉々に打ち砕かれた。1990年代には，雇用政策によるサービスは主に失業者のためのものであると

> **コラム 33　ニューディールの諸施策**
>
> - 若年者のためのニューディール（NDYP）（1998）
> - ニューディール25歳以上（1998）
> - ひとり親のためのニューディール（NDLP）（1998）
> - ふたり親のためのニューディール（1999）
> - ニューディール50歳以上（2000）
> - 障害者のためのニューディール（NDDP）（2001）

政府は明確に認めた。というわけで，仮に1930年代からの訪問客があったならば，現代のジョブセンターを奇妙な場所と考えるであろう。すなわち，現代の消費者主義のあらゆる装置，すなわち，感じの良い事務所，礼儀正しい職員，ふんだんな説明資料がある一方で，著しく見慣れた一連の質問や審査があるのだ。

1997年に労働党政府は，人々を働かせるように既存の措置を展開させることを，社会政策プログラムの中核とした。1998年に労働党政府は「ニューディール」の開始というかたちでそのこだわりを具体化した。これは実際に多くのニューディールの諸施策として表明された（当局の資料はここで単数形と複数形のバージョンの間で自由に切り替わるように思われる）（コラム33参照）。

10年後に政策を説明するのに「ニュー」を使い続けることが適切かどうか疑問に思われるかもしれないが，それでも2008年の1月に政府は，10周年の成功を記念するとともにニューディールの目的に継続的に関与することを明言する報告書を刊行した。その政策を評価する際の困難さについては，後で話を戻していくつか述べる。「新しい」ものとして公表された多くが，前保守党政府による構想を継続していた。けれども，パーソナル・アドバイザーによって失業者の状況を徹底的に調査することと，技能の向上を非常に重視することが，明白になってきた。そうした技能の向上は，失業者自身から個人的な努力を引き出すことを重視することによって支えられたのである（これを実施するために長期間有効な制裁措置をいくぶん強化したのだが，これについては以下のさらなる議論を参照のこと）。

コラム33からわかることだが，以下のように労働党政府は若年者を重視することでニューディールを開始した。

> 失業給付を無制限に受け続けるといういかなる選択肢ももはや絶対に存在しない。長期間にわたって求職者給付（JSA）を要求するすべての若年者は，職に就く機会を改善するために考案された有意義な活動に参加しなければならないことを，

NYDP ははじめて明確にした (DWP, 2008, p. 4)。

　政府はとくに25万人の（18歳から24歳までの）若年者を6カ月間労働させるか訓練させることを約束した。
　第5章で述べたように，失業者に対する国の財政支援は求職者給付によって提供される。受給資格を得るためには，仕事をみつけるためにおこなう手続きとして，明確な約束をし，求職者の契約に署名しなければならない。国民保険（NI）制度に拠出してきた者でも，求職者手当は6カ月後に資力調査がおこなわれる。不必要に失業したり，雇用機会を利用しなかったとみなされると，給付金はまた停止されたり減額される。
　ジョブセンターは失業者の行為を監視する際に中心的な役割を果たす。求職者の最初の契約は，定期的な更新／見直し審査を受けることである。6カ月以上失業していた者はとくに注意が払われる。審査では，仕事を探すための個人の努力が調べられ，別のさまざまな選択肢が検討される。文書で政府は，この段階で求職者の特徴に応じて適用されるさまざまな代替戦略をあげる。
　18歳から24歳までの求職者は，6カ月の失業後，「パーソナル・アドバイザー」と綿密に協議をおこなう。パーソナル・アドバイザーは，通常の雇用機会と同時に，補助金付きの仕事や，ボランタリー・セクターでの仕事，特別に設置された「環境に関するタスクフォース」との仕事，あるいは全日制の教育や訓練への紹介を検討する。25歳以上の求職者は，かれ／彼女らの状況について同様の綿密な調査を受け，通常の雇用に対する主な代替案である補助金付きの雇用を紹介される。
　これらのプログラムにおける協議や助言は，セミナーや訓練コースへの出席の要請を含むことができる（これらのプログラムにはさまざまな専門用語による名前がつけられてきたが，それは折にふれて変化してきた。すなわち，「ジョブプラン」「ワークワイズ」「リスタート」等である）が，そこでは仕事探しの戦略や個人の特質や態度に注意が払われる。

6　訓　練

　雇用政策は訓練，とくに若年者への訓練を含むので，教育に対して責任を負う部局もまた，本章が扱う政策に関与している。2007年7月，イングランドにおける政府の再編は，（第3章で述べたように）教育政策の分割を引き起こし，革新・大学・技能省と呼ばれる新しい部局のもとでおこなわれる初等中等教育後の教育を伴うことになった。本書執筆時点では，この新しい部局の仕事がどのように展開して

いるかを正確に特定するのは困難である。だが新しい部局の役割を明らかにする際には，その部局が，「16歳以後の教育や学習における若年者や成人による参加と到達度」を引きあげ，「成人間の技能格差」に対応し，「とくに基本的な読み書きや計算の能力を人々に身につけさせる」ことを確認してきたことが重要である。実際，この新しい部局を設置するよりずっと以前には，継続教育の分野は，諸機関が相互に機能する複雑な迷路として認識されてきた（Ainley, 2001 参照）。

　民間と公共の両方にわたる幅広い組織が，仕事のための訓練を提供することを委託されてきた。学習・技能評議会は，イングランドにおける訓練の発展において鍵となる役割を果たしている（他国において同等の諸機関は存在する）。学習・技術評議会は，地方の学習・技術評議会のネットワークが機能するよう指示する。学習・技術評議会はまた，さまざまに異なる資格，すなわち国家職業資格を設けることに関与してきた。

　あらゆる年齢の成人が，ジョブセンターによる介入の直接的な結果としてか，あるいは個人の自主性としてか，訓練の機会を利用するけれども，とくに重視されてきたのは，若年者の訓練であった。主な対象とされてきたのは，最低年齢で正規の就学を終わらせた者であった。これはイングランドにおいて16歳のうち約24％に当てはまる。これらの半分以上は，その後何らかの形態の継続訓練や使用者が提供する学習に進んだ（National Statistics, 2007, p. 29）。この集団に対する訓練制度の鍵となる要素は，「現代の技能訓練制度」と呼ばれるものである。この制度は，企業付属の制度と，継続教育カレッジが提供する課程（「プログラム化された技能訓練制度」）に分かれるが，前者では控えめな賃金が支払われ，後者では資力調査付きの教育維持手当が利用できる。

　18歳以上では，何らかの継続教育に取り組んでいる多くの人々（おそらくイギリス全体で500万人以上）がいるが，若年者集団を目的とする制度に偏っている。これについて利用可能な統計は複雑でわかりにくい――訓練の種類や期間が幅広いことや，全日制と定時制が混ざっていることを考えるならば当然である――ので，ここでは何の統計もあげられない。

　失業者に直接向けられる訓練プログラムに関する限り，民間の使用者や，ボランタリーな団体，公共機関によって供給される幅広い諸施策が存在し，労働体験と訓練の混合物が提供される。資格の取得が非常に重視される。しかし，これらの施策の質は，一方における入念な技能訓練から，他方における高失業率地域での低能力若年層のための「雇用創出」施策にすぎないものまで，非常に多様である。地域における若年労働者に対する需要が良いものであればあるほど，施策の質は良い。このことは，施策によって提供される訓練と，施策からもたらされる労働市場の実際

第6章　雇用政策

の機会の両方にいえる。

　この領域の政策展開は，イギリスにおける教育から労働への移行についての歴史的な特徴によって影響を受けてきた。大陸ヨーロッパ諸国の数カ国（とくにドイツ）とは対照的に，労働のための訓練は使用者に委ねられるべき事柄としてもっぱら考えられてきた。大半の肉体労働者にとって（また専門用語はさまざまであったが，実際には多くの中産階級の専門的職業人にとっても），しばしば「徒弟制」によるオン・ザ・ジョブ・トレーニングが標準であったのだ。大規模産業における雇用崩壊は，この制度を著しく傷つけることになった。そこで以下の3点が理解されなければならない。

- イギリスでは（大半の大陸ヨーロッパ諸国とは対照的に），16歳で全日制の教育と訓練を終えている若年層の割合がきわめて高い。
- イギリスでは，産業において熟練労働になるための技能訓練制度という強力なパターンがかつてあったが，それは今では崩壊してしまった。
- 1970年代半ばに失業率が上昇する以前は，若年層の労働市場は活況であったが，そうした労働市場の活況は，今では多かれ少なかれ消滅してしまった。

　若年者の訓練は，イギリスの教育制度や訓練制度における空白を満たす必要不可欠な手段として，考えられるかもしれない。しかし，若年者の訓練はまた，使用者が若年層のための仕事や訓練を使用者自身の費用で提供するインセンティブを弱めることによって，そうした空白自体を生み出す一因となった。国は現在，この費用の大半を若年者の訓練を通して支払っているのだ。

7　労働市場への参加の奨励／強制

　社会保障制度が失業者の行動に与える影響について，広範な議論がおこなわれてきた。社会保障給付と低賃金の関係は明らかに重要である。いくつかの貧困研究は，主な資力調査によって提供される給付水準に貧困所得を関連づけてきた。それらの研究は，給付金を要求しなかったので所得が資力調査によって提供される給付水準を下回っている人数に注意を向けること以外に，低賃金のせいで所得がその水準を下回っている重要な集団が存在することを示してきた。それに対応する代替手段がいくつか存在する。一つは，賃金水準をあげることに集中することである。政府による1999年の最低賃金制の導入は，この方向に向けての穏当な手段であった。しかし政府はこれ以外に賃金費用を直接増加させることは気が進まなかった。

この問題に対するもっとも古いもう一つの解決策は，どの家族が賃金水準の問題から切り離される必要があるのかという問題を生じさせはしたが，家族支援を意図した普遍的な給付金を導入することであった。イギリスにおける1944年の家族手当（今は児童給付金と呼ばれる形態に改良されている）の導入は，この対応の一例である。しかしながら，児童給付金に対する普遍的な受給資格――と，その水準を引きあげることに関わる高い費用――は，その代わりに政府に賃金を補助するであろう資力調査を検討させるに至った（1834年に遡る救貧法の下でスピーナムランドの賃金補助制度が廃止された後，賃金補助のようなものは受け入れられないと長い間考えられた）。したがって，イギリスは現代においてさまざまな形態の資力調査付き賃金補助の導入を経験してきたのであり，その賃金補助は後の章で論じる税額控除に結実した。

　前節の最後の2段落で述べた展開は，労働参加を抑制するような失業者への寛容な給付金に対する広範な反対を大いに弱めてきた。だが失業者に支払われる給付金と低スキル労働に支払われる賃金の間には，相対的に小さくはあるが今もなお明らかに差がある。この抑制効果は，第1に，仕事に行くことの実際の費用，第2に，働くことの心理的な費用と便益についての個人的な見解，第3に，働きながら得ることのできる給付金，によって決まる（第3点は，その給付金についての知識や，給付金によって起こり得る影響を理解する能力によって決まるところが大きい）。

　しかしながら政治家は，給付は労働市場への参加を抑制するという通説に依然としてこだわっている。したがってその通説は，短期的な給付の増加を政府が決定する際に負の影響をおよぼす。配慮から除外されてきた比較的小規模の集団は，求職者の手当を請求する妻で子のいない者である。彼女たちは働くための登録をするよう要請されてきたのであり，特別な助言プログラムは彼女たちのために発展してきたのである。しかし，さらに重要なのは，求職者給付（JSA）によって提供される給付金の現在の水準が非常に低いことについての懸念から，他の2つの問題，すなわち，ひとり親の支援と障害者への給付金という問題へと関心が移っていった点である。

　ひとり親のためのニューディール（NDLP）は，ひとり親の就労を支援することを意図している。これは労働党の1997年の選挙のマニフェストにおける以下のような公約を果たすために生まれた。

　　今日，失業中のひとり親と国家を主に結びつけているのは，これらの給付金である。大半のひとり親は働くことを望むが，仕事をみつけるための支援が何も与えられていないのだ……。いったん一番下の子が全日制の学校の第2学期に進む

と，ひとり親は，積極的な雇用サービス（ES）によって，給付金からの脱却を支援するための求職・訓練・学童保育のパッケージを実行するよう助言を受けるだろう。

　この制度のもとで労働市場参加への圧力は徐々に強化されてきた。自発的な助言プログラムとして始まったもの（労働や訓練の機会を模索し，労働に関連する現金給付について情報を提供することを意図した）が，いったん一番下の子が14歳以上になると，就労に重点をおく面談に出席することを強制するものへと変わった。しかし，ひとり親に対しての圧力をさらに強めることが提案され，イギリスに昔からある，学齢期の子がいるひとり親には職に就くよう強制するべきではないという考え方が，（その修正されたアプローチのいくつかのアイデアが生じたアメリカ合衆国とは対照的に）弱まった。政府の提案では，2008年10月から，いったん一番下の子が12歳以上になれば，ひとり親は積極的に求職活動をおこなわなければならないし，その制度を強化し続ける結果，1年後には，一番下の子が11歳を超えた親は皆求職活動をおこなわなければならず，2年後には，一番下の子が10歳を超えた親のすべてに適用されるであろう。

　女性の労働参加率が高い社会において，政府は，このひとり親という集団の人々が前進するための一手段として労働参加をとらえる際に——ひとり親の貧困水準の高さに鑑みて（第**5**章149頁を参照のこと）——いくつかの正当化をおこなってきた。しかし，問題は複雑である。明らかに原則的には，不在の（一般的には男性である——もっともこの問題はその逆でもわずかに生じるが——）親からの徴収を増やす圧力は，この問題を解決するための鍵の核でもある（第**5**章を参照のこと）。だがより重要なのは，低価格でのさまざまなチャイルドケアの利用可能性である（第**9**章でさらに論じる）。ニューディール・プログラムは，児童税額控除（CTC）が発展してきたように，チャイルドケアの利用可能性にいくらか注意を払ってきた。だがここでは，仕事を探す女性が得ることができる仕事は低賃金であるという問題が，その仕事の大半はパートタイムである——あるいはそうでなければならない——という事実とともに残っている。

　障害者についての問題も，複雑ではあるが，いささか事情が異なる。障害者への給付金は，失業者への給付金と比較して，非常に高い——また潜在的に安定した——ものである。20世紀末の数年に，就労不能給付を要求する人々の数は大幅に増加した。その後その数は減少してきたが（表6-1を参照のこと），政府はその数がさらにもっと減少しうると考えている。いかなる適切な福祉権の擁護者も——選択肢が存在するならば——，失業者として登録するよりも，そのような給付金を確保

表 6-1　就労不能給付の請求者数

	2002-3	2003-4	2004-5	2006-7
人　数（千）	852	829	818	777

出所：National Statistics（2007, table 8.9, p.106）.

するよう提案するだろう。だが興味深いのは，1980年代のある時期に，失業問題の深刻さを減らすための政府の取組みの一部として，政府当局が明示的に，失業者として登録するよりも傷病・障害関連の給付金を選ぶよう人々に奨励したことである。

　しかし，就労不能給付の金額が高いことと政府が失業給付よりも就労不能給付の請求を奨励したことだけでは，就労不能給付を請求する人々の数が増えたことを説明しない。これはけっしてイギリスだけの問題ではない。なぜなら，同様の現象は西ヨーロッパの他の諸国で確認されてきたからである。請求者数の増加はこれらの社会全域での高齢化という側面としても理解されうるが，人々がより健康になることとより長く生きているということの間には負の相関関係がある。請求者数の増加は，重厚長大産業における雇用が衰退してきたのにつれて生じてきた産業変化の特徴としても理解されなければならない。しかし，これは請求者数の増加自体についての十分な説明として考えられるべきではない。それにはさまざまな次元がある。確かに鉱業や重工業の衰退は，労働生活の終わりに近づき，またそれまでの労働環境で生じた負傷や健康問題を抱える多くの人々（主に男性）を失業させた。彼らは肉体的負担の少ない新興の仕事の競争相手になるよう求められたかもしれないが，他の競争相手は，より高い教育を受け，進んで柔軟に働く意思があり，（ここで私たちは賛否両論の問題に行き着くのだが）おそらく進んでより低い賃金を受け入れる意思があった。しかし，これらの効果は短期間であったと予想されるだろう。すなわち早期退職者はすぐに引退年齢に達したであろう。今また問題なのは，健康問題を抱える雇用者にどの程度の選択肢が存在し，彼らがどのような仕事をおこなうことができ，使用者が誰を雇うか，についてである。健康問題を抱える雇用者の問題に対する政府の就労奨励と就労不能給付という二面作戦の取組みは，確実にこれらの想定に基づいている。

　失業者として登録された者と同様，障害者への給付金の受給者に提供されるものとしては，「障害者のためのニューディール（NDDP）」がある。障害のある労働者に対する措置は，近年ずいぶん発展してきた。第2次世界大戦期に遡るが，障害のある労働者に対して，専門の助言サービス部局が設置された。この措置は雇用の割当制度によって支えられた。この割当制度は，1995年障害者差別禁止法によって，障害のある労働者に対する差別を予防するための手続きに置き換わった。その手続

きは，障害者の不利な立場を打開するために使用者が環境に対して「合理的な」調整をするべきだという要請を含む。今までのところ，1995年の法律による変化の影響を評価するのは困難である。割当制度の施行は不十分なものであったのに，新しい法律は，差別に反対する行動は障害者自身によって活性化されるべきだと要請する。これを実行するのは非常に困難であるかもしれない。仕事をめぐる激しい競争という文脈の中で差別が存在してきたかどうかを評価することは困難である。

前述したように，1980年代に政府は，障害者が失業登録をせずに長期間のより高水準の疾病給付を受ける状況を容認するとともに，部分的にはその状況を奨励した。しかし他方で1990年代に政府関係者は，この集団を支援する費用について懸念するようになった。1995年には，疾病給付は就労不能給付に置換されたが，職業適性検査はさらに厳格になった。その後労働党政府は，就労不能給付の利用可能性をさらに減らすとともに，労働の可能性を探るための雇用監督者との面談の計画を進展させることによって，厳格化措置を徹底的に追及した。本書執筆時点で，就労不能給付の要求者数をさらに抑制するための努力は続いている。政府は以下の措置を公約している。

- 新規あるいは二度目以降の請求者は，就労不能給付ではなく，「雇用と支援の手当」と呼ばれる給付金に移るであろう。
- 就労不能給付の既存の請求者は，ジョブセンターによって提供される「労働への経路」プログラムに「自由に出入りできるだろう」。「自由に出入りできるだろう」という表現がどの程度強制の意味を含むかについては，異なる見解が明確に存在する。
- 給付金の請求を査定する際の，既存の「個人的な能力の評価」は「労働能力」の評価に代替されるだろう（DWP, 2007, p.13）。

8 失業軽減か，雇用促進か

前述したように，政府の主張によると雇用政策は失業に対して多大な影響をおよぼしてきた。すなわち，「失業は国のあらゆる地域において減少してきた。またこれまででもっとも多くの人々が働いている。つまり1997年と比べて現在は280万人を超える多くの人々が雇用されている」（DWP, 2008, p.6）。その主張を行っている公文書の序文の中で，首相は「180万人以上の人々がニューディールによって就労支援を受けてきた」と述べている（DWP, 2008, p.2）。

1997年から2007年の失業率の減少についての根拠は明確である（コラム34参照）。

> ### コラム34　失　業
>
> 統計は各年の第一四半期のものであるが，第一四半期は一般的に他の四半期よりも水準が低い（単位：1000人）。
>
> | 1997 | 1998 | 1999 | 2000 | 2001 | 2002 | 2003 | 2004 | 2005 | 2006 | 2007 |
> |------|------|------|------|------|------|------|------|------|------|------|
> | 2050 | 1810 | 1775 | 1682 | 1472 | 1512 | 1523 | 1433 | 1413 | 1602 | 1705 |
>
> これらの統計の出典は，政府統計局による雇用統計シリーズからのウェブサイト資料である。その統計は定期的な労働力調査に基づく。このことは重要である。すなわち，労働力調査の代替案は，失業者として登録している人々の数を数えることであるが，それは誤解を招く恐れがある。なぜならこの数え方に影響をおよぼす行政的な手続きは，大きな影響力をもちうるからである。しかしながら，労働力調査のデータでさえ異議申し立てがあり得る。人々は積極的に求職をおこなっているかどうかを問われる。この質問は，回答者が面接官に好ましい印象を与えたいと望むので，実際より失業者数を多く数えることを引き起こすかもしれない。この質問はまた，私たちの見解ではさらに高い確率で，実際より失業者数を少なく数えることになるかもしれない。なぜなら，とくに仕事が少ないとき，みつける可能性が低いとみなすものを探すことには意味がないと思うため，積極的に求職をおこなわない「求職意欲を喪失した」潜在的な労働者が一定数存在するからである。この考察はとりわけ，他の多くのすべき「仕事」がある人々，とくに母親に，あてはまるであろう。

　対照的に，雇用率の問題は複雑である。しかし，政府の雇用政策が（他の政策，あるいはそれらの制御外にある経済的な要因とは対照的に）雇用に対して直接的な影響をおよぼしてきたという主張は，評価するのが非常に困難である。これらの主題を以下で続けて検討する。

　今日の失業水準は，1950年代や1960年代と比較すると，依然として高い。さらにコラム34が示すように，2000年代半ばの失業率の上昇は，今後について懸念材料を与える。加えて，失業の影響を考慮する際には，地域，階級，民族集団間における従来から指摘されている不平等という問題が依然として存在するのである。

　失業水準の比較は，失業水準の測定方法が多様であることによって，困難なことで有名である（コラム34の注釈を参照のこと）。労働力参加を促進することが失業率をあげるかもしれないという懸念は，労働市場の外にとどまることをはっきりと選択する人々の集団を確認することによって，失業問題をより一層混乱させる。なぜなら，その人々の中には政府が労働市場の中にいるべきだと考える者もいるから

第6章　雇用政策

である。前述したように，イギリスにおいて2007年初期に約170万人が失業していたことが示されてきた。しかし，同時に，16歳から引退年齢までの約790万人が経済的に活動していなかった。その790万人は，320万人の男性と470万人の女性からなる。これらの数字をより詳細に分類することによって，前述したように総数の中では比較的小さな要素である「就労不能」集団とともに，以下の二大グループが存在することが明らかになる。

- 家族に対する責任から労働参加をおこなわない人々（大半は女性）
- 学生

そのため，失業者として公式に数えられている数字よりもはるかに多く，またその多くが労働需要が高い条件下では（とくに政府が労働参加を奨励しようとし続けるならば）労働参加をおこなうかもしれない，人口の中で非常に大きな集団が存在することがわかる。実際，経済的に活動していない者の中で主要な集団として私たちが確認している二集団——親と学生——の中で，パートタイム労働に従事しているために「活動している」として分類可能な多数の者が存在するであろう。ここで引退年齢を過ぎても労働参加をおこなうかもしれない人々についての対応でもよく似た問題が存在する。なぜなら，その労働参加は，雇用機会の有無によって影響を受けるからである。

労働参加についてのデータがかなり長い間議論されてきたのは，労働参加を促進するための政策がまさに現在の課題であることが一因である。しかし，また労働促進政策が導入されたのは，労働力不足についての非常に誤解の多い議論が——政治家とジャーナリストの側で——存在するためである。この種の議論は，流行に応じて，労働力が永続的に不足する世界の出現について憂慮する表現（この多くの例は1980年代にみられる）から，老齢人口を支援するために必要な労働をおこなう人々の不足についての懸念（これは1990年代以降定期的に提示された「人口学的な時限爆弾」の視点である）まで，劇的に変化する。実際，前述したデータのように，労働需要に応じて労働力の規模が変わる余地はかなり大きい。同時に，労働需要における長期間の変化を引き起こす要因については，未だにほとんど知られていない。

労働市場の機会に関する選択についてのそのように多くの問題が，雇用と失業についての統計に影響をおよぼしうるのならば，これは政府の雇用政策の効果について何を伝えているのだろうか。現代の政策がおこなってきたことは，労働力の〈供給〉サイドにもっぱら集中することである。イギリス政府は，求職者のプールを増やす効果のある措置を支持する態勢をとってきた。イギリス政府は，これらの観点

における自身の努力を以下のようにはっきりと特徴づけてきた。

　政府の目的は，労働を核として福祉国家を再建することである。労働力の技術や活力は，イギリスの最大の経済的資産である。個人と家族の双方にとって，賃労働は貧困や依存を防ぐもっとも確実な手段である。もちろん退職者や病者や障害者，さらにはケア活動につきっきりで従事する者は，現実的に自立することができないので除外される（Department of Social Security, 1998, p.23）。

　これについてさらに強力なメッセージが，ニューディールについての10年間の報告書の中の，首相の以下の説明によって伝えられている。

　過去において問題は失業であったが，今後問題は雇用可能性（employability）となるであろう。過去において労働需要の不足が優先的な取組み課題であったとしたら，新しい世界では技術不足が優先的な取組み課題になるであろう（DWP, 2008, p.2）。

　この非常にはっきりとした声明は，さまざまな問題を引き起こす。最悪の場合，この言明は，失業を理由に「犠牲者」を非難するという長く使われてきたスティグマ化をおこなう言明を新しい形態で導入する。少なくとも他の影響から特定の政策の効果を区別するのは常に困難である。もちろん失業の経験が低スキル労働者に集中しているならば，ニューディール（とくに若年者のためのニューディール）において訓練が強調されることは歓迎されるべきものである。しかしながら，そのような措置の実際の効果を評価する際に，「ポジションをめぐる競争」という現象に注意する必要がある（Hirsh, 1976）。もし良好な雇用機会が不足しているならば，追加的な訓練の効果は，そのような仕事に参加するために必要とされる資格を単に増やすだけかもしれない。もしそうしたことが生じるならば，仕事に対してもっとも弱い競争者への追加の訓練は，彼らの仕事の見通しを高めることはほとんどないであろう。そのうえ技術水準を高めることは，全体としての国の競争力を増すために望ましいとして広く理解される一方で，実際に生じることが，増えつつある仕事で採用できるのは資格過剰の新しい雇用者である，ということならば，その効果の多くは無駄骨になるだろう。

　そのような技術の強調とは対照的に，第5章や本章におけるいくつかの考察から明らかなように，労働参加を増すための現在の取組みの原動力は，給付金への依存を減らそうとする政府の関心である。しかし，もし望む者すべてに対する仕事がな

いならば，シングルマザーや障害者を働くように駆り立てようとする試みについての明白な困難が存在する。確かに，この主題についての現代の公式的な見解は，福祉依存を減らすために労働参加を促進するというのは事実無根であり，イギリスの経済発展は労働参加を促進することによって活性化されうる，というものである。労働参加を促進する取組みには，別の2つの予想が存在する。一つは，昔からの見解に立ち返るものであるが，公共政策が求職需要を刺激し賃金を押しさげるならば市場はもっとも良く機能する，というものである。もう一つは，人口構造の変化が労働者不足につながっているという見解に基づくものである。これらの見解の双方の背後には，いくつかの非常に複雑な経済問題がある。

　現代の政策において雇用が非常に強く重視されていることは，以下のような5つの異議申し立てを受けやすい。第1に，社会の資源を共有する他のすべての手段を差しおいて賃労働を至上のものとする点で批判されるだろう。第2に，非常に多くの不払い労働，とくに家庭内でその大半を女性によっておこなわれている不払い労働を軽視する点で批判されるだろう。第3に，雇用を必要とするよう強制される予定であるすべての者にとって十分な雇用を供給するという問題が解決されうると仮定する点で批判されるだろう。第4に，第2の論点と密接に関連しているが，提供される雇用機会の質について沈黙を貫くようにみえる点で批判されるだろう。もし政府の取組みが入手可能な雇用の量を増やすならば，それはどのような種類の仕事になるのだろうか。第5に，誰が労働の機会を得るのであろうか。またもっとも質の悪い仕事が女性やエスニック・マイノリティの人々によっておこなわれるような，労働市場の分断がどの程度まで強化されてしまうのだろうか。これらの点で批判されるだろう。

　こうした雇用至上主義的なアプローチのさらに暗い評価は，イギリスにおける雇用成長が，経済成長とは対照的に（雇用成長と経済成長は必ずしも関連するわけではない），低賃金で不安定でしばしばパートタイムの労働を多く増加させてきたことと関連する。デックスとマカラック（Dex and McCulloch, 1995）の推定では，全女性の約半分と全男性の4分の1が，「非正規雇用」契約と呼ばれるもの，たとえばパートタイム労働や一時的雇用や自営業，で働いている。しかも新産業であるサービス産業において「非正規雇用」の割合はさらに高い（Cousins 1999; Dickens, Gregg and Wadsworth, 2003）。

　前首相のトニー・ブレアを含む多くの人々は，職業生活がより柔軟になる必要がある世界に住むことを学ばなければならないと述べる。ここで重要な問題なのは，ウェロック（Wheelock, 1999）が提案するように，労働市場の柔軟性へと至る「王道」にいるのか「邪道」にいるのかということである。邪道が意味することとは，

173

グローバルな競争とサービス産業への構造転換が，すでに市場において最低である未熟練労働者の賃金に下降圧力をかけることである（Wheelock, 1999, pp. 79-80）。

他方で王道とは，

国際競争に後れをとらないために洗練された科学技術とイノベーションに基づく雇用に頼ることである。この分野——石油化学製品やコンピュータ関連やバイオ技術などのようなハイテク産業——における雇用者は，高度な訓練を受けていなければならない。その雇用者は，幅広い仕事を引き受けるとともに新しい仕事のやり方を学習するという意味で『機能的に柔軟』であるように準備ができていなければならない（Wheelock, 1999, p. 80）。

実際には，労働市場における分断の分析によれば（Piore and Sabel, 1984 ; Goos and Manning, 2003），幸運な少数の者が「王道」にいる一方で，多数の者，とくに給付を申請しなければならない可能性が高い人々や，労働市場での支援を受けるために国のサービスを使用する可能性が高い人々は，邪道にいる。

これらの分断はまた労働のグローバルな分断である。イギリスにおける労働供給の質についての楽観的な見解はまた，次のような見解に基づいている。すなわち，国際競争におけるグローバルな経済圧力は，富裕国を不利な立場に置くものであるが，そのことはイギリスには貫徹されないであろう。なぜなら，〈私たちの〉経済は，高品質の財やサービスを提供するという観点から，高度な技術をもつ人々が「付加価値」を提供する経済であるからだ，という見解である。この議論を十分に考察することは本書の射程を超えるであろう（著者の一人による別の著書（Hill, 2007）の第5章と第13章で少し検討をおこなった）。しかし，この議論には注目に値する次のような一面がある。すなわち，労働移住についてのデータによれば，労働市場の国内における諸分断は，グローバリズムの影響をまったく異なった方法で受ける，ということである。この主題は第12章で取りあげられる。

9 政府による労働条件と雇用保障の規制

本章の「1 はじめに」で述べたことだが，雇用政策への他のアプローチは，イギリス政府によって比較的無視されているものではあるが，仕事の特徴や保障に影響をおよぼす労働規制に関わるものである。密接に関連するのが政府の役割である

が，政府は労働組合や団体交渉についての規則を通して，使用者と雇用者が仕事の特徴や保障の問題について交渉することができる条件に影響をおよぼす。イギリスで採用されている一般的な立場は，自由な労働「市場」における使用者と雇用者の間の私的な契約として労働契約をみなしてきたが，イギリスで19世紀半ば以降，雇用規制がまったく欠如してきたというわけではない。さらに差別についての現代的な懸念やEU加盟に伴う影響力はどちらも，雇用政策に重要な影響をおよぼしている。そのためこれらの問題について手短に考えておくことが妥当である。これらの問題において政府の社会政策は，給付金やサービスの提供ではなくむしろ民間活動の規制に関わるのである。

　最古の規制法は，女性や児童の雇用を阻むか制限するための法令であった。この法は，ある観点からは，傷つきやすい者の搾取を阻むために策定されたものとして考えることができる一方で，別の観点からは，成人男性を競争から保護する効果をもつものとしてみなせる。今日，女性の労働市場への参加に影響をおよぼしている法令のほとんどは消滅してしまったが，児童雇用への制限は残っている。ある程度まで男性も初期の規制から間接的な恩恵を得ていたが，それは女性や児童の労働時間を押しさげる圧力が，男性の労働時間にも同様の影響をおよぼしていたためである。

　関連する重要な問題は，19世紀半ば以降の政治的課題についてのものであるが，雇用者の代表として交渉するための集団組織——労働組合——の権利に関係していた。労働組合の権利についての歴史は複雑であり本書の関心事を越えるが，その歴史の中で，労働組合や政治的な労働運動の主な関心は，交渉権のための法的な保護を確保することであった。その点に関して歴史が示していることは，イギリスが多くの大陸ヨーロッパ諸国ときわめて異なる道を辿ったということである。ヨーロッパ諸国では政府が，雇用者と使用者の間の交渉について重要な関係者となり，達成される合意の条件に関与し，またその条件を保護した。スポーツのたとえを使えば，労使関係の大陸的なモデルでは政府はしばしば一選手であるが，イギリスモデルでは政府はよくても一審判であり，実際はしばしば気乗りのしない審判で（あるいは使用者寄りの考え方をする審判でさえ）ある。

　前述のことから，イギリス政府が介入した場合，その介入は使用者と雇用者が雇用契約に達する条件に影響をおよぼした，ということである。すなわち，政府の介入は，労働条件や労働者が雇用または解雇される取り決めについて（前者よりは後者のほうが多いが），政府が何を良い雇用慣行としてみなすのかを決定した。この点で，政府の重要な役割は，個々の雇用者と使用者間の労働争議を解決するために，特別な「裁判所」を提供することであった。これらの「裁判所」は，1964年に設置

された雇用裁判所（以前は産業裁判所）と，主に雇用裁判所からくる上訴に対処するために1975年に設置された雇用上訴裁判所から成る。これらの組織は，もともとは交渉事項についてとても小さな役割を担っていたが，1965年に解雇手当への権利が法制化された後はより重要になった。しかも，それらの組織の役割は，「不当解雇」に取り組むための法である1971年労使関係法が制定された後，とくに高まり，反差別法の結果，それらの組織の仕事はさらに増大した。

　雇用差別を防止するための法が出現したことは，政府が雇用の権利を保護する際に消極的な方法を越える方法で関与することに気乗りがしなかったということを背景に理解されるべきである。雇用における人種差別に向けられた最初の措置は，1968年に成立した法であるが，非常に効力の少ないものであった。1975年に雇用における性差別に対抗するための措置が成立し，一年後に人種差別に反対する法が強化された。これらの措置によって，法の強化を促進するための政府支援機関が設立された。すなわち雇用機会均等委員会や人種平等委員会であるが，これらの機関は2007年に障害者権利保護委員会と一体化され平等人権委員会（EHRC）を結成した。1970年同一賃金法もまた，1984年の改正法によって更新されたが，労働市場における女性への差別を減らすことに貢献している。重大なことは，人種差別防止に対するアプローチの中で，政府は北アイルランドで広がる宗教による差別に取り組むことを避けるために，最初に人種と宗教の間に明確な線を引いたことである。その後，人種差別問題に取り組もうとして，北アイルランド固有の公正雇用法が1976年と1989年に成立した。しかしながら，本書執筆時点で，宗教による差別の問題は，イギリス全体の政治的課題に浮上しているように思われる。最後に，一連の反差別措置の中で，1995年障害者差別禁止法と1999年障害者権利保護委員会法に留意することが重要である。これらの法は共に，障害者差別に取り組むために，人種差別や性差別に対抗するための措置に似た枠組みを制定した。本書執筆時点で，高齢労働者への差別についての懸念もまた政治的課題に浮上しており，平等人権委員会の活動で明確に取り組まれている。

　このようにして今では，法の実施を支援する機関とともに，一連の法的措置が存在するが，その措置は，労働契約への政府の介入を拡大し——不公正な選考の慣行や職場でのハラスメントや不公平な解雇を防止し——，差別の犠牲者となることが多いさまざまな集団の利益となる。しかし，深く根差した差別慣行を一掃する過程は容易ではない。法改革はゆっくりしぶしぶと進行してきたし，法の実施機関は未だに資金基盤が貧弱であり，差別の廃絶は裁判所制度を通した個人行動に多くを依拠する。本書執筆時点で，ジェンダー差別への大規模な取り組みが展開してきた。しかし重大なことにその取り組みは，最初にもっとも取り組みやすい対象，すなわ

ち公的機関による差別を選んだ。この種の大規模な訴訟が雇用審判所によって検討されている。

　イギリスの雇用差別に取り組むための措置に向けて鍵となる推進力の一つは，EU から生まれた取組みや欧州司法裁判所による採決であった。EU の社会政策が主に雇用分野における一連の措置から成ることや，おそらく EU の主な影響力は加入国全域で雇用条件を調整する努力から生じてきたことが知られている。このような努力がなされたのは，単一市場が創造されることによって，特定の国が劣る労働条件を維持することを通して他国と不公正に競争することができないよう保証する必要が生じたからである。この点について，相対的に規制されていないイギリスの労働市場は，ある種の疑念をもってみられてきた。付随して生じる経済全般についての疑念とは，単一市場という概念の中には労働力の自由移動は可能であるべきだという考えが存在する，ということに対するものであった。これは他の加盟国で働くために移動する労働者の権利について労働組合が疑念をもつことへとつながる。

　1989年の労働者の基本的社会権に関する共同体憲章（しばしば単に「社会憲章」と呼ばれる）の制定を，1993年のマーストリヒト条約についての交渉に結びつける際に，労働市場の規制に対するイギリスのアプローチと EC の他国のアプローチの関係についての問題が顕在化した。同条約は，通貨統合に向かう道筋にとって重要であり，社会憲章の精神の多くを承認する「社会条項」を含んでいた。イギリス政府は，「社会条項」が適用されないことを求めて交渉した。しかし，イギリス政府のこうした対応は，労働者の権利についての認識が高まることに向かう一般的な圧力を取り除きはしなかった。1997年に政権に就いた際に，労働党は「社会条項」を承認した。

　EU の社会政策から生じる近年の展開は以下のようなものである。

- 病気の児童をケアするための育児休業の権利（重大なことにこれは有給休業の権利を意味しないのではあるが）
- 父親の育児休業の権利
- 労働時間の制限――とくに１週間の労働時間を48時間に制限するよう要請する措置
- パートタイム労働者や臨時労働者への雇用保護の権利の拡張（イギリス政府がこの拡張の一部に抵抗していることに留意すべきではあるが）

　これらの EU に由来する公式な政策の影響力に加えて，「ワークライフ・バランス」を改善するという労働党政府の関心は，以下２点の両方からも影響を受けてき

> **コラム 35　ワークライフ・バランスに関連する政策展開**
>
> - 労働時間の指令
> - パートタイム労働の指令
> - チャイルドケアの国家戦略
> - ケア提供者のための国家戦略
> - 育児休業の指令
> - 被扶養者のための休暇（1999年雇用関連法）
> - ワークライフ・バランスの行動計画（2000年）
> - 親が柔軟な勤務形態を要求する権利（2001年雇用法，2003年施行，ケア提供者には2007年施行）
> - 出産休暇と出産休暇手当の拡充，すなわち有給の養子育児休暇と2週間有給の父親育児休暇（2001年雇用法，2003年施行）
>
> （出所：Dex, 2002, pp. 7-8）

た。すなわち，1990年代前半以降EUで展開してきた仕事と家庭の調和という議論と，経済協力開発機構（OECD）からの政策的処方やOECDの「ベイビーズ・アンド・ボスィーズ（Babies and Bosses）」シリーズの刊行物の中で国毎に着手されている政策的処方である。明らかにワークライフ・バランス政策は，労働力への最大限の参加を確保することをねらったより幅広い雇用戦略の核であるが，その戦略は親（母親と解釈される）による参加を含むものである。現在その雇用戦略は，（コラム35で並べられている）一連のさまざまな措置や法律によって構成されているが，親やケア提供者が柔軟な労働時間を要求する権利を含んでいる。しかしながら，ワークライフ・バランスは，政府の雇用政策の狙いに適合するかもしれないが，それはまた，親と親でない者の両方にとっての雇用に関連しない活動の社会的価値を承認するという観点からみても重要な前進である。

　最後に，雇用に影響をおよぼす最近の法律の一つで，ヨーロッパでの立法に対応するものではない，1998年全国最低賃金法に言及することが重要である。この法律は労働者の最低時給を規定する。この法律の実施は，任命された機関である低賃金評議会によって監督される。その機関は必要に応じて最低賃金を引きあげる勧告をおこなうが，自動的に物価上昇率にスライドする仕組みは存在しない。2008年の最低賃金は，たったの時給5.52ポンド（18歳から21歳は4.60ポンドであり，18歳未満は3.40ポンド）である。

第6章 雇用政策

10 雇用と社会政策——ヨーロッパの未来？

　本章は，社会政策に関して労働の役割を重視する近年のイギリス政府の決断を考察してきた。その決断が強く象徴的なかたちをとったのが，2001年の雇用年金省の設立であった。その新しい省名が私たちに語っているのは，私たちが年金受給者でない限り，またそれ故労働力の外部にいることを許されていないかぎり，私たちの社会保障は労働市場参加に関連づけられているべきだ，ということである。福祉改革についての緑書（Department of Social Security, 1998）の概要の冒頭における政府のスローガンは，「労働可能な者のための労働と労働不可能な者のための保障」であった。

　どの程度まで現代のイギリス政府の政策は，単に雇用政策だけではなく社会保障に関わるすべてについて，再考を促すのだろうか。この問いをイギリスの社会政策とヨーロッパの社会政策の関係についての問題に関連づけることが有益である。そうすることでいくつかの矛盾が明らかになる。社会保障と労働の強い連関をつくることは，表面的には，イギリスの考え方をさらに社会政策へのヨーロッパ・アプローチに同調させる。ヨーロッパの社会政策についての教科書では，以下のように示されている。

> 　イギリスの経験論的伝統の中で，社会政策は社会サービスの集合的な提供と厳密に同一視される……。ヨーロッパの他の国では，「社会政策」という用語はもっと労働市場に関連する制度や諸事項と同一視されてきたし，とくに労働者の権利や，使用者・労働組合・政府すなわち社会的なパートナー間の協定のための枠組みと同一視されてきたのである（Kleinman, 2002, p. 1）。

しかし，そのような意見について以下の3つの異なる注釈を付けることができる。

1．クラインマン（Kleinman）が彼の著書の中で非常に明瞭に示すように，雇用問題がECにおける社会政策についての考え方の中で支配的であったのは，まさにその共同体が，構成国家間で経済制度を共有する単一の市場をつくり出すことを，主に目的としているからである。この環境のもとで，前述したように，労働条件についての問題は支配的になる運命にある。
2．同様に，また前述したように，労働者と使用者の関係という観念が両者の協定のことであるならば，またその協定が政府によって保証される社会的保護の

179

ための諸条件を定める（時に「コーポラティスト」的な社会秩序として描かれることがある）ならば，社会政策にとって労働者と使用者の関係はイギリスの場合よりもさらに中心的役割を果たすだろう。
3．この結果，第3に，大陸ヨーロッパの大半の国においてこの社会的協定の鍵となる要素は，イギリスの社会保障制度よりも良好な休・失業時の所得代替率を保証する社会保険制度であった。さらに多くの場合この社会保険の協定は，ヘルスケア（そして近年ドイツとルクセンブルクの場合にはソーシャルケア）にまでおよぶ。そのような環境で労働と社会保障の権利の連関は，イギリスの場合よりもさらに明示的である。

　前述の3点から結局，以下のことが示唆される。すなわち，イギリスの社会政策についての展望は，変化しつつあり，前述の3点の検討事項のうち1点目に関してのみヨーロッパの社会政策の展望と似つつある，ということである。仮に労働が「保障」の前提であるならば，イギリスの場合，私たちは市場において，憲法上で法人化された労働組合によって「支援されない」，また未来の保障について年金や他の資源を購入するよう要請される，諸個人なのだ。
　しかし，そのような事態は，EUがどこに向かっているのかという重要な問題に私たちの関心を向ける。この主題についてのクラインマンの分析は，共同の社会政策を共有する一つのヨーロッパへの強い願望の頂点として，ヨーロッパ社会憲章を把握する。同憲章を奨励した人々は，とくにフランスの社会主義者たちは，一つのヨーロッパ─広域社会という理念，すなわち，そのような社会では，共同行動を通して社会的基準が高められうるし，また遅れがちな国の基準をリーダー格の国の基準まで向上させうる，という理念をもっていた。しかし，クラインマンの見解によると，ヨーロッパの政策展開では，金融統合の達成を経済体制の設立を引き起こすこととして考える人々によってさらに重要な影響力がもたらされた。その経済体制では，社会問題を解決するために政府が赤字支出を用いるのを阻む厳格なインフレ統制や措置が存在するだろう。言い換えると，その経済体制は，グローバルな経済の中で効果的に機能するために厳格に財政を統制するという「マネタリスト」の理念に沿うものであった。それは，一つのヨーロッパ社会において失業に対処するために積極的な経済政策が採用されうるというケインズ主義者の理念とは正反対のものであった。
　ヨーロッパにとっての発展経路というクラインマンの予測は，共同体を拡大したいという新しい願望によって強化される。だが東ヨーロッパにおける以前の共産圏諸国を包摂することは，社会政策の基準の引きあげの達成をさらに困難にしうる。

加えて，社会的基準を引きあげる際の社会政策の積極的な役割をヨーロッパで一番強く擁護する者の一人であるフランスで，2007年に就任した新大統領は，社会的基準についてより一層ネオリベラルな姿勢である。幅広く知られている EU に対しての二面性と相まって，イギリスの同様にネオリベラルな姿勢から，イギリスの雇用政策に対する EU の影響力はわずかなものであると考えられる。

11　結　論

　本章はまず，雇用政策についての問題をより幅広い社会政策の文脈に置き，政府が政策を展開する手法の幅の広さを強調した。雇用政策が関与する以下の4点に注目した。

- 労働市場参加の全体水準
- 仕事の特徴
- 労働供給の性質
- 労働需要

　次に示されたのは，これら4点の関心事のすべてがイギリスの雇用政策において時折現れてきたが，雇用政策の全般的な立場は比較的〈自由放任主義〉であった，ということである。すなわち，イギリスの雇用政策は，労働市場での直接的な介入をほとんどおこなわず，他の政策決定から生じる比較的偶然な効果の組み合わせに労働需要への影響力を任せて，主として所得保障政策を通して取り組むべき問題として失業を扱ったのである。その後1970年代には失業が増大し，再び力をもつようになった公的機関が「積極的な」雇用政策に本腰を入れて取り組んだ。この対応によって，当初は雇用創出の措置を発展させることが検討されるようになったが，「通常の」労働市場と競合することに批判があり，これらの措置は骨抜きにされた。その結果，失業者の特殊な集団のためだけに労働市場における介入が強まった。その介入は「供給サイド」を熱心に強調したが，そこでの関心事項は，不十分な労働需要ではなく，失業の犠牲者「側の問題」にあったのである。より高度な技術をもった人や非常に低い報酬で働くことにより前向きな労働者は，失業者になる可能性は低いとみなされる。これらの問題に専念することによって失業を減らすことが期待されている。だが参加できる者すべてによる労働市場参加を前提とする福祉の未来を極端に強調することは，「犠牲者への非難」という巧妙な政治的実践を引き起こす，と確信するのに十分な根拠が存在する。なぜなら，失業の犠牲者はスキル

と／あるいは賃労働を確保する努力が不十分であるとみなされるからである。

◇より深く学ぶための読書案内

　鍵となる情報源は，Dickens, Gregg and Wadsworth 編の *The Labour Market under New Labour: the State of Working Britatin*（2003）(『ニューレイバーのもとでの労働市場――働くイギリスの現状』)である。

　失業について非常に多くの書籍があるが，失業者への措置を掘りさげて扱ったものはほとんどない。失業問題や失業者への政策をけっしてうまく提示しているわけではないが，今となってはやや古くなっている2冊の書籍，Sinfield の *What Unemployment Means*（1981）(『失業の意味』)と White の *Against Unemployment*（1991）(『反失業』)がある。Dex の *Families and Work in the Twenty-First Century*（2003）(『21世紀の家族と労働』)は，政府の政策の問題の多くに関して女性雇用の観点から重要な情報源となっている。

　Pitt の *Employment Law*（6th edn. 2007）(『雇用法』)は，雇用規制問題のいくつかについて推薦できる。第3章の終わりで推薦した Hantrais の *Social Policy in the European Union*（2007）(『EUの社会政策』)は，本章で探究した EU の問題について有益な情報源である。

　雇用・年金省にはウェブサイト www.dwp.gov.uk. がある。EU の刊行物は，www.europa.eu.int/index_en.htm. によってみることができる。

　雇用問題の近年の研究にとって優れた情報源であるサイトは，雇用研究機構のサイト www.employment-studies.co.uk. である。

第7章
保健医療政策

1　はじめに

　保健医療政策について述べる本章では，イギリスの国民保健サービス（以下NHS）の役割と組織についての検討が，必然的にその中心的部分となる。しかし国民の健康は，NHS に付託された権限以外の要因や，NHS がほとんど注意を払わないような領域の要因も含めた，さまざまな要因によって影響を受けるものであることを心に留めておくことが重要である。NHS は「国民疾病サービス」と批判されてきた。そして政府はその問題に対処しようと試みてきたが，実際のところは国の保健医療政策で中心的な関心事として確認されている健康問題への対応にならざるをえない。

　そこで本章では，NHS によるサービス供給の組織的な編成に関する事柄から始めていく。それらについて探求することは，現在の NHS に関する論争の核にふれるものであり，そのサービスについての説明責任と財務に関する課題を導き出すことになる。現在の構造を説明する上で不可欠となる一部分を除けば，読者は1980年代以降に保健医療サービスが経験した一連の構造的変革について，詳細な説明を受ける必要はないだろう。政府は保健医療サービスの問題——サービスの不十分さとコスト管理の難しさ——に対して，制度の構造改革によって対応し続けてきた。複雑になっていく NHS 組織の変革の背景には，それでもまだニーズと分配という課題，あるいは，これは本章の後半で明らかにするが，保健医療サービスが健康格差の解消にどの程度効果があるかという課題などの多くの懸念をみることができる。逆にいえば，最適な組織構造を探求するいくつかの取組みは，それが平等の問題を解くカギになるという考えによって動機づけられている。その考えに懐疑的な人々は，組織を「修理する」というこの取組みでは，根底にある財源の不足という問題を解決することはできないと主張するかもしれない。しかし良質な保健医療サービスを可能な限り低コストで供給するという政治的な責務は，サービスの分配と健康格差の２つの課題を必然的に一つに結びつけることとなる。

2　国民保健サービス（NHS）の組織と運営

　NHS の構成要素は病院，家族あるいは一次医療（primary care）の実践者（医師，歯科医，薬剤師および病院外の検眼士），そしてその他のコミュニティを基盤としたサービス（訪問看護，保健師による巡回，予防医療など）である。

　厚生大臣はイングランドにおける NHS に対して責任をもっているが，ウェールズ，スコットランド，北アイルランドについては権限を移譲されたそれぞれの政府が責任を負っている。そのため，以下に示す詳細な記述はイングランドのみに限ったものである。ウェールズについてはおそらくイングランドに類似しており，北アイルランドについても，国のヘルスケアとソーシャルケアのサービスが統合されている[1]という点を除けば同様だ。しかしスコットランドについては，保健局によって計画されるサービスや病院制度の運営，さらに一般医（GP）サービスの直接委託など，より多くの部分を一つに統合したものとなっている。

　ここでイングランドに限って記述すると，［厚生］大臣は自らが委員長である政策委員会によって補佐される。また，実務的な事柄を取り扱うために主任執行官が長を務める運営委員会が存在する。この状況は，一般的な上級公務員による支配構造から離れ，民間企業を真似た構造を志向しているようにみえるかもしれないが，NHS の執行部は社会給付に携わる機関のような切り離された機関ではない。

　イングランドでは，2006年以降，NHS の行政府の下に 10 の保健戦略局が置かれており，それぞれが次の 3 つの機能をもっている。

- 一貫した戦略枠組みの作成
- 年間業績協定および業績管理の取り決め
- 能力の育成および業績改善のためのサポート

(Department of Health, 2002)

　保健戦略局に加えて，保健省のウェブサイトで「アームズ・レングス・ボディ」[2]と表現されるさまざまな執行機関が存在し，特定の機能を果たしている。その機能とは，たとえば「ヘルスケアおよびソーシャルケアのシステム全体に通じた，調査と規制，基準の決定や改善および公共の福祉の促進」などの機能である。ここで重要な鍵を握るのは，イングランドとウェールズにおける政策的アレンジメントについて，政府から独立した監督をおこなうヘルスケア委員会である。しかし，同様に特定の機能を果たしながら，政府による中央集権化された管理がもっとも適切であ

ると判断されている機関もさまざまにあり、たとえば輸血に関するサービスなどがそれである（それらすべての機関やその多様な行政上の編成については、タルボット－スミスとポロック（2006）の第2章を参照のこと）。

　保健戦略局の下にある次の階層は152の一次医療トラスト（PCTs）によるネットワークである。このネットワークでは、一般医および歯科医との契約を通じて、自分の地域の住民への一次医療を保障することが一次医療トラストの責任とされ、それが実現するように、トラストは一般医との契約を結ばなければならない。また一次医療トラストは、地域の住民への二次医療のための委託契約を病院との間で締結する。しかしながら政府は、一般医自身がこの役割を果たすことのできるような発展的な方法を求めている。一次医療トラストは、検眼士や薬剤師も含めた上記以外の一次医療の監督にも責任を負っている。

「二次」医療サービスの中心的な主体もトラストと呼ばれる。それは病院その他のサービスについての責任を負う組織である。また、救急サービスの運営に限定して設けられたトラストもある。

　この病院トラストの中には、他よりもより自律性をもたされた基幹トラストとして知られるものがある。保健省は高い実績をあげた病院トラストに対して、より自律的に活動することを認めているのである。これら基幹トラストの管理は、地域の有志の中から複雑なプロセスによって選ばれた、特定の地域住民の手に委ねられている。この措置は、NHSの規格基準の幅を厳密にするというより、むしろ甘くするものとして非難されている。業績のよくないトラストの水準をあげようとする緊急のニーズが出現する中で、自律性や追加の資金調達の可能性を増加するという手法が、残念ながら、優れた業績に対する報奨金のようにとらえられるようである（Pollock, 2004）。ただし政府は、トラストが適切な水準を維持できる状況が整えば、最終的にはすべてのトラストが基幹トラストになれるようにすることがこの手法のねらいだと回答している。

　一次医療トラストとの契約の下での活動であったとしても、一次医療を主に提供するのは一般医（歯科医、薬剤師、検眼士についての以下のコメントを参照）である。大まかにいえば、一般医は自らの実践をどのように調整するかを自由に決定することができ、患者の受け入れや拒否についても自由である。一般医は自分の利用登録者リストに載っている患者のためにサービスを提供する義務がある（ただし、よく議論されることだが、一般的な開業時間外にはその責任はない。そのため一次医療トラストは、時間外の部分については別途契約を結ばなければならない）。かつての一般医は、まず利用登録者リストに載っている患者について、治療した人数に応じた「頭割り」での支払いを受け、さらに業務の実費に対する助成、さまざま

コラム36　契約と委託——最近の状況についての概要

　現在の一次医療と二次医療の間の関係，つまり2つタイプのトラストの間の関係に関わるいくつかの課題は，1990年代初期に保守派によってもたらされた改革を少し振り返ることで，より理解されやすくなるだろう。この改革ではサービスの購入と供給が分離された。保健医療当局は購入者とされ，一部の例外についてのみ直接的な供給者となった。このことが意味するのは，担当地域の患者が必要とするサービスを保障するために，保健医療当局がその具体的な契約に参入することを求められたということであった。また，この場合における供給者は，必ずしも保健医療当局が管轄する地域的な区画の中にある必要はない。供給者は「トラスト」として組織され，そのトラストは二次医療サービスにおける主要な要素であることに変わりはないが，しかし同時に供給者が民間の組織でもある，ということが起こりうる状況となった。

　その時の改革によってつくり出されたのが，しばしば「内部市場」あるいは「準市場」と表現される，サービス購入者と供給者のシステムである。このシステム構成は相当な議論を生んだ。内部市場の中では，購入者と供給者を分離することで，サービスの効果を誇張したりあるいは効果的でない部分を隠そうとしたりする，サービス供給者の傾向を弱めることができるとされた。官僚的な配分方法は契約のシステムによって取って代わられ，購入者には供給者間で選択する能力や求めるものが提供されない場合に供給者を変える能力が与えられた。

　ただ実際に展開されたシステムは，市場を擁護する者たちの大きな希望に適うものではなかった。内部市場に対抗する者たちが示した一部の懸念を和らげようと，政治的および管理的な介入が為された。また，一部の病院やサービスを減らしたことが潜在的な影響をもたらし，まさに管理された市場であることを露にした（Le Grand et al., 1998）。

　労働党は政権を握った際，当初は「内部市場」を終わらせたいと宣言した。しかしながら1999年におこなわれた変更では，購入者と供給者の分離という考え方は残され，ただしそれをより安定的な方法で実施しようとした。この時，二次医療の購入に一般医が関与するという考えも受け入れられたが，「一般医ファンドホルダー」システムとして保健医療当局による購入と同時並行で展開されたこのやり方は，適切ではなかった。それ故，一次医療トラストがサービスを委託するというプロセスが開始された。しかし，一次医療トラストの立場は再度変わり，システムはファンドホルダーと多くの共通点をもつものへと回帰し，一般医が一次医療トラストの監督の下での予算ホルダーに位置づけられた。

な例外的な業務の実施についての支払いを受けとっていた。現在では，一般医の関与を必要とするような二次医療にかかる費用まで巻き込んだ，込み入った契約が存在している。

　ここまでの議論の中で出てきた「契約」と「委託」という概念の使用については，ここで言及しておくほうがよいだろう。契約は，その不履行が裁判などの法的措置につながるような強制力をもつ同意を意味する。また両者が公的な団体であった場合にはこの言葉は当てはまらない。言葉の厳密な意味により，契約という言葉は民間供給母体（および新しくより独立的な基幹トラスト）との締結にのみ適用される。そうでない場合には，「委託」とする方がおそらくより適切であるが，委託も両者に非常に明確な義務を発生させるものとなる。

　一般医が二次医療サービスの委託者の役割を果たすようになったのは，比較的最近のことであり，それは2つの間の関係を調整する種々の方法に関する数多くの実験の結果として辿り着いたものである。コラム36は，一次医療と二次医療の間の購入者―供給者関係を整えるための，1990年代前半からの政策上の紆余曲折を簡潔に説明している。

3　保健医療サービスへの患者のアクセス

　緊急時を除く患者の保健医療サービスへのアクセスは，一次医療の医療従事者を経由したものとなる。これらの医療従事者はより特別な二次医療の紹介が必要かどうかの判断を下し，そのためサービスの「ゲートキーパー」と位置づけられる。事故や緊急の場合には，患者が直接二次医療の病院に行くことが認められるため，一次医療サービスの対応が遅くなったり（一次医療の供給者の業務時間外はとくに），あるいは病院治療の待機者リストが受け入れがたい遅れを生じるほどになっている場合には，そのようなケースが増加しがちとなる。

　政府は，患者による二次医療からの選択を可能にするメカニズムを開発しようと苦心してきた。その原則上は，患者は二次医療への紹介が必要とされる場合に自分が取りうる代替案についての情報（病院や医師の能力評価についての情報も含んで）を保障されるべきであり，またかれらは二次医療を受ける時機の決定についても関われるべきである（このトピックは以下でさらに述べる）とされる。そのような方針の実現可能性を高めるために，政府は，ある特定の状況に関しては，治療を民間のセクター（このセクターについてはさらに後で述べる）からも委託することができるようにする規定を設けた。

　しかしそこには，選択に関する3つの根本的な問題がある。

- 多くの入院はインフォームド・チョイスの実施の時間がない状況で発生する。そのような状況は，入院が事故や緊急事態の直接的な結果である場合にはもちろんのこと，それ以外に命の関わる状況が確認され，即座の対応が必要とされる場合にもあてはまる。
- 多くの慢性的な健康問題（たとえば心疾患，ぜんそく，その他の多くの胸部の問題）では，治療の継続性が重要とされ，理想的には，そこに一次医療と二次医療の医師をはじめとした医療従事者の間の強固で実用的な関係性が求められる。もっともすぐれた治療を「買いあさること」が適切な時もあるかもしれないが，多くの場合では医療従事者間の安定した関係性が重要となる。
- 多くの人々にとって，（入院患者に高齢者の割合が高いことを念頭に入れると）その地理的な環境や，かれら自身あるいはその親族の公共交通利用への依存を考えれば，現実的に別の供給者を選択するということはないといえる。

　患者自らが選択するというモデルは，患者というものは比較的健康で，情報を十分に得ていて，緊急ではない手術を検討している者だとする認識に基づいていると考えられる。健康な学者たちの頭の中では，もしかしたらそれは現実的なモデルなのかもしれないが（Le Grand, 2007 in Hills, Le Grand and Piachaud, 第7章），しかし治療を必要としている多くの NHS の患者たちにとっては，とても当てはまるものではない。

　サービスが管理され，しかも市場化されていない場合に，需要に即応できる供給体制には将来的に困難が生じることは避けられない。その類の緊急を要する問題の兆候が表れるのが，主に順番待ちの列や待機者リストの伸長といえるだろう。仮にそのような行列が続くことは，サービスあるいはその一部についての資源が不足しているということの根拠となる。この問題は，一貫して政府の長い間の懸念の源となってきた。近年のさまざまな政権において政府は，供給者であるトラストにインセンティブあるいはペナルティを与える仕組みを通じて，具体的に待機者リストを減らすことをめざした政策を導入してきた。しかしながら，待機者リストの減少を政策的に強調することには問題もあった。待機者リストは，多くの点において，運営上の実務の関数でしかない。その意味でいえば，人々をリストにあげることを差し控えれば，簡単な方法で待機者リストを短くすることができる。もう一つの方法は最初の診察による待ちをなくすことであるが，しかしそれが必ずしも直接的に効果的な治療につながるとは限らない。また，満たされないニーズの一般的指標として待機者リストを用いると，ある者のニーズが時に他の者よりも深刻であるという事実が考慮されなくなる。命に関わるような状態に対するより早急な対応を保障す

るためには，一部の人が簡単な手術を待ち続けることが望ましいのかもしれない。単に待機者リストを短くする努力に集中すれば，供給されるサービス全体を歪めてしまうことになるかもしれないのである。

　政府は，直接病院に行く人の増加や，一部の人の一般医サービスへのアクセスに生じる困難を懸念している。政府は「NHS ダイレクト」(NHS Direct) [3] と呼ばれる組織を立ちあげ，それによって人々が，緊急時には他の必要なサービスをも作動させることができる権限をもったナースチームに，まず電話での医療アドバイスを受けることができるようにした。

　一度病院での治療に入ると，個人は入院患者もしくは外来患者として扱われる。病院でのサービス一般的に，一般医や他の一次医療スタッフの専門性や資質では対応できない問題に対するサービスであることを基本概念としている。しかしながら，その境界線は時としてはっきりとしない。現代の保健センターは，しばしば病院などの他の場所で提供されるようなサービスを提供することもできる場所になっている。また，一般医が簡単な外科的な処置をおこなうこともある。できるかぎり安価なサービス提供を非常に重要視している立場から，政府はそのようなサービスが広がることを後押ししている。さらにいえば，入院治療においてさえ，最近ではその入院期間は非常に短くなり，多くの簡単な手術は日帰りで実施されている。

　患者が直接診察にいくことができる歯科医と検眼士については，患者に選択の自由がある。検眼士にはサービスを提供した分だけ出来高払いで支払いがされ，最近までは歯科医にもそのシステムが適用されていた。しかしながら，それが最適な医療行為にもっとも的確に報酬が支払われるようなシステムであっても，そのように管理上単純で，日々の業務について詳細な監督なしに管理できてしまう報酬システムには問題がある。そのため政府は，2005年にこのシステムを契約システムへと転換した。本書の執筆中，その初期の兆候として，転換により NHS の歯科治療の供給が減少し，同時にその領域において民間保険が拡大するという状況がみられていた。その結果，低所得の者にとっては，歯科治療は手の届く選択肢ではなくなっている。

　入院患者に治療薬が必要な場合には，病院がそれを投与するが，しかし外来での医薬品の処方箋は，一般に個人経営の店の薬剤師のところにもっていかなければならない。ただし店へのアクセスが難しいような地方では，例外的に，外来の医師によって医薬品を処方することが許される。

　眼鏡や歯科治療に係る費用の大部分，そして医薬品や医療器具の費用の一部は，患者の自己負担である。処方箋の費用は，入院患者や子ども，妊婦，そして高齢者は支払う必要がないが，低所得の人々が処方箋の自己負担の減免を受けるためには，

189

コラム 37　地域を基礎とする「個人化された」予防的サービス

　2004年の白書『健康の選択（*Choosing Health II*）』の中で政府が示そうと努めていたのは，それまで展開されていた方策が，公衆衛生の問題やその領域の政策における優先度合から必然的に生じる国家介入の程度についての，公の協議に対応するために形成されたものであるということであった。公的な保健医療政策へのアプローチにおける変化は，「トップ・ダウン」（top down）からの転換，人々の健康に関わる行動に対する家父長制的な干渉からの転換，そして健康格差を無視したりおざなりにしたりせず，消費者の選択と個人の自由に対するより良い理解を反映するものとして提示された。「インフォームド・チョイス」「個人化」「連携」という3つの基礎となる原則とともに，利用者のためのより信頼できる情報や「健全な選択」のための親の支援，そして協働の社会責任などの方策が，白書の中に含まれ，食習慣や運動，喫煙率と受動喫煙の影響，性の健康，アルコール摂取，さらにメンタルヘルスなどの領域における改善をめざすものに位置づけられた。その中で確認される制度の多くは地域を基礎として構想されており，上記のような問題に関する指標について高い得点を示す地域を対象としたものとなっている。

　公衆衛生の向上のために地域に局部化された方策に加えて，全国的に利用可能な他の形態のサービスも，目的は同様であった。禁煙率の向上の目的のためには，たとえば一般医は患者に「禁煙診療所」を案内することがある。それは地域の保健センターや病院によって運営され，個人やグループに対するカウンセリングやニコチン・パッチなどの支援のために無料の処方箋が提供される。これらのプログラムは，短期的に成功することは比較的多いが，長期的な成功となると難しくなる。政府の喫煙に対する懸念の重要な要素の一つは子どもの健康であり，それは2006年に導入されたもう一つの全国的な政策の特徴でもある。その政策とは「ヘルシー・スタート計画」（Healthy Start Scheme）と呼ばれるもので，1940年代に導入された福祉食料支給計画の21世紀版といえるものである。これは資力調査に基づくバウチャー制度であり，低所得の親達に果物や野菜，牛乳，粉ミルクなどの購入費用に対する援助を提供するものである。2008年になると，バウチャーは4歳以下の児童一人につき週2.80ポンドとなり，1歳以下の児童にはさらに追加のバウチャーが与えられた。バウチャーは多くの小売店で利用可能だったが，このような制度に関連したスティグマの問題（第**5**章参照）が影響する可能性があり，実際，1990年代に亡命希望者に対して導入された同様の食料バウチャーの制度は，まもなく中止されている。さらには，「人間味がなく他人事のようなイギリス政府の権力者が，全国民に対してかれら自身の利益のためにおこなった」（DoH, 2004, p.1）ものであった保健医療政策から，脱皮しようとした政府の意図は，実際には放棄されてしまっているようにもみえる。

資力調査が必要になる。ウェールズ議会は，領土内でのそれらの料金の自己負担を廃止し，スコットランド政府もそれに続こうと計画している。歯科医や検眼士サービスの料金は，現在，全額を負担しなければならない人々にとっては，NHS からの恩恵を享受することはほとんどないといえるほど十分に高額なものとなっている。検眼士の場合には，NHS からの助成を受けているものも合わせて常にその大部分が民間の開業医であったが，いまや歯科医も同様の状況となっているのである。

患者はさまざまな地域の保健医療サービスを受けることもできる。それらは地域の介護サービスや産婦人科サービスに加え，医師や保健師による予防的サービス，そして伝染性疾患の拡大を防ぐための措置も含まれる。それらのサービスは，時には別々のトラストによって運営され，時には病院を基盤としたトラストの業務の一部として，あるいは一般医によっても運営される。コラム 37 は現代の予防的サービスの要点の一例を示している。それらのサービスに対しては，地域の機関と密接に連携することから生まれる特有のニーズがある。保健医療サービス機関とソーシャルケアのサービス機関の関心事には明らかに重複する部分があり（それについては本書第8章233—236頁で再度述べる），教育機関や学校は児童の保健医療サービスについて関心をもっている。また環境的な危険因子や地域の保健医療サービスを扱ううえでは，地方行政サービスとの連絡も必要とされている。

4　NHS の財政

NHS の財政は国税とは別のところで賄われている。その額は，2007年度のイングランドでは約900億ポンドになると試算されており（HM Treasure, 2007），支出の58％は病院でのサービスに，28％は家庭医療サービス（一次医療が中心）に，そして12％が地域保健医療サービスにあてられている。イギリスにおける政府のNHS に関する支出は，2005年度には全体で GDP の7.1％になり，2007年度には7.8％になると試算されている。

支出の4分の3近くが病院と地域保健医療サービスについてのものであり，残りのほとんどは家庭医療サービスに関するものである。

国の歳出における保健医療サービス費用の増大には，その歴史を通じて政治的関心が向けられてきた。ニーズに影響を与えるような人口動態の変化や，治療の質に影響を与える技術的な変化，そして人件費の増加は，NHS によって提供されるサービスの向上が必ずしもみられないままに，その費用が増加することを意味している。公的なサービスの質をただ維持するためだけに，毎年どの程度の支出の増加が必要となるかについての試算がおこなわれてきた。控え目な試算では2％とされ

るが，多くの場合では4％か5％近くになると示唆されている（さまざまな意見がみられるこの難しい議論については，グレナースターとヒル（1998）の第4章もしくはグレナースター（2003）の第4章を参照のこと）。こういった試算は，なぜ大衆と NHS の医師の双方がいつも水準の低下について不満をいうのか，という疑問の一部を説明するために重要となる。政府は保健医療サービスに対して，実質的にこれまで以上の支出をおこなっていると主張しているが，水準の低下は手術の待機者リストの増加という具体的な根拠によって支持されていることでもある。

　新たな病院とその他の保健医療に係る施設についての公共投資は，中央政府による厳格な管理下に置かれ続けており，そこには公共部門の債務を低く抑えたままに保つことを切望する国家財政委員会の存在がある。その管理の結果，投資の不足が生じ，保守党はその問題に対処するための一つの仕掛けを開発した。それはトラストに対して，自己資金による開発のための取組みを認めることであった。このことが意味しているのは，施設を運営する民間部門による新たな資本投資がおこなわれ，それが NHS にリースされるということである。加えて，移動や配食，掃除などの支援サービス（ただし専門職によるサービスではない）もリースすることができる。そのような新たな領域の事業は，たとえば総合病院に店舗を設置するなどのかたちで，病院の建物内でおこなわれるその他の営利活動と関連づけることに影響することになる。この「民間資金イニシアティブ」（private finance initiative）に反対する者は，保健医療サービスにおける政策の優先順位がこれらの新たな領域の事業によって歪められ，保健医療サービスの民営化を導くような「糸口」にさえなるかもしれないことを懸念していた。あるいは，リース契約によって保健医療サービス予算が徐々に圧迫されてくるため，この資本不足に対するアプローチを単に費用のかかる時機を先延ばしただけという懸念の方が的を射ているかもしれない。労働党による新政府には，この民間資金イニシアティブを中止するのではないかという期待がかけられていたが，実際は大きく違っていた。保健医療サービスを発展させる政党としてみられたいというかれらの欲求とあいまって，労働党は公共部門の借金を低く抑え続ける方向へと傾倒し，この民間資金イニシアティブの下での多くの新たなベンチャー事業を承認することとなった。

　1997年の選挙において労働党は，前任者である保守党によって設けられた公共サービスへの支出の水準を維持することを公約した。彼らは保健医療サービスの不足がより大きな効率性によって補填されることを期待し続け，待ち時間を減らすためにさまざまな目標を設定したが，それよりも資金不足に取り組むべきだということが徐々に明らかになってきた。グレナースターは次のような言葉でその態度の変化を描き出している。

第7章　保健医療政策

どこかの時点で起こることが避けられなかった大爆発のきっかけとなったのは，1999年のクリスマスのインフルエンザの大流行だった。ブレアもおそらくそれを目撃したはずだ。イギリスの保健医療に関する支出を，他のヨーロッパ並みに引きあげるという2000年1月のブレアの誓約は，2000年6月に続けて出された増加分の支出についての詳細な計画とともに，非常に重要なものとなった（Glennerster, 2001, p.401）。

　グレナースターが言及した詳細な計画とは，一つは財務大臣による支出の総合的な見直しであり，それにより3年間で27.3％の増加をもたらすとされた。もう一つは『NHS 計画（*The NHS Plan*）』（Department of Health, 2000）と呼ばれる文書であり，さまざまな新しいお金の使い方（とくに人材の水準の著しい向上への注目を含んでいた）や実施目標，そして効率をあげるための新たな努力について詳細に提示していた。先述の構造改革は後者を反映したものであり，計画の中で「非常に大きな地方の自律性と相まった全国基準」の実施を確実にするための「再設計」としてとらえられたものであるが，非常に処方的な計画という文脈からみれば，その目標は正反対のものだとも考えられる。国務大臣はサービスの効率性を妨げる障壁を打ち崩すという自らの責務とともに，それと矛盾してはいるが，「NHS の患者に必要な医療措置を提供するために」必要となれば，民間部門からの資源も活用するということを明確にした（Department of Health, 2000, p.15）。

　2001年の総選挙において，NHS の支出の増額に努めるということは重要な公約の一つであったが，選挙運動の間の重要な出来事の一つに，不適切ながん治療についての論争があり，それは明らかに首相の頭を悩ませるものであった。増額に反対の立場をとる者は，支出の増加は増税なくしては実現しないと警告した。しかしNHS の改善の必要性は国民も認識するところであり，それは労働党にとって明らかな選挙上のダメージにはならなかった。2002年の予算において，財務大臣は NHS の資金増を継続するための追加的な取組みをおこない，そのために国民保険の保険料を増額した（政府はそれを単なるもう一つの税としてとらえたが，それをさらに明示している点については本書124頁を参照のこと）。大臣はその増額を，NHS の運営管理のメカニズムのさらなる改革のためのいくつかの措置と関連づけたが，それがわれわれが今取り扱っているトピックである。

　そのようにして，2002年から NHS の予算の相当な増額がおこなわれた。GDP の7.8％という上述の支出額は，1996年度における5.4％からの大きな伸びをみせている。表7-1では，イギリスの支出を他の国々と比較しているが，わが国の公共支出はフランスやドイツ，スウェーデンと比べれば見劣りするものである。しかしわ

193

表7-1 イギリスにおける医療費のGDPにおける割合と他の国々との比較
(2004年 OECD データによる)

国　名	公的医療費	民間医療費
イギリス	7.1	1.2
カ ナ ダ	6.9	3.0
ド イ ツ	8.5	2.4
フランス	8.3	2.3
日　本	6.5	1.5
オランダ	5.7	3.5
スウェーデン	7.7	1.4
アメリカ	6.9	8.5
OECD諸国平均	6.4	2.5

出所：OECD (2007, 表HE2.1).

が国は，一見すると，公共サービスの不足を補うために国民がそれほど多くの支出をしていない国であるようにもみえる。

近年の保健医療サービス予算の増加の一方で，2006年度の新聞には財政問題に直面する病院の話や，サービス削減の提案があふれていた。それについては相反する説明がいくつかある。一つは，人口の高齢化という文脈のもとで考えたとき，健康問題の水準と支出がいまだに見合っていないのだろうというものである。また他の説明には次のようなものがある。

- 専門的サービスが費用の中で高い比率を示すような領域では，そしてそれらの専門職がかれら自身の待遇にある程度の影響を与えることが可能な場合には，あらゆる新しい資金についての重要な提案は，それら専門職の報酬を増やすようなものとなることは避けられない。実際，NHSの課題への対処に必要な手段の一つに賃上げがあげられるが，それは——とくに看護の——スタッフの不足についての懸念があるためである。
- 保健医療サービス供給において，入院期間が短縮し，より多くのサービスが地域で提供されるようになるという変化が起きている中では，現実のサービス編成の転換は難しくなる。施設が閉鎖されればそれによって起こる供給の遅れにより効率の悪さが生じるし，そしてもちろん，大衆は自分たちが得たサービスよりも失ったサービスを認識することになる。
- 資源の効率的な使用の確保とサービスの変化を管理するために，医療措置（手術を含む）における特定の費用が注目され，その必要性が明確な場合にのみ資源が利用可能となるような状況へと，サービスのための資金は変化してきている。このことは，よりコストの高い供給者ほど圧迫される状況を生んでいる（もちろん，このことが正当的であるかどうかはケース毎に議論される事柄ではある）。

このリストの中の項目が，もし政府を擁護しているように聞こえても，それは本意ではない。NHSの財政に関する政策は，すべてのシステムの合理化や（後でふ

第7章　保健医療政策

> **コラム 38　病院の再編成**
>
> 　学生たちは，この病院の再編成という問題における自分たちの住む地域での攻防や，それぞれの立場の主張の根拠を知りたがるだろう。二人の著者はいずれも2006年から2008年にかけてのその地域での議論を周知している。チェスターフィールド地域においては，産科サービスの合理化計画に関する攻防がある。その計画は，ダービーシャー州西部の多くの村々にサービスを提供しているマトロックの小さな病院から，産科サービスを完全になくされてしまい，人々は辺鄙な田舎の地域での自宅出産と，地理的に広大な範囲に対してオン・コールの助産師の利用を無理強いされることになる。同様の紛争は南岸地域でも起きている。これはブライトンとヘイスティングスの間で病院の産科サービスには大きな格差を生じるものとなるだろう。この地域では，事故や救急対応サービスの計画的閉鎖も激しい論争の対象となってきた。これらの問題は，住民だけでなく，州都のチチェスターを含む周辺のより小さな町から，交通量の多い道路を通る長旅でブライトンやワージングに来た交通事故の犠牲者にも当てはまる可能性があるのである。

れる）国全体のニーズと資源のバランスをとるための中央集権化に向けた努力と，地方の政治的な要求との間の継続的な緊張を伴っている（コラム38参照）。全国的な視点からみれば保健医療サービスの合理化であることが，地方の視点からみれば（時には病院の閉鎖となることもある）その合理化が大切なサービスに対する攻撃となり，地方の政治家が熱くさせることがしばしばある。NHSが今でも相対的に財源不足であるのかという問いとは別のところで，複雑な改革のプロセスが存在していることを認識することが重要である。地方の財政危機が単に財源不足の現れだとする単純な結論に飛びつく前に，その複雑な変化に注意を払う必要がある。あらゆる場合において，NHSに関する政策は常に，無限ではない資源の活用という課題における競合する優先度間での駆け引きでもあるのである。

5　運営と専門職の説明責任

　世界中で，保健医療サービスはその大部分が医師の発言や意見に従っておこなわれてきた（それはしばしば「供給者主導」と表現されている）。医師は国のヘルスケアシステムの創設をめぐる政治に深く関わり，しばしば専門職としての自らに適するような組織の構造を確保してきた。またかれらは，高い経済的利益を獲得し，日々のサービスの運用に影響を与えるほどの権力を伴った地位を確保してきた。そ

のような，自らを中心的で不可欠な役割に据えるというやり方によって，かれらは健康やヘルスケアニーズ，そして保健医療サービスにおける自らの責任を定義づけしてきた（Friedson, 1970 ; Moran and Wood, 1993）。民衆や政治家が保健医療サービスのさらなる管理を要求するようになり，そして「供給者主導」のサービスの費用管理の難しさが徐々に認識され始めたことにより，医療職の権威を抑制するための取組みが，保険医療政策の改革という課題の中心に置かれるようになった。

　1980年代まで，NHS の運営上のアレンジメントは平等，そして「合議的」と表現されてきた。それはつまり，サービスにおけるさまざまな専門職が運営上の構造において代表権を有していたということである。その後，1983年以降は，それぞれの管理上のユニットには任期付きのジェネラル・マネージャーを選任することが求められるようになった。多くのジェネラル・マネージャーはそれ以前からの保健医療サービスの管理者であったが，外部からの任命や，わずかな例ではあるが上級の専門職，とくに医師や時には看護師がそのポストに就くこともあった。それらジェネラル・マネージャーは，関連した指定機関に対する責任も有していた。続いて1990年におこなわれた改革の下では，管理ユニットは最高責任者と経理担当幹部を含む最大5人の「執行役員」と非常勤役員5名（非常勤会長を含む）を含むかたちに再構築された。非執行役員メンバーは大臣によって任命された。また，トラストも同様の管理体制をもつことを要求された。

　しかしながら，「役員室」の中身だけでなく，その先にある医師や管理者の役割についての中心的な課題についても目を向けることが重要である。病院の医師は伝統的に，かなりの程度の自律性を発揮してきた。それに欠かせないのが，医療における自由選択の考え方である。これは実際上，個々の患者についての治療法決定からケア全般の方向性を計画する権利まで，幅広くとらえられる医師の権利である。1990年代に適用された管理上の機構や雇用形態についての契約システムに対して，一部の者はこの自由を脅かすものであると考えた（Harrison and Pollitt, 1994）。多くの場合，その機構やシステムはトラストの中で構築された内部管理機構によっていたため，その脅威がどれほど重大な意味をもつかを表現することは難しい。ただ，病院トラストの重役には医療職メンバーを含むという条件があり，このことにより一人の医師が強い立場を得る可能性があった。しかし一方でその医師が個々の医療職の自律性への影響力をもたなければ，医療職全体の代表としての単なるお飾りのような存在になる可能性もあった。

　NHS の中で働くコンサルタント職の医師は，[4] NHS での仕事と個人での開業を兼務するパートタイム任用の場合がある。コンサルタントの下の地位にある若手の医師は，このコンサルタントが主導する取り決めの下で組織されている。かれら若手

第7章　保健医療政策

医師の多くは短期間の任用で，それはまるで，コンサルタントの地位を得るための訓練の実績を積んでいるかのようである．若手の医師については，比較的給料が低くその割に責任や不安も大きいという課題があり，コンサルタントへの昇進の難しさがその問題をさらに強化している．

同時に，医療の業務に関する資金は，実際におこなった医療行為に対して「医療資源群」（Health Resource Groups: HRGs）に基づくモデルコストによって計算され，国から償還払いされる「出来高払い」システムを活用して管理されるようになってきた．この結果，医療従事者による活動が時としてモデルコストのような一般的基準から外れたコストを生じさせることに，トラストは気が付くことになる．

政府は，階層的な支配を強要するよりもむしろ，医師をサービスの管理的・監督的な役割に従事させることが，医師やその他の専門職スタッフの公的な説明責任を必然的に増大させることになると考えている．この戦略の鍵となるのは次のような点である．

- トラストを当該地域の保健医療改善プログラムの形成に関与させること．
- 明白な水準の指標が地域協定の下で設定されることを保証すること．
- サービス契約の設計に専門職スタッフを従事させること．
- 「医療ガバナンス」のシステムを開発すること．

「医療ガバナンス」の概念（コラム39も参照）の登場によって，医療の業務の質を改善するためにNHSが最近用いているプロセスを，トラスト（そして究極的にはNHS）全体の質の向上の計画と一体化することが求められている．当初，その方策は，「診療監査」のシステムをそれぞれのトラストに設置し，医療の業務を点検・評価することを求めるものであったが，個々の医師は必ずしも真剣に取り組まないし，また外部に対する説明責任のシステムもないため，これは医療専門職内部での個人的な審査になると批判された．現在ではその大部分は医療ガバナンスのシステムにまとめられている．このシステムではさらに，いわゆる専門職のいう「エビデンスに基づく実践」の上手な活用とともに，新しく優れた実践例のより広い普及が求められている．そして，臨床上の効果の促進やガイドラインの作成，その普及を目的として，イングランドとウェールズにおける医療ガバナンスの編成の独自審査をおこなうためのイギリス国立医療技術評価機構が設置されている．

1999年，この審査の実施のために，政府によって健康増進委員会が設置された．この組織は，指名による理事会によって運営され，すべての保健医療機関とトラストにおける患者へのケアの質の審査プログラムを実施するものとして設置された．

> **コラム 39　医療ガバナンス**
>
> 　医療ガバナンスは，医療スタッフが抱く自らの仕事に対する考え方に大きな転換を引き起こし，それによって臨床の場における関係性に実際の変化をもたらすために，政府がおこなった新手の試みである。それを成功させるためには，情報システムへの大きな投資と，さらに臨床における効果を増加させるためのプログラムが必要となると考えられる。政府はそれを「政府と医療専門家の間のパートナーシップであり，このパートナーシップの下では，政府は政府だけができることをし，医療専門家は医療専門家だけができることをする」と表現している（Department of Health, para 1.13, 1998a）。それは次のような議論につながっていく。
>
> 　医療ガバナンスはヘルスケアのチームの中でのパートナーシップを必要とする。それは保健医療の専門職（研究職を含む）と管理者の間，あるいは個人とかれらの働く組織の間，そして NHS と患者および国民全体の間のパートナーシップである（Department of Health, para 3.9, 1998a）。
>
> 　懐疑論者たちは，この取組みは単に，医療の自律性を支配下においたことを国民に納得させるための政府の試みだと思うかもしれない。しかしながら，専門職の説明責任を NHS の管理上の説明責任に統合させるという，はるかに明確な試みがあるようにも思える。

　さらに，保健医療サービスの特定の領域における研究や，懸念を生んでいるようなサービスに対する調査依頼への対応を指揮することも期待された。2004年にはこの委員会はその権限をさらに拡大し，調査の対象範囲を追加し，法令遵守に関する調査の重要な役割を担うまでになり，ヘルスケアの監査および調査委員会となった（一般的にはヘルスケア委員会と呼ばれている）。
　本節では，NHS の「供給者主導」の傾向が問題視されている中で，それに対応するためにこれまで取られてきたいくつかの試みを検討してきた。この取組みの中心となってきたのは，コストの増加を最小限にしながらも，よりよい質の医療を国民に提供する方法についての政府による模索であった。しかしながら，もしかしたら政府はあまりに多くを期待しすぎているのかもしれない。ひょっとしたら本質的な問題は，イギリスの保健医療サービスが資金不足だということなのかもしれない。

6　保健医療サービスのニーズと分配

　イギリスの保健医療サービスによって提供されている主要な医療サービスは，大

第7章　保健医療政策

まかにいって，無料で例外なく誰にでも利用可能なものである。ニーズを有効需要に変換させる価格メカニズムがないことで，いくつかの一般的な課題が生じたが，それについては次の章（236—240頁）で議論していくとして，NHS設立以来の第1の政治的課題の一つは，ニーズに応えることの難しさであった。

　ここで，重要な問題が2つあると考えられる。1940年代当時，ひとたびNHSが定着すれば人々の保健医療サービスへのニーズは減少すると予測した人々は，この問題に十分な注意を払わなかった。その一つは，命が救われた人々がすべて，また病気になるために生き続けるということである。より正確な表現をすれば，平均寿命の増加によって，慢性的な疾患に対するサービスのための業務増加の可能性が生じるということである。そのような疾患は高齢者に集中する。65歳以上人口は1951年には全人口のわずか11％にすぎなかったが，今や14％にのぼっている。また人口の3％以上が80歳以上である。高齢者人口の増加は一時的に止まっているが，2010年以降には再び増加が始まるだろう。第2次世界大戦後のベビーブームに生まれた人々が65歳以上になり始めるからだ。しかしながら，この指標を誇張することはあまり重要ではない。つまり，高齢者がより長く生きるという事実は，かれらがより健康であるということを意味する一つの指標にすぎず，多くの医療的なヘルスケアの出現は，それが何歳で起こるかにかかわらず，人生のまさに終わりの時期に集中するからである。

　保健医療サービスのニーズを予測するうえでのもう一つの課題は，ニーズを定義することの難しさから生じるものである。医療ニーズがあるということと医療的措置を求めるということの間の関係が，複雑で不明瞭なものだということについては，理解が広がりつつある。人々は病理学的に明らかに正常でない体の状態に相当に苦しむ経験をするかもしれないが，対照的に，今のところはほとんどそのような経験がなくても，深刻な医学的問題をもつ場合もある。おそらく数量的な点でより重大なのは，「良好な健康状態」からわずかにずれている状態のとき，多くの人々が必要とする医療的措置を受けないまま長期間我慢することである。このことは，たとえば消化不良や反復性の頭痛，皮膚疾患などの問題に当てはまる。「病気は個人が経験する主観的な状態であり，体がすぐれないという状態である。それに対し疾患は生物医学者たちの同意を得た基準に基づいて認識される病理学的状態のことである」（Stacy, 1998, p.171）ということを認識することが重要である。

　「生物医学専門医」（biomedical practitioners）によってもたらされる病気の定義は，人々の主観的な判断以上に有効なものではない。それらは時間の経過とともにさまざまに変化し，そして「専門家」たちの間で異なっており，また医学的知識において優勢なパラダイムの影響をうける。しかしながら同時に，保健医療サービスへの

需要に影響を与える重要なものでもある。保健医療サービスにとってそれは，「プロデューサー」の問題のようなものである。彼らは病気を定義することで保健医療サービスの需要を決定する。しかし一方で「生物医学専門医」にはその能力があるという考えに基づいて——あるいは民衆が医学に対して抱く神話に後押しされて——，時には社会問題さえも「医療化」(medicalize) しようとする傾向をもっている。

これらの事実から描きだされる政策決定を通じて成された選択が，保健医療サービスにより多くを支出すべきであるということと，またとくに，まだ国民に認識されていない病気をふるいにかけるためにより多くの努力をすべきだということである。それとは非常に対極的な考えでは，多くの人々が医学的治療なしに多くの症状をなんとかやり過ごしているという事実からいえば，医師たちを「悩ませる」人々がもっと自立的になることや，もっと家庭薬を利用することを推奨することを示唆するものがある。またそれよりも控え目な意見には，医療的な資源に限界があることは明らかであるとしたうえで，次のようなことを示唆するものもある。それは，より深刻な症状は治療するが，ちょっとした症状については医師に過度な負担をかけないといったような方法で，サービスへのアクセスをコントロールすることが重要だというものである。NHS ダイレクトという相談窓口の展開（189頁参照）は，何らかの方法でヘルスサービスへのアクセスを導き，暗黙のうちにコントロールするというアイデアの検証に向けた第一歩である。NHS ダイレクトと同様に，医師よりもむしろ看護師をサービス全体の「ゲートキーパー」として活用し，初期診断を担当させることや，さらに薬や治療をおこなったり処方したりする権限を与えることについても関心が高まっている。

これらの課題に関連するもう一つの論点が，一部の治療をNHSから締め出すことである。その一つとして盛んに議論されている例に不妊症の治療がある。また，より安価な代替薬があったり，その治療的効果が明示的に確認されていないと考えられたりするような場合に，高価な薬を使うことを制限するなどの方法も，医薬品の使用に関する課題として注目されている。

さらに患者に責任を押しつけることで，需要をコントロールするという方法を示唆するものもある。サービス需要の統制のための「費用分担」という料金システムの検討に対する論議は，ここから発生したものである。これまで討議されてきたその可能性の一つに，入院に対する「ホテル・コスト」の導入がある。これに伴う問題点は入院期間が短くなるということであり，多くの非常に短期間の入院に対して，その料金の請求と徴収のために生じる運営費は相当なものになるだろうということである。さらには，処方箋代と同じように，一部の患者の支払いが免除された場合には状況がより複雑になるだろう。このような懸念はその他の点，たとえば患者が

一般医に相談した場合の定額料金などについても同様のことがいえる。

　保健医療サービスの料金についても，選択と競争の望ましさについての議論がなされている。選択と競争を望ましいとする考えは，フリードソン（Friedson, 1970）によってアメリカでもっとも説得力を得てきた。彼は，医師を「雇うかクビにするか」の決定権を患者がもつような関係の中でこそ消費者である患者の力が強化されると考えた。フリードソンの視点にたてば，イギリスの保健医療サービスの組織モデルは，医師との関係において人々を非常に弱い立場に置くものであり，またコミュニティ全体にとっても，たとえ医師たちの結束がなくても，競合関係になる医療専門家たちに対してかれらとの交渉のための武器を欠くことになるものだといえる。

　無料医療サービスに賛成する者たちの基本的な指摘は，費用がかかることによって，人々が必要な助けを求めることを抑制してしまうということである。このような例はとくに低所得の人々に当てはまると考えられる。つまりは，健康障害の影響の一つは所得の減少と，必然的に新たな費用の増加を生むということである。加えて明らかなことは，生活の他の側面では，人々はお金を使う以外の別の方法を選ぶことができるかもしれないが，重篤な傷病の場合はそのような選択肢はほとんど残されない。結果人々は，かれら自身やかれらの愛する人の生活を守るため破産することを選ぶだろうということである。

　ただ，多くの保健医療サービスが「市場で流通している」場合，たとえばアメリカのような場合にも，問題が実際にそこで問題視されているほど厳しい状態であることはめったにない。そこには2つの理由がある。一つは，多くの人々が疾病に対して保険に入るからである。そしてもう一つは，貧困状態にある人々に対しては，医療ケアに関しての資力調査付き「セーフティネット」が存在するためである。そのため，無料医療サービスに賛成する論議は，必然的にそれら2つの代替的供給方式の弱点に言及することとなる。

　民間保険スキームに伴う問題で鍵となるのは，それが「重大なリスク」から人々を守らないことがあるということである。たとえば，民間保険スキームはしばしば特定の状態（とくに予防可能なもの——たとえば妊娠）を対象外とするし，また時には破たんする可能性がある。これらのスキームは，保険会社による保護によって医師の力を減少させる可能性もある。一方で保険会社も同様に，イギリスのシステムが苦慮してきたと思われるような，供給者が決定するニーズという問題にしばしば直面する。さらには，これらのスキームは必ずしも軽微な需要を抑制するとは限らない。なぜなら加入者はかれらの払った額に見合うものを獲得しようと行動することがあるからだ。1980年代には，保健医療サービスに対する民間保険を軸とした

アプローチが，イギリスにおける政策的課題として再登場した。民間保険スキームが急速に進展し，民間病院の発展を促進したため，そのようなスキームが国全体に広がることについての議論が展開されたのである。そのような方向性を擁護する者たちは，個人が自ら民間の保険に加入することを必須とすべきであり，また国家は民間保険スキームを支持し，保険加入に応じることができない人々にのみ特別な資力調査付き給付を用意すべきだと論じた。1990年以前の政策の見直しの中で，このようなアプローチは保守派による重大な関心を呼んだ。そして潜在的な自律性をもつ一連の供給者組織（トラスト）が創設され，そのような方向性への発展の道が開かれた。

　資力調査付きの保健医療サービスの問題点は，治療の前に資力調査が必要とされることである。また，個人が治療を求められるようになる前に（主に経済的）資源を放棄しなければならない——あるいは「底を付く」のを待たなければならない——ような状況の可能性や，（同様の制度が実施された時にイギリスで起きたような）保健医療サービスに2つの階級が生じる可能性があることも問題である。上述の内容からも暗示されるように，無料医療サービスの正当性は，豊かな者から貧しい者への資源の分配を助けることではなく，健康な者が病気の者をサポートできるようにする最後の手段だからということになる。もしわれわれが，「弱者は脇へ追いやられて当然」という考えが社会の進化のためになるものだと信じることができれば，別の代替的な視点を採用することは，もちろん比較的容易となるだろう。

　全体的もしくは部分的な民間健康保険スキーム活用というシステム転換についての議論は，現在のイギリスではそれほど広くは聞かれなくなった。代わりに，資金調達の問題への対応として優勢になってきたもう一つの考えがある。それは，NHSは健康税から資金を得るべきだというものである（Le Grand, 2001）。ここでは，人々は一般的な増税には抵抗するが，それが明らかにサービスの改善に関連しているとわかれば受け入れるだろうと考えられている。しかしこの議論の問題点は，民間保険に加入している者や民間の医療サービスを購入する者が，それならば税金を払う必要はないと主張することを促すだろうということだ。そしてそれは，民営化と二層の医療保険システムへと向かう，大きな流れに通じるドアを開けることになるだろう。また，医療保険サービスに資金を割り当てることの正当性を認めるならば，なぜ他の教育などの公的サービスに用いてはいけないのかという議論から，税と公的支出の間の関係についてのより複雑な多くの問題へと拡大していくだろう。

　このようにして，NHSを満足いくかたちで維持していくためにどの程度の資金が必要なのか，という議論は続いていく。すでに述べた通り，本書執筆の時点での

新たな資金の注入はかなりのものになっているが、それが十分であるかどうかは現時点では不明である。その一方で、その新たな資金注入の結果としてのサービスの改善は、非常にゆっくりとしか現れてこないだろう。また人手不足も問題の中心にはあるが、この問題に変化がみられるまでには長い時間がかかるだろう。なぜなら、鍵となる人々、事実上それはとくに医師のことだが、彼らが変化に慣れるまでに長い時間がかかるからだ。同時に、多くの新たな資金は必ずしも人材募集を増やさず、単に現在の人員に対する支払い増加に貢献するだけだろうという皮肉な論説もある。

7 治療の平等——民間部門の影響

　保健医療サービスのコストの上昇に対する懸念と、右派による民営化擁護の雰囲気が漂う中で、イギリスでは2つの関連した課題についての大きな懸念が存在している。それは保健医療サービスとその他の民間医療セクターの間のもっとも好ましい関係、そして保健医療サービスは全国民に対してどの程度平等な治療を供給すべきなのかという課題に対する懸念である。

　これらの2つの課題は互いに関連したものである。それは、医療資源を民間セクター、なかでもおおむね豊かな人々にしかアクセスできないようなセクターへと移転することは、それ以外の人々にとって他のセクターであれば得ることのできるような資源を減少させることになるからだ。しかしながら民間セクターによる医療を擁護する者たちは、そのような民間セクターが関与するような資源は、ある意味で余剰的なものであり、必ずしも完全に国営化された公的医療の中に位置づけられるものではないと論じる。ただし、とくに論争の骨格を成しているのは、民間セクターの存在の正当性ということではなく、むしろ保健医療サービスとのさまざまな特別なつながりから民間セクターが受けるサポートのことである。

　民間セクターの規模を正確に試算することは難しい。イギリスのおおよそ700万人の人々が民間の健康保険に加入しているが（National Statistics, 2002, p. 143）、だからといってかれらが公的セクターの利用者ではないということにはならない。多くの人々は一般医によって公的セクターを利用し、より簡単に二次医療サービスにアクセスできるようにするために民間保険を活用する。

　一般医とコンサルタント医のいずれにも、保健医療サービスの患者だけでなく私的な患者を診ることが認められている。また、NHSのトラストが国内外からの患者に対して民間サービスの利用を提案する場合もある。187—188頁で取りあげた民間資金イニシアティブがさらにそれを促進しているとも考えられる。同様に、政府が公的サービスへの圧力を減少させるための手段として、民間供給者からのサービ

> ### コラム40　無料のヘルスケアの浸食？
>
> 　本文の中でも記したように，民間の資源や民間の供給者はNHSによるサービス供給を強化するものである，というのがイギリス政府の見解である。それと併行するものとして，その見解が事実かどうかという議論があるが，この疑問はこの供給体制が進展したときの最終的な影響についての議論を呼び，より複雑な議論となる。なぜならば，民間のサービスが必ずしも低価格でないという現象や，長い目でみれば民間資金イニシアティブが保健医療サービスのコストを押しあげているという現象がみられるためである。さまざまな公的サービスに関して政府は，支払う者が国家である限りにおいて供給者は誰でもありうるという立場をとる。この論理における課題は，もし広範囲におよぶ民間供給者のネットワーク（アメリカのヘルスケア企業のような海外の供給者も含んで）が構築されれば，彼らは購入者である政府に対して条件を出すことができるようになるだろうという点である。より強力な民間供給者によるネットワークは，現在よりももっと良い民間サービスを提供するかもしれない。そうなれば，公的サービスと民間サービスが混合する状況の中で，政府によるサービス購入は資力調査によって民間保険への加入や実際の治療費の支払いが不可能と判断された者だけに限るという方向へと転換することは，政府にとって簡単なことだろう。そして，アメリカだけではなくイギリス自身のソーシャルケア・システムが，そのようなモデルを提示しているのが現状である。

ス購入を後押ししていることも述べてきた（187頁参照）。政府はこの点を，単にNHSがサービスを獲得――それもより安価に，あるいは公的供給者が対応できないような部分について――できるようにするものだと論じているが，このようなアレンジメントは暗黙のうちに民間セクターへの助成となる可能性があり，また無料医療サービスからの転換へと導く糸口となる可能性もある（Pollock, 2004）。コラム40はそのようなプロセスがどのようにして起こりうるのかを説明したものである。

　NHSの資源は，常に民間による医療を支援する傾向にあった。イギリスにおいて民間セクターだけを利用する者はめったにいない。もっとも典型的な例は，民間の保険に加入している人々がまずNHSの一般医を利用し，その先の二次医療サービスが満足のいくものでない，あるいは容易には手に入らない（稀少なベッドに「行列」ができている）と目される場合に，民間セクターへの付託を確保しておくというものである。このような民間セクターは「非応急的な手術」（cold surgery）に特化されている。それらのセクターでは緊急事態や非常に複雑で命に係わるような状況の手術に対応する体制がとられていないのである。そして民間病院がかれらの対応能力を超えた問題や緊急事態に遭遇した場合には，その患者を公

的セクターに戻すことができるのである（なぜなら結局のところ，すべての国民にはNHSのサービスを受ける権利があるからである）。

また，公民の双方の病院で働く医師が自らの時間を2つのセクターの間で分配しているようなやり方は，結果的に後者，つまり民間セクターへの助成を与えたこととなり，医師たちが稼ぎを増やすためにNHSでの義務をおろそかにすることにつながる。医師たちがNHSで訓練を積み，多くの医療に関する研究が公的資金によっておこなわれていることを考えれば，公的医療から民間医療へは，相当額の隠れた助成がおこなわれているといえる。

要約すると，民間保険の成長によって，税方式による公的サービスに対する全体的影響という点での疑問が生じているのである。そこに望ましい競争が存在する余地はあるのか。消費者の選択において価値のある選択肢を加え，希望者には少しの追加分で優れたサービスを得ることを可能にするものなのか。あるいは，基盤となるサービスを脅かし，全体のニーズに対応するためのサービスの最大量を減らしてしまうものなのだろうか。

8　治療の平等——健康と医学的措置の不平等

ニーズを充足するために必要な保健医療サービスの最大量をめぐっては，これまで幅広い領域から検証がされてきたが，そこでは死亡率および疾病率それぞれの影響についての疫学的な研究が重要とされてきた。このような研究では，国内の異なる地方間，あるいは異なる社会階層間，異なる民族グループ間において，人々が体験する健康障害にかなりの格差がみられることが示された（Townsend et al., 1988; Acheson, 1998）。NHSにとってより問題だったのは，全体としての死亡率が下がっても，それに伴ってこれらの格差が縮小せず，それどころか多くの場合でむしろ拡大しているということである。また，「早期」（premature）死亡率[5]と呼ばれるものがとくに注目されている。この指標は，すべての年齢を通じて適用可能なものであるが，乳幼児死亡率との関係から，生まれた年を基準にした場合うにもっとも明確に示すことができるものである。表7-2は2つの事柄を示している。それは(1)社会所得階層間で乳幼児死亡率の格差があることと，(2)時代を経て全体的には死亡率が低下しているにもかかわらず，その差は縮まるというよりむしろ拡大しているという事実である。

マイノリティの民族グループにみられる健康上の不利を示す同様の証拠は，他にもある。『NHS計画（The NHS Plan）』（Department of Health, 2000）によって示された非常に憂慮すべき統計の一つは，「パキスタンで生まれた女性の子どもはイギリ

表7-2 1978-79年および2001年の社会階層別生後1年間における死亡率

社会階層	1978-79	2001
Ⅰ	9.8	3.6
Ⅱ	10.1	3.6
Ⅲ（非肉体労働）	11.1	4.5
Ⅲ（肉体労働）	12.4	5.0
Ⅳ	13.6	6.1
Ⅴ	17.2	7.2
その他	23.3	7.1
Ⅴ/Ⅰ	1.8	2.0

出所：Flaherty, Veit-Wilson & Dornan, CPAG, 2004, 表4.1, p.125, 複数の政府データ資料を用いて作成。

スで生まれた女性の子どもに対して，生後1年目までに亡くなる可能性が2倍になる」というものである（Department of Health, 2000, p.108）。このような指標は，民族グループ間での社会経済的側面にみられるさまざまな違いを反映したものであるが，しかし同時に，そこにはマイノリティの集団が受け取るサービスの質についての課題も存在する。『多民族国家イギリスの未来（*The Future of Multi-Ethnic Britain*）』では「著しい矛盾」について次のように述べられている。

　NHSは現在，あるいは長年そうであったように，医師やナース，管理者そして補助的な仕事の職種においてアジア人や黒人，そしてアイルランド人に依存している。しかし同時に，それらの人々のコミュニティにみられる死亡率および疾病率の傾向は，人口全体のそれと比べてより深刻な状態にある。ここに，それらのコミュニティ独自の経験や状況，要求に対するNHSの大いなる鈍感さが表れている（Parekh, 2000, p.xix）。

　地域的な格差も，同様に社会階層の違いを大きく反映するだろう。健康の不平等は異なる地域間，それも小さな地域間に至るまで確認されている。そのような研究からは，剝奪の指標（環境的要素を含む）と関連し合っている可能性があるその他の格差についても明らかにされている（Thomas and Dorling, 2007）。

　これらの証拠がもたらす政策上の問題は明らかで，これらの格差がどの程度，保健医療サービスへの利用可能性の格差に起因するものなのかという懸念である。また，これらの格差がその他の要素（低所得や粗末な住宅など）に起因するものであっても，次の点についても考える必要がある。それは質のよい保健医療サービスがどの程度これらの不利益を埋め合わせることができるのかという点である。

　前医務部長が代表を務める政府の委員会（Acheson, 1998）は，これらの課題についての自らの調査の中で，残された鍵となる課題は，不健康な状態に特に陥りやすいそれらのグループが，十分なサービスを利用できるようにすることであると提言した。かれらは次のように記している。

効果的な一次医療へのアクセスには，いくつかのサービス供給上の要素が影響する。たとえば一次医療の従事者の地理的な分布や利用可能性，一次医療の施設の量と質，一次医療の従事者の教育や訓練の水準とその補充，文化的な配慮，地域へのサービス供給の時機や組織，安全に移動できる距離や手ごろな価格などの要素である（Acheson, 1998, p. 112）。

上述のアチソン委員会は，多くの困窮した地域にとって一般医やその他の一次医療の従事者を集めることは難しく，それらの地域，とくにインナー・ロンドンには[6]十分に一次医療が整備されていないエリアが多くあるとした（Acheson, 1998, p. 116）。また『NHS 計画（*The NHS Plan*）』（Department of Health, 2000）の中では，一次医療サービスの不平等は，NHS の資源配分を決める計算式において考慮されることなく無視されてきた，と政府が指摘している（以下の議論を参照）。

医療業務委員会は，NHS 全体を通じて一般医の公平な配分を確保する方法を探究してきたが，それは成功はむしろ非常に限定的なものだった。たとえばそれぞれの人口がもつニーズや年齢構成から調整した後でも，キングストンやリッチモンド，あるいはオックスフォードシャーにいる一般医は，バーンズリーやサンダーランドの一般医の数よりも50％以上多い数になっている。

政府はこのような状況に対して何らかの対応をすることを約束し，それが MPC の廃止に対抗し新たな医学教育基準委員会を設置するうえでの一つの課題だととらえていた。

全体として，アチソン委員会は，「健康障害のリスクのもっとも高い地域では，人々があらゆる予防的サービスへのアクセスについて一度は満足のいかない経験をしているという，いわゆる「逆転医療の法則」（inverse care law）がみられる」と提言した（Acheson, 1998, p. 112 参照）。さらにかれらは，二次的サービスに関して実証することはさらに難しいとし，より優れたモニタリングの必要性を指摘している（Acheson, 1998, p. 112）。しかし同時に，病院や地域保健医療サービスへの不平等な資金の配分が継続するとも述べており，このことは『NHS 計画（*The NHS Plan*）』（Department of Health, 2000）の中でも再度強調されている。

1974年に立ち返ってみると，それぞれの地域の資源に対するニーズ比較が進むような計算式を開発するため，政府は資源配分作業部会（Resource Allocation Working Party : RAWP）を設立している。ここでつくられた公式は，異なった死亡率を考慮にいれるためにウエイトづけされた推計人口と，年齢と人口構造の違いに

基づく異なるサービスの利用率を用いたものだった。実際の「地域」への新たな資金の配分は，この RAWP の公式に基づいて行われ，その地域から各地区への配分も同様の原理に基づいていた。この方式は，結局，利用可能な統計の適正やそれらのデータをニーズと関連づける難しさ，そして費用と効果の関係についての不確実さなどの点が懸念され，議論を呼ぶ難しい課題となった。そして1990年の改正によって RAWP を通じたやり方は終わりを迎えた。地域を越えた患者の「移動」(flow) に関連して対処が求められていたいくつかの問題は，契約手続きの手法を取ることによって解消され，最終的に保健医療サービス機関への資金の配分は，異なるニーズについて多少の考慮をし手を加えた人口数に基づくものとなった。

　予算の地方分権化と契約の時代は配分のプロセスを変化させたが，課題は現在でも存在している。RAWP に具現化された懸念は，現在の一次医療トラストや一般医への資金配分にも出現し，また影響を与えており，そこには二次医療に対する「波及的な」影響も潜在している。

　NHS の構造が広く受け入れられて以来，それを取り巻く「地域的な公正」に関する種々の問題に挑戦しようとする取組みが歓迎されてきたが，その一方で，サービスの利用可能性に関してはその他の注目すべきいくつかの課題が存在している。上記でアチソン報告の引用を参照した際に提示したように，保健医療サービスの利用における社会階層の格差の問題は，恵まれない地域で適切な資源が利用可能になることを保証するだけでなく，すべてのニーズのある人々の資源へのアクセスを推進することにも，努力が必要であるということを示唆している。このことは，外科医や病院の配置，患者が確実に予約をとることを可能にするような医師による手配，ヘルスケアのニーズのある人々を見つけ出すために活動する人々——たとえば保健師のような——の配置や，健康に関する教育，そして病前検診サービスの重要性の範囲にまでおよぶ政策的課題を喚起する。

　最終的に，これらの課題は次のようなまた別の問題にいきつく。それは，他の社会的不利を埋め合わせるために，ある地域やある人々に対する保健医療サービスを改善するべきであるという期待が，実際どの程度あるかということである。言い換えれば，国家による保健医療サービスの概念には，その他の社会的要因が人々の健康に影響を与える程度に注意を向ける責任が，どの程度まで包含されるべきなのだろうか。厚生大臣からの委託による独立した調査の結果であるアチソン報告は，健康格差を縮小させるために取り組まれるべき幅広い政策課題として，その点を指し示そうとする重要なステップの一つである。貧困の拡大とその傾向を逆転させようとする取組みと，その中でみられるゆっくりとした歩みに関して第❺章で取りあげた課題は，ここでも非常に強くそして明白な関係性をもってくる。それは第❻章で

取りあげた失業対策に関する課題も同様であり，第10章で取りあげるホームレスや劣悪な住宅の発生率についても同じことがいえる。この公平性に関する話題のその他の側面は，次の項でさらに探求する。

9 　健康のための政策か疾病のための政策か

　この章のまさに冒頭の部分で，国民の健康は NHS が注意を払っていないような多くの因子によって影響を受ける可能性があるということを念頭に置いておくことが重要だと述べた。「国民疾病サービス」は NHS を批判するために作成された資料である。『NHS 計画（The NHS Plan）』（Department of Health, 2000，第13章）の中ではこの問題が検討され，健康の不平等に関する政府の懸念と健康被害の予防に向けての取組みが強調されている。これらの課題は，ここ数年の間に NHS がより大きな注目してきた課題であるといえ，一般医たちは患者に対して健康診断や健康に関する助言プログラムの実施をするように鼓舞されてきた。

　健康状態悪化の予防には，相互に関連しあった多くのアプローチが存在する。その大半は，保健医療サービスの法制度に関する基本的な論点を超越したところで実施されている。家庭内や産業場面から出る管理されていない廃水が健康被害を引き起こす可能性があるということが認識されて以来，そのような環境に関する課題についての政府による対応がおこなわれてきた。19世紀には，地方政府が環境改善の手法の開拓者であったが，彼らの取組みは幅広い公的保健法令に後押しされてきた。保健医療サービスの管理責任が地方政府から取りあげられたとき，それが完了したのは1974年のことだったが，公衆衛生の課題に対応するために，責任が分割されたシステムが開発された。地方政府は査察やデータの収集，そして公衆衛生を阻害するものへの基本的な予防活動についての責任を維持し，また保健医療サービス機関によって雇われた医療的な公衆衛生専門サービスを活用することもできた。単一自治体あるいは2層構造の内の下層の地方機関における環境衛生担当の職員は，商店やレストランに対する監督と，市場の規制と感染症の拡大予防のための活動，そして特定の産業から出る廃水の取扱いに対しての権限をもつことで，そのシステムの要としての位置を維持している。また同時に，産業や農業に由来するもっと複雑な形態の環境汚染は，環境・食糧・農林省に対して報告義務をもつ出先機関を通じて，中央政府によって管理されている。その機関とは具体的には，環境局と食品基準局である。これらの問題を扱う管理組織は非常に大きくそして複雑で，ここでその詳細を提示することはできない。さらに最近では，環境衛生の問題の改善においてEU も鍵となる役割を果たしている。イギリスにおけるこれらの課題に対するアプ

ローチは，明らかに中央政府と地方政府，そして NHS の間での協働を必要としている。そしてその特徴として，ほぼすべての明らかな不正に迅速に対応したり，あるいはむしろより注意深く，そしてしばしば原則教育的に緊急課題にアプローチしたりするために，諸機関の協働歩を調引き起こしている。ただしこのようなシステムは，しばしばあまりに遅く，産業や農業の生産者の観点にあまりに神経質になりすぎている。

　その伝統的なアプローチにおける多くの点で，公衆衛生は重大な危機のみに対するものとしてとらえられてきた。またリベラルな思想のもとでは，消費に関する多くの問題は自由選択の問題としてとらえられた。ただし，たとえば喫煙や飲酒からくる健康被害の証拠に対しては，ゆっくりとした，そしてまだ限定的な政府による対応がみられる。国家の経済が工業や商業に依存しているという認識は，政府による思い切った行動を抑制してきたが，いずれにしても国民の健康は20世紀を通じて徐々に改善されてきた。国家の繁栄が国民の健康増進，そして医学の進歩のためにより重要であると考えるだけの十分な根拠も存在している（McKeown, 1980）。人々の健康に対するより些細で複雑な多くの危機が認識されるようになったのは，ほんのここ20—30年のことである。国民の健康増進の程度は実際よりも少なくとらえられてきた。たとえば農薬や食品添加物からの予期しない健康被害が現れるようになり，加えて環境への配慮についての「グリーン計画」が出現すると，表向きは私たちを守ってきた慣例を肯定する態度が問い直され，また現在と将来の世代に対するリスク識別機能の向上の必要性が示されるようになった。この計画の中では，消費における個人の望ましい選択行動と，健康被害の抑制と人々の習慣の修正のための公的な活動の，両者の必要性が示されている（Huby, 1998；Cahill, 2002）。

　この新たな計画のもとでの公衆衛生の実施について，政府は規制を強化することによって対応してきた。また，健康の増進との関連において NHS が果たす役割への認識を高め，健康教育を強調してきた。政府による取組みの影響を測定することは難しい。いくつかの規制措置を適用する一方で，政府の対応は主に情報やアドバイスを提供し，一般医からの健康診断を受けやすくすることだった。政府による取組みの影響を測定することは難しい。しかしながら生活のスタイルにおける選択肢は，所得や環境によって左右される。あるいは，食品や飲料の産業分野の企業活動や用いられる添加物，広告による促進の動きなどからも影響を受ける。私たちの生活や職場環境のその他の側面も，完全に私たちの制御の範疇を超えている。そうなると，私たちの健康を守る一助となるために，政府がより広い範囲の規制をその責務の範疇に含んでいく可能性が議論されるかもしれない。コラム 41 はそのような状況に対する取組みを記述したものであり，同時にこの政策領域におけるいくつか

第7章　保健医療政策

> **コラム41　公衆衛生と消費者の選択——学校給食の場合**
>
> 　2005年に，学校給食の内容に影響を与えようと試みたテレビの料理人がいた。かれに続いて一連のテレビ番組が放送されたことによって，イギリスの学校で提供される食事の内容と費用は激しい議論のテーマとなり，政府の資金の導入と（当時の）教育技能省（Department for Education and Skills: DfES）や教育水準局（OFSTED）によるいくつかの出版物，そして提供される給食の質を上げるための学校給食トラストの設立へとつながった。学校給食への批判は設備上の問題を明らかにした。多くの小規模の小学校における調理場の不足，粗末な共用食堂設備，そして十分な配食と食事の時間が取れないほどの短いお昼休憩などの問題が指摘された。加えて，食事の栄養構成の不十分さや事務的で工夫のない学校配食サービスのやり方といったことへの疑問ももちあがってきた。2006年と2007年には，学校での「ジャンクフード」を禁止し，メニューを規制する条項が導入された。2005年から2007年にかけては，低下した学校給食の水準が向上したことが報告されたが，それは一部では状況が周知されたことへの反動か，あるいは一部で示唆されているように，不本意ながら子ども達の一部がその食習慣を変えた結果とも考えられている。
>
> 　しかしながら，学校給食にかかる費用は年々増加しており，給食の費用に対する親たちの懸念も存在している。平均的にいって，小学校の子どもひとり当たりに費やされている総額のうち，材料費に充てられているのはその3分の1以下の額である。しかし同時に，学校給食トラストは，学校給食の提供は食糧と労働のコスト増加のために利益の出る活動にはならず，多くの場合で地方行政あるいは学校自身からの資金提供を受けていると報告している。学校給食の規定が変更された直後の時期には，ある配食会社の歳入が大きな影響を受け，その親会社に多くの学校との契約から手を引かせることとなった。そして新たな基準の導入は，その事業の利益（イングランドで最大のもので£900万）にもかかわらず，結果的に配食会社が学校給食は「利益があがらない」と言及する状況を生み，彼らの事業への再入札をさせ損なうことになるという問題につながった。ここで描き出されているのは，政策目標の欠如であり，政府はそれを回復する必要がある。企業の利益性という価値基準に依拠した公的サービスの下請けプログラムとなり下がった結果，配食事業は公衆衛生と子どもの福利という両方の目的とは対立するところに行きついてしまった。

の矛盾を強調するものである。

10　代表性と公共性の保護

　1948年以前にNHSの枠組みが何年にも渡り議論された際，多くの医師は地方自

治体による管理に対して反対の立場を明確に示した。1948年から1974年の間，いくつかのコミュニティサービスは地方自治体によって維持されていたが，地方行政における保健医療サービスの管理方法では，省庁による中央任命官と地方自治体によって任命された者の両者が，大衆の代表者として併存するハイブリッドな枠組みが選択されていた。しかし保健医療サービスの管理組織において地方自治体が代表者を任命する枠組みは，1991年以降は消失していた。その結果，大衆の代表者は中央政府レベルによって任命された者のみになった。

　政府による選択を重視する方針では，民衆は選択を通じて政策に影響を与えることができると考えられている（そして民営化の方針は，市場を政策にもっとも影響を与える装置とする考えを強めていく）。委託する者と供給者の分離によって，民主的管理の課題への新たなアプローチの展開が促進されるだろう。しかしながら，選挙で選ばれたわけではない一次医療トラストによる監督の下で，一般医の活動に委託者の役割を与えるという政府の決定は，委託の民主的な統制が無視されたことを示唆するものとなっている。

　そこには，単なる国家的な政策への参加に加えて保健医療政策の策定と施行に民衆を巻き込むために，他に実施可能性のある方法はないかという課題が明らかに存在している。1974年から2005年の間には，民衆の参加のための制度化された仕掛けがあった。それは地方の地域保健委員会である。コラム42は，それらが今や機能していない組織であることを描写している。地域保健委員会は常に，控え目な予算のもとでの弱い組織であったが，それに置き換わった組織が，それより多少でも優れたものであるという点については疑いの余地がある。

　公共的な協議のためには，複雑な機構が編成されてきた。中心的なものでは保健医療への患者と公共の関与に関する委員会（Commission for Patient and Public Involvement in Health）が存在し，さらにすべてのトラストが患者の公聴会をしなければならないという条件がある。またそれとは分離されたものとして，人々からの苦情の訴えを助ける機関である患者の権利擁護と調整サービス（Patients Advocacy and Liaison Service）がある。保健医療サービスのトラストに対する苦情は公式に調査されなければならず，その際にはヘルスケア委員会によって管理される新たな手続きが用いられることになる。

　最終的に，地方政府が果たす役割は小さいもの——ある種の準公式の圧力団体のようなものとなる。「監視委員会」は選出されたメンバーによって構成されたもので，かれらが地方における保健医療に関する問題を調査することになる。

　大衆にとってその代表性以上に重要なことは，不正や過誤を防ぐことであり，サービス供給に対する不満を表明する機会があることである。すべての公的サービ

コラム 42　地域保健委員会

　地域を基盤とした地域保健委員会（CHCs）の設立は，1974年におこなわれた興味深い革新であり，それによって世間一般の見解を表出することとなった。しかしながらその組織の立場は，異議申し立てと情報請求の権利を有した，行政的に認められ助成（金）を受ける圧力団体というものであった。地域保健委員会が有したそのような権力は，そもそもこの委員会が保健医療サービス機関を制約することができる能力に支えられていた。しかしその権力という武器についても，日々の緊密な職業上の関係性が求められる中では，その武器の行使という選択をかれらがためらうような厄介な場合もあった。かといって日々の関係において素っ気ない態度をとり続ければ，逆にそのような関係性の中では地域保健委員会は情報を保護し非公式な異議申し立てをする機会を失ってしまうのである。地域保健委員会はまた，個々の苦情を取りまとめ，彼らの「選挙基盤」を構成する地元の団体からのあらゆる意見を閲覧し，さらにサービスに対する慎重に文書化された情報を受けた批評をつくりあげるという活動の中でも難しい選択を迫られた。地域保健委員会の少ない資源はそのような選択における問題を悪化させた。

　地域保健委員会は，民主主義の理論の下でその言葉が用いられる限りのあらゆる意味において，それ自体は代表性のある組織ではなかった。委員会のメンバーの半分は地方自治体から任命されており，6人のうちの1人は保健省からの任命だった。そして残りのメンバーは関連のある非営利団体から選出されていた（その選出は，メンバーがその地域の患者の代表であるという保障がまったくない，むしろ場当たり的な選出手続きによるものだった）。

　しかしながら，患者との協議とその支援のための比較的シンプルなシステムが，患者を困惑させるような非常に複雑な機構に取って代わられているという主張について，その十分な根拠は存在しているように思われる。

スにも適用されているような一般的な異議申し立ての機会とは別に，とくに保健医療サービスに関して，多くの特別な手続きが利用できるようになっている。サービス従事者や病院は過失に対して訴えを起こされることもあり，専門職による過誤や過失は，結果的にその関連する職能団体や組織からの締め出しにつながることもある。

11　結　論

　ずっと以前，NHSにいたアメリカ人学生（Lindsey, 1962）が，NHSを「その範囲において最高でその意義において驚異的なもの」と描写した。彼は続けて言った。

過去の偉業と将来の到達点からみれば，NHS を20世紀の注目すべき実績のいずれのリストからも除外することは適切ではない。それほどまでに NHS はイギリス式の生活の一部になってきたのであり，一般的なイギリス人にとって，かれらの身体的および精神的な福利に貢献してきたこれらのサービスが，もしなかったらどのようなことになるのかを想像することは難しいことである（Lindsey, 1962, p. 474）。

　この言葉によく示されているのは，独特に入り混じった理想郷的な期待と保健医療サービスを当然のことだとする思い込みであり，それは保健医療サービスに関する政策課題についてのイギリスでの議論にやや誇張された評価を与えている。
　私たちはサービスに対して，しばしばその供給能力の範囲をはるかに超えたものを期待している。そのため私たちは，一方で私たちのシステムに対するプライドと，他方で治療の待機者リストや満員の病棟に対する懸念との間で大きく揺れ動く。私たちは医師を，システムを支配するエキスパートとして重要な地位にまつりあげながら，かれらの傲慢な厚かましさに怒る。私たちはサービスをもっともっと要求しながら，あまりにも簡単に要求する神経質な国民になりつつあるのではないかと心配する。サービスは必然的に政策的葛藤に直面することになるが，これらの混在した感情は，その主要な政策的葛藤に対する政治家と大衆の反応に影響を与える。
　大衆は苦痛や死の問題を解決する医療の力について不釣り合いな期待をもつ。その態度が，健康に関する政策を文脈の中でとらえ，また私たちの保健医療サービスの強さと弱さを受け入れることを難しくさせる原因の一部となっていることは，疑う余地のないことである。その一方で，「医療の非神秘化」が起こり始めているという兆しがある。このことは，病院でのサービスと地域でのサービス，あるいは保健医療サービスとその他の公共政策の中での資源の配分について，政策決定への私たちのより現実的な関与を助長している。このような事例のいくつかについては，この章の中でもふれてきた。
　私たちは今，次のことを問い始めている。それは，医療上の問題だけでなく倫理的な問題に関することについても，ほとんど移譲しすぎといえるほど，私たちは医療の専門家にその決定を移譲している状態にあるのではないかということである。私たちは，国民の健康に関する多くの決定が，臨床的な医学サービスの質と原理にほとんど関係がないことをよく理解するようになっている。しかしこれらの課題に関する議論は未だに，そして必然的に，継続して増大するヘルスケアのコストについての懸念の影でしかおこなわれていない。NHS には何ができなくて，またする必要がないのかという疑問が考察されているのは，NHS には何をする余裕がある

のかという疑問が大勢を占める文脈の中のことである。

　NHS の欠点をやり玉にあげることはあまりにも簡単なことである。しかし，もちろん改善の余地はあるが，社会主義者であったその創設者アナイリン・ビバン（Aneurin Bevan）にとっては，NHS は現存する不朽の業績であり続ける。彼は言った。「商業原理が最も適さないと思われるような社会の部分で発揮される公共的なイニシアティブと，集団的活動の優位性を示す優れた例である」(NHS, 1952, p. 85)。NHS が十分な資金を得ている限りこの「優位性」は維持される。現代の労働党の政治家は，さまざまなかたちで起きている民営化に対する不安を無視する傾向があり，〈公的な資金〉によるシステムというものがもはや教条的に〈公的な供給者〉の必要性を意味するものではないと主張する。すでに民間の供給者を後押ししていることや，そしてサービスの外注や民間資金イニシアティブを通じて公的な供給者の自律性の浸食が強まっていることは，続く展開へのほんの入り口でしかないようにみえる。そのような展開が起きることにより，民間の供給者によるヘルスケアを擁護する者にとっては，次の章で述べるソーシャルケアのシステムにみられるような混合運営のシステムへの，ヘルスケアのシステムの移行を試みることを容易にする。

◇より深く学ぶための読書案内

　保健医療政策についてはいくつかの教科書がある。長く用いられているものの一つは Ham (5th edn.) による *Health Policy in Britain* (2005)（『イギリスの保健医療政策』）である。またより最近のものとしては，社会政策学会がポリシー・プレス社から出版したシリーズへの寄稿である，Baggott による *Understanding Health Policy* (2007)（『保健医療政策の理解』）がある。NHS の組織的なアレンジメントについて，最近の変化を含めて非常に詳しい説明をおこなっているのは，Talbot-Smith & Pollock による *The New NHS: a Guide* (2006)（『新たな NHS：手引き』）である。

　政府の Department of Health (2000) *NHS Plan*（『NHS 計画』）は最近の多くの政策上の展開についての良い資料ではあるが，他の政策領域については公式なウェブサイト（www.doh.gov.uk）の閲覧によって状況のフォローが重要となる。キングス基金（Kings Fund）によるウェブサイト（www.kingsfund.org.uk）も，現代の保健医療政策の課題についての議論を知るためには有用な情報源である。

　財務と実績に関する事柄については，Glennerster による *Understanding the Finance of Welfare* (2003)（『福祉財政の理解』）の関連した章の中でよく探求されている。*Inequalities and Health*（『不平等と健康』）でのアチソン報告は健康の不

平等について証明した必須の資料であり，また Stacey による *The Sociology of Health and Healing*（1988）（『健康と癒しの社会学』）が明らかにしている幅広い社会学的課題も，あらゆる保健医療政策の評価において考慮にいれるべきものであり，やはり非常に関連の高いものである。

訳注
[1] 本章では，保健医療政策（Health policy）および保健医療サービス（health service）におけるケアをヘルスケア（health care）としている。それに対し，ソーシャルワークや対人援助を中心とした社会サービスおよびソーシャルケア（Social service/care）がある（それについては本書第8章で記述）。
[2] アームズ・レングス・ボディ（arms length bodies）とは，ALBs とも略され，政府から一定の独立性（アームズ・レングスな関係）をもちつつ，政府からの助成や支援によって活動する機関を指す。イギリスでは社会サービスなどの分野における機能を担っている場合が多い。
[3] 1999年から始まった，電話と Web サイトで健康相談サービスや地域のヘルスケア情報（医師・歯科医師・薬剤師の紹介など）を24時間提供するサービス。
[4] コンサルタント医とは，特定の専門領域のトレーニングを完了し，その領域の専門医師として登録された医師のことである。かれらは治療における最終的な責任をもつ。
[5] 早期死亡率とは，潜在的生存年齢（the years of potential life lost：YPLL）より早く亡くなった人の割合で，統計によって YPLL を65歳とする場合や75歳とする場合がある。
[6] ロンドン中心部のウェストミンスターなど13行政区からなる地域。
[7] イギリスの地方行政区は，州（region）と区（district）という2層構造が中心だったが，1990年代以降，1層構造の単一自治体に移行する動きが進んでいる。

第8章
成人のためのソーシャルケア

1 はじめに

　この本の以前の版には，成人と子どもの両者に対する対人社会サービスを論じる章があった。それらのサービスは，イングランドとウェールズの社会サービスについての政府の〈部局〉（スコットランドではソーシャルワークの部局）の責任の下で一体的に運営されていた。2003年に政府が公表した緑書では，イングランドの教育と児童保護のための政策を地方自治体レベルに移管することが明確に示された。それは地方自治体に対して，その地域の教育と児童に対する社会サービスについての責任を負う児童向けサービス管理者（Director of Children's Services）のポストを設けることを提案するものであった。この提案を実行するための立法は2004年に完了した。そしてこの変更により，成人に対する社会サービスは，地方政府が管轄するものの中の独立した要素の一つとして残されることとなった。政府は地方自治体がこの状況にどう対応すべきかについて指示しなかったことから，それらのサービスの実際の組織的アレンジメントは，今や多様なものとなっている。ある地域では別個の成人向けソーシャルケアの部局が置かれ，またある地域ではその他の地方政府の機能と一体化され，教育や児童向けのサービスと一緒になっている場合もある。

　さらにいえば，いくつかのエリアでは，共同管理された組織としてのケア・トラスト（前章で議論した一次医療トラストと混同しないように）が形成され，その中で一部もしくはすべての成人向けソーシャルケアが地域のヘルスケア活動と結合されている場合もある（この展開については本書233—236頁で後述する）。

　ソーシャルケアや社会サービスなどの表現は曖昧で不明瞭であるため，ここで成人向けソーシャルケアという用語によって示される意味について言及しておく方がよいだろう。多くの場合，私たちは家族や友人から，あるいは個人的な購買によってケアを確保する。しかし例外的なニーズが，量やその種類において家族や友人が提供できるケアの範囲を超えた場合に，公的に供給される，あるいは公的な財源か

らのケアが利用可能となる。この後で示すように，私たちがケアの形態についてより詳細に検討したとき，例外的なケアに対する「ニーズ」（need）はいくつかの障害を理由とした場合に認められる（とくに——それだけではないが——高齢者に生じる障害については重要視される）。このニーズを特定することについての議論は，本章の中のさまざまな部分で検討されていくことになる。またそれによって次の2つのニーズ調査がほとんどの場合で常に適当だということが示されるだろう。その一つは障害の程度に関連したものであり，もう一つは（これも「資力調査」と表現されるが）ケアを必要とする者が自分自身のケアのために活用可能な資源をもっているかどうかに関連したものである。加えて，この2番目のニーズ調査においては，家族や友人からの支援の活用可能性も，明確にではなく暗黙のうちにではあるが，その判断の際に考慮に入れられることになる。これらのケアやニーズの定義といった問題を超えたところには，コミュニティにおける「普通の」な生活から人々を孤立させることなく，人々のケアへのニーズをどの程度満たせるのかという，非常に重要な幅広い政策課題がいくつか横たわっている。

　ソーシャルケアのための政策は，中央政府レベルにおいては，イングランドでは保健省が，またウェールズ，スコットランド，そして北アイルランドではそれぞれに移譲された政府機関が責任を負う。スコットランドの場合，このような管轄の分断はいくつかの法律上の違いによって起こるものだが，しかしこの分断がイギリスの統計資料の統合を難しくする。そのため本章において用いられる統計のほとんどは，イングランドのみについてのものとなるだろう。

　北アイルランドを除いて，保健医療と社会サービス委員会（Health and Social Services Board）の下で保健医療サービスが統合されている地域では，ソーシャルケアの供給は地方政府が責任を負っている。しかし一方で，地方自治体に対して，ソーシャルケア事業における中央政府による規制の強化が起こっている。

2　ソーシャルケア・サービスの概観

　ソーシャルケアのシステムを分類する一つの方法は，ケアの対象となるニーズをもった集団による分類方法である。たとえば高齢者，身体的な損傷や障害をもつ人々，精神面での問題を抱える人々，知的障害をもつ人々，そして子どもなどである[1]。もう一つの方法は，サービスの種類という点からの分類であり，入所型のケアやデイケア，在宅サービスなどの分類である。表8-1はソーシャルケアに関する支出額をその対象となるグループごとに算出したものであり，一方，表8-2はサービスの種類の点から4つのグループに分けて示したものである。

第8章 成人のためのソーシャルケア

表8-1　イングランドにおける成人向けソーシャルケアの支出（2005-06年）

対象グループ	支出額（100万ポンド）	％
高齢者	6,850	57
身体障害者	1,300	11
知的障害者	2,960	24
精神障害者	1,010	8
計	12,120	

出所：表中の数値は保健省（2007）のデータから算出。

表8-2　全ソーシャルケア支出におけるサービスごとの割合　（単位：％）

対象グループ	アセスメントと ケア・マネジメント	施設での サービス提供	在宅での サービス提供
高齢者（100）	11	55	34
身体障害者（100）	17	26	56
知的障害者（100）	7	53	40
精神障害者（100）	28	36	36

出所：表中の数値は保健省（2007）のデータから算出。

　これらの表からは，全支出額の半分以上が高齢者のニーズを満たすために用いられていることや，高齢者に対する支出の中でも，その半分以上が入所型のケアに費やされていることがわかる。
　注意すべきなのは，成人向けのサービスは時に「コミュニティ・ケア」と呼ばれることであり，そしてこの呼び名は入所型と在宅型の区別なく用いられているということである。これは国民保健サービスおよびコミュニティ・ケア法（National Health Service and Community Care Act of 1990：以下，コミュニティ・ケア法）が通過した当時の専門用語であったが，「成人向けソーシャルケア」という一般的な表現が好まれるようになることで，現在では用いられなくなっている。1990年コミュニティ・ケア法に先だって公表された白書は次のような文言で始まっている。

　　コミュニティ・ケアとは，加齢や精神疾患，精神的および身体的なハンディキャップ，身体および知覚の障害などの問題の影響を受ける人々が，自分の家や，あるいは地域において「家庭的」な環境で生活できるようになるために必要なサービスや支援を提供することを意味する（HMSO, 1989, para 1.1）。

　この定義の最後の部分に「コミュニティにおける家庭的な環境」が含まれていることや，そしてすべての成人向けソーシャルケア施設が「家庭的」であるべきだと

いう長い間の憧れがあったという事実から，コミュニティ・ケアの定義が病院で提供される以外のすべてのケアを包含したものであることがわかる。

　この定義の「サービスと支援」という言葉の含意についての疑問が生じるのももっともなことである。この点については2つの問題がある。一つは，それほど重要な点ではないが，ヘルスケアとソーシャルケアのサービスの範囲を区別することは難しく，また実際に効果的なケアというものはヘルスケアとソーシャルケアの供給者間の緊密な連携に基づくものであることが広く認識されているということである。これらの論点については本章の後半で述べる（本書235—236頁参照）。

「サービスと支援」への言及に組み込まれている2つ目の問題は，それらを誰が供給すべきであり，また誰が支払うべきであるかという点が明確にされていないという点である。門外漢である者がこの定義を読めば，おそらく国家がコミュニティもしくはソーシャルケアの唯一の供給者であり財源の調達者であるという誤った結論に飛びついてしまうだろう。それはもちろんまったく事実とは異なるものである。すでに述べたように，あらゆる形態のケアを求める者は誰でも，公的部門からの援助を受ける前に厳格な〈ニーズ〉と〈資力〉についての調査を通過しなければならない。（先述の定義で示される）加齢や精神疾患などの問題の影響を明らかに受けている者でも，その多くはそれらの調査を通ることができず，サービスも支援もないまま生活しなければならないか，もしくはそのためにお金を払ったり，家族や隣人たちからそのような支援を受けたりしなければならない。これらのニーズの調査における基準値は，必然的に利用可能な資源の水準によって影響を受けている（コラム43参照）。これら両者の論点の後には，更なる議論が続くことだろう。

　ソーシャルケアを管轄する機関は，成人向けソーシャルケアについて幅広い責任を負っている。1948年に国民扶助法の通過に伴って救貧法がついに廃止された際，地方自治体は入所型ケアについての責任を救貧法の条項から引き継ぐことになった。全般的にケアというものは，入所施設によるよりも在宅による方がむしろより適切だろうという認識が定着したことにより，地方自治体の責任の範囲にはさまざまな在宅型サービスが加えられた。1970年代初期の保健医療サービスおよび社会サービスの再構築は次のような展開をもたらした。精神障害者や知的障害をもつ者に対する保健医療サービス施設外でのサービスが進展し，そして，成人のケアにおいて熟練したソーシャルワークサービスを効果的に活用したいとする強い願望が生まれたのである。

　1980年代初期には，公的な入所型ケア部門の縮小が継続し，病院はますます長期療養の分野に関与するのを嫌がるようになった。その一方で，民間もしくは寄付行為による入所型ケア施設が急速に増え始めた。支援を必要とする人々（とくに高齢

第8章 成人のためのソーシャルケア

> **コラム 43　ソーシャルケア・サービスにおける資力調査の影響**
>
> 　資力調査では所得と資産の両方が考慮に入れられる。高齢者ためのケアのシステムに関する第三者機関による報告では、ソーシャルケア・サービスにおける資力調査の影響が以下のように整然と要約されている。
>
> 　資力調査システムの下では、資格規定によって結果的に人々が次の3つのグループに階層化される。
> - 財産が少なく、国家による支援を受けるのが適当とされ、標準的なレベルのケアを受ける者。
> - 資力があり、自分自身で高いレベルのサービスを確保することが可能な者。
> - 上の2つのグループの間に位置する者で、そのうちのかなりの割合の者がケアのための支出に苦慮し、結果としてフォーマルな支援を十分に受けていない者。
>
> (Kings Fund, 2006, p. xxxii)

者）が独立した居宅生活のために利用できる社会保障給付額が増加したことは、この独立した（つまり民間もしくは寄付行為による）ケア施設の成長を促進することになった。このような現象は、1980年代初期の一部の規制の緩和の結果として出現した。それは、民間の入所施設の利用に資力調査付き給付を用いようとする申請者に対する、資力調査の規制緩和だった。簡潔にいえば、後になってみればこれは単に「間違い」(mistake) だったということができる。マーガレット・サッチャーが率いた保守党政府は、第2章で示したように民営化への強い決意をもっていた。それは、民間によるケアを支援するにはよい考えだったが、しかし社会保障予算においてその意味するところを正確に予測してはいなかった。

　民間の入所型ケアの成長は一様ではなかった。ある地域では地方自治体によるケアの必要性が劇的に減少することになった。しかし別の地域においては、その影響はきわめてわずかなものだった。この点に関して1986年の監査委員会の報告では、民間部門の発展を「社会保障政策に対する屈折した影響」として表現し、施設の内と外の正しいバランスをとるための取組みが歪曲されているとされた。また、社会サービス機関によってケアを必要とすると認められなかった人々が、入所型ケアを利用するための社会保障給付は受け取れるという場合もあったが、社会保障部当局はそのような状況に関心がなく、ほとんどの場合、資力調査はおこなわれなかった。このような民間の入所型ケアの展開は、地域的な不均衡を増大させることとなった。上述の独立した部門によるケアがもっとも成長したのはイングランドの南部と東部、とくに沿岸部であった。

このような奇妙な状況は，政府がそれに注意を払わずにはいられなくなった1980年代の終わりまで続いた。地方自治体は施設の外でのケアを拡大する方法を模索してきた。地方自治体の入所型ケアの負担は，独立した部門の成長によって相対的に減少していたが，それでもまだ社会保障予算においてかなりの部分に相当するものだった。地方当局の関心は，人々をかれら自身の家でケアすることの重要性と，入所施設の利用をもっともニーズの高い人々に制限することに向けられていたが，それにもかかわらず入所施設にかかるコストは社会保障予算のかなりの割合を占めていた。この状況に対する中央政府の反応は『国民のケア（Caring for People）』（HMSO, 1989）と題された白書の中に盛り込まれ，その対策のための法律が1990年に施行された。そこで決定されたのは，地方自治体はケアのニーズについての（公的なケアを求めるすべての人の）アセスメントと，そしてケアの供給もしくは購入において責任を負うということであった。その結果として，入所型のケアが必要かどうか，あるいは代替手段として何らかの形態の在宅型のケアが提供されるべきかどうか（あるいはもちろん，何も提供しないか）の決定において，さらには，誰がそれを提供するかの決定においても，地方自治体が責任を負うこととなった。同時に中央政府は，地方自治体による直接的な供給よりも民間（もしくは寄付行為によるセクターの）供給者からサービス購入に誘導するように設計された新たな規制を実施した。

　中央政府から地方自治体へ責任を移転させるこのプロセスは，複雑なものであった。これには国家の社会保障予算から地方自治体の社会サービス予算への，一定期間を通じた予算移行のメカニズムが含まれたが，すでに完全に私費のケアを利用している人々についてのアレンジメントは手つかずにされた。この新たなシステムへの移行は1993年4月までに完全に実行された。

　この一連の出来事は，独立した部門によるケアのシステムへの社会保障費からの助成によって生じた異常性を明確化するものであった。ケアシステムの改革における政府の関心事は，とくに，高齢者に対する独立した部門によるケアへの，社会保障支出の伸びを制御するという問題から派生していた。しかしながら，実際の改革論は幅広い言葉で表現された。そこにはソーシャルケアを全体として認識する必要性が示唆されている。またヘルスケアとソーシャルケアの境界についての問題を解決すべきとの提案がなされ，地域でのケアと参加者の意思決定への関与を最大化するためのよりよい計画の必要性も議論にあがった。利用者の希望にもっと敏感になる必要があるという提案まで出されたが，ただしその取組みが目的を達成したという証拠はほとんどない。そのような中で，批評家に反応が悪く非効率的だとされた公的サービスに，利用者の自己選択を導入しようとした政治的な願望が生じた。こ

の願望は，自らケア計画を立てることによって大きな自律性を求める利用者，とくに障害者の権利活動家の要求と一致した。そしてその結果，サービス従事者が，ケアやケアラー（carer）を必要とする者によりよい取り決めを提供するための機会として「コミュニティ・ケアの改革」をとらえなおす余地を与えた。また，選択というテーマをめぐる政府と活動家の間の不安定な提携の出現は，その先の政策上の転換への下地をつくることとなった。

　これらすべての出来事は，ソーシャルケアを必要とする者（とくに高齢者の間で）の数の増加，そのケアの負担度の縮小のための保健医療サービスにおける経済性，さらに地方政府の支出に対する中央政府の攻撃といったいくつかの背景のもとで起こったことだった。改革の具体的提案には，新たな市場親和的言語が織り込まれていた。ソーシャルケアに関する機関は「購入者」となり，サービスの提供について「供給者」と契約を結ぶ。その契約は（政府の観点からみて）理想的には民間もしくは寄付行為によるセクターとの間で結ばれるものであり，そうでない場合には，購入者と同じ機関内の切り離された部門と契約することになった。政府のねらいは，独立したセクターの役割を増大させることであった。その結果，驚くことではないが，改革の変化のプロセスは複雑なものとなった。

3　入所型ケア――より詳細な検証

　公式統計によれば，イングランドには2006年3月時点で，高齢者とその他のケアのニーズをもつ成人の中で，入所型もしくは看護のための施設で地方自治体による支援を受けている人が25万9000人いた（Department of Health, 2007）。しかしながら，おそらく実際の多くのケースでは，「支援」という言葉は時として「部分的な支援を受けている」という意味になるだろう。なぜならそれらの施設等はいずれも資力調査をおこなっており，利用者はその所得や資本に基づいて，ケアにかかるコストを支払うことを施設から求められるからである。一方で，地方自治体の援助なしにすべての経費を自ら支払っている人の数は，イギリス全体でおよそ12万人，そのうち10万人はイングランドに居住していると試算される（Kings Fund, 2006, p.97）。このことは，ケアのニーズをもつ成人全体のうち，地方自治体によって支援されていない人の割合が現在のところ約25％強にものぼるということを意味している。

　地方自治体によって支援されている人のうちの10％は，地方自治体による施設の定員枠に含まれている。残りは民間による施設であり，これらの施設と地方自治体との間では，ソーシャルケア当局によってケアが必要と判断された人々に対してケ

アを提供する契約が結ばれている。それら民間による施設の多くには，地方自治体によって支援されている者と私費で賄っている者が混合して入所している。
　地方自治体によって運営されているものも含めたすべてのケアホームとナーシングホームについて，その登録状況の確認と定期調査は第三者機関の仕事である。その第三者機関とは，NHSにおける監督者の役割をもつものとして最終章で言及している，保健医療監査および調査委員会である。ソーシャルケアの監査については分離された組織があったが，2008年からソーシャルケアについても同委員会の役割に含まれるようになっている。
　ここで，上述の「入所型」ホーム（度々ケアホームとも呼んでいるが）とナーシングホームの違いについて記述しておく。後者は，集中的な看護を必要とする人々により高いレベルの支援を提供するもので，かつては保健局の管轄であったものである。上述の入所者の約28％がナーシングホームに入所している。それらのすべては独立したセクターの施設である。これらの施設においてすべての費用を自己負担することのできない入所者の費用は，現在は地方自治体が負担することとなっている。ケアホームとナーシングホームとの間の区別は徐々に不鮮明になってきている。いくつかの施設は，明確に「両方の目的」をもつものとして認識されており，またケアホームの入所者の相当数はナーシングホームでのケアが必要な状態にある。コミュニティ・ケア法制定の以前からの古い公的部門では，地方自治体が運営する入所型施設の入所者と，過密状態の病院の一般病棟の患者とをどう区別するかという問題を抱えてきた。今や，長期入院をおこなう病院の大部分がなくなり，高齢者に関連する範囲では独立したセクターによるナーシングホームが，また精神疾患や重度の知的障害を抱える者には障害者のためのさまざまな形態のコミュニティ・ケアが，その代わりを担っている。
　王立長期療養委員会は，1999年3月の長期療養に関する報告書に基づいて，持続可能なシステムのために取るべき手段についての調査をおこなうことを提言した。その中心的な意図は，入所型ケアへの支出をお膳立てすることであった。ケアの制度の大部分，とくに入所型ケアの制度面の主な課題は，資力調査をおこなうことによって多くの人々に対して経費の相当額の自己負担を強要しているという点である。このことは，入所型ケアの場合にとりわけ問題となる。そこに住むための経費は，高齢者の蓄えの大部分を吸い上げてしまう可能性があるためである。持家がある者が入所型ケアを利用した場合には，入所費用を払うためにその家を売ることになるだろう。それゆえ，相続することを期待していた資産がケアにかかる費用を補うために使われることに対して，次の世代が憤慨するのである。人々がより長生きをするようになるにつれて，そのかなり著しい割合の人々が介護を必要とするようにな

り，このような問題が政治的課題としてもちあがってきた。この問題をより一層際立たせているのは，かつて多くの自立度の低い高齢者がNHSの無料の病床を占有していたが，かれらには現在，NHSの病床の代わりに，上述のような費用負担のルールが適用されるソーシャルケアを探すことが求められているという事実である。

王立長期療養委員会は次のように提言した。

　長期療養のための費用は生活費と住居費，そして対人ケアの費用に分けられるべきである。対人ケアは，アセスメントの後にニーズに応じて利用可能となるべきで，残りの生活費と住居費は，資力に応じた自己負担の対象とすべきである（Royal Commission on Long Term Care, 1999, p. xvii）。

このような考えを正当化したのは，自宅でケアされている人々は一般的な生活費と住居費を負担しているのだから，付加的な要素であるのは対人ケアの部分だけであるという観点である。ただしこの論理によりかれらは，在宅であってもより重度で集中的なケアは無償であるべきだ，という点についても議論せざるをえなくなった。

この提言を支持する立場から，王立委員会は将来のケアの負担を誇大表現することに対して批判的な態度を示した。かれらは長期療養ケアのリスクはある種の「リスクの共有」（risk pooling）によって適切にカバーされるが，民間保険では適切な価格での供給はできないと論じ，さらに次のように述べている。

　拠出を担保とする〈非積立型〉の財源をとる社会保険は，イギリスのシステムにとって適切ではないだろう。また〈事前積立型〉の制度は若い人々にとっての重大な負担を構成し，また将来の消費に対する不確かで不適切な要求を生みだしかねない（Royal Commission on Long Term Care, 1999, p. xvii）。

NHSが税を財源とし，また国民保険制度の大部分が崩壊しているイギリスの文脈の中では，最後のコメントは正当化できるようにも思える。それゆえ，王立委員会は古典的な普遍主義的アプローチを正当化したのである。

　リスクを共有し，全体としての国家にとっての利益を最大化するためのもっとも効果的な方法は，一般税を財源とし，富よりもむしろニーズを基礎とするサービスを通じたものである（Royal Commission on Long Term Care, 1999, p. xvii）。

ただし王立委員会の提案は全会一致によるものではなかった。2人の委員は中央政府の提案に異論を唱え，反対に書面に署名した。またこの提案に政府は，対人ケアにおけるソーシャルケアとナーシングケアの区別をするという対応をとり，その後者だけを無料にした。政府の反応は明らかに，経費についての王立委員会の提案の影響を受けたものだった。しかし提案の実現には失敗し，そのため多くの高齢者にとって非常に高額な費用の負担がそのままにされている。そのため資力と資産の調査は，入所型ケアとの関係において未だに大きな影響を与え続けており，資産隠しや移譲の強い動機となっている。人々が入所型ケアを必要とするほど障害がある場合に，ナーシングケアとソーシャルケアの間に満足のいく境界線が引けるのかという点については疑問があり，政府にはこの問題の再考をもとめる圧力が，無視できないほど大きくのしかかっている。さらに，スコットランド政府が王立委員会の提言を受け入れたという事実が，この圧力を与え続けるグループを後押ししている。

　民間の企業年金の加入か持ち家のどちらか，あるいはもちろん両方を手にしている高齢者の数は増えている。そのため，入所型ケアを探す者の間では，地方自治体による資力調査に「失敗」すると思われる者の数が増加している。すでに入所型施設にいる者の中で，そのように資産調査をパスできずに自己負担を強いられる人の，実際の数を確認することは難しい。前述の数値からは約25％程度と示唆されたが，3分の1近いと試算する者もいる（Kings Fund, 2006, p. xxvi）。境界値周辺のケースでは，例外的な措置が認められたり判断が難しいケースもある。そして一部の人々は，資力調査が適用される前に資産をうまく移譲してしまうのである。

　このような問題について，スコットランドで用いられた解決法をイングランドに適用することが多方面から支持されている。またもう一つの方法として議論されているのが，ドイツにあるようなある種の公的な介護保険の開発を採用することである。しかし健康保険のない国においてそれを導入することは政策的に難しく，介護保険は単に人々に税を課すための別の方法としてとらえられている。銀行家のデレク・ワンレス卿（Sir Derek Wanless）は，以前までヘルスケアの費用について政府へのアドバイスをおこなっていた人物であるが，かれが代表を務め，影響力のある民間のヘルスケアおよびソーシャルケア機関でもある第三者機関がある。この機関があげた報告書では，介護保険の問題についても報告され，王立委員会の提案に対する精巧な代替案として，公的な財源からの拠出と民間の支出を混成させるという案が提示されている。

　ところで，障害をもった人々への支援についてはいくつかの社会給付がすでに存在し，それらは資力調査を必要としない。また障害者に対する生活費手当と介護手当も存在する。これらの手当は，他者からのケアを必要とする程度に応じてさまざ

まな額が設定されている。そして，基礎的な活動の多くを自分でおこなうことができない人々に対するこれらの給付には，受給資格の有無の確認のための広範で詳細なルールがある。2004年度には，これらの給付の費用は（イギリスでは）37億ポンドであった（Kings Fund, 2006, p. xxiv）。有給で雇用されていないケアラーや，相当量の時間を障害をもつ者のケアのために充てなければならないケアラーが利用できる給付もある。これは傷病者介護手当というもので，支払われる金額は低い。現在これらの手当は，ケアにかかる費用の非常にわずかな割合に対して援助しているだけだが，——入所型もしくは自宅での集中的なケアが必要な場合に限っては——拡大されうるものである。

　政府の立脚点は，当然のことながら，これまでに言及したような解決方法にかかる費用の点である。そして，資力調査をやめるというどのような提案も，（相対的に）豊かな人々に向けられる給付の増加を暗示していると認識されるに違いない。しかしもう一方では，ケアのコスト負担の状況が，非常に場当たり的でほとんど予測できない方向へ陥っていることも明らかな現実である。社会調査データでは，入所型施設でのケアは非常に評価が悪いことが示唆されている。当然私たちの多くは自分の家を維持し，そしてもちろん自分のベッドで合併症も少なく死ねることを望んでいる。しかしもちろん，現実には，その希望を実現不可能な願いに変えてしまうような深刻な身体的あるいは精神的な健康上の問題を，多くの者がその人生の終わりに経験する。とくにここで際立つのは，問題がアルツハイマーに関連していた場合の問題である。その場合には精神面の機能が深刻な影響を受ける。今日のイギリスでは未だにかなりのケアが家族員によっておこなわれているが，多世代の家族員がいる家庭はほとんどなく，多くの人々は助けを求められるような近しい親類もいないのである。

4　入所型施設の外でおこなわれるケア

　入所型ケアに対する支出の問題については，叙述上の便宜的な理由から，ここまでそこだけを切り離して議論してきた。その問題と，施設の外部で提供されるケアについての問題との関係を断つことはできない。私たちは，増加する入所型ケアのための費用を抑え込もうとする政府の政策が，安価な代替策の存在を保障しようとする取組みとどう関連してきたのかをみてきた。また私たちは，大衆の間では在宅型ケアへの傾倒が広くみられることも指摘してきた。最近の統計上の傾向をみると，人口動態の変化にもかかわらず入所型ケアがほとんど増えていない。このことからは，他の種類のケアへの転換が起きているようにもみえる。1990年の法律以前には，

在宅ケアへのサービス割り当ての手続きは場当たり的に展開されていた。その後は，地方自治体はニーズと資力の双方の厳格な調査を，在宅でのケアの割り当てに用いるよう奨励されてきたが，それは入所型ケアの必要性を減らそうという観点を伴っていた。また地方自治体には，厳格かつ一貫性のあるニーズの定義を適用することがことさら推奨された。そこから導かれる結果は，より高いニーズの者たちへの在宅での集中的ケアをえこひいきし，反対にニーズが低いと分類された者に対する限定的なサービスからは手を引くというものである。このことは人々の憤慨の源となり，低いニーズに対する支援がニーズを高めるような健康悪化を予防する機能をもつことを考えれば，逆効果になると異議が唱えられた。ここには明らかに，いくつかの難しい課題が存在している。その一つは，地方自治体による限られた資源のもっとも有効な使い方に関する課題である。

ソーシャルケア当局は，さまざまなデイケアのサービスを自ら組織し，もしくは独立した供給者から購入する。高齢者に対するデイケアセンターは，人々が交流したり，社会的活動や作業療法をしたり，おそらくは安い昼食やいくらかの支援や助言を得たりするために行く場所といえる。同様の機能をもったサービスは，しばしば障害者に対しても提供される。若い障害者に対しては，そしてとくに知的障害をもった者に対しては，交流や治療に生産的活動が伴うようなセンターがある。またある場合では，さまざまな程度に保護的な授産所で商業的に後援を受けた仕事をし，その就業者には賃金が支払われる（コラム44参照）。しかし，ここで授産所と治療，そして家の外での日中活動の提供の間に境界線を引くことには，いくつかの点で難しさがある。コミュニティ・ケアに関する法律の下では，政府は地方自治体に，かれらが「地域で」提供するさまざまな援助についてより柔軟になることや，そしてもちろん，法定外の供給者の活用を徐々に幅広くしていくことを期待している。

2006年のある週には，約370万の「サービス提供時間」（contact hours）にあたる支援がイングランドの地方自治体によって約34万6000世帯に提供された。同時に，そのうちの29％の世帯は「集中的なホーム・ケア」（週10時間以上）を受けた。そのような集中的なケアを必要とする者へのサービスが，より強調される傾向にあることはすでに述べた通りである。

もちろん人々は，地方自治体からの補助がされない家政婦などを雇うこともある。そして提供されるサービスが十分でない場合，その差は親類や隣人たちによる相当量の無給の働きによって埋められることになるだろう。

地方自治体は，自宅での食事提供も支援することができる。この配食の「ミールズ・オン・ホイールズ」サービスは，しばしば独立した組織によって提供される。これもまた，適用される範囲はエリアの端から端でばらつきが大きく，極端な場合

第8章 成人のためのソーシャルケア

> **コラム44　レンプロイ社——援助付き雇用の高まりと失速**
>
> 　レンプロイ社は障害者などに対する雇用および就労支援サービスを提供する機関で，幅広い種類の雇用や支援および訓練プログラムを提供し，より最近では職業紹介所と就職相談サービスを混合したものとして運営が始まった地方支店もある。レンプロイ社はもともと，1944年障害者（雇用）法（1944 Disabled Persons (Employment) Act）の制定後に，当時の労働大臣であったアーネスト・ベビン（Ernest Bevin）によって1945年に設立されたものである。そして，家具の製造や自動車部品産業などの生産において，直接雇用を提供する工場として登録されている。
>
> 　2007年，レンプロイ社の管理者は「近代化」の計画を発表した。それは，その他の多くの経費削減のための方策とともに，全国に拡がった83カ所の事業所のうちの32カ所の閉鎖と11カ所の合併を含むものであった。労働組合の圧力の下でこの計画は修正されたが（閉鎖の提案が32カ所から17カ所になった），国家の援助付き直接雇用の最後の砦が急速に崩壊しているのは明らかであった。レンプロイ社の役割と事業活動は進化し，現在では雇用主に対する障害者雇用とその維持のためのアドバイスだけでなく，技能訓練とその他の「雇用可能性」を高める手法を提供することを通して，人々の一般就労を助けるものとして存在している。レンプロイ社の歴史と未来は福祉政策の変化と深く関係しているが，しかしその発展は社会の障害に対する態度や障害の治療における変化も反映している。

には週に1回のサービスの「引換券」での支給であったり，逆にもう一方では包括的な週7回のサービスであったりもする。地方自治体はこのサービスに対して料金を設定することができるが，サービスに対する助成の程度は変わりうる。

　さらに地方自治体は，地域で生活する人々のケアを補助するためのさまざまな「現物給付」(benefit in kind) も提供している。1970年慢性疾患および障害者法 (the Chronically Sick and Disabled Persons Act of 1970) では，地方自治体が提供できる幅広いサービスが提案されている。この法律によって地方自治体の義務が強調されているにもかかわらず，現状は「できる」(may) という最後の文言がふさわしいものとなっており，提供されている支援の適正度合はさまざまである。自治体は障害者に電話を提供し，またそのレンタル料を負担することができ，またかれらは障害者のニーズに適応した住宅を用意し，また日常生活のためにさまざまな補助を提供することもできる。かれらはしかしながら，予算上の制限を設け，それによってそれらの給付に利用可能な金額を非常に厳しく制限する傾向がある。ただし，1986年障害者（サービスと協議および代理）法（Disabled Persons (Services,

Consultation and Representation) Act of 1986) が障害者の権利を拡大し，障害をもつ人々が自らのニーズについての相談をおこない，またサービス供給についての情報を得られるようになった。加えて，1995年介護者（承認およびサービス）法 (the Carers (Recognition and Services) Act of 1995) では，介護者の相談とかれらのニーズについての注意が払われるように法律が設計されている。

これらの多様なサービスの管理は，ソーシャルケア当局がその責任を負う。また購入者と供給者が分離されることにより，ソーシャルケア当局が負う購入者という役割は，ニーズをアセスメントし利用可能な供給者にサービスを発注する「ケアマネージャー」(care manager) が担うこととなっている。

5 ダイレクト・ペイメントと個人予算

直前の議論では，入所型施設の外での支援の中で，その一形態であるダイレクト・ペイメントに関する記述を意図的に外していた。ソーシャルケアにおけるこの方法は，現在では比較的低い水準にあるとされるが，他とは分離した項目として分析する必要がある。それは，これがソーシャルケアにおける政府の新たな構想の中心にあるからである。ここで関係するのは，個人の選択を促進することを目的に設計された新しい制度であり，その手法は，どの程度の金額をケアに支払うかは地方自治体が決定し，その使い道について個人が自分で選択をしたり選択決定に参加したりするというものである。

1996年の制度化以降，一部のソーシャルケアの利用者に対してダイレクト・ペイメントの手法を用いることが，地方自治体に対して公式に認められてきた。これは，自らのケアの購入を可能にするための——一括もしくは定期的な——現金が，個人に支給されるということである。対人ケアの購入費用の間接的な支給を，ボランタリー組織などの第三セクターを通じておこなうという，イングランドの一部とスコットランドで独自に先行しておこなわれた取組みがあり，1996年からの制度はそれを引き継いだものだった。ダイレクト・ペイメントは，現在ではソーシャルケアが必要と判断されたすべての人に提供されるが，その採用率は非常に低いままである。表8-3にみられるいくつかの数値は，ダイレクト・ペイメントが伸展している兆候を示している。しかし，ホーム・ヘルプのサービスを利用している世帯が34万6000世帯以上あると見積もった統計値を念頭に置くなら，この発展の規模がいかに小さいかがある程度理解できることだろう。

施行以降，ダイレクト・ペイメント利用者のうちのもっとも大きなグループは，一貫して，高齢でない身体的障害をもつ人々であった。その他の潜在的な利用者グ

第8章 成人のためのソーシャルケア

表8-3 6月30日時点のイングランドにおけるダイレクト・ペイメント利用者数 (人)

年	高齢者	知的障害の ある者	肢体不自由 のある者	感覚障害の ある者	精神保健 サービス 利用者	ケアラー	計
2001	537	353	4,274	100	61	21	5,346
2002	1,032	736	5,459	159	132	95	7,613
2003	1,899	1,337	6,944	207	229	957	11,573
2004	4,365	2,354	9,285	448	520	2,327	19,299
2005	7,566	3,803	12,460	748	1,136	3,438	29,141

出所：値はビックら（Vick et al., 2006）による Department of Health returns から算出。

ループに関しては、かれらにダイレクト・ペイメントにおける交渉が可能かどうか、またかれらがその交渉に対して意欲的でないという問題があった。この問題に対応する新たな取組みとして、第三者を利用者の「代理人」として活用する例もみられるが、しかしこれは問題に対する部分的な対応にしかなっていない。

　ダイレクト・ペイメントは、ソーシャルケアや支援が必要と評価された人々に対し、かれらが自らの生活をより大きくコントロールする力を与えた。しかし、かれらには多くの挑戦も生じた。たとえば、個人——特定の機能や活動に対する単純な一括払いのペイメントを受け取っている人以外の個人——は、雇用主にならなければならない可能性がある（雇用に関する法律を考慮し、また税金や社会保険の支払いをする責任を伴うという点で）。そのような場合、自分の雇用主の弱い立場を不当に利用するかもしれないような不適当な人々から、ダイレクト・ペイメントの利用者を確実に保護する必要性が生じ、また誰を雇用するかの選択という課題も存在する。地方自治体と民間任意団体による「代理人」は、それらの課題について手助けすることができるだろうが、しかし制度の利用が非常に複雑になることは避けられない。またこの場合、家族員をどこまで雇用することができるのかという課題がある。他のいくつかの国——とりわけオランダとオーストリア——にみられる類似の制度では、それは完全に可能となっており、当初はイギリスの制度でも可能であったが、個別の状況において近親者からのケアに対して制度利用を認めるかどうかの判断は、現在ではその裁量権が自治体に与えられている。現時点ですでに近親者は、ケアの非常に大きな部分を無償で担っている。そのような状況の中で、近親者への制度利用の課題は、家族間でのケア関係の公式化と貨幣化についてのさまざまな新しい課題の蓋を開けることとなった。

　政府は、この課題について検討を進めようとしてはいるが、しかし実施機関である地方自治体に任せている状態である。そしてその地方自治体の多くは、ダイレクト・ペイメントに対しては慎重な態度をとっており、現時点で自分たちがおこなっ

> **コラム 45　個人予算――2006年白書の計画（Department of Health, 2006）**
>
> 4.31　ダイレクト・ペイメントは地方自治体のソーシャルケアだけに充当されるが，個人予算（personal budget）は地方自治体の社会サービス機関やコミュニティの設備，アクセス・トゥ・ワーク補助金[2]，自立生活基金，障害者施設助成，そしてサポーティング・ピープル・プログラム[3]など，さまざまな機関からの別個の財源を統合して利用するものである。
>
> 4.32　それらの資金の利用資格のある個人は，銀行の口座のようにわかりやすく一つに統合された予算をもつ。この予算にはその個人の名前が割り当てられ，またその個人のために用いることができる。その個人はその予算を，自分の予算総額の範囲内で，ダイレクト・ペイメントとして現金のかたちでも，サービス提供のかたちでも，あるいは現金とサービスの混合というかたちでも受け取ることができる。これは個人に対して，自らの特定のニーズにより適合したサービスのより一層の自由な選択を提案するものとなるだろう。
>
> この案はサンプルとして選ばれた地方自治体で試験的におこなわれている。

ているサービスを弱体化させるかもしれない展開となる状況を，しぶしぶ受け入れているという状態なのである。また2006年の白書には，ダイレクト・ペイメントの考えを「個人予算」（コラム 45 参照）とともに拡大することへの強い熱望が示されている。

　ここで，ダイレクト・ペイメントと個人予算の両方において資力調査の手続きが継続されていることを明記しておく必要がある（そのため，ダイレクト・ペイメントも個人予算も必要とされる実際にかかる費用の一部分にしかならない）。さらに最初に述べたように，ソーシャルケアの利用を援助するいくつかの社会保障給付も存在する。長い目でみれば，この混合アプローチは将来的には合理化される必要があるだろう。とくに，政府の提供するソーシャルケアという点において新たな構想がもちあがった場合には，それが施設の内と外のどちらのケアについてのものであるかにかかわらず，混合アプローチの合理化が必要となってくる。

　ケアの自己選択を実現するための金銭給付が，大半のソーシャルケア受給者に対して確保されるような制度の開発は，実際には難しいだろう。しかしこのことに関する議論で重要なことは，この議論がこの領域の社会政策において「エンパワメント」の重要性を強力に引き出すものであるという点である。制度が資力調査を通じて非常に強力に制御されている場合，自分自身のケアを購入する者と，公的機関への申請を通じてそれを確保する者との間の差異が浮き彫りにされる。ダイレクト・

第8章　成人のためのソーシャルケア

> **コラム 46　エンパワメント——「退出，発言，もしくは忠誠」**
>
> 　ハーシュマン（1970）によるアメリカの研究論文は，（公的および私的の両システムにおける）消費者が選ぶことのできる選択肢としての「退出，発言，もしくは忠誠」を提示している。この論文のアプローチでは，「市場」的な選択肢は「退出」（exit）が伴うものと考える。この退出とは，もし供給者が提供するものが気に入らなければ人々は他の供給者のところへ行くということである。また伝統的な公的サービスは，しばしば「忠誠」（loyalty），すなわち私たちが与えられるものを受け入れそれに感謝するという態度に依存しているといわれる。この後に出てくるコラム 48 の中で説明されるが，退出という選択肢が，いくつかの場合によっては起こりにくいと考えることにも妥当な理由がある。一旦入所型施設を選択した人は，そこに落ち着き，できるだけ本当の「家」に近づけたいと願う。しかし退出という選択肢を選ぶことは相当の「負担」（cost）（狭義の経済的な意味だけでなく幅広い意味において）を強いられるものとなる。しかしこのことによって，すべての人々にとって「発言」（voice），つまり自分の視点や意見を伝えることがなおさら重要な課題となるのである。
>
> 　この3つの項目をここで強調したが，これらは教育と保健医療サービス，そして社会的住宅にとっても同様に重要なものとしてとらえられるべきものである。

ペイメントの制度は，もちろん資力調査は顕著なものとして残っているが，そのような状況から逃れることを可能にすると思われる。サービスとそれをどう届けるかについてもっと十分な話し合いをおこなうことで，ケア受給者をエンパワメントするという別のアプローチもある。しかしそれには，ソーシャルケアの受給者を他の人々による決定を必要とするような弱い立場の人々としてとらえる，伝統的なモデルを超えていく想像力が要求される（「かれは砂糖はいる？」（Does he take sugar?）[4]というラジオ番組のタイトルの中に見事に示されているように）。コラム 46 は，この点について考える際に役に立つ枠組みを示している。

6　対人ソーシャルケアと保健医療サービスの関係

　多くの点で，保健医療サービスとソーシャルケアについての関心事は重複している。人々は保健医療のケアとソーシャルケアを同時に必要とすることがよくある。次第にではあるが，NHS は自分たちが提供するケアを「治療」（treatment）と評されるようなケア，すなわち医療的ケアだけに制限しようと努めている。さらに，可能な場合には入院治療も外来治療に置き換えられるようになってきている。高度の

233

専門的治療がもはや必要ないとなれば，すぐに患者を「家」に送ることが意図され，入院はより短期間になる。精神疾患をもつ人々の入院は可能な限り短くなり，重度の知的障害のある人々に対するケアの場合に限って，まさに例外的に入院でのケアがありうるという状況が広く受け入れられている。一般的には，病院でのケアよりもむしろ「地域の中」(within the community) でのケアを最大化することに関心が向けられている。これはもちろん，単なる施設ケアの失敗という認識ではない。政府の関心に限っていえば，費用についての懸念が重要なのである。

多くの人々は，一方で一般医や地域看護 (community based nursing)[5] のスタッフからの保健医療的な治療と，もう一方でソーシャルケアとを組み合わせて受け取っている。そしてヘルスケアやソーシャルケアのいずれかの不備は，もう一方からの特別なサービスによって補填されることになる。

病院からの退院は，それ自体がソーシャルケアの供給に相応の影響を与えるものである。また，退院の段階で直ちに社会的サービスが利用可能であることが重要となる。そのため，2つのサービスの間での日常的な協働がその鍵を握ることとなる。

この文脈において，ナーシングホームを含む入所型ケアが必要な場合に，特別な問題が生じる。王立長期療養委員会についての議論（本書224—226頁参照）でもすでに述べたように，病院でのケアは未だに無料である。しかしそれに対して，社会サービスの機関によって必要とみなされた入所型ケアはそうではない。人々を病院にとどまらせまいとする保健医療側の意図が増大するにつれ，かつては病院での無料のケアが期待できた状況でも，現在では相当の金額をソーシャルケアに対して支払わなければならないことに人々は気づき始めている。かといって，入所型ケアの供給とそれを補助する地方公共団体の予算には限界がある。その結果，人々が不必要に病院に滞留する状況が起こり，それによって保健医療サービスにおける緊急のニーズへの対応能力が制限されることになっている。病床の不足に対処するために政府に求められる対応の一つは，地方自治体への財政的支援の強化であるということを，政府は認めなければならない段階にきている。しかし政府は，別の方法での対応にも挑んでいる。それは，もし地方自治体の支援を受ける権利のある人がその支援が実施に移されないために病院の中にとどまっているような場合に，地方自治体に対して有効な「罰金を科す」制度をつくりあげるという方法である。

保健医療サービスとソーシャルサービスの間の重複の重大性は長く認識されてきた（ここでは成人のケアだけでなく児童のケアも含んでいる。ただし，次の章でも述べるように，施設体系が変更されたためにこれらは分けて考える必要がある）。サービス計画のレベルでは，保健省は保健医療サービスとソーシャルサービスとを一緒にしてとらえることの必要性を強調するという姿勢をとってきた。また個々の

地方（政府）において，中央政府は正式な共同計画活動の開発を奨励し，「共同資金融通」はその注目すべき促進剤となった。それにより，ある意味で保健医療サービスが充足すべきニーズを充足できると考えられるようなソーシャルケア機関の活動に対して，保健医療サービスの予算の資金からの経済的援助ができるようになっている。ただし長い目でみれば，ソーシャルケア機関はそれらの冒険的事業のすべての負担を引き継ぐことを期待されている。1990年のヘルスケアおよびソーシャルケアの両者のサービスにおける変革後，この話題はさらに集中的な注目をあびた。

1990年法の後の混乱の中で，保健医療サービスと地方自治体のソーシャルサービスの間の協働には新たな推進力が加わった。そして1997年の労働党が勝利した選挙後の白書『新たなNHS（*The New NHS*）』（Department of Health, 1997）では，保健医療サービスとソーシャルサービスのさらなる協働を促進する方法について協議する，という確約がなされた。後に『連携の実際（*Partnership in Action*）』の序文の中に示された政府の公約には，「人々がヘルスケアとソーシャルケアの双方に渡る複雑なニーズをもつときに，質のよいサービスは大抵，その境界についての不毛な議論の犠牲になる」という見解が示されていた。

この『連携の実際（*Partnership in Action*）』は，戦略的計画，サービス委託，そしてサービス供給の3段階で必要とされる協働について，それを強化するための幅広い提案をおこなった。そして1999年保健法（Health Act 1999）では，保健医療およびソーシャルサービス当局に次のようなことを認めることで，協働をよりしやすくすることが志向された。

- 「プールされた予算」（pooled budget）を運用すること（資金の一定割合を，より統合的なケアが可能になるように互いに使用可能な共同予算に入れること）ができる。
- ヘルスケアとソーシャルケアの双方の購入についての責任をもつことができる仕組みとして，一つの機関の財源をもう一方に移動させることができる「優先委託」（lead commissioning）の取り決めをおこなうことができる。
- 一つのサービス提供組織が保健医療ケアとソーシャルケアの両方を提供できるように，サービス供給を統合することができる。

これらは，NHS機関がより自由にソーシャルケアを提供することを可能にし，またソーシャルサービス機関がNHSに代わって地域の保健医療サービスを提供することを可能にするような柔軟性をめざすものであった。これらの新たな措置には，地域での福祉を促進させるために，保健医療サービスに携わるすべての地方レベル

の組織と地方自治体が協働する，新しい連携を義務化する新しい立法が続くはずであった。

　次のことも明記しておく必要がある。一次医療トラストの発展により，地方自治体には，協調的な地域政策の策定とヘルスケアの委託事業を確実におこなうという立ち位置が正式に与えられた。ここから続いて起こりうる一つの方向性は，成人向けのケアサービスが地方政府から NHS へ移転されるというものである。公式な見解の中ではその意図は否定されているが，本章のはじめに述べた成人向けソーシャルケアと児童のケアの分離という展開にも後押しされ，いくつかの地方自治体ではその方向への明らかな移行をみせている。いくつかの領域でみられるケア・トラスト（先に述べた通り，これらは一次医療トラストとは同じではないことを念頭におくこと）の発展もまた特徴的な点である。これらは「地方自治体からの委任の下で」ソーシャルケアを供給する明確な協働組織であり，それ故「高齢者やその他の利用者グループに対して，ソーシャルケアだけでなく一次医療および地域でのヘルスケアを委託され供給することができる」(Department of Health, 2000, p.73)。ただし，このような展開は緩慢で，またその多くは特定のグループ，たとえば精神疾患のある人々や知的障害のある人々，そして高齢者などのニーズに特有のものとなっている。

　ハドソンとヘンウッド (Hudson and Henwood, 2002) は，このような展開について優れた概観を示した論文の中で，『連携の実際 (*Partnership in Action*)』がそれらの境界に関する問題の解決策として構造的変更を否定したという事実にもかかわらず，いまやシステムが変化の途を辿っているようにみえると示唆している。そしてその根拠を，2つの制度を「保健医療およびソーシャルサービス委員会」(Health and Social Services Boards) に一体化させた北アイルランドの例に基づいて記述しつつ，その一体化が前進のための最良の方法ではないと主張し，協働についての課題は本質的に「出先機関」の活動についてのものであり，必ずしも大きな構造の変更によって解決されるものではないとしている。

7　ニーズと優先順位

　1980年代になると，公的サービスに用いることのできる限りある財源や，その財源とソーシャルケアのニーズの増加（コラム 47 参照）の間の関係についての認識が高まり，その結果，「福祉の複合構制」のバランスをとる方法を発見することへの関心が高まった。これは時に新たな課題として出現する。しかし，ソーシャルケアとは常に，何よりも家族内での，そしてある程度は地域でのケアに関連したもの

第8章　成人のためのソーシャルケア

> **コラム 47　ソーシャルケアに対するニーズの高まり**
>
> 　人口の高齢化はソーシャルケアに対するニーズの高まりの主要な源である（年金受給年齢以下のケアのニーズ量は減少しているため）。そのニーズの高まりの試算は複雑で，高齢者にあたる人々（そして確かに非常に高齢の人々）の数が増えているという人口統計的な単純な証拠を用いない，ということが重要である。なぜなら，将来の高齢者世代の健康状態は現在のそれよりももっと良好であると予測できるだけの十分な理由があるためである。その予測が実現するかどうかは，もちろん，予防的健康対策の発展にかかっている。
>
> 　前掲の「変化しない場合のシナリオ」を用いて，キングス基金の委員会は65歳以上人口が，2005年845.7万人から2025年には1196.1万人に増加すると試算した。彼らは，その中で（かれらの定義と専門用語による）「障害」者は88.8万人（10.26％）から144.6万人（12.09％）になるとも試算した。しかし，かれらのもう一つの「公衆衛生が改善した場合のシナリオ」によれば，これは現代の技術の影響についての専門家の試算に基づくものであるが，――明らかに――さらに多い1126.8万人の65歳以上人口と，その中に136.6万人（11.22％）の「障害」者が含まれることが予測されている（Kings Fund, 2006, pp. 40-41）。

であった。これはしばしば「インフォーマルなケア」として記述される。その規模を試算することは非常に難しい。なぜなら結局，私たちは誰もが時にケアを提供し，時にはケアを受けるからである。イングランドには580万人のケアラーがいると試算されており，その大半は高齢者に対するケアを提供している（Kings Fund, 2006, p. xxv）。それらケアラーの多くはかれら自身が高齢者となり，また多くは配偶者やパートナーをケアすることになるだろう。このインフォーマルなケアに加えて，次のようなケアがある。

- 購入されるケア
- ボランティアあるいは慈善機関によって提供されるケア
- 公的機関によって提供されるケア

　３つのうちの最後の資源の寄与がそもそも限定的であることがすでに了解されており――そのため，それ以外の形態のケアの役割について活発な議論が展開するという点が，おそらく現在の議論の新しい点である。そして，この議論の重要な部分が，ニーズを決定する方法を探索することや，価格メカニズムを用いた経済学的アプローチをそのニーズの決定に用いることの限界を認識すること（コラム 48 参照），

237

コラム48　ニーズと価格メカニズム

　経済学者はこの課題に対して独特なアプローチをとる。これまでの「ニーズ」（need）の概念との格闘の代わりに，かれらは需要の概念を強調する。需要とは，提示された金額で購入する意思として定義されるものである。またこのアプローチでは，サービスを需要に応じて調整するための手法としての価格メカニズムが強調される。もし特定のものに対して高い需要があれば，それはより高い金額を払うという意思を反映したものだとされる。より高い利益はより多くの供給者を呼び込み，最終的には価格の低下を招く。しかしながら常に，需要と供給のバランスは価格メカニズムによって均衡状態に維持される。

　ソーシャルサービスにおけるニーズの問題に対して，この考え方はどの程度の解決策を提供するものなのだろうか。明らかなことは，もし地方自治体が特定のサービスの唯一の供給者であったり，あるいはサービスへのアクセスにおける唯一の管理者であったりした場合には，この考えは解決策を提供しないことである。自治体が低所得者向けサービスに対する資金提供者であっても，その購入すべきサービス資源がなければやはり同様のことがいえる。独占あるいは独占に近い状況が存在した場合，そこでは理論的には供給者が値段を決めることができ，その額が支払えない者はそのサービスなしでやっていかなければならない。支払い能力を考慮に入れない客観的なニーズ把握に向けた試みは，公的サービスにみられる顕著な特徴であり，支払い能力に応じたサービスの配分は，多くのサービスの分配方法の中では二流のものとして，きわめて広く認識されている。さらに，特定のニーズをもつ人がそれを自分では認識しづらかったり，あるいは金銭で示すような需要としては示しづらかったりする場合にも，価格メカニズムによる方法は適切ではない。たとえば精神疾患をもつ人々へのソーシャルケア・サービスは，このカテゴリーに分類される。しかしながら一方で，在宅型ケアのサービスのように，法制度に基づく機関からも民間の市場からも供給されるようなサービスも存在している。そのようなサービスに対するニーズは，ある意味では，誰にも等しく無制限なものであると考えることもできる——たとえば私たちの多くが，家庭内の雑用を誰か他の人にやってほしいと思うように。こういったケースでは，価格メカニズムは有効需要と絶対的なニーズを峻別し，また公民の両セクターの共存が許容されるような土台を提供するようにみえる。

　価格メカニズムの活用は理論的には十分に公平であるかもしれない。しかしそれは，何らかの絶対的な意味における高いニーズをもち，しかし支払い能力の低い人々に対して何をもたらすのだろうか。価格メカニズムの活用に反対する意見には，2つの答えが考えられる。一つは，所得保障上の本当の問題は必ずしも金銭的な助成で解決される必要はないというところに社会の大勢が決着することである。これは魅力的な議論であるが，しかし現実世界にはほとんど当てはまらないものである。

> もう一つの答えは，状況によっては安価なサービス利用の条件として資力調査をおこなうべきだというものである。この後者の解決策に伴う問題は，この方法が少数派の者のみが救われるような市場の外側でのみおこなわれるのであれば解決法となりうるかもしれないが，その範囲の拡大を迫られた時には市場の概念を完全に破壊してしまうという点である。現実には，多くのソーシャルサービス（在宅型ケアサービスを含む）に求められているのは，ニーズを決定するためのもう少し基本的な手法で，少数派であっても自由市場でのサービス購入を可能とする方策である。しかし，それでも無料もしくは安価なサービスの必要性を示すグループも残され，そのほんの一部しか実際にそのようなサービスを受けることはできない。結局，問題は，満たされないニーズを満たすために，どこまでサービスを拡大させるかについての判断であることには変わりがない。

そして公的機関がそれにどう応えるべきかを明らかにすることに影響してくる。

コラム48はニーズの問題に対する市場（型）アプローチを分析している。その理由は，一つ目にはこのアプローチがかなり支持されているものであり，2つ目には他の方法ではより難しくなるようなニーズの決定という問題に対して，揺るぎない姿勢をとるものであるからである。この問題へのもう一つのアプローチは，ニーズの決定におけるより絶対的な何らかの方法を確定することである。このアプローチは，状況によってはそれほどの問題であるようにはみえない。たとえばいくつかの疾病との関係においていえば，かれらが治療を必要としているということが当然のように同意を得られるような限定的なグループが存在する。しかしながら，また別の事例では，「絶対的なニーズ」とそれ以外のより部分的なニーズの概念との区別を設けることが一つの問題となる。もし私たちが，自分が自由に他のことをするために誰かに家を掃除してもらう〈必要〉があると強く主張したとしても，他の人にはその能力がないかもしれないが私たちの多くには身体的にその作業をする能力がまだあるという異議が唱えられるだろう。本当にニーズのある人々に対しても議論を呼ぶだろう。しかし，それはニーズや優先順位についての意見の食い違いなのだろうか。

ソーシャルケアにとってニーズの決定は複雑なものとなる。それは1つには，自治体当局がある種のニーズの充足に責任をもつ唯一の存在ではなく，また2つ目には，当局のニーズのとらえ方が彼らの優先順位のとらえ方によって左右されてしまうということによるものである。人口の高齢化が進んでいくにもかかわらず，財源の伸びが限定的であるために，ニーズが判定される基準は着実により厳しいものになってきている。「公平なケアへのアクセス」として知られる制度によって，地方自治体には人々のニーズを評価し分類することが求められている。たとえば，低

い・多少の・相当の・決定的なニーズといった具合である。ニーズを切り捨てるポイントは，利用できる資源と需要の範囲の関係性によって決定される。ヘンウッドとハドソンは，ソーシャルケア調査委員会の研究の中で，3分の2以上のソーシャルケアのサービス機関が「相当の」レベルにサービスの開始基準を置いており，機関のいくつかは「決定的」カテゴリーにある者のみにサービスを提供していたことを明らかにした（Henwood and Hudson, 2008）。このような状況は，日常生活の機能も，そして危機的レベルへの移行を避ける能力も制限される人々を，公的な支援がまったくないままで置き去りにしていることを意味している。

　先述したように多少理想的な考えではあるが，理論上は，ソーシャルケアにおける購入者と供給者が分断されることで，ケアマネージャーによるニーズ決定が必要となる。そして彼らが適当だとみなすサービスが委託されることになる。またこの段階において，資力調査も起こるだろう。しかしながら，この分断された制度がその通りに現実におこなわれているかどうかについては疑いがある。ヘンウッドとハドソンは上記で引用された研究に基づいて，次のように述べている。

　　まだましだといえるのは，私たちの調査した地方議会が，自らのケアにお金を出す人々が（ソーシャルケアの利用のために）そのニーズの評価を依頼することはできるが，「しかしそれは推奨されない」ということを認めたことである。また，最悪なことは，生活が変化するような決定において有効な情報や助言をほとんど得られないまま自らのケアにお金を出す者は，脆弱性が高く，孤立していて，入所型ケアに「急速に進む」危険があるということである（Henwood and Hudson, 2008）。

8　結　論

　ソーシャルケア当局が負う責任は多岐に渡る活動を含む。
　そういった活動の混在は急速に進み，その進行には大衆からの非常に大きな懸念が寄せられている。なぜなら，それらの活動の多くが，これまで家族や地域のような制度外の部分でおこなわれてきたものだからである。このような活動が拡大していくことは，一つには，公的サービスは今や家族や地域生活を補強するために提供されるものだと解釈される。もしこの考えを採用した場合，入所型ケアは孤独な高齢者のネグレクトに取って代わるものとなり，在宅型ケアは自宅生活の維持を支援するものとなる。しかしながら，また別の視点もある。それは，そういったサービスの拡大は，それ自身が社会病理学的な指標であるという解釈である。つまり，過

去には公的サービスとは何の関係もなかった生活上の出来事に，現在の人々はうまく対応できていないということである。ソーシャルケア当局に対する疑念と，多様なサービスの細目の中で支援を探し求めることになるような状況に対する強い疑念とが，人々に広まることによって，このような解釈の両価性に拍車がかかっていく。

　イギリスのソーシャルケアのサービスは大きな変革期の中で展開されており，それを正確に描き出すことは難しい。政府による監督が強まり，ベストバリューの指標（99頁参照）によって，地方自治体におけるソーシャルケアの対象は特定化されている。特定の補助金の範囲が広がることによって，中央政府の地方に対する権限が増していく。サービスについての審査はより厳格になり，さらに政府は，十分に成果をあげられない地方自治体からは，ソーシャルサービスの機能を取りあげることを可能にするような制度の立法も辞さない，という態度を明確にしている。

　それぞれの機関がそれぞれに異なる変化の途を辿っている。1990年の法律によって（地方当局との契約による）民間からの供給増加の方向性が示され，そこから始まった変化は現在でも続いている。しかしより最近の出来事として，ダイレクト・ペイメントと個人予算を通じて個人の自律強化に向けた政府の取組みがあり，それがさらなる変化を生んでいる。本書執筆時点で，地方当局はまだ，成人向けサービスと児童向けサービスの分離，そして成人向けサービスの NHS への引き込みに伴う変化の渦中にある。そしてこの領域の社会政策には，かなりの不透明な部分が未だに存在している。

◇より深く学ぶための読書案内——————————————

　R. Means, S. Richards and R. Smith の *Community Care: Policy and Practice*（2008）（『コミュニティ・ケア——政策と実践』）はとくにお勧めである。また Kings Fund が2006年の文献で言及している文献研究は，ケアサービスの費用に関する議論についての優れたものである。エンパワメントや選択，管理に関する論点についての推薦できる２つの著作には，J. Hills, J. LeGrand and D. Piachaud の *Making Social Policy Work*（2007）（『社会政策立案の作業』）の中の Knapp の論文と，K. Clarke, T. Maltby and Kennett による *Social Policy Review*（2007）（『社会政策レビュー』）の中の Rumney の論文がある。

　イングランドの社会サービスに関しては，保健省（Department of Health）のウェブサイト（www.doh.gov.uk）が最近の政策についての重要な情報源となる。また読者にとってはジョセフ・ラウントリー基金（Joseph Rowntree Foundation）のウェブサイト（www.jrf.org.uk）も有効だろう。なぜならここは，ソーシャルケア研究に資金を提供し，政策の普及活動を積極的におこなっている組織なのである。

訳注
[1] 原語は learning difficulties であるが，これは一般的に，学習における障害や発達遅滞，および適応や社会性における障害などを含んでおり，日本における知的障害にあたると考えられる。
[2] アクセス・トゥ・ワーク（Access to Work）とは，障害や健康障害のある者がそのために必要となる就業上の支援や器具を得るために利用することができる補助金のことである。
[3] サポーティング・ピープル・プログラム（Supporting People programme）とは，支援を必要とする人々に対して，主に居宅での自立した生活のために必要な訓練・対人支援・資金提供などをおこなうプログラムである。
[4] コーヒーを入れた時などに，そこにいる障害者に「砂糖はいりますか？＝Do you take sugar?」と聞かず，介助者に「かれは砂糖はいりますか？＝Does he take sugar?」と聞く場合がある。その言葉を象徴的に用いて，障害者が自分で物事を決定する力をもっていることを一般の人は誤解しているということを表現した言葉。この言葉をタイトルに掲げて障害者のさまざまな問題に焦点を当てたラジオ番組がイギリスにはある（小川喜道（1998）『障がい者のエンパワーメント―イギリスの障がい者福祉』明石書店）。
[5] 地域看護（community based nursing）とは，保健師の訪問指導や訪問看護などを含む地域における保健医療サービスを指す。

第⑨章
教育と子ども

1 はじめに

　本章の大部分では教育を取りあげるのだが，就学前児童の問題と就学前教育の問題の間に重複があること，およびイングランドでは政府が全国レベルでも地方レベルでも教育と児童ケアを一つの部門に統合したという事実を考慮に入れて，児童ケアをめぐる諸問題の議論を本章に含めることにした。

　他方，本書の構成はイングランドの行政システムに起きたもう一つの改革を十分にふまえていない。すなわち，高等教育・継続教育の所轄と初等・中等教育の所轄との分離，訓練をめぐる諸問題は雇用（第⑥章）で論じられたのだが，本章では高等教育についてある程度論じる。

　スコットランド，ウェールズ，北アイルランドでは，教育は付託された行政当局の管轄事項である。イングランドでは，当該の学校を所轄する中央政府省庁は（2007年夏以降）児童・学校・家族省である。地方レベルでは，これらのサービスは最上層もしくは単層の地方当局の管轄事項に属する。継続教育・高等教育はイノベーション・大学・技能省のもとに置かれている。

　教育における国の役割は二重である。すなわち，国は教育の主要な提供者であり，直接に管轄しない教育や児童ケアを監督する責任をも負っている。歴史的に，公的セクターは中央行政と地方行政とのパートナーシップを意味するものと考えられてきたが，近年ははるかに中央の支配が強まる方向へと変化してきており，地方行政のパートナーとしての役割は減らされ，放棄されることさえみられるようになっている。教育の管理に関する中央と地方の関係の変わりゆく特質は本章の多くの箇所で出てくる。

2 公費による学校システムの組織と運営

　イギリスの公費学校における公教育は無償である。その原理に対しては保守派か

らもほとんど異議が申し立てられない。保守派の側では，公費学校と私立学校の両方で現金化することができる教育バウチャーを主張する試みがおこなわれてきた。こうした動きは保育学校領域でのみ一定の成功をみている。1997年の保守党政権の崩壊までは明示的に計画が進められてきたが，今では保育学校の公費と私費の在籍枠の両方に財政支出がおこなわれるという事実は暗黙の了解事項となっているといえる。

　イギリスでは長年そうであったように，大半の学校は地方政府の管轄である。イングランドでは学校はカウンティ，都市区その他の単一行政区，ロンドン特別区の管轄である。しかし，法律は地方自治体に中央政府が決めた方式に基づいて学校への財政支出をするように，また学校の管理運営団体に対する管理運営責任を代表するようにと命じている。

　長年，部分的に地方教育当局の支配を受け，一部は財政的に独立しているといった学校が存在した。すなわち，宗教団体と結びついた学校である。この種の学校の大半はイギリス国教会の学校であるが，カトリックの学校もそれなりにある。数は少ないがユダヤ教の学校もあり，近年はその他にもいくつかの宗教団体がこの種の学校を設けている。たとえば，ギリシャ正教会信者，イスラム教徒，シーク教徒などである。これらの学校の運営資金のほとんどは公費だが，割合は小さいものの宗教団体も費用を負担している。地方教育当局がこうした学校の管理運営の取り決めにかかわっている。

　近年，ほんの一部だけ，地方政府の支配下に置かれているさまざまなタイプの学校が出現してきた。1988年教育法のもとで，保守党政権は学校が中央政府による直接の資金交付を資金交付団体経由で受けることを可能にした。そうした学校は（保護者の過半数以上の同意を得て）「補助金維持学校」となることを申請することができる。1998年の学校基準枠組み法（School Standard and Framework Act）において，労働党政権はこの「補助金維持」という学校種別を廃止した。それに代わって，関係する地方当局の全般的な監督のもとに置かれるが，管理運営のための特別な取り決め（arrangement）と土地と財産を自律的に管理する実質的な措置を保持することが可能な地位をもつ「財団」学校となることを申請することが認められている。保守党政権がうち出したもう一つの新機軸である，一部私費によるシティテクノロジー・カレッジもまた存続が認められた。しかしそれ以降，政府は別のタイプの疑似独立学校を創設した。すなわち，シティ・アカデミーとトラスト・スクールである。これら2つの学校は，シティテクノロジー・カレッジと同様に，少ないながらも政府以外の財源からの資金を獲得し，経営において一定の自律性を有している。これらの学校は中等教育レベルで学校選択を広げ，教育の新機軸を奨励する物であ

るとみなされている。後ほど本章の中でこれらの学校をめぐる問題に戻ることにする。

さらにいえば，新しいタイプの学校を奨励することに加えて，地方自治体システムの全般的な管理運営も改革された。いわゆる「くり抜きプロセス」と呼ばれることが起こっており，中央政府の統制を強めるとともに，地方自治体の権限を学校管理団体に移行させる国の法制化によって，地方政府の権限が奪われてきた。バッキはこうした「くり抜き」にみられる2つの特徴に注目している。

- 第1に，中央政府が地方政府向けの増大化する資金が前もって決められたやり方で学校に交付されるように命じる点で修正した教育資金交付の複雑な方式
- 第2に，権限から機能を取り除くために——用いられてきた——権限を含む，学校システムの管理者としての地方当局の実績の精査。これは特定の学校の管理運営を地方当局の手から取りあげることと，全教育サービスのマネジメントを持ち去ることの両方を意味する。この2つのケースの両方において，資金交付の取り決めは変えられないままであり，言い換えれば，費用は地方当局の予算に委ねられる。

国のシステムはそのまま変わらないのに，さまざまなかたちの「準市場化」とでも呼べるようなことが起きた。資金交付は生徒数に基づいておこなわれる。これが親の選択と相互に作用する（およびこれが実際にどの程度適用されるのかが地理に左右される）限りにおいて，そのことは学校の成功や失敗に影響を与える。個々の学校のテスト結果の公表がこのプロセスにさらに影響をおよぼす。

それとは別だが論理的につながった展開は地方自治体が維持する中等学校が「特色校」(specialist school) となるように政府が奨励することであった。「特色校」とは全教科揃ったカリキュラムを提供するが，特定教科のセンター・オブ・エクセレンスとなることをめざす学校である。この話題についても後で戻ってくることにする。

このシステムは，3つのセクターに関わるものであるとみなされる。すなわち，就学前教育，初等教育，中等教育である。ほとんどの場合，これら3つのセクターはそれぞれ，5歳以下の子どもの教育，5歳から11歳までの教育，11歳から義務教育終了年齢の16歳までの教育（多くの生徒は18歳まで学校に通うが）に分かれる。しかしながら，地方自治体の中には，11歳プラスで初等教育と中等教育を厳格に区分することを止めるシステムをつくっているところがある。そうした地方当局は一般に，9歳から13歳までの間を2つないし3つの年齢集団に子どもを区分する，中

間的な中学校システムを導入している。もう一つの新機軸は16歳以上の生徒を対象とした「シックス・フォーム・カレッジ」の導入である。義務教育終了年齢を超えた者に対する教育制度は、継続教育カレッジが16歳から18歳の年齢範囲の人たちに実務的なコースとアカデミックなコースの両方を提供するという事実によって複雑なものとなっている。

　5歳で義務教育を開始するという法制があるのはイギリスが諸外国と異なるところである。諸外国では義務教育は6歳ないし7歳から始まる。しかしながら、最近まで公的な就学前教育の整備が遅れてきたというのも同時にみられることである。これは1990年代に改革が始まり、今ではイギリスのほぼすべての3，4歳の子どもが何らかの（通常は全日制ではないが）就学前教育を保障されている。こうした就学前教育はすでに述べたとおり、国が資金を交付しているが、必ずしも国が提供しているものではない。

　1980年代まで、小学校に関する政府の規則は限られたものであった。地方ごとに実に多様な実践がおこなわれ、全国と地方の視学官の比較的簡単な監督を受けていた。11歳時（eleven plus）の選抜を徐々に廃止したことも明らかにこうした自由に貢献していた。しかしながら、1970年代末と80年代初頭に、こうした主として専門職者が推進してきた改革が行き過ぎではないかとの疑問の声が出てくるようになった。小学校の自由主義的なレジームのせいだと時にはいわれることもあった読み書き能力や計算能力の不十分さに対する責任が問題となって、読み書き能力や計算能力のレベルについても懸念が増大した。この懸念に応えて、1988年教育法のもとでの管理の強化、ナショナル・カリキュラムの導入、テスト、視学制度の厳格化が進められた。これらの展開については259—261頁でさらに論じることにする。多様性に対する賞賛は終わり、インフォーマルな特徴を大事にした極端な例に対する圧力が増した。労働党政権のもとで、読み書き能力と計算能力を高めるために、正規の授業に割り当てられる時間数に関する実に事細かな規定や、子どもがするべき宿題の量についての勧告にまでおよんで、この逆行は続けられた。

　1960年代と70年代には総合制中等学校が、1944年教育法が通過したときに成立した二分岐ないし三分岐システムに次第に取って代わった。1979年までには中等教育の総合制化はほぼ完了した。1976年法において、労働党政権は地方自治体に総合制化の推進計画を定めるように求めたのである。ごく一部の地方自治体はこれに対して抵抗し続けた。保守党が政権をとると、この法律を撤回したが、それにより流れをくい止める効果はあったものの、逆行は生じなかった。1990年代の半ばになると、保守党政権は主として、全般的に、あるいは特定の教科において高い能力を有すると判定された生徒のために若干の入学枠を学校が確保できるようにすることによっ

て，部分的に選抜制度の復活を奨励した。1997年に労働党が政権に返り咲くと，住民の意見の如何を問わず完全な総合制化を推進するという1970年代のスタンスに戻らないことを決めた。他方，地方政府の権限に対するスタンスに特徴的な処置では，労働党は選挙で選ばれた地方自治体の手に単に拒否権限をもたせるのではなく，選抜制度が今なお実施されている地域では，総合制に賛成する立候補者が（有資格の保護者の20％の署名を集めれば）この問題に関する保護者の投票を請求することができるように取り決めた。同時に政府は，総合制原理の根幹を部分的に危うくするような，さまざまな形態の学校の特色化（すでに掲げた学校種別のバリエーションがとくに重要なのはこの点）を奨励した。これについては後でさらに論じる（261—264頁）。

学校教育年限の終了時点におこなわれる試験の重要性は，多くの点で，総合制中等学校が能力別編成やコース別授業プログラムを実施しなければならなかったということに表れている。教育システム全体を貫くテストの普及（260頁参照のこと）は，保護者の学校選択に影響を与える結果の公表と相まって，学校内でのそうした能力別編成の開始をいっそう促進している。

3　高等教育と継続教育

高等教育と継続教育は地方当局の管轄外である。高等教育は資金交付機関の資金交付と監督を受ける準自律的な大学と関連団体のネットワークを意味する。イングランドの学習・学校委員会（Learning and School Council）とウェールズの教育訓練全国委員会（National Council for Education and Training）が，2つの継続教育と，ある程度まで学校での16歳以降の生徒に対する教育に責任を負っている。これらの委員会が地方の学習・学校委員会ネットワークの仕事を指示する。

継続教育と高等教育のコンセプトにはいくつかの異なる活動が含まれている。すなわち，職業教育，継続教養教育（両者とも通常は学校や上級レベルで提供されるタイプ），職業には関連しない成人教育である。イギリスの高等教育では約250万の学生が学んでいる（詳しい数字は表9-1を参照）。この数字は今日では推定，学校終了人口の40％から50％が高等教育に進学することを意味する。

2004年高等教育法において，政府はイングランドとウェールズの高等教育に対する資金交付システムを抜本的に改革した。こうした改革はスコットランドには適用されなかったが，それはスコットランド政府が学生に授業料を課するという提案を受け入れようとしなかったためである。徴収される授業料は，学士課程学生の場合，年間1100ポンドである（これはまもなく引きあげられる可能性がある）。大学は現

表 9-1　高等教育機関の学生数（2004—05年度）
（単位：1000人）

	フルタイム	パートタイム	総　数
学士課程	1,229	725	1,954
大学院課程	227	311	538

注：ほぼ60％の学士課程学生とおよそ53％の大学院学生が女性。約24万人が留学生。
出所：National Statistics（2007, table 3.8, p.30 および p.31）の記述。

在の標準的授業料の1100ポンドを上限3000ポンドから無償までの間で変えることができる。低所得世帯の学生の授業料は政府が1100ポンドまでは支払うことになっており，困窮学生には特別奨学金を支給するために大学には現金が確保されてきた。いかなる大学も標準的な授業料以上の学費を徴収することを提案しようとするかぎりは，社会的不利グループの出身の学生が一定枠入学できるようにするために，入学調整官の承認を受けた「入学協定」を締結することが求められる。より高率の採用が非常に広く普及した。学生はこうした授業料（と自分の生計費用）を支払えるようにローンを組むことができる。これは，年収が１万5000ポンドを超えるまでは返済しなくてもよい。政府は低所得世帯学生に対して，給付資格の認定に基づく補助金を再び導入した。

　こうした改革を提案する白書は，イギリスの高等教育が十分な資金交付を受けてこなかったと述べているが，資金交付を増額してほしいという主張は，他にも資金交付が不十分な公的サービスに対する増額の要求と対比しておこなうべきだと論じている。それ故，明快ではあるが，金のかかる税負担による支出方式を拒否して，高等教育により収入が増大する人々の負担率を高めるべきだと論じている。これに対して，広く議論された方式は卒業税であった（制定された措置とそれに対する提案の間にある違いをめぐる議論は Hills, Le Grand and Piachaud（2007）所収の Barr の論考を参照のこと）。これは長い目でみると，増額をもたらしたかもしれないが，政府の見解はこれが現在の資金交付状況におよぼす影響は小さかったであろうというものであった。前払いされた授業料から脱却しローン返済の最低額の引きあげへの移行はこうした方向への妥協の動きを反映したものである。それらは，学生が収入を得るようになるまでローンの返済を猶予するという点で，高等教育の費用を親から学生本人へと移すことを意味するものとみなされる。しかしローン返済が始まる，年収１万5000ポンドという低い基準額は，学生が自立生活を始める時点で重い負担を課せられることを意味する。

　大学院教育では一部の者を対象に補助金が交付される。そのほとんどは政府が資金を拠出する学術団体からである。これらに対してはかなりの競争がある。した

がって，多くの学生（またはその親）は大学院教育の授業料を負担している。非職業系の継続教育の中には，学生から授業料を徴収するところもあるが，一般的には授業料には補助金が交付される。

4　児童ケア

本章の冒頭で，これまで制度的には子どものための社会サービスとみなされてきたことが，今では教育と結びつけられていることを指摘した。本章ではそのトピックに注目しよう。

児童ケア政策は次のようなこととして考えることができる。

- 親によって提供されるケアを補完（あるいは例外的には代替）するケア
- 子どもがかかえる健康上の問題や障害のために，非常に傷つきやすい子どものためのケア
- 子どもを義務教育システムのために準備させる，子どものための教育活動
- 常にフルタイムの教育を受けている子どものための補完的ケアを含む，親の側の労働市場参加を容易にするためのケア

こうしたケアは規制役割と供給者役割の両方を意味するものと考えられるが，これらの正確な表現は次のことにより影響を受ける。

- とりわけ緊密に関連し合うサービスの制度的配置，すなわち主流（mainstream）教育，ヘルスケア，労働参加を支援するサービス
- こうした活動が通常の事情の下では親の責任であるべきだと考える程度についての別の見方——自分自身で提供したり市場でサービスを購入したりすること

児童養護（上に掲げた導入リストの最初の2つの事項）をめぐる問題と補完的教育もしくは親の労働市場参加を支援するための児童ケアをめぐる問題とを区別する傾向がある。児童養護の具体的な問題の検討は次章に委ねることにする。

補完的な教育の一形態としての児童ケアが必要だとする議論は，正規の教育システムによって提供されるものは十分に早期からおこなわれていないし，中身も十分でないという見解に基づいている。そこで，正規教育が国によって無償で提供されるのであれば，こうした補完的教育もまた無償でおこなわれるべきだとする主張がきっと出てくるに違いない。そうした見解に反対する議論は児童ケアが非本質的な

添え物であって，その意味では児童ケアは初等・中等教育以後の教育に非常に近いというものである。実際には，公式の見解はそうした2つの立場の中間に位置するものとなっている。すなわち，補助金の交付を受けつつ，追加的費用負担によって「上積みされる」就学前教育をすべての子どもに提供すべきだとする主張である。

　労働市場参加を支援するための児童ケアをめぐる問題はもちろん後者を奨励することに関わる問題と結びついている。もちろん中心的な問題は女性の労働市場参加である。これと密接に関連するのは，そのほとんどが女性なのだが，ひとり親の労働市場参加をめぐる問題である。これを不必要だとか，単に私的な問題だと考える人々は同じく児童ケアを私的な事柄であるとみなす。反対に，そうした労働参加がすべての親の権利であると考えられれば，国が児童ケアを供給すべきだという主張が出てくる。しかしここでも，児童ケアは国よりもむしろ雇い主が注意すべき事項であるとする考えが生じうる。またもや，労働から得られる報酬が低い分野で雇用を促進するために児童ケアに補助金を交付する必要性を認める，中間的な立場がある。同時に，ひとり親の労働市場参加をめぐる問題は，第❻章でみてきたように，代替策が国にとって余分の費用（社会保障給付）を要することになりかねないという事実と非常に密接に結びついている。

　前置きがこのように長くなる理由は，イギリスにおける公的な児童ケア供給に対する賛成や反対の議論や，政府システムのどの部署が提供されたものに資金を出すべきなのかという議論は，すでに概説したまさしく3つの論拠に関連してとられた代替的立場の故にずっと複雑であった，ということである。第2次世界大戦の時に女性の雇用を促進するために児童ケアに対する補助金の制度がつくられた。戦後はこの補助金が劇的に削減され，母親の労働市場参加は望ましくないというのが支配的な見方となった。公的な補助金による児童ケアシステムは縮小して，地方自治体が提供する小さなセクターとなり，児童養護システムにとって不可欠の補完的サービスとみなされた。その後，教育システムによる供給が発展し，5歳未満の幼児を対象とする「保育教育」（nursery education）が生まれた。1960年代と1970年代には補償教育に対する関心が増大したことにより，とりわけ貧困地域（deprived area）においてこうした発展が刺激された。証拠データが示唆するところでは，就学前教育が低い教育達成に寄与していた社会的不利をくつがえすものと思われた。後には就学前教育をみんなのためにという要望が増大し，さまざまなタイプの私立保育学校やプレイグループが出現した。1990年代になると，政府はすべての就学前教育に補助金が拡大したバウチャー制度をつくった。労働党は1990年代末に公的サービス提供に賛成してこれを非難したが，その後実際にはそれとさして違いのない，民間の提供者への補助金方式をつくった。しかし，就学前教育の発展とともに，母親の

労働市場参加を促進するためにますます多くの親が就学前の（および放課後の）ケアを受ける手はずをととのえるようになった。国はこれを登録システムによって調整する必要がある現象であることを認めたが，それに補助金を交付することは渋った。

新しい資金が公的供給に，とりわけ貧困地域において投入されてきた。こうした領域では法定団体とボランタリーな団体とのパートナーシップの確立に大きな力点が置かれてきた。この面でよく知られているのがシュアスタート（Sure Start）である。これは就学前の子どもの早期の学習経験の質を高め，児童ケアの質を高め，親に一連の支援を提供するために，貧困地域で地方のパートナーシップに資金を出すというものである。2006年までにこれは1000の地方施設を設け，80万人を対象とするに到った。

前述した政策展開の結末として，込み入った国の支援がおこなわれる中で，さまざまな活動が複雑に入り交じることとなった。イギリスでは今日，3歳から4歳の子どもの64％が保育学校に通っているが，その多くは全日制ではなく，さらに35％は地域のプレイグループのような，民営でボランタリーなセクターの「非学校教育的な場」と呼べるところに通っている（National Statistics, 2007, p.26）。したがって，実際にはほぼすべての3，4歳児が少なくともパートタイムでは何らかの施設に在籍している。公費維持の学校はすべて無償である。しかし全日制の公費維持就学前教育の提供レベルは歴史的に低いものであった。1998年以降，すべての4歳児は公的資金による早期教育を受ける権利を与えられ，2004年からはこの権利は3歳児にも適用されるようになった。公的資金で与えられる場はわずか週に12.5時間のみ，すべての親がそれを利用するわけではない。こうした資金交付を受けた場は公費維持学校や独立学校にも設けることができる。

デイケア施設の収容人数については一連の別の統計がある。イギリスでは0歳から3歳までの子どもの約20％が「認可されたサービス」を受けている（OECD, 2006, p.416）。これはいくつものサービスが混在していることを意味する。すなわち，民間のチャイルドマインダー，プレイグループ，保育所，である。公的供給はごくわずかであり，これは地方自治体によって児童養護制度の資源として利用されている。イングランドでは2005年に1万1800のデイケア供給者がいた（National Statistics, 2007, p.27）。加えて公認チャイルドマインダーによって供給される約25万人分の収容枠があった（National Statistics, 2007, p.26）。地方自治体はこの収容枠のわずか1％に対して費用負担をしたにすぎない。

地方自治体は所有する保育所の収容人数に対して交付金を出す。保育料を課することもできるが，実際にはこうした扶助を受けている脆弱な家庭の経済力は低く，

保育料を課することはまれである。その他では，児童ケアに対する唯一の公的な資金交付は（就学前教育とは反対に）児童税額控除方式によっておこなわれる。

　すべてのチャイルドマインダーと保育所は地方自治体に登録することが要件となっており，地方自治体は認可とともに視察を適宜おこなうことが義務づけられている。紛れもないことながら，家族や友人が引き受けている場合にはとりわけ，登録されていないチャイルドマインダーがいることはいるが，引用された数字から考えれば，今ここで地方自治体が果たすべき，無視できない課題となる確固たる役割がある。この活動の費用および保育所やチャイルドマインダー施設の限られた地方自治体の収容定員の費用は自治体の経常予算で賄われる。

　読者にとっては紛らわしい話だが，はるかに重要なことはそれが子どものために満足のいくケアの手はずをととのえたいと願う親にとって紛らわしいものだということである。これが意味するのは3歳までにチャイルドマインダー的保育から何らかの保育教育への発展であり（これには労働時間と学校の休日のすべてをカバーするために継続的なチャイルドマインダー的保育による補完が必要だが），さらに低学年児童のためのよく似たごた混ぜの措置（チャイルドマインダー的保育，放課後クラブ，休暇子ども教室）への発展である。そうした非教育活動には公的補助金がほとんど投入されない。

5　児童養護

「児童養護」（child protection）をめぐる問題と「児童ケア一般」（child care in general）をめぐる問題とを区別するとよい。この2つが区別されるのは，比較的少数の，劣悪な処遇，ネグレクト，虐待の「リスクあり」とみなされる，比較的少数の児童に関して実施される具体的な措置をめぐる問題と，すべての児童に適用される児童ケア政策をめぐるより広い問題とを分けて考えることが適当だからである。もちろん理論上は，児童養護システムはすべての児童を保護する。ところが，実際にはほとんどの児童とその親はそうしたシステムのどこにも引っかからない。こうした区別を支持するような正確な数字を出すことは難しいが，イングランドでおそらく約60万人の児童（全児童人口の5％）が児童養護システムの対象となるのではないかと推計されている（Department of Health, 1995）。下に引用する数字からわかることは，何らかの児童養護施策を直接に受けている児童の数はどの時点で数えてもこれよりも少ない，ということである。

　児童養護政策とそれ以外の児童ケア政策とを区別することが望ましいかどうかは議論を呼ぶ問題である。すべての児童，もしくはほとんどの児童の福祉に今より

ずっと大きな政策的関心を向けるべきであり、児童の貧困や剥奪の問題を無視して、とくに限られた少数の機能不全家庭に焦点を当てた特別な措置を講じることは望ましくない、といった議論がある。また時には、児童養護政策は侵入的に過ぎ、こうした介入を必要としない多くの家族の生活にスティグマを与えたり、コントロールしたりするものであるという主張もみられる。にもかかわらず、一方では児童養護システムはほとんどの家族が関係する「児童ケア」システムではないということ、そして他方では、はるかに影響力が大きいのだが、とりわけ就学前児童については、児童ケア一般に関する政策がある、ということを認識することは重要であると思われる。

1989年児童法（および1995年通過のスコットランド法）は児童養護に関するそれまでの法制を統合した。その後に制定された諸法律はさらにこうした措置を発展させた。これらの法律の複雑な法的枠組みは、家庭生活への公的介入はできる限り制限されるべきだという認識をもちつつも、児童は保護されることを保証しようというものである。その法的枠組みは、児童を生まれた家族から引き離す可能性を最小限にしようとする、長年の関心を前進させるものである。この法制は地方自治体が児童を直接のケアへと措置することを避けるためにさまざまなかたちで資金を使える方法を定めている。

児童に劣悪な処遇、虐待、ネグレクトのリスクがあるかもしれないという証拠が明るみに出てくるような状況では、自治体の児童ケア部局のソーシャルワーカーが重要な役割を果たすことになっている。児童ケア部局は「リスクのある」児童の「児童養護記録」を残し、そうした児童とその家族に適切な支援サービスを提供するための「児童養護計画」を作成することが義務づけられている。2005年現在、イングランドには「児童養護記録」に約2万8000の児童が登録されており、それは児童1万人当たりにすると25人である（DFES, 2007, key points, p. 2）。家族から引き離されている児童の割合はごく小さい。

児童ケアワーカーにとって用いることができるもっとも厳格な権限は、児童が「養護される」（looked after）手続きを促進することができるというものである。いささか紛らわしい「養護される」という表現は、今日では児童が地方自治体の「法的」ケアを受ける状況を言い表すために用いられる。曖昧さを避けるために、ここでの議論では「　」を付けて用いることにする。児童が正式に「養護される」のは親がケアする能力をなくしたり、児童を重度に「リスクのある」状態にしているとみなされる場合である。これに関する決定は裁判所の権限であるが、児童を「養護する」行為はほとんど児童ケア部局のソーシャルワーカーによって始められる。児童が「養護される」と、地方自治体は当該児童の安定した将来を保証することを

めざす。中には，これが観察を受けながらの親のケアへの復帰となる場合もある。これが可能でない場合には，里親によるケアが広く活用される。施設ケアは多くの場合，状態が評価され長期的な計画が立てられるものの，一時的な応急手段と考えられる傾向が強い。

　2007年3月時点で，イングランドには約6万人の「養護」児童がいた。そのうちの71％は里親に育てられ，41％が養子縁組準備（それについては後でふれる）に措置され，9％は自分の親に「措置」され，6％が「その他の措置」（通常は友人や親族）とされていた。何らかの施設ケアを受けていたのはわずか11％であった。「養護」児童数は近年増加傾向にあるが，施設ケアが占める割合に大きな変化はない。

　この種の法定ケアが必要であるとみなされる児童の中には，親の監督は終わったとみなされる年長の児童というグループがある。1969年児童若者法の下では，非行が理由で法廷に召喚された児童に対する地方自治体の責任が大きくなった。この法律の目的は，非行少年に犯罪者のレッテルを貼ることを止めて，少年裁判所による判決の論点を犯罪に対する処罰よりもむしろケアする責任をめぐるものにすることであった。児童ケア当局はそうした児童の「保護観察」を受けもたなくてはならないか，もしくは法的後見の権限を与えられることになる。児童ケア当局は居住施設の児童の保護観察を含めて，さまざまなかたちで生じる親の責任を果たす。この法律によって，それまでの少年拘置所と少年院は特別にスタッフが配置されたコミュニティホームとなった。多くの地方自治体はこの種の責任を自力で果たすための居住施設をもっていないし，とりわけ（格別に）「安全な」施設が求められるのだが，そのような部類の必要な資源がないので，そうした施設のマネジメントを受けもっているところ以外の地方自治体によるホームの利用を容易にするために地域計画委員会が設立された。

　里親を利用することによって，児童を「養護する」地方自治体の責任が免除される場合には，給付がおこなわれ，ソーシャルワーカーが措置状況を監督することになる。「養護」児童の中には，別の家族の法律上の養子となる者もいる。児童ケア当局には，養子縁組の手続きを取り仕切り，監督する責任があるが，それは時には民間の代行業者に下請けされることもある。コラム49は養子縁組に関するデータを示し，この問題を解説している。

　親の責任が実質上，公的機関の手にあることが長期的に意味することには相当大きな関心が払われてきた。これはとりわけ施設に措置された児童の問題だが，（親一子タイプの関係が築かれず，とりわけ里親家庭を次々に転々とする場合には）里親ケアについてもあてはまる。調査によると，「養護」児童は学校教育での成績が

> ## コラム49　養子縁組
>
> 　今日のイギリスでは養子縁組の件数が非常に少ないことは心に留めておくことが重要である。すなわち，イングランドで1969—70年には2万1000人であったものが，2005—06年にはわずか3300人であった（DFES/National Statistics, 2007, notes）。
> 　養子縁組となったすべての児童の半数をわずかに超える児童が養子縁組の前に「養護」を受けていた。政府は地方自治体に，児童を「養護」するに際して，養子縁組の可能性を必ず考慮するようにと圧力をかけている。しかし，養子縁組の可能性があってもそれを望まれない幼い子どもが多数に上るという示唆については疑ってみる必要がある。前述したとおり，多数の子どもが普通の家庭でケアを受けている。また，多数の子どもが比較的短期間，親のケアを離れている。「養護」を受けている子どもの半数以上は10歳以上である。

良くないことがわかる。児童ケアと教育サービスが今では結合しているという事実が，この問題に対してより注意深い関心を払うことに役立つであろう。しかし，ここで教育から労働への移行をめぐって注目すべき問題がある。「養護」児童は，それ以外の児童なら移行期に普通に受ける親の支援がなく，いきなり自立へと放り出されるという問題である。地方自治体がこの時期を支援するための権限をもっているが，「普通の」家庭の子どもに比べると，支援は微々たるものとなりがちである。

　多くのケースでは，児童虐待やネグレクトを防止するには，子どものケアの形式的権限を移譲するために，法的手続きを定めた公的制度以外の活動を必要とする。ソーシャルワーカーはそうした活動をおこなう方法をいくつももっている。ソーシャルワーカーは定期的に訪問したり，家庭内のストレスに対処する方法をアドバイスしたり，話しを聴いてカウンセリングしたり，問題を抱えている家族からの救いを求める叫びに応答するなどして，家族に対する支援を自ら提供することもある。そうした支援をおこなう際に，お手伝いさんや，子どものデイケア，補助金や貸付金，援助物資など，資源を動員することができる。また，たとえば居住の改善や，教育，保健の問題に目を向けるなど，他の法定団体による家族の援助を確保することもある。現金または現物の援助を提供するなど，ソーシャルワーカーが援助のために動員することのできるボランタリーな団体もある。

　近年，非常に痛ましい出来事が立て続けに起きた。子どもが親や継父母からひどい虐待を受けて死にいたることすらあった。こうしたケースは「いきなり」起きたりするものではない。そうした家庭は前もって児童ケア当局が把握しており，子どもを引き離す措置が検討されている。児童ケア当局は断固たる措置を講じなかった

と批判されてきたが,過剰反応だとの批判もあった。さらに,子どもが「養護」期間中に虐待を受けるという悩ましいケースも明るみに出てきた。総じていえば,さまざまな公的調査機関や中央政府が機会あるごとに児童ケア当局を批判してきたが,行動を起こすべき時とそうでない時を区別する指針となるような簡明な定則はない,ということである。

　イングランドにおける児童ケアのための政策立案と行政の仕組みの改革は,こうしたサービスを児童・学校・家族省へと取り込み,地方レベルで教育との統合を図るものであるが,児童養護制度の失敗に関する研究の一つによって影響を受けたものであるとみなされてきた。社会サービスの前主任視察官であったレーミング卿の報告書は,児童ケアに対する全般的な関心が欠如したために児童ケアの失敗につながったと論じている（Laming Report, 2003）。第7章で,私たちは構造的改革を保健医療サービスの政策的失敗に対する適切な対処とみなす政府のとらえ方に懐疑的な見解を示した．同様の指摘がここでもあてはまる。第2章で私たちは,この改革はますます学校との関係が「よそよそしく」なっている教育を基盤とする行政サービスと,児童養護に特化した児童サービスとを一体化するものであると指摘した。ここでの問題は,全般的な就学前・学校外児童ケア体制と児童養護との関係をめぐるものであって,両者と教育システムとの関係をめぐるものではない。レーミング卿はかつて行政機関の身内の人であったので,この大きな構造的改革に他の動機がなかったのかどうかいぶかしく思う人がいても不思議ではない。しかしながら明白なことは,レーミング報告書が全般的な児童ケアと児童養護の関係という問題を政策課題にまで高めることに寄与したということである。この構造的改革に伴って,この問題に取り組むための一群のより広い施策が出された。レーミング報告書のすぐ後に,政府は2004年児童法の制定とその他の行政施策へとつながる緑書を刊行した（DFES, 2003）。『どの子も大切に』と題する緑書は現代の児童ケア政策のための可能性を秘めた文書である（Churchill 執筆の Clarke, Maltby and Kennett, 2007 の第5章を参照）。

　児童ケアと教育システムのつながりが検討の俎上に上ると同時に,児童ケアと保健医療制度のつながりもまた検討されることになった。異なるサービス間の相互作用を促したいと考える政府に対する異議申し立ては,省庁構造の中でどの部門の一体化を図るべきかについて選択しなければならない,というものであった。児童ケアとヘルスケアの境界領域での主要な出来事は,特定の地方自治体の中での児童トラストの実験であった。こうした動きはその他の制度改革と矛盾するようにみえるが,この場合の目的は異なるサービス間を横断する連携と協働を促進することである。

第9章 教育と子ども

> **コラム 50　どの子も大切に**
>
> この緑書は子どものウェルビーイングを5つの目標という点から定義している。
> - 健康
> - 安全
> - 社会貢献
> - 楽しさと達成
> - 経済的ウェルビーイング
>
> 　この緑書は，2004年児童法と部局の責任体制の改革につながったばかりでなく，さまざまな政府省庁による一連の行動計画を生み出した。チャーチル（Churchill, 2007, pp.102-103）は次の5つの「主要な改革の特徴」を具体的にあげている。
>
> 　成果主導で，統合され，即応性のある予防的な事業：垂直的・水平的事業アカウンタビリティの向上：協働的な取組みの促進：労働力の確保，採用，実績の改善
>
> 　部外者にはこの種の展開を評価することは難しく，具体的な成果を特定することは困難で，この種の一般的な教科書で要約することは難しい。

6　教育システムの監督

　本章ですでにイギリスの学校システムに対する監督は中央政府と地方政府の間の「パートナーシップ」として説明されてきたが，今日では中央政府の力が圧倒的に強くなっているということが示された。今やそれが事実となっていることは驚くべきことではないであろう。中央政府は地方政府の支出を厳しく監督しているので，こうした支出のおよそ半分を教育が占めているという事実は否応なく教育への注目を高めることになる。さらにいえば，国政レベルの政治家は，教育がどのように組織され運営されているのかについて大きな関心を寄せている。総合制学校教育の発展は政党を根本的に二分する問題であった。歴代政府もまた，リテラシーやカリキュラムのコアとなる内容，就学前教育の役割といったことがらについて立場を明らかにすることが重要だと考えた。「成績のよくない学校」をめぐる懸念が強まった結果，地方自治体に取って代わるべきだという意見にまとまった場合もあった。

　中央政府と地方政府の間の不安定な関係はイギリスの教育システム内部での権力闘争が起きている唯一の領域ではない。地方レベルでは，システムの運営とは，影響力を競ったり，自分たちの特権を守ったりしている，異なる集団のことを指している。

学校は管理運営団体を必要とする。それは親，教師，選任されたメンバー，地方自治体が推薦した者によって構成されなければならない。すでに指摘したことだが，こうした団体は中央政府によって一部保証された代表予算の権限をもっている。
　大きな注目を集めた問題は，親による子どもの学校選択であった。国内の多くの地域において，教員─生徒比率が高く，学校数に対する圧力が強かったが，学校選択の範囲はかなり限定的であった。しかし，学校在籍者数が減少するにつれて，事情は変わってきた。都会地域ではとりわけ学校の人気のバリエーションがしばしば非常にはっきりとしたものになった。1980年教育法では，政府は親に，学校に対する選択を行使する権利を与えた。地方自治体には，親が学校を選べるように情報を提供することが義務づけられ，自分の意向が満たされていないと感じる親が利用できる異議申し立て手続きが定められた。親の選択は教師によるイノベーションに対する規制力として機能しているように思われる。それはまた，どこで予算削減をおこなうべきかを決めることにも役立っているかもしれない。選択が中産階級の親によって好んで行われているために，選択によって，地理的な位置の影響のもとに学校間格差が生じる傾向が強まっている。後にこの問題に戻ることにする。
　学校自体では，校長が学校の運営方法と教科の教え方を決定する際に大きな裁量権を求める。もちろん，校長は教師との協議によって仕事を進めるが，教職員を意思決定に参加させる度合いについてはずいぶん差がある。しかし，究極的には学級担任教師が自分のインプットと生徒との関係を決める裁量権をもっている。
　しかしながら，現代の政治状況の展開はこうした関係に影響を与えてきた。次節では，カリキュラムに対する中央政府のコントロールがどのように増大してきたのかをみることにする。それに付随するものとして，長年にわたりつくりあげられた学校視察制度があるが，これは今日，準非政府機関である Ofsted（教育水準局）によって運営されている。教育水準局は定期的に報告書を作成するのだが，中には学校のマネジメントのあり方や個々の教師の指導力を厳しく批判した内容のものもある。これに伴って，今日，教師はいっそう強く政府の注視の的となっている。政府は厳格な監査・評価システムと，優秀な教師のために特別手当を支給する給与体系を主な内容とする新しいキャリア制度の構築に取り組んでいる。教育システムに対する現代の社会学的分析によれば，こうした影響の積み重ねによって，教師，生徒，人々が教師の役割をどうみるのかが変化したということであり，それは教育「言説」の変化としてとらえられる（コラム51参照）。
　継続教育・高等教育システムもまた資金交付機関の監督のもとで同様の展開をたどってきた。高等教育では，教師集団は教師であると同時に研究者でもあるべきだという期待に基づいて，「研究評価ランキング」（research assessment exercise）が

> **コラム 51　教育の「つくり直し」**
>
> 　ボールは，教える仕事の仕組みと管理のあり方を変える多くの改革の結果として次のように述べている。
>
> 　　教師は政策の中でつくり替えられ，教師の仕事と教えることの意味は次々に再定義されてきた。これをもたらしたのは，新しいかたちの準備，新しい業務実施方法，新しい実務家を教室に導入したことと，教師が，自分たちがすることや自分たちの語られ方について語り，自分自身とお互いについて考え，点検・評価を受け，自分の業績に関連して給料の支払いを受けることで新しい言語を用いるようになったことである（Ball, 2008 p.147）。
>
> 　ボールの分析は，教育システムに対する，マネジメント的かつ経済的な多くの新しい力を広く検証する中で述べられている。これと明らかに関連する論題は校長の役割もまたずいぶん変えられたということである。

開発され，同業者の中から選ばれた専門委員会によって研究と論文発表が評価されている。大学と高等教育カレッジに対する資金交付の算出方法は部分的にこのランキングを指標としている。

　教育システムの全体にわたって，教師の活動がいっそう監視下におかれる管理システムづくりが進んでいる。保守党政権下では，非常に重要な管理方式を市場主義にすることが試みられた。学校や高等教育機関が成功するか失敗するかは，どれだけ首尾よく生徒・学生を集められるか（高等教育では，それに加えてどれだけ研究資金を得られるか）次第であるということになった。労働党政権はこうした管理方式の活用を喜んでいないように見受けられるが，私たちが目にしているのは，活動がどのように実行されるべきなのかについて，さらに詳しい処方箋をつくり，おこなわれている教育を点検評価する方法を強めることである。次節では，ナショナル・カリキュラムにふれて，このテーマについてさらにみていくことにする。

7　政府とカリキュラム

　1988年教育法において，イングランドとウェールズの公費による学校で用いるナショナル・カリキュラムを開発することが定められた。当初これは政府の助成を受けるすべての学校に適用されたが，準独立財団スクールの設立を許可した近年の法

> ## コラム52　ナショナル・カリキュラム
>
> 　3つの必修教科：英語，数学，自然科学（左に加えてウェールズ語を話す地域ではウェールズ語）。
> 　7つの基礎教科：歴史，地理，デザイン・テクノロジー，情報コミュニケーションテクノロジー，音楽，芸術とデザイン，体育，シティズンシップ，現代外国語。後ろ2つは11歳以上のみ。
> 　また，宗教教育プログラムの提供も要件とされており，これはイギリスにおけるキリスト教の「優勢」を反映している。

律では，不可解にもこれらは免除の対象となった。このカリキュラムは当初の法律制定以降，改訂され続けている（カリキュラムの構成内容についてはコラム52）。

　カリキュラムに関連するのが，7歳，11歳，14歳の「キー・ステージ」における試験である。この試験制度には到達目標が設定されており，中央政府のカリキュラム・評価機関の監督のもとで実施される。これは，長年実施されてきた，16歳から18歳の間の学校教育年限の終了時点におこなう試験制度を補完するものである。

　こういった施策は，1944年教育法にみられた哲学からの明白な離脱を示している。というのも，この法律では高等教育の入学資格と雇用主の期待という側面を念頭におきつつ，教育の大半を地方政府の管理下に，またカリキュラムの決定に関する大部分を教師の手中に置いていたのである。

　ところで，カリキュラム上の宗教に関してここで述べておきたい。イギリスの社会意識調査によると，特定の宗教に所属していると答えた人は人口の60％のみで，そのうち55％がキリスト教徒であった（National Statistics, 2002, p. 220から引用）。さらに，実際に礼拝所へ定期的に通うという人はもっと少ない。このような状況からみると，国の教育システムが宗教的信仰の伝播者の役割を担うべきだというのは奇妙なことに思うかもしれない。歴史的にみれば，学校の中の宗教の位置づけは1940年代の政府と宗教団体の妥協に由来する。その妥協とは，公立学校の中での宗教と，国の助成を受ける法定学校への宗教団体の参入の両方を容認するというものであった。

　1997年以降の労働党政権下の教育政策の特徴として，公的資金による教育への宗教の参入が強まることに対して前向きだったことがあげられる。以前は「単一信仰」の学校の大半がイギリス国教会もしくはカトリック，ごく少数のユダヤ教だったのが，現在ではイスラム教やシーク教の学校も設立された。さらに，小規模のキリスト教団体によって設立された学校もある。本書の執筆中にも，キリスト教原理

主義団体が運営するシティテクノロジー・カレッジで生物学の進化論に対する批判を教えていると論争が巻き起こった。しかし，教育に参入する宗教の多様性を推奨することに関するさらに深刻な懸念は，このことが差別や人種差別主義をなくそうとする試みを妨げるかもしれないという点である。これについては後述する。

8　教育システムにおける多様性と選抜性

　ナショナル・カリキュラムに定められた試験の結果は公表される。そこでは，それぞれの学校の「達成」状況についてのデータが公表され，これはマスコミによる「ランキング」形式の報道を助長する。教育的達成度には学校の管理がおよばない要因によるものも多いため，このような情報は非常に誤解を招きやすい（コラム 54 参照）。学校の中には，生徒の達成度を高めることに対して一定の「付加価値」的な要素を定めている学校もあるかもしれない。また，どのみち試験で高得点をとるような社会経済的な後ろ盾がある生徒に対してはほとんど何もおこなわない学校もあるかもしれない。後者のような学校が不当な高評価を獲得する一方で，前者のような学校は不公平にもほとんど成果をあげていないとみなされるかもしれない。こういった比較は，学校が学問的に高い潜在性をもった生徒を獲得しようとすることを助長する。公平にいえば，試験ごとの進歩や，社会的基盤も考慮するようなかたちで「付加価値」的な情報を組み込む試みも実施されてはいる。しかし，その手法は複雑なうえに，やはりもっとも注目を集めるのは大雑把な結果の方であろう。すなわち，ウォーミントンとマーフィーが述べたように，これに関するマスコミの報道は「意外性のない，単純で，形式的な」ものであるということだ（Warmington and Murphy, 2004, p.290）。

　教育に関する社会学的研究では，生徒は卒業年齢に近づくに従って学校重視型の「アカデミックな」生徒と，段々と教育を無意味だととらえてすべての学校活動への参加をやめてしまう学校嫌いのグループに分かれるが，これに影響するものには，往々にして学校の管理のおよばない多くの要素があると指摘されてきた（Ford, 1969 ; Willis, 1977）。したがって，中等教育において重要なのは，成績のよい生徒がどうなるかということよりも（総合制中等学校は，この集団のニーズに十分に応えることで「自らの価値を証明しよう」と躍起になってきたのだが），むしろその能力範囲において反対側にいる生徒たちに適切な教育を提供すること，またそれに伴う困難についてである。こういったことはもちろん，不登校や非行といった問題とも関連している。コラム 53 には，この点についての近年の問題関心を示した。

　総じていえば，この問題は教育システムと，社会において不利な状況におかれた

> **コラム 53　制度からほとんど利益を受けない生徒に対する
> 　　　　　　教育の延長をめぐる議論**
>
> 　2008年1月，政府はイングランドのすべての若者が18歳まで教育もしくは訓練を受けることを強制する法案を提出した。政府の言い分は，グローバルな競争が激化する中で人々のスキルを向上するためには10代の若者が教育や訓練から脱落しないことが不可欠であるというものであった。
> 　しかし批評家たちは政府に対して，若者が教育にとどまる気になるようなもっと興味深いカリキュラムをつくらなければならないと批判した。教育関連の慈善団体である「Edge」は，この方策を低学力の問題の解決に向けた勇ましい試みであると歓迎はしたが，一方で法案が通過する見込みであれば，政府はカリキュラムを徹底的に見直す必要に迫られると指摘し，次のように述べた。
>
> 　　そもそもなぜ若者が中途退学するかという原因に政府が取り組まない限りは，法案は失敗の宣告を受けるだろう。一部の若者にとっては引き続き，教養科目の伝統的な時間割に基づいたカリキュラムが最善の選択である。彼らは聞いたり読んだりといった方法で学習できる。しかし，多くの若者は16歳以下の教育がつまらなく，やる気を鼓舞しないと感じている。中途退学する若者の3分の1は，教育が退屈で無意味だと感じるからそうするのである。

集団（たとえば，低スキルの労働者やエスニック・マイノリティなど）のニーズとの関係に関わっている。さらに，こういった集団は特定の地域に居住するため，地理的な次元の問題でもある。総合制中等学校を好意的にとらえた議論の一つとして，一定の地理的コミュニティのすべての児童を受け入れられるというものがある。しかし，そういった「コミュニティ」が明らかに真に「総合的」ではないとしたら，さらに，そのようなコミュニティの「特徴からはずれる」住民は，彼らの子どもに他の地域での教育を受けさせるとしたら，学校間に新たな分離がうまれることになる。これが，イギリスにおける総合制中等教育の重大な問題なのである。
　この問題は，親が子どものために学校を選択する機会を最大限に保証するという政府の取組みによって強化されてきた。選択が可能となれば，その選択肢が行使される程度には，はっきりとした社会的格差が生じる。このような選択は，親がどれくらい情報収集をおこない，選択肢を探索するかに影響される。そして，もっとも通いやすい学校に行かずに，他校へ通学するというような選択肢を選べるかどうかは，とりわけ車の所持や交通費の負担といった家族の資源によって影響される。結果的に，選択の幅を広げることは，実際には社会的階級や人種という点において，

より一層の分離を招いているのである（Burgess et al., 2006）。

　1980年代，90年代の保守党政府は，学校間の競争を通して水準をあげることに重きを置く教育上のスタンスを好み，こうした問題は無視すると決めていたようである。労働党の政治家たちの発言には，これを変革することへの意気込みがみられた。労働党は1997年のマニフェストにおいて「あまりにも多くの子どもが成功への機会を断たれている」と述べた。そして，「低学力撲滅」（zero tolerance of underperformance）を唱えて「どの地域の学校であろうとも，労働党は低い教育達成を容認しない」と宣言した。労働党は教育に高い優先順位を与え，1997―98年「年次報告」において教育を主要取組み項目として取りあげた。

　　政府の目標は，どんなものであろうとも卓越するものは取り入れ，広く普及させていくことで，世界に誇る教育システムを構築することである。われわれは，すべての学校がよい学校となり，親が子どもをどの学校に入れようとも良質の教育を受けられると考えるようになることを願っている（HMSO, 1998, p.30）。

　ここでの根本的な疑問は，高い水準を獲得することに重きをおく教育システムの中で，「卓越するもの」を探索することが，その過程において勝者と敗者を生むことなく果たして持続できるのかということである。つまるところ，教育システムは，広い社会できわめて限定された機会の中に人々を押し込めていく。すべての児童にとっての教育水準をあげるという目標においては，既存システムが提供できる最善のものからすでに利益を受けている児童の親を不安にさせることは政治的にも許されない。そのためには，この目標を達成するプロセスはこれ以外にはない，つまり労働党マニフェストからの言葉を借りれば，「レベルダウンではなく，レベルアップ」のプロセスであることを示す必要がある。

　それでもなお，全員が勝者になることができない競争の中で，教育における不利を減らすことに重きをおくということは，一方を犠牲にして他方を向上させることを含意する。確かに，社会的な条件が整っている校区の学校が必然的に勝利するという単純な学校間競争から離れて，より平等なシステムの方に注目が集まりつつある動きはみられる。しかしこれは，不安な中産階級の親を安心させるためにつくられた「すべての子どもが勝利できる」というみせかけのレトリックの下で生じているのである。

　さらに，学校（中でもとくに中等学校）において，より多くの多様性を認めたり，ある種の選抜を再び導入することを容認したりする動きによって，政府が掲げる平等主義の実像に対する疑念は強まってきている。保守党による1993年の法令は，学

校が「特色校」となること，また限定的ではあるが選抜を実施することを認めた。これは，テクノロジー（シティテクノロジー・カレッジのように），芸術，あるいはスポーツという領域での専門化を示していた。労働党による1998年の法令は，特色校が10%を上限として児童の適性に基づいた入学枠を確保することを認めた。2006年9月までに，学徒全体の約3分の2に相当する中等学校の82%が特色校であった。特定教科の卓越中心を樹立するための専門化は，学校に追加的な資金をもたらすため，この方向を押し進める非常に強い圧力となった。これに対してトムリンソンは次のように結論づける。

> 保守党は〈選択〉と〈多様性〉を，労働党は〈多様性〉と〈卓越性〉を約束した。だが実際は，構造的な分離によって学校の序列格差は温存され，イングランドの学校教育の歴史をみれば驚くべきことではないが，これは社会的な階級構造を反映し続けた（Tomlinson, 2001, p. 99）。

それにもかかわらず，政府は学校選択の幅を広げることを教育の不平等に対する解決策とみなし続けている。複雑な教育の「パンテオン」に最近付け加えられたアカデミーとトラスト・スクールは，社会的に恵まれない地域を対象としていた。しかし，システム全体の中で選択がいかに機能しているかの証拠に背を向けて，問題にこのようなかたちで取り組むことは奇妙に思われる。次の3節では，教育における不利をなくす政策をめぐる問題についてさらに論じることとする。

9　教育と社会的に不利な状態におかれた子ども

前節では，すべての児童の教育を改善するという労働党政府の取組みについて述べたが，これがどのように実施されたかに関しては留保すべき点があることを論じた。より公正な評価を下すために，政府戦略の他の側面についてもみておきたい。教育における不利を意識し，その改善に向けた主要な方策は以下のとおりである。

- 恵まれない地域を対象に教育特区（Education Action Zones）を設立し，公的・民間のパートナーシップによって追加的な資金を投入し，革新を促進する。
- 学校に改善目標を設定し，達成できない学校には政府が介入することを想定する（既述のとおり，これには代替の管理運営システムを強いる権限を含む）。
- クラス規模を縮小するための新たな投資をおこなう。
- 上記のような，不利な状況にある地域における新たな学校構想を目標として定

める。

　前節では，私たちの社会における職業機会の分配に関して教育が担う役割に注目した。伝統的に，左派からは教育が上昇移動性にどの程度寄与するかについてかなりの関心が示されてきたが，これには２つの方向性があった。１つは，機会の平等への傾倒であり，それ故社会的基盤にかかわらずすべての有能な児童には教育への扉が開かれていることを求める。もう１つは，もっと絶対的な意味での平等への傾倒である。その中でもより素朴なアプローチは，平等な社会をつくることに寄与しうる教育システムの可能性に信念を抱いている。もう少し入念なアプローチは，教育は単独では社会変革のエンジンになれないことを見抜いている。ただし，教育は児童が社会から排除されないこと，また不平等の源を確実に学校が補うことによって，その一翼を担わなければならないと強調する。

　こういった問題は，ジェンダー，社会経済的地位（または社会階級），そしてエスニシティと関連して検討されてきた。この節では，前者２つの項目に焦点を当て，次節でエスニシティをめぐるいくつかの問題について検討する。ジェンダーに関しては，女性に対するもっとも露骨な差別は姿を消した。実のところ，今日では高等教育における多数派は女性である（表９-１参照）。それでもなお，教育システムにおいて，男性と女性を異なるかたちで社会化する「隠れたカリキュラム」がどの程度存在するかということに関心が払われてきた。異なるジェンダー役割を刷り込むことは，後々の学校・大学で専攻する科目にも影響をおよぼすとされる。また，未だ明らかな不平等が存在する労働市場における女性の待遇とも間接的な関連があるかもしれない。

　初等学校の文化は往々にして女性的であるという主張とともに，男児の低学力が注目を集め始めた。この問題は複雑なため，ここではこれ以上踏み込まない。しかし，女性に対する差別の多くがなくなった途端に，男児の低学力への懸念をもって明示的な介入要求を喚起するというのはおそらく，社会に存続する男性優位の徴候であろう。

　社会経済的階級に関しては，「機会の平等」スローガンがかなり広範な政治的支持を得ている。教育機会と教育達成の格差は，社会学者や心理学者によって広く研究されてきた（コラム54参照）。

　社会的階級の不利に関しては，教育を通して社会移動を促進するという目的との矛盾が示唆されるだけに，この問題にどれほど十分に対応できるかには限界があろう。教育の主要な関心が，子どもが中産階級社会の中で機能する，あるいはその社会に加わる準備を整えることだとすれば，教育を労働者階級の文化と関係づけるこ

コラム54　教育達成の決定要因に関する研究結果

　1950—60年代初頭の研究で蓄積された論拠は（Floud et al., 1956；Jackson and Marsden, 1962；Douglas, 1964），総合制教育を実施することと能力別クラス編成（Streaming）を廃止することの主張に利用された。その後，低学力の問題に注目が集まったが，これは教育システムの構造に直接的に帰することができない問題である。そこで，次の2つが強調された。1つは，教育的な成功には家庭的背景が重要であること，そしてもう1つは学校システムの「文化」が子どもによっては馴染みのない場合があるということである。

　貧困と劣悪な住宅事情が教育的な成功を妨げることも指摘されてきた（Douglas, 1964；Central Advisory Council for Education, 1967）。こういった問題について教育システムができることはほとんどないが，剥奪状態にある子どもに対する支援を手厚くすることにより，補おうとすることは可能だ。家庭的背景は他の意味においても関係する。親が子どもの教育を支援する程度には大きな差がある。親からの支援には，励ますこと，本や勉強の設備を提供することなど明示的なものに留まらず，子どもとの相互行為を通じたそれとない「教え」も多くあり，さまざまな形態をとる。後者は，子どもがとても小さな赤ちゃんの時から始まり，中でももっとも重要なことは言語の学びである。このような点においてもっとも恵まれない児童は，多くの場合，物質的な意味においてもっとも剥奪されている。しかしながら，親の教育レベルや能力もまた関連している。児童が義務教育年齢に達する前と後の両方において，教育システムがこういった物質的不利を間接的なかたちで補完するための実践的な方法は多数ある（Halsey, 1972）。

　学校の文化に関する問題はさらに難しい。部分的には，自らのニーズが教育システムの価値を占領してきた，教養のある白人中産階級とは異なる背景をもつ児童のニーズや特定の関心を見極めることの問題である。このような問題に対しては，お話や，教育環境，事例などをこういった児童にも関連するものに改訂するさまざまな方法がある。したがって，このような点にはさらなる改良が求められる。

　上のような主要な研究結果は，ずいぶん昔のものであるが，しかし状況はほぼ変わっていない。たとえば，イナルス（Ennals, 2004）は残存する階級分離について記述している。

とはあまり機能的ではないかもしれない。ここには，「敗者」となる子どもたちが教育システムから疎外されることに関して大きなジレンマが存在する。教育システムを通して「成功」させるという目的がある限りは，失敗の概念を取り除くことはできない。システムにおいて競争のより不公平な側面を取り除くことは望ましいかもしれない（たとえば，個人の能力に応じた向上が，恵まれた者や才能のある児童

が容易に達成する成功と同様に重要であると認識すること)。しかし達成という概念，またそれに伴う未達成という概念は，私たちのような社会における教育の役割には，なくてはならないものとなっている。

　トムリンソン (Tomlinson, 2001, p. 160) は，カイリーンら (Killeen et al., 1999) の研究を引用して，「資格は……仕事の機会に交換することができる紙幣である」というような，若者が抱いている教育に対する非常に手段的な見方や，職業教育コースへの低い評価について述べている。本書の執筆中にも，政府は中等学校における職業教育関連のコースにさらに注目することで，低学力に関する問題に取り組もうとしている。彼らは，この目的と教育に対する真に総合的なアプローチの間に存在する根本的な矛盾に直面している。

　いくつかの地域の学校に対して，特別な資源を提供することで不利を補おうという試みは，プラウデン委員会による報告の中で提案された (Central Advisory Council for Education, 1967)。だが，採用された多くの方策は，学校が古く設備が限られた荒廃したインナーシティ地域と，より新しい郊外の地域との間の教育資源の不均衡を是正しようとしたにすぎない。剥奪の度合いが高い地域における投資計画と経常支出に対しては追加的な資金が与えられた。それに加え，政府はこのような地域において通常の定数以上に教員を増やし，教員に対して特別に追加手当を支給した。対象地域は，親の社会経済的地位，住居環境における欠乏の程度，無料の学校給食を受けている児童の割合，深刻な言語的困難を抱える児童の割合に関する統計に基づき決定された。1998年には，「エスニック・マイノリティ学力向上助成金」(ethnic minority achievement grant) がこれに取って代わった。

　1997年以降の政策の一つとして前述した教育特区 (Education Action Zones) は，このような種類の介入に回帰することを意味する。この地域では，さまざまな革新と実験をおこなうことが求められている。たとえば，専門家センターの設立，専門的な役割を担う教員の雇用，家族の識字向上プログラムや識字サマースクール，職業に関する学習の新たな形態の模索などがこれに当てはまる。政府は，ナショナル・カリキュラムを地域特有のニーズに適応させる意志があることを示した。このような地区に行き渡る公的資金の総額はわずかばかりであるが，利用可能な資源を増やすために政府は地域の企業やその他の組織団体とのパートナーシップ協定を模索している。

10　教育とエスニック・マイノリティ

　イギリスへの移民形態に関しては，今日では，ほとんどの児童がイギリスで生ま

れた子であるという点を念頭におかなければならない。もちろん，とくに最近の東欧からの移民の子どもはまだいるし，彼らにとっては慣れないシステムの中に入ることや，徹底的な言語訓練も問題となるであろう。しかし，エスニック・マイノリティの教育をめぐる主要な問題は，移民の子どもの待遇についてである。これに関連して，肌の色や文化的相違によって起こる差別の問題がある。イギリスで生まれた移民の子どもの親の多くは，アジア大陸，カリブ海地域，アフリカの出身である。そのため，相当数の非白人の学童人口が都市部に集中して存在する。

　パレク報告は，エスニック・マイノリティの児童の学業成績について次のような結果をまとめている。アフリカ系カリブ海諸島出身者を親にもつ生徒は「国内平均と同等の水準で」学校に通い始めるが，10歳までに遅れをみせる。インド人の親をもつ生徒は国内平均以上の教育達成をみせる。パキスタンとバングラデシュ人の親をもつ生徒は国内平均以下の達成ではあるが「教育の過程で他の児童との距離を着実に埋める」(Parekh report, 2000, p.146)。

　非白人の児童の多くが，彼ら自身，移民としてやって来ていた時代には，教育システムは彼らの言語的困難と文化的相違を主要な問題としてとらえていた。現実にこういった問題を抱える児童はまだ存在するが，一方で親から教育の機会を最大限に利用するよう奨励され，イギリスのシステムの中で素晴らしい成果を達成した児童も多数存在する。しかしながらかれらは，家庭生活と学校生活の様式の間の大きな相違に折り合いをつけるという問題に直面することがある。

　アジア系集団の中には，かれらの文化的ニーズ（たとえば，適切な宗教教育やアジア言語のコースなど）に合った教育システムを新たに展開することを要求したり，もしくは，国の助成を受けた，かれらのための別の学校を要望したりということを始めた集団もある。上で述べたように，政府はこの要求に応える準備をしてきた。ここには，イスラム教の集団から別の教育制度への要望がどの程度出されるかという懸念がある（コラム55参照）。

　1960—70年代はじめには，一定の学校にアジア人の子どもが集中することを避けようとして，多くの教育機関がバスで子どもたちを他の地域まで送迎した。このバスによる送迎はアジア人だけを対象としていたため，差別的であるとして当然のことながら廃止となった。今日，親の選択に配慮するというルールを課すことは，地方自治体はいかなる人種の「バランス」のためにも校区を操作することすらできないことを意味する。したがって，親の選択権は分離への傾向を強めることにつながるだろう。

　カリブ海地域出身の移民は，ヨーロッパの文化様式の影響を強く受けた社会から来ており，そのことは教育過程を通しても強化されている。イギリスのアフリカ系

コラム55　イスラム教家庭出身の児童の教育

　イギリスの教育システムの中では，特定のキリスト教派団体やユダヤ教の児童に対して長年特別に学校を提供してきたことに対して，イスラム教団体が設立した学校を国が支援するべきという強い主張があるようである。そして，イスラム教の背景をもつ児童が偏見に遭遇する度合い，この国の文化を貫く強固なキリスト教の伝統が存在する度合いがこの考えを強化させている。また，現代の国際的な衝突の多くがユダヤ・キリスト教世界とイスラム教世界の間のものであることから，より一層強まってきている。イスラム原理主義者のテロリズムが，大衆性のあるこの二分的な見方をさらに助長したといえる。

　しかし，この文化的な分離こそがまさしく，教育システムの分離によって文化の分離をさらに助長することに対する疑問を抱くべき理由を私たちに示してくれる。北アイルランドをみてみると，宗教的な線引きで教育を分離することは，文化的な線引きでの分離とに，これがコミュニティの分離につながっている。この事例は，文化的に多様な社会における教育のモデルとして疑念を呈す根拠となる。ある学校におけるアジア人の影響力を最小化しようと躍起になっている白人の親から独立するという思惑がどの程度あったかということを考えても，このような疑念は強まるばかりである。

　だが，上述のとおり，他の同様の学校が長い間公的な援助を受けてきた中で，ある種の「宗派学校」を拒むことは積極的な差別的行為となる。他の側面ではますます非宗教的になってきている社会における抜本的な代替案は，いかなる種類の宗派学校に対しても，国による支援はなくしてしまうことだろう。

　カリブ人の社会や，アフリカ系アメリカ人の社会におけるこの傾向がまさに，黒人としての自己意識（black consciousness）の発展に関心をもっていた人々から攻撃されてきた。彼らはこういった白人の文化様式の流布が，劣等的な自己イメージの維持につながると主張する。イギリスの黒人リーダーたちは，西インド諸島生まれの児童の低学力を憂慮してきた。彼らはこの状況にはさまざまな要因があるとしながらも，教育システムにおける白人の民族的，文化的な偏重が，その他の不利の側面を強化していると考える。

　したがって，教育システムが非白人の児童の問題を彼らの特性に由来するものであるととらえ続けている一方で，そうではなくもっとも重要な問題は民族や文化に対する偏見，すなわち「制度的な人種差別」という現象にあるともいえるかもしれない。1985年，スワン卿（Lord Swann）が議長を務めた公的な委員会が「エスニック・マイノリティの児童の教育に関する調査」という報告書を出した。報告書の概

要の中でスワン卿は,「制度的な人種差別」という表現は用いていないまでも,非白人の低学力の問題を説明するには社会と教育システムの対応関係がもっとも重要であるということを非常に明確に表明した。彼はこう述べている。

> これまでの調査結果から少なくとも2つの課題が示された。一つは,社会は偏見や差別を通じてエスニック・マイノリティの家族の社会的,経済的な剝奪を増加させてはならないということ。もう一つは,学校はより敏感に,そして少しの偏見ももたずに,エスニック・マイノリティの児童のニーズに応答しなければならないということだ(Department of Education and Science, 1985, p.9)。

スワン卿は,「すべての者のための教育」という概念を通じて後者を達成することができると考えた。内容は以下の通りである。

> 教育システムが直面する課題は,エスニック・マイノリティの児童をどのように教育するかだけではなく,すべての児童をどのように教育するかにあることを認識するという,根本的な変化が求められる。イギリスは帝国主義の経験から,これまで民族的に多様な社会であったし,現在ではより一層明白にそうなりつつある。そのような社会が公平で調和のとれた存在となるには一体何が必要なのか,すべての生徒が理解するように導かれなければならない(Department of Education and Science, 1985, p.10)。

その後,教育水準局が提出した報告書(Ofsted, 1999)には,学校における「制度的な人種差別」への継続的な注意が必要であることが示された。その中では,こういった問題に挑む明示的な戦略に注意が注がれていないことや,監視システムがないことに言及している。

明らかに,今日における中心的な問題は教育システムの文化に関わっている。システム内に存在する偏重に対して,文化的に適合した勉強や,カリキュラム内の自民族中心主義への傾倒を除去しようと努めるよう取り組んでいく必要がある。黒人の児童の教育をめぐる問題は,不利な状況におかれた白人の児童がシステムの中で占める位置の問題(これについては前節で述べた),そして低所得の家庭出身の児童が置かれているかなり具体的な不利の状況とも深く結びついている。イギリスへ来た黒人は一般的にもっとも劣悪な仕事の多くと粗末な住宅を受け入れるよう強制されてきたため,児童たちが抱く黒人に対する「劣等的な」ステレオタイプは,児童たちの,また児童の親たちの経験によって強化されているように思われる。その

うえ、多くの黒人の親たち自身が教育における不利を経験している。低い階級の白人の親についても同様のことがいえ、教育の不十分さは、児童を支援するために教育システムに挑むことをも阻害してしまう。

ここには、不利を再生産する複雑な構造がある。教育システムにおける人種の不利に取り組んでいく中で、階級と人種の不利（貧困家庭の黒人少年の低学力がとりわけ顕著であるため、おそらくジェンダーも関わっている）が一体となるというもっとも難解な問題の一つが発生する。ボールは、このような問題について「政策的な回避の歴史」（Ball, 2008, p.172）が存在すると述べている。厳しい見解のように思うかもしれないが、それは2つの重要な点にとりわけ基づいているようだ。1つは、民族的な不利をめぐる問題への公式的な注目は、暴動、偏見や差別が絡んだ殺人や事件に対する公的機関の対応ミス（とくにスティーブン・ローレンス事件）といった特定の出来事の調査が引き起こしたパニックにあおられるかたちで、散在的にしか存在してこなかったという点である。もう1つは、教育システムにおいて白人中産階級の要求を満たすことを非常に重視したことが、逆説的な結果を招いたという点である。つまり、システムの要求に対してうまく同化した、エスニック・マイノリティの中でも上昇移動する人々は素晴らしい成果を残したが、その他の人々はシステムに適応できず取り残された（この点については Gillborn（1998；2005）を参照）。次節では、後者の徴候として学校からの疎外という側面をみていく。

ここであげた多くの論点は、他の政策領域とも関連している。とくに、対人社会サービスの章ではマイノリティに対するサービスの不十分さをめぐるいくつかの問題について、また、保健サービスの章では健康に関する不平等にどの程度、民族的な次元が関わっているかについてさらに踏み込んで取りあげ、白人の保健専門員が文化的、言語的問題に十分な注意を払わなかった際に発生するコミュニケーション面での困難などについて、検討できればよかった。だが、紙面の関係でこういった問題に言及することはできず、また教育に関係する重要な側面であることから、ここで少しふれることにした。ここでふれられた論点とその他の政策領域の関連について検討することを読者の方々に強く勧めたい。この点については第12章で再び論じることとする。

11　特別支援教育とその他の福祉的措置

障害をもつ児童の教育には、特別な資源を開発するシステムが必要である。しかしながら、現在の傾向は特別な教育ニーズをもつ児童をできる限り通常のシステムに統合しようとする方向にある。さまざまな身体的または知的障害に伴う「学習困

難」を経験しているとされる児童が各自治体に多数存在する。軽蔑的な言葉を避けるために採用された「学習困難」という表現がこの点をむしろ覆い隠してしまうのだが，こういった児童は多様な集団であることを念頭に入れることが重要である。身体的障害をもつ児童には，視覚・聴覚のいずれに障害があるかによってニーズが異なる2つの集団が含まれる知的障害にも多くの形態がある。一方の端には失読症があり，他方の端にはもっとも初歩的な作業でさえ難しい脳損傷や脳機能障害などの形態がある。また，学習を阻害するさまざまな種類の行動障害も存在する。もっとも難解な困難の多くは，生徒にこういった問題の複数が現れる際に発生することに留意しなければならない。

　このような児童たちへの試験は慎重におこなわれる必要があり，彼らのニーズを明確にする「指導記録」(statement) が用意されなければならない。親は指導記録に納得がいかない場合，独立した裁判所に申し立てをおこなう権利を保持する。指導記録に基づいて，学習困難を抱える児童は通常学校で補足的な授業や支援を受けることが保証されるか（この目的のため学校の予算は増額される），もしくは特別な施設とスタッフを配置している学校に行くことになる。特別支援学校にはさまざまな種類があり，多くの自治体では「中程度の」または「深刻な」学習困難をもつ児童のために別の学校を用意している。また，民間あるいはボランタリー団体が運営する専門的な学校において，自治体が費用を負担して入学の保障をおこなうこともある。しかし，学習困難を抱えるできるだけ多くの児童を普通学級に統合することに非常に重きが置かれている。

　授業以外の多くの事柄が教育システムの総体的な成果に影響を与える。たとえば，学校は児童に給食や牛乳を支給することがある。生活保護を受けている親をもつ生徒は給食を無料で支給されることもある。その他の生徒のために，このようなサービスを国がどの程度助成するべきか，政治的な駆け引きの種となってきたが，広範囲な削減が実施された。学校へ着ていく服にかかる費用に対して，そして16—18歳でまだ学校に在籍する生徒への支援としては，受給資格の認定を受ければ援助を利用できることがある。

　児童の福祉には，学校の保健サービスや教育福祉サービスの視点からも関心が寄せられている。歴史的に，主要な関心事は無断欠席にあった。今日では，その目的は教育達成に影響しうるあらゆる問題を包含するよう拡大した。この点においては，たとえば児童ガイダンスサービス (child guidance service) の支援がある。

　近年，学校が権威的に問題のある児童を除外することに対する懸念が広がっている。親の選択権や学校の教育成果に関する情報の公表による，学校間における競争の展開がこれを助長しているように思える。2004—05年には，児童が学校から退学

処分をうけた9400件のケースがあった。こうした児童たちは，他の学校に通うことになるか，あるいは学校以外のところで特別な教育を提供されることになる。退学処分に関しては，男児の割合が女児に比べて約4倍にも上ること，また，カリブ海地域系の出自をもつ家庭の子どもが他の子どもに比べて多い傾向にあるという心配な側面も存在する。

12　結　論

　教育の公的システムは，複雑化が進む産業体制・社会で機能できる有効な労働力を訓練するという19世紀半ばの問題が起源であった。それは，民主的な社会の発展と密接に関係しながら進展してきた。新たに公民権を与えられる人々は読み書きができるべきであるという当初の見解は，社会の発展の鍵は教育にあるという有権者側の考えと呼応した。このような見方は，政治政党が教育に多大な重点を置いたことにより確実に促進された。しかしこれは，半ば幻想であるかもしれない。機会の構造は，経済や政治体制によって決定づけられる。教育の増進は，それ自体が「一流の仕事」自体をつくり出すわけではないし，「一流の仕事」をめぐる競争を増加させるにすぎない。学歴が仕事への応募者を区別する基準として広く利用されている事実は，最適とみなされる応募者が有する教育のレベルや種類が本当にその仕事に必要かどうかに関係なく，教育と社会経済的発展との強い結びつきを表している。したがって，教育システムの性格と，それによって供給される機会はイギリスでは主要な政治的課題である。

　1980年代，90年代のイギリスでは若年者の就業機会が減退し，教育システムの役割についての議論が活性化した。これは，次のような長年の論争とも関連づけられた。それは，イギリスの低い経済達成を，どの程度科学や工学に十分な比重を置かずに即効的で実践的な利用用途のない文化的な教育を重んじる教育システムの欠陥のせいにできるのかというものである。この問題は複雑で，実証的に証明することが困難な命題を含んでいる。ここには，教育システムがどの程度，社会的政治的要求に応えなければならないのかということを差し置いて，教育システムの役割に過度な期待をかける傾向がみられる。この論争はほどなくして，就業難を労働需要側の不足ではなく労働供給側の不適合性に帰する，つまり教育システムがこの国の若者をだめにしているとみる傾向を助長するようになる。これは，多くの仕事に必要とされる資格が仕事をめぐる激しい競争によってさらに増加する状況，すなわち仕事をめぐる競争が「資格インフレ」を誘発している，という議論に真っ向から対立する。しかしながら，これは職業訓練に関する教育（とくに，エリート的な仕事に

容易に就けそうにない,公的教育を受けた大多数の少年少女のための)への増え続ける要求をもたらしている。

政治的レトリックに強調される労働の準備としての教育は,個人の低学力の議論,グローバルな経済競争に寄与する教育システムの役割の評価という両面にみられる。しかし,これはすべての子どもに人生の準備を提供できる平等主義的な教育を展開することに関しては困難を増大させる。

本章は,教育と社会的階級との関係について(そしてもう一方では,エスニシティやジェンダーとの関係について)の問題に着目した。政府のレトリックでは,教育の不平等に対する多大な懸念がみられた。しかし,これは政府が重視する成果や選択とは相反するものである。結局のところわれわれの政治家は,教育システムが自身の経済的優位をその子どもたちに伝承するのに役立つことを期待している親を失望させたくないのである。本章は,やや副次的ではあるが民間セクターに関して国が担うべき,規制の役割についてはあまりふれなかった。しかし民間セクターは公共政策に影を落としている。ボールは国の労働長官であるチャールズ・クラーク(Charles Clarke)が報道陣に漏らしたことを記している。それは「実に多くの生徒が……教育の質に対する失望を理由に私立学校に行く。だが彼らのような生徒こそわれわれが求めている人材なのだ」ということである(Ball, 2008, p. 93)。

教育はおそらくこれまでにない程,政治的な色を帯びてきている。今日の政府は非常に明確に,教育を専門家たちに任す,あるいは教育政策の責任を地方自治体や学校・カレッジ運営者に委譲するつもりはないことを示している。

◇より深く学ぶための読書案内

Tomlinson (2nd edn.) の *Education in a Post-welfare Society* (2005 = 2005)(『ポスト福祉社会のなかの教育』)では,この政策領域における素晴らしい,おおよそ最新の概説が得られる。Ball の *The Education Debate* (2008)(『教育論争』)は,現代の政策展開の批判的な検討をもって前書を補足する。

子どもの政策に関しては,実践志向のものが多いが,これに対して政策志向の書籍は不足している。*Social Policy Review* (Clarke, Maltby and Kennett, 2007) の中の Churchill の論考ではこの展開について短いが優れた説明をおこなっている。Liu の *The Autonomous State of Childcare* (2001)(『チャイルドケアの自律性』)は児童ケアや保育園に関する政策の複雑な進展について探究している。

社会的階級と教育に関する社会学的文献の多くは今日では非常に古いものとなってしまったが,この主題における非常に優れた現代的な概観がみられるのは,Halsey et al. の *Education, Culture, Economy and Society* (1997 = 2005)(『教育社

会学——第三のソリューション』）である。*The Parekh Report*（2000）（『パレク報告』）は，その他の論点の中でも教育とエスニシティをめぐる問題を検討している。Gillborn の *Race, Ethnicity and Education*（1992）（『人種，エスニシティ，教育』）はこういった問題のやや旧い考察ではあるが，その後の新たな論考（1998，2005）では情報が更新されている。

第10章
住　宅

1　はじめに

　2005年の時点でイギリスの住宅戸数は約2600万戸であり，そのうちの約1840万戸は持家，残りは借家であった。借家のうち，約280万戸は公営住宅，約220万戸は登録民間借家，約280万戸は民間借家であった（National Statistics, 2007, p.132）。

　住宅に関わる社会政策を狭い視点でとらえると，公的な介入によりすべての国民がアフォーダブル住宅［所得相応の住宅］に住めるように住宅を確保することと考えることができる。一方で，政府は提供される住宅の量と同時に住宅の質にも長期間にわたり関わってきており，近年では，収入にかかわらず持家層の権利の保障にも積極的に関与するようになった。そうした点からも，本書では住宅政策における広い視点を採用する。いいかえるならば，住宅市場への介入が個人を守り利益や不利益さえもつくり出す社会的効果をもちうるということを本書で学ぶことになる。さらに，今日の住宅状況を理解するためには，過去の住宅システムへの介入の結果が今日まで継続しているという点からも歴史的な視座をとり入れる必要がある。そのことは，当然のことながら，住宅とは長期資産であり，遠い過去に住宅を建てたことや購入したこと，また借家を選んだことは，その後の個人や家族の生活に多大な影響をおよぼすものであるという実態を反映している。

　本章が示すように，今までもこれからも公共政策はすべての住宅セクターに影響をおよぼし続けるものである。それは公営住宅の供給という直接的な介入方法，もしくは補助金や家賃統制，家賃補助といった間接的な介入方法によってなされる。なお，政府の住宅政策担当部局は幾度にわたり組織改革や名称変更をおこなってきており，本書が執筆された時点，イングランドにおける担当部局はコミュニティ・地方行政省（Department for Communities and Local Government）である。イギリスのイングランド以外では，住宅政策は地方へと移譲された権限のうちの一つである。

　そこで，本章ではまず住宅政策を歴史的に概観したのち，各住宅セクターの要点について掘り下げ，最後に住宅問題に関する特殊なトピックを取りあげる。

2　住宅システムが今日の形態に至るまで

　表10-1は過去100年間にイギリスの住宅システムがいかに変化してきたかを示したものである。第1次世界大戦の時代，多くの人は民間借家に住んでいた。第2次世界大戦までの期間，他の2つのセクターは成長したが，1945年の時点ではまだ民間借家が主要な住宅形態であった。しかし第2次世界大戦以降，持家の発展と社会的住宅の開発により状況は一変した。1979年以降，微小ではあるが民間借家の戸数は継続して減少し，その一方で社会的住宅から持家への移行が劇的なものとなった。そうした傾向は，持家を奨励する反面，社会的住宅の増加を抑えようとした当時の政策と，社会的住宅の住人が借家を好ましい価格で購入することを可能にした「購入権」の法整備に起因するものであった。1979年から2005年までの間には，表10-1では十分に表すことができていないある変化がみられた。1979年の時点では93％の公営住宅が自治体によって提供されていたが（それらを「地方公営住宅」と呼んだ），上述したように，2005年までにその半分が「登録家主」（registered landlords）（一般的には住宅組合（housing association）［主に住宅建設に携わる機関］）によって提供されるようになった。この変化は今日も継続している（本章後半で詳しく説明する）。したがって，今日「社会的住宅」セクターというとき，民間借家とは異なる形態で，自治体が保有する借家と住宅組合が保有する借家の2種類が混在すると理解することが重要である。

　すなわち20世紀初頭以降のイギリスの住宅の歴史は次の3つの段階に分けて考えることができる。

- 第1次世界大戦から1960年代の長期にかけて徐々に終焉を迎えた民間借家が中心の段階。
- 1960年代から1970年代にかけての短期間。ほとんどの人が持家もしくは自治体が管理する住宅に住むような住宅システムへと移行するかにみえた段階。
- 1979年以降，持家が継続して増加する一方で，社会的住宅の多くは自治体の借家から住宅組合へと移行し，民間借家が継続して減少した段階。

　以下で述べるように，政府の政策がこれらの移行に強い影響を与えてきた。1950年代以降の政党はどのような党派に属していようと，その党派の支持を得て，またその党派による評価を求め，住宅供給の増加を全面的に承認した。20世紀後半には長期間にわたり社会的住宅の是非について政党間で意見の対立があったが，今日そ

表10-1　イギリスにおける住宅別居住者の概況:歴史的変遷

(単位:%)

年	社会的住宅	持家住宅	民間借家
1914	1％未満	10	89
1945	12	26	62
1961	27	43	31
1979	32	55	13
2005	19	71	11

出所:これらの数値は大まかなものである。1979年までの数値はイギリスではなくブリテンのもので,Mullins and Murie (2006, p.36) を参照。2005年の数値は National Statistics (2007, chapter 10) を参照。

うした対立はみられない。現在は,ミュリーが述べるように「イギリスの住宅政策は持家を基盤としている」のである (Murie in Clarke, Maltaby and Kennett eds., 2007, p.49)。そのため,持家セクターの保護と強化は政治上の重要な目的となっただけでなく,このことは議論の余地があるのであるが,そのことが万人の住宅を改善するための重要な要素になったということである。

借家セクターに関していえば,1920年代から1970年代にかけての社会的住宅の発展は政府から地方自治体への補助金に依存するものであった。1970年代以降,社会的住宅開発のための補助金が完全に消滅したわけではなく,住宅に対する補助から借家人に対する補助へと移行したのである。すなわち資産調査付き住宅手当をとおした補助へと焦点化したのである。住宅手当は民間借家と公営住宅どちらの家賃に対しても充用することができたため,借家の所有に変化をおよぼした。こうした移行により,社会的住宅は経済的に余裕のある借家人にとって魅力的でない物件となり,持家への移行を促した(政府の政策が社会的家主からの「購入権」を補助したことが借家人にとってさらなる後押しとなったことはいうまでもない)。そのように,住宅政策を理解するためにはすべての住宅セクターに関わる問題に着目する必要がある。1つのセクターにおける変化が他のセクターに影響をおよぼすため,セクター間の相互作用は非常に複雑になる。

3　社会的住宅セクター

既述のように,社会的住宅セクター[日本でいうところの公営住宅]の成長は第1次世界大戦後,地方自治体が「労働者階級」に対して住宅を供給するための補助金を中央政府から受け取ることを可能にした法律の制定に始まった。その後も国会制定法により政府の住宅改革は長期間継続され,基本的な住宅ニーズを満たすため

の巨大住宅建設と，スラムの一掃が組み合わせて推進された。社会的住宅セクターは持家をもてない人々にとって主要な住宅供給源となった。

　このセクターで発展してきた補助金システムの歴史は複雑である。現在の状況を理解するためにも歴史的背景に着目する必要がある。イギリス政府は，その内容を頻繁に変更することはあったものの，地方自治体が住宅戸数に対して一定額の補助金を中央政府から確保できるようなシステムを長期間採用してきた。1960年代には労働党政府が新たなアプローチを採用したが，過去の補助金を廃止することはなく，自治体が借りたお金に対して効果的に補助を出すための利率補助が支払われた。しかし，1972年の住宅融資法（Housing Finance Act）により保守党政府はそれまでに継続してきたすべての補助金を撤廃する方針を打ち出した。その目的は一般補助金を徐々に廃止するようなシステムへと移行することであった。保守党はスラム除去といった特定の開発への補助を継続する必要性は認めていた。また，かれらは地方自治体が低所得者を対象とした給付制度（当初は「家賃一部払い戻し制度」と呼ばれた）を提供する必要性も認識し，国の補助金の一部をそれに充てた。一方で地方自治体は公営住宅の賃料を引きあげることにより住宅関連予算の収支を均衡させることを期待された。当時の政府は全国的なシステムとして［社会的住宅セクターの］家賃を値上げする「適正家賃」制度を導入し，住宅関連の支出がきわめて多く赤字が見込まれる自治体に対しては，その一部を中央政府が補填するような助成金を設けることを検討した。ところが，結果的にほとんどの自治体は一般的な補助金が必要ないほどの予算状況となり，中には黒字を生み出す自治体もあった。

　この新たな給付制度は段階的に導入される予定だったが，実際には1974年に保守党が敗れたことによりその手続きは複雑なものになった。ここでは詳しく述べないが，労働党は保守党の政策を修正したものへと発展させたのである。1979年に保守党が再度政権を握ると，中央政府は地方自治体に対する補助金を削減し，社会的住宅セクターの賃料をその他の地方財源によって賄う「適正家賃」制度への移行を継続した。政府は地方自治体が［社会的住宅セクターの］家賃によりどれくらいの収入を得るべきかというガイドラインを提示した。

　その結果，1980年代から1990年代にかけて多くの地方自治体が，家賃払い戻し（のちの住宅手当）の負担金を除いて中央政府の補助制度の対象から除外されることになった。上記のような経過から，自治体の社会的住宅セクターは地方の財源（当時は「相場基金」（rate fund）と呼ばれた）による補助を受けることはできたが，この基金を受領した自治体はきわめて少数であった。その対極として，数多くの自治体が賃料による収入を相場基金に積み立てるようになっていた。つまり，住宅手当を受給していない借家人が一般的な借家人を助成するということになったのであ

る。1989年の法改正では地方自治体が一般会計と住宅会計を分けて決算するように定められた。そのような方策は広くは住宅歳入の「使途限定」と呼ばれ，地方自治体は地方負担金を補塡するために家賃収入をあげるよう強制された。

　2002年，新たに誕生した労働党新政府は市場における「適正家賃」というそれまでの考え方を真似るのではなく，「アフォーダビリティ（所得相応性）」の原理に基づいた家賃設定というアプローチへとそれを進化させた。家賃を算出するうえで，一方で住宅の規模や立地，建物の価値，もう一方でその地域における平均的収入という2つの指標を用いて算出する基準家賃が自治体ごとに設定された。それはかつてないほどに直接介入的なアプローチであった。しかし，地方自治体はその算出方法を単純に導入する必要はなく，むしろ自治体は家賃を引きあげたい時のみその方法を採用しようとしていた。基準家賃の設定という条件を満たさない自治体は補助金の削減対象になった。この政策の結果は複雑なもので，自治体がこの法令を遵守するか否かはその地域の既存の家賃構造（複雑な補助事業の歴史）に左右された。地域の家賃構造が新たな政策とあまりにもかけ離れた自治体では家賃の引きあげが求められた。所得に占める家賃の割合が極端に変わった一部の住民にとってその変化は不公平に映った。結果として，これまで自治体に存在してきた賃料の差異は過去に推進されてきた住宅関連補助事業の複雑な歴史の産物であったが（いつ住宅が開発されたかによって各地の賃料は異なるものになった），新たに設けられた差異は中央政府の定める妥当性の基準を押しつけるものであった。

　住宅政策は2つの対立する目標によってさらなる複雑さを極めた。一方で，政府は自治体が提供する社会的住宅とその他の団体が提供する社会的住宅の賃料を「調和」するという名目で，その計画期に家賃のインフレ率に0.5％の上乗せを施行した。他方，政策の影響から市場の家賃が急上昇することを恐れた政府は，個々の住宅に対して「年間アフォーダビリティ制限」を設定し，賃料の増加上限を設けた。その副産物として，行政がそれらの住宅政策を首尾よく推進することがきわめて困難となった。

　しかし当然のことながら，借家人の収入が低く，かつ住宅給付から補助を受けるための条件を満たしていることが実際の賃料に影響を与えることになる。以下ではその点について述べよう。

　1979年以降，保守党政府と労働党政府は共に地方自治体における社会的住宅の減設（run-down）を計画的に推進してきた。1970年代後半，イギリスの地方自治体は毎年10万戸強の住宅を建設していた。それが1980年代前半には3万戸強まで減少し，1990年代になるとその数字はごくわずかにまで減少した。それは取るに足らない数であった。ところが，1990年代以降，わずかであるが登録家主による新たな建

設が奨励されるようになった。2005—06予算年度,社会的住宅セクターのために21万4000戸の住宅が建設されたが,その中で地方自治体のためのものは皆無に等しかった。

1980年代の公営住宅政策におこった補助金の削減と建設規制という2つの変化は,地方公営住宅の売却という政府の意向と併せて考察される必要がある。これには,第1に借家人への住宅の売却と,続いて土地の所有権を地方自治体から民間もしくは住宅組合へと移譲する手続きが含まれた。住民が自ら代わりの家主を選択することを希望するだろうという理解が誤っていたため,当初これらの施策の効果は限定的であった。しかし,自治体における厳格な家賃統制と,自治体による新規住宅建設のための資金利用が継続的に制限されたことは次の2つの結果を生み出した。1つには,住宅の建設や修繕のための資金を調達する際に地方自治体よりも大幅な自由が与えられていたため,これまで小規模だった住宅組合セクターが成長したことである。もう1つは,地方自治体が,建設費や修繕費の調達といった運営上の自由を得るために,所有している住宅ストックを住宅組合に対して自発的に移譲する可能性を探るようになったことである。後者に関しては,既存の住宅組合に住宅ストックを移譲することに留まらず,多くの場合その自治体の住宅部署の職員が中心となり,新たな住宅組合を設立することもあった。これらの変化における借家人の支持を得るための対策がなされたが,中には借家人が自治体所有の住宅からの転換を拒む地域もあった。しかし,住宅組合に住宅を移譲するにあたっては住宅ストックを改善する資金が得られることを条件とする限りにおいて,この移譲プロセスは政府によって直接的に奨励された。

イングランドの住宅組合は,住宅協会(Housing Corporation)[建設ではなくお金を取り扱う機関。日本でいうところの住宅金融支援機構のようなもの]を通して政府の助成金や補助金を受け取ることができる。なお,ウェールズにも類似の別組織が存在する。スコットランドの場合,スコットランド住宅協会が政府資金の窓口であり,同時に住宅供給者でもある。北アイルランドの場合,地方自治体の住宅供給機能が政府直轄の住宅部署に移行された経緯もあり,住宅組合のための中間支援団体は存在しない。

1980年代以降,住宅組合は地方自治体よりも容易に政府の補助金付きの低い利率で政府から資金を借りることができたが,公共事業が抑制されたことから住宅協会や同様の機関を通過する資金も抑制されることになった。住宅組合は政府の許可なしに,地方自治体よりも容易に民間市場からお金を借りることができた。ある意味,中央政府からのローンはこのようなかたちで取って代わられる必要があったが,その必然の結果は借家人の賃料に反映された。

住宅組合はその規模や対象地域，性格において多様な組織である。中にはその性格が民間企業とほとんど変わらない組織もあり，それらは近年小さな住宅組合を吸収して規模を拡大している。一方で慈善目的を明確に目標を掲げている組織もあり，多くの場合それらは対象地域を小地域にしぼっている。わずかであるが協同組合型の組織もある。

1997年以降の労働党政府は社会的住宅を撤廃するようなそれまでの政策を転換すると期待されていたかもしれない。ところが，政権で最初に住宅部門を担当することになったヒラリー・アームストロング大臣（1998）は，新たな住宅政策を統括する原則として次のことを発表した。

「私は，住宅の所有権が地方自治体にあるのか住宅組合にあるのか，公的セクターか民間セクターかといった議論に対しては明確な見解をもっておらず，その問題に付属するイデオロギー的なやりとりに関わりたいと思わない。誰が住宅を供給するかということがもっとも優先されるべき問題ではない。何がもっとも機能するかということこそが優先されるべきことである」

地方自治体が所有する住宅をなくし，代わりとなる社会的住宅セクターに対しては比較的小規模な支援のみという政策からの転換は，可能な限り持家を増やすことが最良であるという考え方の影響のもと進められてきた。マリンズとミュリー（Mullins and Murie）はそうした状況を次のようにまとめている。「こうした政策は根本的に残余的である。その残余的な位置づけを変えることなく，住宅の質の向上にコミットするものである」（2006, p.86）。ミュリーが別の場所で次のように述べているように，今日，公営住宅が「残余的」なものとして扱われるようになったその視点については後ほど詳しくふれたい。「福祉セクターは，低所得者や福祉受給者，高齢者，短期入所希望者がどこか別の持家に移り住むまでの仮住まいを提供した」（Murie, 2007, p.52）。この見解は1989年から1997年までの保守党政府による影響を特徴づけるがごとく過去形で綴られているが，ミュリーは，つづいて労働党政府がこの点に関して何の対策も講じなかったことにも言及している。

4 持　家

住宅政策を検証することが，社会政策と他分野の公共政策を識別する困難を引き起こすということはすでにふれてきた。持家住宅市場は社会政策や政府による社会的介入とほぼ無関係なものと考えられてきた。しかし，第2次世界大戦後の主な政党の政策における住宅の位置づけを検証することで，そうした印象はすぐに訂正されるだろう。1950年と1951年の選挙における主要な論点は，労働党による住宅を

「建設」するという主張であった。それに対する保守党はより多くの住宅を「建設」できると対抗した。そこでの議論は住宅全般を建設することで，公営住宅に限定する話ではなかった。1951年に保守党が政権を奪取したとき，1年間で30万戸の住宅を新たに建設すると約束したが，それらのほとんどは持家として建設されるものであった。実際，保守党は1950年代をとおして持家セクターによる開発を推進してきた。現代における保守党政府と労働党政府それぞれによる政策の継続性をこの時点ですでに確認することができる。

　それでは，公共政策はどのような方法で持家住宅セクターに影響を与えることができるのだろうか。かつては，住宅ローンの返済に税額控除が適用される持家層のための大型住宅補助制度が最重要視されていた。この制度は1990年代に消滅したが，高度に成熟したイギリスの持家層が形成される過程で中心的な役割を果たしてきた。ただし，イギリスの中でもセクター間の割合が異なることにふれておく必要がある。たとえばスコットランドでは公営住宅の割合が高く，イングランドでは民間借家の割合が高く，ウェールズと北アイルランドでは持家が伝統的に重視されてきている。

　個人が持家を確保する機会を得るための対策として政府が関与したものは税額控除に限ったことではなかった。第2次世界大戦直後，政府は建築資材の出入管理を強化することで住宅の管理を維持した。そうした管理が緩和されることで民間の住宅建築が促進させられた。そして1950年代，政府が地方自治体の住宅戸数を減らし始めたために，建築資材が販売用住宅に移行するように促した。ケインズ経済学に基づく完全雇用経済が維持されていた時代，もっとも容易に経済を刺激する1つの方法は，新たな住宅の需要を高めることであるという結論に政府はたどり着いた。住宅を直接管理していた戦争直後の時代は遠い過去の話となったが，住宅販売の規模に影響するいくつかの要素はまだ残されていた。住宅産業（とりわけ公的セクター）のための代替策に加えて，建設業者と不動産投機家にとっての低金利貸付制度や，住宅購入者に対する住宅ローン制度，さらに利用可能な土地である。コラム56は2004年に公表された政府委員会による住宅供給に関する報告の一部である。政府がその大部分の内容を認めたこの報告書は，住宅供給に関する懸念を示しながらも，民間市場が中心となり解決することを提案している。

　住宅の需要の変化の割合を予測すること，またその変化の割合と供給の変化の関係を予測することはきわめて困難である。バーカー報告は住宅供給の必要性を指摘した唯一の報告書ではなかった。ジョセフ・ラウントリー財団の報告書は，控えめにいってもイングランドには年間21万戸程度の新規住宅が必要であると予測しており，1997年から2002年の6年間でわずか15万4000戸の住宅しか供給されなかったと記している。このまま対策が進まなければ，2022年までには110万戸の住宅が不足

第10章 住宅

> **コラム 56** バーカー評価報告『安定の供給——将来の住宅ニーズの保障——最終報告書』(Barker, 2004)
>
> 経済学者ケイト・バーカー (Kate Barker) を代表とするこの政府委員会報告書は，現状の住宅供給規模が現在および将来の住宅需要を満たすには十分でないことを指摘し，民間セクターによる建設戸数が年間7万から12万戸ほど増量される必要があると提案している。住宅計画策定の弱さがその課題の核であることから，利用可能な土地を確保することこそがその目標を達成する要と指摘し，そのために広域および地方の計画政策を変更することが奨励されている。また，新規住宅の手頃な価格と利用可能な土地の問題に注目し，土地の値段を抑えることを重視している（ただし宅地開発業者を確保することが単純にその結果を生み出すものではない）。

することを警告している (Joseph Rowntree Foundation, 2002)。ここでついでに，この問題に関する「環境保護の視点」について記しておくべきだろう。その視点とは，より多くの世帯が住宅をシェアする方が資源の浪費や環境汚染が抑制されるため，想定される住宅需要にあわせて世帯の独立を奨励することが必ずしも望ましいことではないというものである。とはいうものの一般的な視点に戻って世帯形成の問題を検討すれば，雇用が少ない地域では住宅需要が減少し，かたやロンドンやイングランド東南部のような他の地域では増加するという国内の人口移動によって複雑なものとなっている（詳しくは第12章を参照）。しかし明らかなことは，人口移動と住宅供給を共に市場に一任することが，結果としてイギリス各地における住宅危機を招いているようだということである。少なくとも，バーカーによって指摘されたこの問題における地方と広域への影響に関しては，深刻にとらえられている。

20世紀後半における持家の増加は，住宅購入のための資金供給の変化によって引き起こされた。1980年代まで，住宅購入資金の主要な提供者は住宅金融組合 (building societies) であった。住宅金融組合は融資に対して比較的慎重な金融機関で，その事業の成長はゆっくりとしたものであった。住宅金融組合の起源は19世紀に設立された共同型の慈善事業で，事業の運営は，小規模投資家から住宅購入者に対する資金提供を受け付けることによって成り立っていた。

ひとたび持家層の割合が高くなったとき，政府による持家奨励策は，住宅金融組合によって「貸し付け危険層」と評価された人に対して資金調達の機会を提供することへの懸念を生むようになった。そのため，政府はそれらの「民間」組織が「境界線上の」人や物件に対して資金を貸与することに対して圧力をかけた。

1980年代，政府は金融市場の規制緩和を推進した。住宅金融組合の事業に対する

制限を撤廃し，銀行を含むその他の既存金融機関は個人住宅ローン業に新規参入するようになった。そうした展開で今日，住宅金融組合と銀行の違いはあってないようなものとなった。

　1980年代後半，住宅市場が貸し手にとって利益を生み出す理想的な資源として急成長した期間があった。住宅ローンが積極的に販売され，借り手の返済能力を査定する慣例は取り払われた。こうした流れは持家の拡大と住宅価格の上昇という市場への反応が生じ，急成長をますます進行させた。このバブルは住宅価格を市場のインフレ率以上に押しあげ，結局1980年代末，不況の中で崩壊した。住宅価格は下落し，住宅市場は例外的なほどに動きを失い，失業の増加に伴い多くの借り手は住宅ローンの返済に苦悩することとなった。

　1990年代になると住宅市場は若干回復した。住宅ローン税額控除の終了と1980年代の出来事に対する懸念は次なる急成長を妨げているようにみえた。そして2000年の初頭になると次なる住宅バブルが訪れた。借り手にとっての利率の低さと他部門における投資収益の低さ（場合によってはマイナスの）によって刺激された賃貸物件における新たな投資がこのバブルにおける新たな特徴であった。

　住宅価格の上昇傾向，とりわけロンドンのそれは，はじめて持家をもつ人にとってますます困難な状況を生み出していた。上で述べたように，この状況は社会的住宅の供給量が減少したことによるものであった。20世紀の後半であれば，比較的早い段階から住宅を購入することを期待されていた警察官，教師，公務員といった職種の人が，とくにロンドン近郊で家を構えることは困難な状況となった。この問題の実態は住宅価格のデータから推測することができる。2005年，イギリスの平均的住宅価格は約18万4000ポンドであった。イングランドでは19万3000ポンド，イングランド東南部では23万3000ポンド，そしてロンドンでは26万6000ポンドであった（National Statistics, 2007, p.140）。もちろん平均値を用いることは誤解を招く統計であるかもしれない，またここでの要点ははじめて持家をもつことにおける困難である。2005年にはじめて住宅を購入した人がその住宅に支払った価格の平均は14万1000ポンドで，この値はその購入者たちの年収の4倍近くにあたる金額であった（National Statistics, 2007, p.141）。さらに付け加えると，その値はフルタイム労働者の平均年収の6倍にあたる金額であった。

　しかし，これらの数値の中でもとりわけ住宅価格の変化に着目することが重要である。前段落で平均価格を取りあげた資料によると，2004年から2005年の間は5.6％の変化（通常のインフレ率の2倍以上）であった。しかし長期でみるとその変化はより大きくなり，2005年の住宅平均価格はなんと1997年の275％にあたるのである。この期間とは政府がインフレを統制していたことを誇っている期間である。

第10章　住　宅

　この本の執筆中に住宅価格上昇の動きに対して大きな事件が生じた［2007年のサブプライムローン問題，2008年のリーマンショック］。これがどれほど重要なものかは今後明らかになるだろう。それはメディアによって課題として取りあげられた。この報道の中で持家住宅価格の上昇が，いかなる投資対象よりも生産的かつ安全なものとして当然に扱われる傾向にあることが読みとれる。他の投資対象の成長が伸び悩んでいるときはとくに，住宅がキャピタル・ゲインを幅広く生み出す資源となる。このことは，20世紀後半に持家が急成長した際に，幸運にも持家を所有することができる立場にいたものたちがイギリスの住宅の大半を所有していることを意味する。

　ここで，これほど大規模なキャピタル・ゲインの成長が浮上する際の社会政策とはどのようなものかという疑問がわきあがる。住宅は中産階級にとっての中核的な資産の増加を意味し，持家が広がることは社会階層の下位層もその恩恵を得られることを示唆する。児童一人につき政府が250ポンド（世帯が児童税額控除の対象の場合さらに250ポンド）を拠出し，他の投資を上乗せすることが可能な児童信託基金制度（child trust fund scheme）の設立にも注目してミュリーが述べるように「資産の所有は政府の福祉政策における中心的な部分に位置づけられる」(Murie, 2007, p. 62)。児童信託基金制度に関しては住宅から得られる資産の成長に比べるととるに足らないものであるが，社会政策における新たな力点の所在を示唆している。

　このような発展を参考にミュリーは，多様な目的のために資産の流動化が推進される「資産を基盤とした福祉国家」に私たちが移り変わろうとしていることを指摘している。かれはケア政策のために資産が利用されている過程を示している（第8章を参照）。またかれは，年金委員会（2004，2005）が高齢者の資産を売却し収入に上乗せする政策を検討したことを参考にしたのかもしれない（ただし年金政策にその手法が利用されることを否定している）。しかし，そこには正反対の兆候もみられる。現行の相続税への保守党の攻撃，つまり課税限度額を引きあげ，多くの持家層のような階層に対してほとんど影響がないようにするという攻撃に対して，政府は迅速に反応している。

　事実，資産の流動化に関する問題は複雑を極めている。長寿社会とは，相続の受け手にとって資産の世代間移行が人生の終わり近くにやってくることを意味するのである。介護のために資産を売却しなくてはならない現状は，高齢者にとって自立して生活することや夫婦間で介護を提供することが不可能だということに依拠するため，行き当たりばったりのものとなる。さらに付け加えると，個人が相続税を免れる方法をみつけることができることと同様に，介護を受けるための資産調査から資産を隠すこともできるのである。

住宅価格の上昇が持家取得を困難で高額なものにしてしまったことへの対策を考える必要性の方が，資産貯蓄を奨励すること以上に重要であることを提案するための材料は十分そろっている。現下の傾向を反転するためには，住宅価格のインフレが一般のインフレを下回るとき，またそれ以上に平均賃金の上昇を下回ることが何よりも期待されている。

　現下の傾向を反転させることが惨事を招くこともある。住宅価格の「上りエスカレーター」に乗る人は，住宅価値を保持すること，また1980年代後半に一時的に起こったような「負の資産」〔担保価値が実際の価値を上回ること〕を生み出さないことに関心をもっている。そのような状況で問題を抱えている者は，住宅価値の下落と同時に収入も減少しローンの返済が滞ってしまう。とくに持家が「負の資産」となってしまった場合，負債の方が住宅の価値を上回る金額となってしまうことがある。さらに，収入が減少した場合，住宅ローンを不履行にする必要があるため，かつての支払いから得られるはずの利益も失うことになる。政府は，失業による急激な住宅喪失を予防するために，貸し手に対して実務規則や保険制度の整備を促したものの，それにもかかわらず本書を執筆している時点で住宅喪失率は上昇し始めている。また，社会保障と住宅手当制度がいかに機能するかという問題もある。持家層は住宅手当を受給することができない。ただし，持家を所有していても，所得補助または求職者給付を受けているものは一部の住宅費用の支援を受けることができる（このルールは非常に複雑で，支援を受けるまでに時間がかかる）。この支援制度を拡大する方策があるはずだが，この分野における政府の持家層に対する懸念は，受給を今以上に魅力的なものにしたくないという願望によって相殺されている。

　しかし，さまざまな「救済制度」によって対応可能な特殊な問題が，上述した急速な価格のインフレを終らせるための方策から注意を奪うようなことがあってはいけない。住宅価格が物価や賃金よりも早く上昇することは，価格エスカレーターに乗っているものと乗っていないものとの富の差を生み出し，住宅市場を歪んだものにしてしまう。ミュリーによる，福祉政策としての資産の蓄積に比重を置く政府の政策への批判は，次のことを指摘する。

- 住宅所有が低所得者層にまで拡大するという期待はいたって楽観的である。
- 資産として利益を生み出す可能性のある住宅（コラム57を参照）を所有できる地位にまで到達できるものと到達できないものの差は，格差の拡大に甚大な影響を与えている（この点については，以下の「残余化」の議論で再度ふれる）。

　さらに，この本の範疇を超える問題であるが，住宅への投資が他のどのような投

第10章 住宅

> **コラム57　持家は常に資産蓄積への「梯子」になりうるか**
>
> 　資産蓄積に関する上記の問いを，私たちは「潜在的には利益をもたらすもの」という表現で肯定する。重要なことは，すべての持家が上質なものではないということを確認することである。移り住んできたばかりの移民のように，すぐに住まいを確保する必要がある人たちは標準以下の住宅を購入している。それらの住宅は購入者に高額な負担を強いるかもしれないが，住宅の価値があがることはないだろう。
> 　さらに付け加えると，住宅の価格に関する上記の議論は平均的な物件についての内容である。同時に，潜在的には不安定な住宅ブーム期が存在し，住宅需要が低調な場所によっては相対的な価値の低下，時には実価値の低下がみられる。こうしたことから派生する問題は，仕事を求めて引っ越しすることが困難という危険や（つまり家を売ることができない），住宅改修がないがしろにされること，また，最悪の場合には住宅の放棄が含まれる。そうした傾向はその地域に対する相場に付加されるため，持家と借家の混合住宅においてはとくに価値の急降下を生み出すことになる。

資よりも安全と目される経済に長期にわたり依拠することの危険性についても注目する必要があるのではないだろうか。

　しかし，政府は持家の拡大を推進し，また同様の方法で低所得者の住宅ニーズにも対応することを決意したようである。今日，社会的住宅セクターにおける家賃に適用される「アフォーダビリティ」の概念は，持家住宅にも適用されている。ルンドは，はじめて住宅を購入するものの平均年齢が上昇している事実（1974年の29歳から2001年の34歳）の背景として，「かつてははじめて住宅を購入するものにとって，住宅市場の変化の度合いを示すものとして住宅所有アフォーダビリティ指標が開発されたが，今や持家の経済的な障壁としてアフォーダブルという言葉が注目されている」と述べている（Lund, 2006, p.92）。

　こうした問題に対して政府は，居住者が住宅の一部を入居時に購入し，残りの部分を賃貸しながら後に購入する「部分的所有」（shared equity）という解決策を講じた。そうした施策はロンドンや南西部に居住する比較的低所得な公務員，いわゆる「キーワーカーズ」に対して特別に講じられてきた。こうした観点から，アフォーダビリティ概念をめぐって持家と社会的住宅が同じ接点をもつことが確認できる。こうした取組みの首尾のいかんは，第1にこうした施策がどれほど広範囲に適用されうるか，第2にそれらが新たな形態の資産蓄積に貢献するかにかかっていることは明らかである。とくに資産蓄積の部分がいかにうまく機能するか，そして

これらの施策を通して収入を得ることができるのかという点に大きく左右される。

5　民間借家

　すでに述べたように，イギリス国内における住宅の約11％が民間借家である。人口のほとんどが民間借家に住んでいた20世紀初頭から，今の水準にまで減少したことは本章の冒頭で述べたとおりである。事実，1990年代のはじめに過去最低の水準まで落ち込んだが，特筆すべきことに，その後やや上昇した。

　その当初の減少について政治的な議論が繰り広げられてきたが，今はそれがアカデミックな議論となった。他に理想的で開かれた投資対象が出現したため，その減少は必然的なものだったのか。それともそれは政府が強要した統制の結果だったのか。1916年以来，多様な段階の規制強化を伴うさまざまな家賃統制制度が存在した。強制退去と家賃の高騰から民間借家人を守るということが物議を呼んだ。1965年から1988年の間，大半の形態の民間借家を規制するものとして適正家賃原則が適用された。このことは，住宅とは希少性のない市場において賃貸されるものとして，家賃担当官が想定するものと考えられた。それは，どちらかというと無意味な方式に基づく政治的な妥協を象徴するものであった。実際のところ，家賃は市場で予測される価格よりいくらか低い水準において比較する方法により決定された。また同時に多くの家主は，借家人ではなく，「利用資格」を与えるという法的手段によって家賃統制の回避を模索した。1988年住宅法は，家賃統制レジーム時代から借家人を守ってきたその多様というよりむしろ複雑な制度以外，家賃統制を効果的に除外した。本書の前の節では，投資対象としての住宅の魅力について述べている。民間家主の取引きに対する統制の軽減も重なり，そうした魅力は近年の民間借家セクターのわずかな上昇に貢献したとみられる。

　学生がその大半を占める地域の短期居住者層を除けば，住居を所有することの最大の利点とは，多くの民間借家人が低所得者層かつ社会保障給付を受け取っている人々であるということである。かれらが市場価格の家賃を支払えるようにするために，政府はかれらに住宅手当制度の利用を認める必要があった。しかしこの制度の問題点は，給付を受けることで借家人が自由な市場参加者としてのインセンティブを奪われることである。その負担は政府にのしかかってくる。社会保障予算への予想される問題に対応する目的で複雑な手続きが導入された。その手続きには，中央政府というよりもむしろ家賃担当官が，給付目的に照らして賃料が高すぎはしないか，不運で気の毒な借家人がその支払いに追われるほど高くはないかを，裁定させるということを要請した。加えて，「一人部屋賃貸規定」は住宅手当を25歳未満の

借家人に限定した。いいかえるならば，給付統制の特別制度が家賃統制にとって代わったのである。また政府はその課題をさらに掘り下げる制度を実験的に2003年に開始した。「試行」地域の限られた場所では，その地域の平均的な家賃に相当する限度額を設定し，それにあわせて住宅手当を固定し，限度額に基づいて申請者に給付すべきことを決定した。家主はこうした条件のもと借家人を受け入れることに気乗りしなくなり，当分の間その制度は廃止されていた。

　イギリスの民間借家は各地に不均衡に偏在している。とくに北部のような地域では，その住宅に長年住み続けてきた高齢者が今も暮らす古くて劣悪な住宅がある。そうした物件においては，住宅の状態が最大の関心事である。他の地域の民間借家はやや異なる特徴を備えている。他の大都市も同様であるが，とくにロンドンでは，多くの賃貸物件は古い大きな家を間貸しするかたちで提供されている。これらの地域には地方政府が支援の対象と位置づけない（もしくは優先順位の非常に低いところに位置する）層の人々が住むことが多い。とりわけ新たに移住してきた住民や独身若年層がそれにあたる。（上述したように）社会的住宅の供給率が減少するにつれ，民間借家セクターへのしわ寄せが強くなる。他の住宅問題が解決されるようになり，大多数の住宅における状態の良さと，一部の民間借家における状態の悪さの差がより明確になってきている。しかしこれらの例に反して，家賃収入と資産価値の上昇から利益を得ることを目的とした人々による，（中には新規の）住宅購入が増加していることを述べてきた。国のデータによると，民間借家における住宅の質が全体的に向上していることが示唆される。政府が民間借家セクターによるスラム住宅廃絶の取組みを後押ししてきたことは周知のことであり，最後にあげたような民間住宅の開発がこれに寄与したと思われるが，当然そうした開発はもっとも恵まれない人々が利用できる部分の市場を向上することに役立つようなものではなかった。今や民間借家セクターはより多様なものとなったのである。

6　ホームレス

　貧困の場合と同様に，ホームレスの正確な意味は議論の内容次第である（第5章145—147頁を参照）。文字通り「路上」で生活をしている状態と（それに対して「屋根無し」（roofless）という表現が用いられる），一時的もしくは長期的に不適切な住宅に居住し，別の住まいを確保することが緊要な状態との間にはとりわけ区別が存在する。ホームレスに関する別の定義およびその根拠について，ルンドは次のような興味深い議論をおこなっている（Lund, 2007, 第6章）。

もしホームレスを野宿と解釈するのであれば，困難に満ちた個人的な過去の帰結として野宿者になった者はそのごく一部になるだろう。もし，たとえば住まいの不安定や不適切を含む広い定義を採用するのであれば，多くの者はホームレスの原因として住宅の不足をあげるだろう（Lund, 2007, p.119）。

　イギリスにおける近年の政策は広義の定義を採用しているが，そのことは「住宅の不足」が問題の唯一の原因として認められたという意味ではない。いずれにせよ，誰が住宅不足からの損害を受けるかは，当然「個人的な荒れた過去」を含む広範な要因によって規定されるだろう。そこには「非難する文化」がその問題に対する有効な対応を妨げるかどうかという重要な課題が存在する。

　ホームレスは，低価格住宅の供給不足と人口過密な南部における求職を伴う移住，家族の解体といった要素が複雑に絡み合った結果によるものと理解される必要がある。またそこには，ある特定のグループ（とくに若者）に対して適正な給付をおこなおうとしない社会保障制度という，住宅政策が直接関与することができない外在的な要因もある。最後に，路上生活者の多くは精神疾患やアルコール依存，薬物依存に対する医療および社会的ケアを必要としており，とりわけ1990年代以降のコミュニティ・ケア政策が今日の状況をもたらしたことを述べておく必要がある。

　1977年住宅（ホームレス）法は地方の住宅局に対して特定の「優先」グループに属する路上生活者に住居を提供することを課した。それらの優先グループとは，洪水や火災などの災害から路上生活者となった人に加えて，大まかには子どものいる家族と高齢者，病人であった。しかし，当局は「意図的に」路上生活者になったとみなされる家族に対しては支援を提供する必要はなかった。この問題の制度は修正案として法に加えられ，家賃の不払いから退去させられた者に対する支援を拒否することを正当化するために用いられた。1977年の法は当局が一時的に支援を提供することを義務づけ，永続的な支援に関しては（慎重に規定された）路上生活者とつながりのある地域において提供された（給付条件の制限に関する歴史的背景については第❷章を参照）。一時的なものを除いて，路上生活者は不適切な住まいに押込められるのではなく，永続して居住できる住宅に戻されるべきだという内容がこの法の中に暗示されていた。そのため，路上生活者は住宅局の借家待機者と空き室を争う立場となった。実践においては，多くの自治体，とくにロンドンの当局は長期にわたり悪質な短期入所施設を路上生活者の住まいとして提供した。

　1980年代と1990年代の保守党政権は自治体による責務を果たそうとしない地方自治体に対して圧力をかけることをしようとしなかった。そして1996年の修正法ではホームレスに関する限りでは，自治体の責務を期限つきの簡易宿泊施設の提供へと

制限した。2002年のホームレス法は，地方自治体に「ホームレスを根絶するための戦略的アプローチを導入すること」を求め，1996年に成立した法を大幅に廃止するものとなった。この法は故意のホームレスに対して限定的な支援を提供することを廃止したものの，当局が「容認できない」振る舞いと判断した対象への支援を拒否できるという条項を含めた（詳しくは Lund（2006, p. 124）を参照）。

単身路上生活者の人数が，とりわけロンドンでは，明白に増加してきている。すでに指摘してきたように，こうした問題の根源には，若干ではあるが住宅政策に関わる事項を含む複雑な要因が絡み合っている。しかし明らかなことに，財政的に逼迫した自治体の住宅局においては，単身路上生活者のニーズ，中でもとくに住宅と社会的ケアが必要な個人のニーズに十分対応することができていない。それらの問題への対策は，「野宿者」（rough sleepers）のための中央政府による特別事業に任せている。ブレア政権は，新たに設置された「ソーシャル・エクスクルージョン・ユニット（社会的排除対策室）」にその問題を担当させ，政権にとって特別な課題の1つとして早急に位置づけた。この対策室は，新たな財源を導入し特別プログラムを全国に設置することを提案した。その結果，地方自治体と民間非営利組織からの連絡を調整する野宿者対策室を設置することになった。この政策における争点は，物乞いと新たな施設を利用しようとしない者に対する強圧手段を積極的に容認してきたことである。

2005年から2006年の間，イングランドでは9万4000世帯がホームレスで地方自治体による優先的な支援の対象に位置づけられた。ここ数年その数値は減少傾向にあるが，スコットランドとウェールズではそうした望ましい傾向がみられない（National Statistics, 2007, pp. 135-136）。ホームレス支援における考え方を，短期的な住まいから長期的な住まいの提供へと変えるような働きかけがおこなわれている。

7　社会的排除と残余化

労働党政府が取り組もうとしてきた住宅問題は，「問題物件」に指定されるまでに至った社会的住宅の劣化である。そうした建物の問題は，建物の劣悪な状態とともに，「犯罪や無秩序，失業，地域の崩壊，健康問題，学力の低下，公共交通や公共サービスの不備」（Social Exclusion Unit, 1998）といった問題群をも含むものとみられている。政府は地方自治体に対して大規模改修工事のための交付金を用意することでそれらの建物の物理的な状態の改善に取り組んだ。同時に，政府は地方自治体に対して，公的セクターに対する借り入れ制限による制約を受けにくい住宅組合への物件移譲を模索するよう促した。地方自治体は建物の状態を改善するために

「民間投資」（PFI: private finance initiatives）を利用するように勧めた（医療サービスにおける同様の現象については192頁を参照）。

　これらの建物の抱える問題に関する議論は，住宅の範疇では到底納まりきらない分野にまで広がるだろう。ここで重要なことは，より広範な問題にまで取り組むことの必要性を前にして，建物の物理的な問題の解決はほとんど失敗に終わっていったということである。ただし，住宅政策の結果としてどれくらい問題物件と呼ばれる建物の出現と劣化がみられるようになったのかを記しておく必要がある。社会的住宅の配分には，人々が何を求めているのかということと，何が必要とみなされているのかということ，そして何を提供することができるのかという三者のバランスを得ることが含まれる。住宅が不足する状況において，再開発計画への協力が求められるような場合でもない限り，個人は要求を主張するには弱い立場におかれている。住宅当局は，物件をもっとも効率的に利用できるように，ニーズのアセスメントに基づいて住宅を配分する。しかし過去においては，住民の家賃支払い能力に注目し，多くの住宅当局は潜在的な借家人が「良好な」住宅に適切かどうかを判断する傾向があった（複雑な方法でおこなわれる配分の手続きが未だに社会的分離に影響を与えていることについての議論に関しては Pawson and Kintrea, 2002 を参照）。

　ある地域では，たとえば路上生活者に対してのみ，劣悪な住宅が容易に配分された。それにもかかわらず，借家人の配置換えがこの間ずっと進められてきており，「劣悪な」住宅に配置された借家人はよりよい住宅への移転を求めている。彼らが「良好な」借家人であった場合に限り，とくに家賃を納期までに支払い続けてきた場合，そうした配置換えの機会を得ることができる。反対に，家賃の遅納やひときわ不適切な態度によって罰を受けたものに限り，「良質な」住宅から退去させられ「劣悪な」住宅へと配置されるという，逆の方向への配置換えがおこなわれる。この点に関して，政府の政策はより抑圧的なものになった。ちょうどこの本が書き終わる時，住宅局長は社会的住宅政策が就労活動を強要するための「武器」の1つであるべきだとさえ示唆している。

　社会的住宅局は現在多種多様な住宅やアパートを所有している。具体的には，戦前の一棟二軒（semi-detached）の家や，建築基準が低かった時代に建てられた戦後の一棟二軒，高い建築基準にあわせて建てられた近代住宅，多様な規模のブロックに建てられたアパート，家主から入手した古く良質な住宅，取り壊されるまでの短期間一時的に修繕された住宅などである。当然これらの建物の人気はさまざまで，高層アパートと取り壊し予定の住宅はもっとも不人気な建物である。仮に，配分と配置換えの政策を通して，住宅局の所有ストック住宅にさまざまな階層差が存在するとしたら，「人気のピラミッド構造」は建造物としての質だけでなく社会的な判

第10章　住　宅

断によって影響を受けるだろう。実際にこれらの社会的要因は，特定の物件が，必ずしも厳密な設計の問題によって特徴づけられるのではなく，むしろおそらくは歴史的な出来事の複雑な結果として「粗悪」や「立派」といった評価を与えられることも，その階層制を複雑なものにしていると思われる。このことは，とくにもし就労の機会があることが借家人の選考に影響するのであれば，所得による差別化が伴う可能性がある。したがって，人気がない地域では社会保障給付に依存している世帯がその大半を占める可能性がある。ウッズによれば，

　　低所得者の集住に加えて，地方自治体は地方公営住宅における大量の転入出の手続きに取り組まなくてはならない。……多くの物件で住民が転出すると，コミュニティにおける住民同士のつながりや帰属意識を形成することが困難となり，持続可能で支え合えるコミュニティを構築することがより難しくなる（Woods, 1999, p. 108）。

さらに彼女は住宅政策センターの報告書（1997）の内容を引用しながら次のように述べている。

　　社会的住宅から転出する人は通常45歳以下の夫婦で，二人のうち最低一人は仕事に就いているグループに属している。一方，社会的住宅に転入する人は16歳から29歳で無職のグループに属している。

この問題における重大な影響は公営住宅の売却によるものである。というのも，人気の物件や裕福な借家人が居住する物件ほど売却されやすいため，社会的格差を助長するからである。このことは，20世紀最後の20年間の住宅政策においてもっとも物議を呼ぶ問題であった。今となってはそれも「昨日の問題」である。公営住宅を買うことができる世帯はすでにそうしている。むしろ地方自治体の物件を代わりの「社会的家主」へと移譲することの方がより重要な問題となった。以下のコラム58に「購入権」政策の歴史およびその含意に関する議論を簡単ではあるが取りあげている。

公営住宅の売却は「昨日の問題」と考えられてきたかもしれないし，今日それに対する政治的な反対意見を目にすることはまずないが，公営住宅売却の悪影響はすでに起こっている。「問題物件」と呼ばれる物件がその産物にあたるだろう。社会的分離が急激に進められ，「購入権」による減額措置をもってしても，持家の階層に到達することができない人々を，社会的住宅が吸収している。公営住宅を購入す

コラム58　購入権政策

　1980年住宅法は，借用してきた期間の家賃分を市場価格から差し引いた値段で住宅を購入する法的な権利を借家人に付与するものである。

　社会的住宅を売却することの公正さに関する議論は，部分的には住宅供給全体においてそれらの物件の売却が与える実質的な影響という技術的なものであり，部分的には借家人の権利というイデオロギー的なものでもあった。現在の借家人の権利と，行政当局がそれらの物件のストックを手放すことによって住宅ニーズを容易に充足することができなくなる未来の潜在的な借家人の利益の間にはトレードオフの関係が成り立つのである。そのトレードオフは，保守党政府が住宅を売却して得た利益を新たな住宅への投資として再利用したことを拒否したことにより一層明白になった。現在そうした再投資政策は継続されていない。

　借家人が購入した住宅は原則的には「良質な」人気物件である。そうした展開は「良質な」物件と「悪質な」物件の差を強固なものにした。その結果，社会的住宅を借りることは家を所有することと比べて見劣りする選択肢として考えられるような状況を強固にした。こうした展開は，家賃を高騰させ，補助システム上に補助金を残した政府の政策の影響によるものであった。このことは，家賃を全額支払わなければならない借家人が持家を探す動因を高めることとなった。

　値引きを定めた規定は，売却に向けた経済的な議論を弱いものにした。つまり，長年そこに住んでいる借家人が，適切な価格で購入することができるであろうその古い物件は，住宅ニーズが高まっているときには，新しく高価な住宅によりとって代えられなければならないのである。同様に，地方当局は，修繕が行き届いた物件が売れるのと同じくらい，修繕費用が家賃収入以上にかかる劣悪な住宅ストックを保持することになる。

　購入権の問題は，持家セクター内に存在するさまざまな変則状態に私たちの関心を向けることになった。住宅にかかる従来の「歴史的な」費用と現代の「取り替え」費用の間には顕著な差異が存在する。今日，理論的には，地方公営住宅セクターにおける類似の住宅は地方当局に「利益」をもたらすと考えられる。しかし実際には，家賃相場に関する現代の政府の政策は，他者の利益のためにそうしたことが効率よく実現されることを抑制している。

　購入権政策は，そこに浮上した悪用を除外するように若干引き締められたかたちで法令集に残存している。その規定のもと，約200万人の借家人が住宅の所有者になったが，新規購入者数は激減している。

ることができない層に対して，住宅購入を推進するインセンティブとしてかれらの家賃を上げるという関連政策は一定の効果をあげている。しかしその政策は住宅手当を受給している60％の社会的住宅の借家人にとっては関係のないものである（Department for Communities and Local Government, 2006）。

8 結 論

　本章の後半では，持家住宅の増加と民間借家の減少とともに，イギリスのさまざまな住宅セクター間の相互作用によって引き起こされた問題にとくに着目してきた。そこでの相互作用は複雑なものである。住宅に関する研究はセクター間における移動に着目することで，新たな住宅の建設が，たとえそれが持家市場における最高級住宅であっても，住宅ニーズの減少に貢献する方向で影響を与えるという仮説を検証してきた。この仮説は表面的にはもっともらしく聞こえるかもしれない。しかしシステムの「最上層」にあたる住宅建設から始まる影響の「連鎖」をたどってみると，多くの場合それが下まで届くことはないのである。通常その連鎖は持家に新たに入居する若年層までで，かれらはもしかすると若年中堅層のニーズを満たすことができる民間借家から引っ越してきたのかもしれないし，はじめて新たな世帯として独立しようとしているのかもしれない。居住者に売却された社会的住宅が，最初の居住者によって転売された場合にも同様のことが当てはまるだろう。

　そうして多種多様な居住「キャリア」を見出すことができるわけだが，そのうちの主要な例をコラム59にあげている。現代の住宅政策に埋め込まれた楽観的な仮定では，多くの人がそのうちの1番目か2番目のキャリアを得ることを期待している。批判者たちはそれらのキャリアが多くの人にとって閉じられたものであると提言している。そして，残余主義をめぐる議論には，閉じられたキャリアが社会に巨大な格差を生み出しているという主張が含まれている。どのようなかたちであれ，異なる所得の異なる社会階層の人たちが一つのコミュニティの中で横に並んで生活する，という1940年代の計画者たちのもくろみは過去のものとなったのである。

　住宅システムの中に存在するこれらの格差は，私たちの社会における機会の提供と地理的正義に対して同等に深刻な意味合いをもつ。持家層は相続を通して利益を享受するが，持家層以外は同様の利益を得ることはない。これらの社会的格差は時代を経て強化されてきたのである。ところが持家層においても，住宅の築年数や質，そしてその人がいつその地位に到達したのかという点においてますます階層化してきているのである。

　より深刻なことは，ある特定の地域における社会問題の集中が住宅政策の関心を

> **コラム59　さまざまな住宅「キャリア」**
> - 持家セクターへ早期移行し，その後，持家セクター内で移動が続く。
> - （民間もしくは社会的住宅の）借家から持家へ移行し，その後，持家セクター内で移動する。
> - 借家から持家，ただしその持家はその後移動することが難しいほど劣悪でほとんど価値のない住宅。
> - 実家から，場合によっては民間借家を経由して，社会的住宅へ移行する。ただし，その後の移動はない。
> - 民間借家へ移行する。ただし，その後の他のセクターへの移行が困難。

はるかに超えたところで政策関心を呼び起こすということは認められているが，住宅政策がこうした問題を悪化させてきたし，今も悪化させているということを認識することが重要である。より根本的には，「労働者階級のための」住宅として，もしくは1940年代の短命なユートピアの夢において普遍主義的な住宅供給として想定されていた公営住宅が，隔離され収容を必要としている「危険な貧者」が住まうアメリカの公営住宅のように，今や福祉住宅と考えられるようになりつつあることは憂慮すべきことである。前出のヒラリー・アームストロングの引用で表現されているブレア政権の不明確な立場がこの問題に対する解決を提示しているかは確かではない。ソーシャル・エクスクルージョン・ユニットによって提案された，星座のように散在する問題への協調した対応は歓迎されるが，その限界は以下のリーとミュリーの引用の中によく表れている。

　　もし，住居の選択肢がない人のみが社会的住宅に移り住むという状況を回避したいのであれば，社会的セクターのより急進的な再建築が求められるだろう。それには，住宅市場の構造を刷新することと，その異なる価格帯で選択の幅を提供することが含まれる（Lee and Murie, 1998, p. 37）。

その問題に加えて，新世帯にとっては入居可能な価格でまともな住居を確保することが難しい，という新たな問題が浮上している。社会的住宅の減少と，とりわけ同セクター内における住み替え率の低迷に，持家セクターにおける価格の上昇が加わり，新世帯にとって深刻なほど機会が限られることになっている。

1997年以降の労働党政府下における住宅政策は，本書の中で議論されている他の分野の政策との関係でいうと，過去の保守党の政策が明らかに継続していることか

第10章　住　宅

らも，「シンデレラの地位」を獲得しているといえる。そうはいうものの，2003年以降，過去の政策の結果として住宅問題が深刻化していることに政府は気づき始めている。そうした傾向を転換するための対策は，今のところ持家への強固な関心と公営住宅開発への関心の欠如の中に埋もれてしまっている。

◇より深く学ぶための読書案内

　住宅政策を学ぶためのもっとも最新の教科書は Mullins and Murie の *Housing Policy in the UK*（2006）（『イギリスの住宅政策』）と，Lund の *Understanding Housing Policy*（2nd *Ed.*）（2011）（『住宅政策の理解』）である。

　ジョセフ・ラウントリー財団のウェブサイト（www.jrf.org.uk）も参考に値するだろう。また，イギリス政府のコミュニティ・地方行政省のウェブサイトは www.communities.gov.uk である。

第11章
世界の中のイギリス

1　はじめに

　これまでの章では主としてイギリス連合王国，その中でもとくにイングランドの社会政策という文脈に焦点をしぼってきた。本章の目的は，他の連合王国地域の社会政策，もしくはイギリス全体の社会政策をより深く理解するために，国境を越えより広い世界に目を向けることが重要であるということを伝えることである。そのことが必要な理由をいくつかあげることができる。

　イギリスの社会政策の形成過程をみると，年金からソーシャルワークまで，その供給におけるすべての局面において他国の福祉制度の影響が歴史的に確認できる。今日，国家間における「影響」は「政策移転」や「政策学習」という確立された考え方として定着しているが，そうした影響は以前から続いてきたものである。西洋の多くの国家における工業化とポスト工業化の状況は，関係する諸国に類似した社会的・経済的問題を生み出した。ところが，以下で述べるように，すべての福祉国家は同類ではなく，各福祉国家の発展（もしくは未発展）や質（もしくは質の欠如）は各国の経済成長にのみ依存するものではない。社会的給付と福祉の成果に関する先進諸国の「水平的な」類似点や相違点についての問題に加え，現在のイギリスにおける政策への外的影響を理解するには，地域の活動家のレベルから世界銀行や欧州連合（EU）のような超国家・世界域的国際機関のレベルまで，異なる段階における政策アクター間の関連，すなわち「段階的な」関係と呼ばれるものを検証することが求められる。以下では，まず実践的・理論的検証である比較分析に関してこれまでおこなわれてきた議論の概要を述べ，次に国家間比較の長所（有用性）と短所（落とし穴）に注目する。最後に，イギリス政府の政治的範疇の外に存在する福祉に関する議論の重要性と，近隣諸国や競争国との関係でイギリスの位置についての考察へと移る。

2　政策学習

　経済的に同じような水準で発展を遂げてきた国家は，常に互いを比較しあってきた。過去には，帝国や軍事における強さや，国民的効率の必要性（第2章33—34頁），国際関係の維持などに関する内容について比較がおこなわれてきた。21世紀になり，グローバル経済の中で各国が自国の地位の保持と向上に夢中になっている状況にあり，国家の関心にはわずかな変化しかみられない。イギリスにおける近年の新聞見出しや政府の報告書では，成人識字率，大学卒業者数，技能（例としてthe Treasury's Leitch Review of Skills, 2006）などの産業的達成度に関するあらゆる変数に関して，先進諸国におけるイギリスの位置を嘆いている。ジョージとワイルディング（George and Wilding, 2002, p.75）が述べているように，「神経質に競争し合うグローバル経済において，比較が新たな重圧となっている」。各国が注視するのは，産業的指標に関するものだけではなしに，社会政策にとって重要な国家間指数とみなされたり，文化的問題や社会的行動と関係の深い，社会政策の別の側面が存在する。そのため，ティーンエイジャーの妊娠率やアルコール摂取量，薬物利用など，イギリスが近隣国家や競争国に比べて「ひどい」ことを示唆するような指数にマスメディアや政府の関心も注がれるのである（コラム 60 を参照）。繰り返すが，こうした懸念は明日の勤労者の生活に関わるものであるが，これらの問題に関する議論は，現在そして過去の政策を検討するために用いられ，未来のイギリスの位置を向上させるために何をすればよいかを検討するために用いられる。

　こうした検討の中で各国政府は，上級資格を有する18歳の人口というような成果を比較するだけでなく，他国において良い成果を生み出すと考えられる政策設計についても研究し，国内の状況と比較している。国の政策アナリストが他国の状況を偵察し，特定領域において成功を収め，かつ自国における導入が成功する可能性のある政策を特定する過程は，グローバルな競争における政府の役割の一部なのである。ところが政策を特定する過程は，たとえばフランス，ドイツ，アメリカにおいては標準的な外科手術までに要する待機時間がわずかであるという報告（Siciliani and Hurst, 2003）のように，比較ニーズが表出されることによって推し進められた国内の政治的圧力の結果でもある。たとえば，イギリス人患者が保険外診療の治療費を抑えるために，またイギリスの NHS による治療制度枠を逃れるために，ポーランドまで旅行し歯科治療を受けるケースにみられるように，ニーズが需要［貨幣的購買力に裏づけられたニーズ］へと変換したときに，比較はとくに政治的に重要になる。狭くなりつつある世界における交通網の整備は，公的サービスからの「中

第11章　世界の中のイギリス

コラム60　13歳未満の7人に1人が大麻を吸ったことがある

- 報告によると，イギリスが児童の薬物使用において EU 最低の水準であることが明らかになった
- 成人によるコカインの使用は増加しているが，大麻の使用は減少している

アラン・トラヴェイス（ブリュッセル）

『ガーディアン』紙，2007年11月23日（金）

　昨日，13歳未満の児童の7人に一人が大麻を吸ったことがあるという調査結果が明らかになり，イギリスの同年齢による薬物問題が増大しているという証拠が浮かびあがってきた。

　欧州連合の薬物機関によって報告されたこの調査によると，欧州全体で薬物治療を受ける15歳以下の児童の数が急増している。

　欧州薬物・薬物依存管理センターの年次報告書によれば，イギリスにおけるティーンエイジャー（13歳以上20歳未満）の薬物問題は他の欧州国家に比べてよりいっそう深刻な状況にある。その調査によると，イギリスの小・中・高校生の13％が13歳未満ではじめて大麻を吸ったと答えている。この結果は他の欧州国家（オランダとアイルランドの8％と比較）よりもかなり高い数値で，欧州連合平均値の3倍以上の値にのぼる。

産階級の逃避」という問題に新たな国際的側面を加えている一方で，国内に留まる国民への支援を守り拡大しようと望む政府の選挙上の懸念を引き起こす。

　比較研究に関する著書の中で，イギリスで最初の社会政策の教授であったリチャード・ティトマスは次のように述べている。「私たちが他の国の福祉制度を研究する場合，それらは当該社会の主要な文化的政治的性格を反映していることがわかる。しかしながら，それらが基本的には，何らかの人類共通のニードおよび問題に関わっていることを認めなくてはならない」(Titmuss, 1974, p. 22)。この比較研究の出発点に関する洞察は，1990年代前半以降，後ほど議論する国家間比較の理論化と，（十分に参照されていないものの）以下で議論する「政策移転」に関する論文の発展の中で脚光を浴びてきた。

　1991年に発表された論文の中でリチャード・ローズは，「教訓の学習のやり取り」の一例として，

　　雇用政策に関わるアメリカの官僚のチームはドイツ，イギリス，フランスへ行き，「ヨーロッパからの教訓」(Carlson et. al., 1986) というタイトルの報告書を発行することができる。同様の動機から，雇用創出に関心があるフランスの政策立

案者は反対の方角へ旅をし,「アメリカからの教訓」(Dommergues et. al., 1989)というタイトルの報告書を発行することができる。

　こうした方法で,各国は政策実施上の成功と失敗の両方を,お互いから学ぶことができる。この例では,ジョージ・ブッシュの(本人曰く,蔑視した)表現を借りれば,フランスが社会連帯における「古い欧州」を代表するということを前提にすると,フランスの政策アナリストがインスピレーションを求めてアメリカに注目したことは興味深い。アイデアを求めるとき,大西洋の両岸における第一人者と自負するイギリス(ブッシュの言によれば社会改革における「新しい欧州」)を参考にすることの方が多い。たとえば,「ニューディール」において失業者への社会保障が「ワークフェア」モデルへと移行したことは,アメリカの1996年の個人責任・就労機会調停法(PRWORA)をめぐる議論およびその最終的な内容へと起源をたどることができる。最近では,雇用年金大臣がアメリカ由来の社会保障の考えが「一括購入的」に導入されることはないと熱心に強調しているが(DWP, 2007),ローズが述べているように,親近感に由来する近似性が,アイデアを求めている政策立案者にとって最初のよりどころとなる。そのため,英語が話される国家同士が,近隣諸国よりも,お互いの政策を参考にすることは驚くべきことではない。

　異なる種類の国際組織もまた各国が自発的に政策アイデアを共有するための条件整備の一助となっている(第3章を参照)。たとえば,国際「シンクタンク」である経済協力開発機構(OECD)は大規模ないし中規模な経済力をもつ国家(ドイツからメキシコまで)の多くを会員として抱え,その数はなお増加している。ローズ(Rose, 1991)によれば,OECDは,各国の政府によって要求される統計情報を比較可能にするための「情報交換の場」として機能している。同様に,欧州連合のような会員制の広域組織では,各国政府が近隣国家の政策開発を調査し,時には,複数の国家にまたがって導入されるような「ベスト・プラクティス」を探索することが可能である。政策共有は,まれに社会的なニーズの基準に基づいてなされるが,労働規制の事例にみられるように,より頻繁には経済競争を管理する目的で合意されるものである。

　ローズ(Rose, 1991)は不満こそがデッサンの練習の要因となると述べているが,上述の歯科診療の事例にもあるように,ドロウィッツとマーシュ(Dolowitz and Marsh, 1996)は,自発的な政策移転への関与にも該当するかもしれないが,国家が他国の政策を導入する状況に追いこまれるいくつかの道筋があると述べている。政策移転におけるこうしたより容易に受け入れがたい状況は,政治や商業の世界における小規模組織から超国家規模の組織までを含む,政治的アクターによって行使

される力関係に大いに依存している。これに導かれる社会政策上のいくつかの課題については以下で議論されているが，ここでは，これらのアクターが政府を実行に追い込むことも，またこれはかれらが望むべきであるが，扇動することや無為を貫くこともできるということを私たちは推測することができる。政治的な意味で実現可能性があまりないことは政策移転における一つの限界である。しかしドロウィッツとマーシュ（Dolowitz and Marsh, 1996）は，初期の文献レビューにおいて，いくつかの追加的強制について概説している。政策の移転を防いでいるこれらの要因には，(1)解決すべき問題と移転すべき政策の複雑性や，(2)成果と潜在的副作用の予測可能性，(3)政策実施に関する理解の深さ，(4)政策が常に既存の政策状況に上塗りされるという実態，が含まれる。より直線的で静的な「移転」という概念に比して，「政策翻訳」という考えを用いて政策の移動を調べているレンヴァイとスタッブス（Lendvai and Stubbs, 2007）による最近の論文では，この〈文脈〉こそがより重要であると論じられている。異なる国の中において政策が特定され，採用され，変形されるその過程は，翻訳という言葉によってより的確に説明されるとかれらは論じている。翻訳は，政策が断続的に進化する過程（第3章と第4章を参照）と（本章後半で説明されるように）より多くの政策決定が国境を超えておこなわれるようになってきているという点を適切にとらえる概念である。それはすなわち，国家の枠組みの外において，公と民，ローカルとグローバル，社会的に関与するものと経済的な動機によるものといった，拡大する政策アクターのネットワーク（これが現代において「ガバナンス」という概念が用いられる一側面である，コラム 21 を参照）の中でおこなわれるのである。

　政策移転の内容に関しては，政策パッケージが一括購入的に導入されることもありうるし，ドロウィッツとマーシュ（Dolowitz and Marsh, 1996）が明らかにしたように，政策目標から実施面における技術に至るまで，制度設計からイデオロギーまで，政策のいくつかの異なる諸要素が単発で移転されたり，いくつかまとめたかたちで移転されたりすることがある。仮に政策パッケージが容認されたとしても，政策が完全な状態で移転されることは不可能である。レンヴァイとスタッブスが提案するように，移転される政策が正確に再生産されることはない。移転において変容するのはその形態だけでなく，その意味も変容するのである。政策の翻訳というのは部分的には特定の政策的文脈（アクターとかれらの力関係やより広範な構造的関係）によるものだが，その政策の翻訳が進められてきた言語と文化という要因にもよる。たとえばフランス語とドイツ語では，英語の「policy」にあたるような言葉はなく，フランス語の「politiques」とドイツ語の「politik」はどちらも英語の「policy（政策）」と「politics（政治）」という 2 つの意味をそなえている（Heidenheimer,

1986)。こうした言語的な違いは，政策コミュニティにおいて潜在的な共通理解に示唆するものがあるし，理解を共有する潜在的可能性（現在欧州連合では，政策に関する書類は23の公式言語で提供される必要がある）と「同質性のあるもの」を比較するという方法論的課題に苦労している比較研究についても示唆するものがある。

ローズ（Rose, 1991, p. 4）によれば，政策学習に関する分析においてもっとも重要な面は，一国において政策措置が実行されていた環境を他国においても機能させることができるか，ということにかかっている。この論点は，私たちをその問いにどのように答えることができるかという思考にうまく導いてくれるだろう。そして，そのためには社会政策における比較分析枠組みとしてすでに確立されている福祉レジーム理論を参照する必要がある。

3　先進福祉国家の姿

アメリカの福祉発展に関する先行研究（Wilensky and Lebeaux, 1965）への返答として，上述の論文の中でティトマス（1974）は，ドイツの例にみられる産業的業績達成モデル，アメリカの例にみられる残余モデル，そしてスウェーデンの例にみられる制度的再分配モデルという福祉国家の3つのモデルについて述べた。このように福祉国家を類型化する中で，ティトマスは，福祉の供給には，単に公的な社会支出を調べることによって測られること以上の特性があることを証明した。そうしたアプローチは，当時，産業的業績達成モデルのグランドセオリーを確立することをめざし，福祉国家の発展過程における異質性よりも同質性に着目して，とりわけアメリカの研究者たちが取り組んでいた比較分析アプローチと対比される。それらの研究は，経済的規模が大きい国家ほど福祉に予算を費やし，結果として市民の福祉が充実するという仮定を前提とし，公的社会支出に注目する傾向が強かった。そうした類の分析方法は，1990年に発表されたG. エスピン＝アンデルセン（Gøsta Esping-Andersen）の『福祉資本主義の3つの世界』によって手厳しく異議申し立てを受けることになった。以降，エスピン＝アンデルセンの研究は比較研究者たちの理論的発展に大きな影響を与えた。またある意味では，本来は広範であり外向きであるはずの当該研究領域における阻害要因としても影響を与えることとなった（詳細は以下を参照）。今となっては使い古された引用であるが，エスピン＝アンデルセンは，支出か社会保険かにかかわらず，集計データの単純な比較は，「そのことを明らかにすることよりもむしろ包み隠してしまう」と述べている。このことは，たとえば社会支出が多い国家では失業率が高いことがあり，そのことは低福祉の原因となるため高支出が必ずしも好ましいとは限らない，ということだけではなく，

社会支出に関する数値はそのお金が誰に支払われたのかということ，つまり配分の原則については何も語らないということにも起因する。エスピン＝アンデルセンは，社会政策の推進にどれくらいの費用がかかるのかということだけではなく，人々がお互いに対して課している義務が政策へと転換される方法にも関心を抱いていたのである。彼の当初の目的の一部は，福祉レジームは単に産業的進展の結果として出現したものではなく，社会的・経済的発展が各国の制度や原則を形成するのと同じように，制度や原則が社会的・経済的発展を形成するという意味で活動的なものであることを示すことにあった。

　OECD加盟18カ国における社会保障と雇用に関する調査に基づくエスピン＝アンデルセンの理論は，アメリカ，スウェーデン，ドイツに例示される3つの福祉レジームを識別することもしている。各国の社会政策が給付を提供する程度を計るために彼が用いる「脱商品化」という概念は，人々が給付を受給するにあたり，労働市場に参入している（していた）程度による影響をどれほど受けないものか，という観点からのものである。福祉国家の質を定める指標としての脱商品化の大きさは，社会政策とは，人々が皆平等な立場にあり，かつ人々にはかれらが提供する労働力以上の価値があるという社会的連帯（の精神）に貢献すべきである，という考えに基づくところにある。スカンジナビアにおける脱商品化されたシステムは，労働市場の分断と市場イデオロギーをより明確に反映する保守主義システムおよび自由主義システムと対比される。グディンら（Gooding ed., 1999, p.39）は3つのレジームを次のように説明している。

- 〈自由主義福祉レジーム〉は，「資本主義経済という前提に依拠」し，「国家の役割は残余的社会福祉」に限定される。
- 〈社会民主主義レジーム〉は「社会主義的経済という前提に依拠」し，国家に「強堅な再分配の役割」を与える。
- 〈保守主義福祉レジーム〉は「福祉レジームを主として各集団の相互扶助およびリスク管理の案内人とみなす」考えである「コミュニタリアン社会市場経済に依拠する」。

　一連の指標によれば，先進国においては，少数の理念系によって概要的な説明を与えることができることは明らかである。これらの類型は各国の福祉システムにおける細部にまで適用されるものではないが，各国の社会政策におけるエッセンスをとらえることを意図している。したがって，たとえばカナダは自由主義福祉レジームに類型化されるため，少なくともいくつかの社会保障政策は，第1に，請求者を

敬遠させ福祉予算を削減するために，原則的には資力調査を伴う社会的給付であり，第2に，労働インセンティブを維持させ，場合によっては租税補助により，健康保険や年金などを民間で提供する仕組みを支持する，といった自由主義福祉レジームの特質に関連づけられるものと考えるのももっともである。

　エスピン＝アンデルセンの当初の「レジーム」論は，多方面からの異議申し立てを受け，またその他の新たな類型が派生することになった（詳しくは Arts and Gelissen, 2002 を参照）。それらの研究のうちいくつかは，エスピン＝アンデルセンが主として重点を置いていた政治の役割とは異なる論点を掲げることや（たとえば，宗教や男性中心的な側面），かれが除外した分野の政策に重点を置いた（たとえば，医療およびケア関連の政策）。なお，当初の分析は，比較研究に必要なデータをその当時得ることができた国に限定された分析であったということも念頭に置くことが重要である。そうであったとしても，世界の国家の中には，発展がさらに遅れている社会政策システムを有する国家が存在する，もしくは当時存在していたということを指摘する必要がある。

　この最後の点においては，たとえば南欧諸国における福祉システムは単に未発達や発展途上ということではなく，（エスピン＝アンデルセンがイタリアを含めて類型化した）保守主義福祉レジームのグループとは質的に異なるという点から，少なくとも，エスピン＝アンデルセンの分析には含まれていない第4の福祉世界の存在について認識する必要がある。これらの国家における福祉システムは，政府と民間が組織するいくつかの方式により予算確保と分配とがおこなわれ，所得移転やサービス利用の資格が複雑で不平等であるという点から断片的である。また，福祉のガバナンスにおいては宗教による影響が継続して強く，全体を通して，家族内の福祉における法的な責任および実質的な責任については親族の位置づけが重要になっている。脱工業化が進む北欧諸国に比べて，これらの国家における戦後の経済軌道は継続して農業生産に強く依存している。

　南欧福祉国家という第4の世界に加えて，第5，第6そして第7の福祉世界の存在に言及している研究者もいる。それらは，まず対蹠地にあたるオーストラリアとニュージーランドにイギリスを加えたもので，キャッスルズとミッチェル（Castles and Mitchell, 1993）によれば，それらの国家は自由主義が浸透した労働と市場が強固な労働運動による要求と組み合わされているという点において「急進的」なグループと位置づけることができる。次に，発展過程において異なる信条によって支持され，また西洋の民主資本主義的な伝統と対比されることから（Walker and Wong, 2004），「儒教」福祉システムと呼ばれる東アジア諸国がある（Jones, 1993）。そして，すべての側面に関して独自の類型をもつ旧共産主義圏にある中欧および東

欧国家である (Deacon, 1993)。

　福祉世界の数が増加することにより差異が表面化されることよりも，3ないし4の世界に限定することで生まれる「分析上の効率性」のほうがより有益かどうかということは，議論の余地があり，おそらくその類型がどのように用いられるかということに左右される。国内の状況に目を配らない比較研究に対して批判的なディーコン (Deacon, 2007) は，政策アイデアをめぐり，政策アイデアのための闘いが国境を越えて展開される今日，世界的な変革の中で各国の福祉レジームを詳細に説明し再分類する比較研究は誤った方向へ進んでいると主張する。かれによれば (Deacon, 2007, p.175) 社会政策の形成は「多数の地域と階層，主体」によっておこなわれるものになり，そのため，北半球の裕福な国家外における社会政策開発の分析を支援するための能力の点からしても，レジームの枠組みは余計なことである。裕福な国家における社会政策への偏りを批判し続けてきたジェームズ・ミッジリィ (James Midgely) によれば (MacPherson and Midgely, 1987)，比較分析は，裕福な国家に関連するイデオロギーモデル（社会民主主義対新自由主義）に制約され続けることを問題視してきた。かれによれば，それは想像力豊かな社会政策開発や，福祉国家の諸制度（例としてイギリスのNHS）が欠如した中での社会政策の発展やその成果，また，社会福祉の目的とは本来何であるべきかという新たな視点の可能性を閉ざしてしまうことになる (Midgeley, 2004)。

　これらの批判に対して対応する試みとして，イアン・ゴフ (Ian Gough) とかれの同僚は，東アジアと南アジア，アフリカ，ラテンアメリカの貧しい国家における福祉の輪郭にレジーム分析の形式を当てはめることを試みた (Gough and Wood, 2004)。かれらは，比較社会政策研究においておこなわれた多くの説明的な研究の枠組みとなった類型は，その他の世界には通用しないということ，また全世界の国々を3つの「福祉レジーム」に分類することができるということを提案した。第1は，北半球の富裕国における「福祉国家レジーム」である。第2は「インフォーマル保障レジーム」で，それは資本主義的な生産がその他の形態の生産と混在し，雇用に限らず，数々の経済的な生き残り戦略によって生活が上昇する一方，国家の存在は弱いものであり，福祉を供給するアクターの中の1つでしかないというものである。第3は「不安定レジーム」で，紛争と人間の苦悩，資源略奪型の経済が存在し，そして多くの場合語るに足りる「国家」という存在がないことにより，社会政策に該当する政策と福祉制度が共に欠落している（ただし人道的支援を除く）ものである。バングラデシュと南アジアの国家は「インフォーマル保障レジーム」の特質を備えており，サハラ以南のアフリカ国家は「不安定レジーム」の性格をそなえている。

これらすべての社会政策形成において「政治が重要」である，というのは，福祉システムの方向性およびその形態は，（通常は労働者階級による）政治闘争の結果と，ある特定の国家における，ある特定の問題と論争にかかわる，歴史上のある特定の時期に形成される階層横断的な連立によるものであると論じられるからである。したがって，地中海および東アジアの国家では，政治的な関わりや代表制が異なる構造であるという理由もあり，別な世界を構成すると考えられる。また，ゴフとウッドがいうところのインフォーマル保障レジームは，そのクライエント志向政治（clientelist politics）という側面から，当初の「3つの世界」における議会制民主主義からは一層大きく乖離するものといえる。しかしながら，ここまでさまざまな議論を積み重ねてきたが，国家間の福祉の多様性においてもっとも重要な位置を占めるものは「家族」の役割である。より厳密には，ジェンダーの差異と関係の問題である。

4　比較理論の中のジェンダー・多様性・文化

　先進諸国の福祉システム間の相違を生み出す要因の一つは，概して「福祉供給者としての家族への依存度」の違いであるといえる。アーツとゲリッセン（Arts and Gelissen, 2002）によれば，多くの研究がこの点に言及している。主流派の類型化論の多くは，福祉サポートやサービスの供給において国家や市場に対峙する家族の役割を認識していたものの，そのほとんどは，ケア供給者として女性が担ってきた役割を説明してこなかった（Ungerson, 1997, 2000 ; Daly and Lewis, 1998 を参照）。国家によってケア労働がもっとも社会化され，かつそれが重要視されている社会民主主義的な福祉国家（たとえばスウェーデン）においてさえ，家庭内では福祉の大部分が今なお女性によって供給されていることに目を向ければ，この重大な見落としはより一層深刻さを増す。家庭内で供給される福祉には，日々の家事に加えて，子ども，高齢者，病人，障害者などに対する特別なケアが含まれる。女性による無償のケア労働なくして，福祉は存在しえないだろう。エスピン＝アンデルセンや，かれ以降のいくつかの類型化論においてジェンダーの側面が排除されていたことは，説明変数としての階級政治とデータ分析における「労働者」に焦点が当てられていたことからも明らかである。一般的に，女性は男性と同じ社会権へのアクセスが制限されている。というのも，多くの場合，女性はフルタイムの終身雇用という軌道をたどらない。そのうえ多くの国において社会保険の原理は，断続的な職歴をもつ者，稼得力の低い者に対して不利にはたらくからである。それだけでなく，類型化論の枠組みを規定した初期の比較分析の多くが，福祉の他の側面の犠牲のうえに，社会

保障のみに関心を払っていたということもある。

　とりわけ，エスピン゠アンデルセンのレジーム論の当初の定式化に関して，フェミニスト論者たちは（とくに Lewis, 1992; O'Connor, 1996; Sainsbury, 1996; Daly and Rake, 2003 を参照），次のような点を指摘している。それは，脱商品化の概念はさまざまな福祉システムの中には効果的に労働市場への依存を軽減するものもあることを示すが，多くの社会において女性にとっての問題は，労働市場への依存ではなく男性への依存にあるという点である。この意味において，重要となるのは，女性を主に「被扶養者」とみなし，受給資格が「男性稼ぎ主モデル」に基づくシステムと，女性により平等な地位を与える「個人モデル」に基づくシステムの間の区別である（Sainsbury, 1996）。逆説的に，女性を労働市場への参加者とみなして商品化を促進するシステムは，彼女たちの男性への依存を軽減することに寄与する。しかしながら，たとえばスウェーデン型の社会政策の特徴は，高い労働市場参加が根底に想定されていることであるが，これは社会保障システムが就労を前提として成り立っているという，ある意味で強制的な参加である。過去にはこのことが，女性と男性の両方に対して，有償労働よりもケア労働を選択することを制限するきらいがあったが，より最近の育児休業やその他の家族に配慮した政策は，無償労働よりも有償労働を優遇することに対する是正を試みている。このような強制的な有償労働への参加は，女性の労働市場参加が最近高まってきたイギリスのような国においては，より顕著である。さらに，これは不安定で低賃金の，労働市場の中でももっとも恵まれていない領域への参加である場合が多い。北欧における高い女性の労働市場参加は，他の国では親（一般的に母親）や親族（の女性）によって供給されなければならないケアの仕事を女性が有償でおこなうよう国がその費用を捻出することで成り立ってきた部分がある。

　それであれば，社会政策の比較分析においては，所得保障システムの機能に関する問題とあわせて，ケアの供給に関する問題が考慮されなければならない。つまり，誰がケアを供給し，その行為が有償かどうか，また誰によって支払われるのか，さらには女性と男性に期待されるジェンダー化された役割をめぐる問題について考えることも必要である。社会政策のあり方がいかにして特定のジェンダー関係（すなわち男性稼ぎ主モデル）を支援あるいは促進するかという分析は，より個人主義的で任意主義的なジェンダー差異のとらえ方とは対照的な位置にある。というのも，後者は福祉や「ジェンダー・レジーム」の重要性を軽視し，生物的に異なるがゆえの男女の単純な選択というかたちで差異を説明しようとするからである（Hakim, 2000 を参照）。もちろん，女性は画一的なグループではなく，確かに自ら選択もする。しかし，福祉制度や社会政策は，こういった選択の枠組みとなるのと同時に，

その枠組みのあり方も国によって異なっている。

　一つの福祉国家の中，あるいは複数の福祉国家間において，ジェンダー，人種，階級の相互関係を正面から扱う分析枠組みをつくろうとしたギンズバーグ（Ginsburg, 1992；2004）とウィリアムズ（Williams, 1995；2001）の貢献は，その意味で重要である。ウィリアムズが福祉国家の発展や現在のあり方をよりよく理解する方法として，「国家」「家族」「労働」のダイナミクスや，時とともに社会的に構成されてきたこれらの意味を提示する一方で，ギンズバーグはジェンダー，人種，階級などの区分を比較説明することを通して「構造化された多様性」アプローチの追求を主張する。こうした分析は，これまで比較社会政策において見過ごされてきたエスニシティの重要性を強調し，キャッスルズとミラー（Castles and Miller, 1993）を参考に，移民レジーム類型や，その類型がエスニック・グループ間の福祉関係に与える影響について明らかにした。

　文化的視角からさらに詳しく述べると，比較研究は「福祉国家」，より厳密には実体としての「国家」の概念に対する私たちの理解を疑うことによって豊富化してきたともいえる。この「国家」の概念を疑うという点についてクラークはこう論じている。「国家」には変化する・矛盾しあうといった特性があることを認識することで，地位・関係・アイデンティティの複合体が，人民／国家の構築とその生活様式においていかに一体的に収まっているかを考えやすくなる（Clarke, 2004, p. 152）。同様の視角から，ファウ・エッフィンガーは，女性と男性の関係を文化的に説明しようとする研究と，制度のもつ効果に焦点を当てた研究の間の溝を埋めるジェンダー分析を試みている（Pfau-Effinger, 2004）。また，プルーチェンバーレインらの最新の研究は，国際比較研究の中でも個別的な側面に焦点を当てるものである（Prue Chamberlayne et al., 2002）。これは，エスノグラフィーの手法をもちいて，福祉の対象となる人々の個人史を探究し比較することをめざしている。すなわち，ヨーロッパ中の一般市民が経験した社会政策に関するライフストーリーである。こうしたアプローチの豊かさは，比較社会政策が単なる分類作業に収まらないことを表している。比較社会政策は，自国の外側にある世界に目を向けることで理解し，説明し，そして改善するためのものなのだ。本節では，比較分析に関する，より理論的で抽象的な要素について，いくつか簡単に説明してきた。次節では，より実践的な研究の手法を何点か紹介したいと思う。このアプローチは，福祉国家の全体像よりもむしろ福祉供給の異なる側面における特殊性を強調するものであり，各国が互いに関係を深めてきたことで，今日では研究の中心的な部分を成すに至っている。

5　社会政策の比較

　比較社会政策研究とは，福祉国家のこれまでの発展と今後の展開を理論化することであるが，政策を評価し，政策提言を提示することも同じように重要である。コラム61は，比較研究が福祉の成果（この場合では女性と男性にとっての機会均等）を向上させるさまざまな政策を考案するために，いかに上述の理論的枠組みを利用し，特定の政策編成を国際的視点から比較し，類似性と相違性を分析するのかをはっきりと示した例の要旨である。また，この要旨ではレジーム論者たちの研究にみられた量的な手法に加えて，比較研究で用いられる幅広い研究手法が示されている。

　共通性を有するもの同士の比較における問題については既述のとおりであるが，EUやOECDのようなさまざまな超国家的組織に参加している国々では，統一定義に即したデータ収集の必要性がますます高まっている。一例をあげれば，今日ではバーレーンからブルキナファソまでの国々におけるインターネットと携帯電話の利用に関するデータを比較することが可能である（UNDP, 2007）。この種の数値的データは比較的単純であるが（携帯電話を契約しているか，そうでないか），「貧困」率や「家族」といった事柄の比較データは，概念的な厳密性からはほど遠い。「家族」のような概念は地理的，言語的にも異なり，また変容するだけでなく，このような制度や分析単位を比較するためのデータ自体にこういった相違が反映されている。たとえば，「世帯」や「パートタイム雇用」などの公式の定義は，こういった区分がその社会における標準的なものに基づいているため，国家間で一致しない。クロンプトンとルフェーブル（Crompton and Le Feuvre）の研究（コラム61）では，イギリスとフランスにおける「平等」概念をめぐる文化的理解の相違が明らかに政策提案に示唆を与えていたが，この政策提案がどちらの国にとっても有益なものとなるためには，文化間の相違にも適応しなければならない。

　このような限界を克服するために，多数の国際比較調査ネットワークが主にEUの資金提供によって発展してきた。このネットワークは参加国から派遣された調査員によって構成され，調査用語やパラメーター（調査方法など）における事前合意を通して，上述のような言語的・概念的な困難を克服することが求められている。このようなネットワークを通して実施された研究例についてはすでに述べたもの（Gough and Wood, 2004；Chamberlayne et al., 2002）に加え，多くの主流派の社会政策論集にもみられる（たとえば，Taylor-Gooby, 2004を参照）。これらの研究の多くは，前節で論じた理論的枠組みの中でおこなわれているが，すべてがそうである

> **コラム 61** 要旨：R. Crompton, and N. Le Feuvre (2000),「比較の観点からみたジェンダー，家族，雇用――イギリスとフランスにおける機会均等をめぐる現実と表象」
>
> 　この論文では，女性やジェンダー間の平等に関する，国によって対照的な言説が，国内政策にいかに組み込まれ，反映されてきたかを探っている。第1節では，ジェンダー「主流化」政策が積極的差別是正措置に取って代わった，近年の EU における機会均等政策の展開を概観する。第2節では，イギリスとフランスの女性や機会均等に対する政策展開について述べる。イギリスでは，女性に対する一定の積極的差別是正措置が受容されてきたのに対して，フランスの平等に対する考え方ではこういった政策は異質である（出生奨励的なフランスの政策は結果的に，就業する母親にとって好意的な環境をつくり出したのであるが）。第3節では，上で指摘した「平等アジェンダ」をめぐる政策の違いに反映されているとみられる，意識・態度に関わる根拠を全国調査から導き出す。第4節では，こういった国による違いが組織や個人の生活にもたらす影響を示すため，イギリスとフランスの銀行で働く男女を対象に実施した個人史的なインタビュー調査を用いる。ここでは，フランスの銀行では明白なジェンダー排除的な行為が残っていたのに対して，イギリスの銀行ではジェンダー平等ポジティブ・アクション政策が重要な影響をもたらしていたことが示される。結論では，われわれの調査結果がヨーロッパの政策に示唆するところについて論じる。

わけでもない。コラム62では，EU の助成で実施された3つの元社会主義国（「移行」国ともいわれる）を含めたヨーロッパ10カ国の住宅開発地区に関する大規模調査における，比較可能性を確保するための過程について要約している。この研究は，福祉レジームの枠組みの外で実施された比較研究の一例であるが，やはり類似性と相違性，成果と課題，そして一連の政策提案を提示することを試みている。

6　上からと下からの社会政策

　比較研究に対する一つの批判が，社会政策の展開と改革の分析において国民国家を中心に置くことに対して疑問を投げかけていることはすでに述べた。政策移転関連の文献（Dolowitz and Marsh, 1996 を参照）からのもう一つの重要な指摘は，各国政府は自国が加盟する，あるいは加盟していない強力な国際政府機関（IGO）によって政策手段を採用するよう強制されるかもしれないという点である。開発研究においてはかなり以前から確認されていたことだが，これは社会政策の文脈では

> コラム62　効果的な政策の模索：ヨーロッパにおける大規模住宅開発地
> 　　　　区の衰退に対する国民の反応に関する調査
>
> 調査プロジェクトの設計
> - リサーチクエスチョンの定式化と合意（次の7つの点の構造的な説明に関するクエスチョン：相違，政策哲学，政策組織，利害関係，成果と課題に関する認識，一般化可能性，政策提案）。
> - 調査地域の設定（国と都市）。
> - 各国でのケース・スタディの実施。
> - すべての国で用いられる調査方法の選択：二段階アプローチ
>   - 文献レビュー，二次資料の分析，各国で相等の主要関係者・機関に対するインタビューによって量的・質的の両方のデータを得る。
>   - 二次資料とインタビューデータによる政策分析。
>
> （van Kempen et al., 2005, pp.363-368 を参考）

ディーコンら（Deacon et al., 1997）が最初に指摘したことである。このことは，第2次世界大戦終結時に国際連合とともに設立された国際的な貸付機関から融資を受けた，南半球の貧しい国々について確実にいえることである。世界銀行や国際通貨基金といった機関は，社会的支出の削減や国民経済目標の見直しに関する厳しい条件のもと融資をおこなった。この条件は債務国のために設計され，最近まで「構造調整計画」と呼ばれていた。しかし，これは貧困や人権問題という点において，また計画自体の実際の目的という点において成果が乏しいことを指摘してきた経済・社会アナリストらだけでなく，このような分野に関する多くの活動家団体からも広く非難されてきた。

富裕な OECD 加盟国にとっては，国際的な貸付機関による拘束はおしなべて脅威ではない。しかし，世界人口の大多数の福祉にとって大きな意味をもつものは，グローバルにみれば社会政策に関する影響だけではない。チリの年金改革から，世界貿易機関で締結された，サービス（とくに保健サービス）の世界貿易に影響をおよぼす規定に至るまで，グローバル機関の活動は世界中の地域社会における人々の生活に強い影響を与える。さらに，国際政府機関が国内政策に影響をおよぼしうるのは強制という手段のみによってではない。というのも，多くの富裕な国々の政府は，前節で紹介したような学術研究の結果よりも，グローバル機関の理論経済学者たちの社会政策提言に熱心に耳を傾ける。こういった経済学者の多くはアメリカのネオ・リベラル学派の中で育成されてきた。だが，ディーコン（Deacon, 1997；

2007）が示すとおり，人口高齢化の解決策や，病気の予防および治療，より一般化すれば社会政策の価値に対する一連の視座はすべて，グローバル機関の外と内のいずれにおいてもみられる。このことを考慮に入れれば，世界的な社会政策がある特定のモデル（すなわち残余主義の個人化されたアメリカモデル）を中心に収斂してきているという考えは誤りだといえる。その理由は，超国家的なレベルにおいて政策の齟齬が存在するからというだけでなく，福祉レジームは非常にレジリエント（弾力的）であり，グローバルな競争，すなわち，社会的支出や税の削減，賃金の低下，雇用関係の諸権利の縮小を図る圧力にもかかわらず，それぞれの形態を非常にうまく維持してきたからである。もちろん，自由主義レジームは自由主義的経済改革とより親和的だが，このレジームもまた政治的安定を維持するようなかたちで，より低価格で効率的にせよという圧力を吸収しているのである（Pierson, 2001 を参照）。こうした，各国は「経路依存的」である，つまり自らの制度的ルーツから大きく脇にそれることができないという考えは，福祉国家に存在し続ける多様性の説明として提唱されている。この概念自体が暗示する，国家の受動性や政治決定論については議論の余地があるものの，確実にいえることは（国内）政治は今なお重要であるということだ。

　したがって，グローバル社会政策にまつわる話は，超大国や国際的なリーダーや大企業の策略を宿命論的に甘受するものとして読むべきではない。そうとはいえ経路依存説が含意するのは，最強の利益団体の利益を保護することで政策が方向づけられる先進福祉国家の，とても革命的とはいえない進化のプロセスである。しかしながら，社会政策や政策立案は国家やフォーマルな政治の領域にとどまるものではない。これは国内の文脈においてと同様に，国際比較の文脈においてもあてはまる。人間の福祉の向上をめざして「下から」活動する多くの非政府系社会政策アクターがさまざまなかたち（人道的・組織運動的など）で存在している。これらのアクターは，常に他国の組織とローカルな実践を共有することから，仲介・相談役として政策立案過程に積極的に参加することや，抗議や直接行動に参加することまで，さまざまな戦略を用いる。イギリスの読者にはなじみがある，下からのグローバル社会政策の例としては，オックスファムのようなしっかりと確立された慈善支援団体のみならず，「ビッグ・イシュー」がある。これは，イギリスで創刊された雑誌で，ホームレスが仕入れて販売するものである。組織としては，「ビッグ・イシュー」は現在オーストラリア，南アフリカ，ナミビアで運営され，他の多くの国における類似した街頭販売誌とのつながりをもっている。こうした事業での技術や知識の移転は，北から南への一方向の動きであることを想像するかもしれないが，この例においては，イギリスで限定的にせよ成功したことを考えれば，南から北へ

と政策アイデアを共有する潜在的な可能性が確かにある。イギリス以外の国では，このような動きはソーシャルワークや地域開発の領域における専門家組織を通してすでにある程度進んでいる。

7 結論——比較の中のイギリス

　ここまで比較研究の可能性と限界をいくつか探ってきたが，イギリスの社会政策に関する本書としては，国際比較の文脈におけるイギリスについての議論で締めくくりたい。いくつかの理論的枠組みを検討し，支出レベルの比較だけでは不十分である理由を検討したが，本節の導入としてはそのような比較をみることもふさわしい。

　表11-1のとおり，イギリスは課税と社会的支出の両方において OECD 平均を下回り，拡大前の EU15カ国平均と比べるとかなり下回っている。また，このパターンは英語圏の国々と共通している。表11-2は，イギリスの貧困「リスク」（税と給付の移転後）を EU 拡大前加盟国と比較したものである（「リスク」とは，第5章で述べたとおり所得中央値の60％を貧困の定義として EU が用いている用語）。これは，イギリスの社会政策について自己満足に浸る根拠がないという見方を支持している。

　本章で論じたいくつかの内容をよく考えたうえで，福祉レジームや政策学習の性質をめぐる議論に照らして，これらの数字を再検討してみよう。エスピン＝アンデルセン（1990）は当初イギリスを自由主義レジームの中に位置づけたが，かれのアプローチでは医療・保健政策が考慮されていなかったことから異議が唱えられた。しかし，1980—90年代前半における政策動向を説明したその後の分析において，かれはイギリスを再び明白に自由主義的モデルの中に位置づけた（Esping-Andersen, 1996；1999）。イギリスにおける社会政策の役割は，アメリカと比べれば明らかに突出しているが，イギリスのシステムは，裕福な EU 諸国と比較すると見劣りする。第6章では，EU の今後の社会的軌道をめぐって自由主義的モデルを支持する国と市場志向が弱いアプローチを支持する国との間に論争があることが示された。そのような議論の中でイギリスはしばしば，明白に経済的自由主義の側としてみなされる。

　福祉国家に対するイデオロギー的な敵意よりもむしろ福祉国家を現代化させる方針を携えて労働党が政権についた1997年以降，アメリカモデルに近づいていく動きはある程度弱まったという見方がある（Ginsburg, 2001）。21世紀の生活に合わせた福祉国家の修正に関していえば，この分野には未解決のところが残されているとい

表11-1 OECD 諸国の社会的支出と課税

	歳出対 GDP 比（%）		平均的労働者への課税* 対人件費（%）	
	1990	2003	1991	2003
オーストラリア	14.1	17.9	…	28.0
オーストリア	23.7	26.1	39.1	47.5
ベルギー	25.0	26.5	53.7	55.4
カナダ	18.4	17.3	29.0	32.0
チェコ	16.0	21.1	…	43.2
デンマーク	25.5	27.6	46.7	42.6
フィンランド	24.5	22.5	44.5	45.0
フランス	25.3	28.7	51.6 (994)	49.8
ドイツ	22.5	27.6	20.1	51.5
ギリシャ	18.6	21.3	33.0	37.7
ハンガリー	…	22.7	…	50.8
アイスランド	14.0	18.7	20.1	29.2
アイルランド	15.5	15.9	39.8	24.2
イタリア	19.9	24.2	48.8	45.0
日　本	11.2	17.7	21.5	27.4
韓　国	3.0	5.7	…	16.3
ルクセンブルク	21.9	22.2	33.9	34.1
メキシコ	3.6	6.8	24.4	18.1
オランダ	24.4	20.7	46.5	37.1
ニュージーランド	21.8	18.0	23.8	19.7
ノルウェー	22.6	25.1	41.2	38.1
ポーランド	15.1	22.9	…	43.1
ポルトガル	13.7	23.5	33.2	36.8
スロバキア	…	17.3	…	42.9
スペイン	20.0	20.3	36.5	38.5
スウェーデン	30.5	31.3	46.0	48.2
スイス	13.5	20.5	27.3	29.7
トルコ	7.6	…	41.2	42.2
イギリス	17.2	20.1	33.2	33.3
アメリカ	13.4	16.2	31.3	29.2
EU 15 平均	21.9	23.9	41.5	41.8
OECD 平均	17.9	20.7	36.0	37.2

出所：OECD Factbook 2007: Economic, Environmental and Social Statistics (online).
* 平均賃金のフルタイム雇用者1名につき雇用主にかかる給与コスト（社会保険料含む）と雇用者の課税後の手取り額との差。

表11-2　EU諸国と比較したイギリスの貧困レベル（2004年）

国	貧困リスク（%）	国	貧困リスク（%）
オーストリア	13	アイルランド	21
ベルギー	15	ルクセンブルク	11
デンマーク	11	オランダ	12
フィンランド	11	ポルトガル	27
フランス	14	スペイン	19
ドイツ	24	スウェーデン	11
ギリシャ	20	イギリス	18
イタリア	19		

出所：European Commission（2007b, p.95）より作成。

う含みをもたせて，グローバルにみれば「ネオリベラリズムの高潮は過ぎ去った」（George and Wilding, 2002, p.57）とさえ主張する者もいる。イギリスでは労働党が「中道左派の目標と市場親和的な手法の両立」（Taylor-Gooby and Larsen, 2004）を模索しながら八方美人主義を試みているが，このことはおそらく政府にとって有利に作用する。

　しかし，社会政策のある分野においては，イギリスはアメリカからずいぶん政策学習を進めている。それは失業の取り扱いという点においてである。ジェイン・ルイスとスザンナ・グイラリ（Jane Lewis and Susanna Guillari, 2005）が指摘したとおり，イギリスを含む多くの先進国では，政策の基底にある考え方として男性稼ぎ主モデルから成人労働者モデル（Adult Worker Model：AWM）へと移行してきている（多くの女性がパートタイムで働いているため，現実にこのモデルが存在しているとは必ずしもいえないとしても）。このモデルは2人の成人の両方が賃金労働に参加することを想定したもので，従属人口指数や福祉国家の財政的な余裕といった政府の懸念を反映していると思われる。また，このモデルは社会民主主義レジーム（女性のシティズンシップは労働者とみなされるかどうかに左右される）や自由主義レジーム（女性の生計は労働者とみなされるかどうかに左右される）の女性が経験する，雇用に関連した強制的な要素を有している。イギリスでは，AWMは労働党の「最大参加」雇用戦略に，また，ひとり親と失業者のパートナーに向けた社会保障・雇用政策をめぐる近年の展開に符合している。労働党は賃金労働を重視するため，児童ケアの供給と，就労する親に対する経済的な支援は改善された（第❻章を参照）。しかし，これによってケアを人間的な行為ととらえて，さらに男女間で共同分担することを支援する政策がないがしろにされた感は否めない。高齢化する人口と家族の形態や流動性の変化を考慮すれば，これは政策における深刻な欠陥である。そして，これはとりわけイギリスにおいて深刻である。なぜなら，自由主

義レジームの国として,地中海沿岸諸国にみられるような家族の義務という緩衝材や,北欧諸国にみられるようなケア領域への国の積極的関与の両方を欠いているからである。

　この章では,社会的支出についての統計データが福祉供給の型に関する多くの興味深い側面を隠してしまうことをみてきた。こういった型を比較分析することで,私たちは異なる社会的,歴史的,政治的,経済的,文化的文脈の中でさまざまな人間のニーズを扱う手段について,また社会的分業の異なる性質と福祉国家の型の間にみられる相互作用について理解を深めることができる。社会政策研究への理論的な貢献に加えて,比較分析は政策学習や政策展開との関係において実践的な目的をもっていることもみてきた。政策の網をより広く放つ必要性があることは,かつてない程に明白である。その理由は,世界は収縮しており,国内よりもグローバルな福祉がより重要な問題になっているからということだけではなく,第2章でみたように,裕福な諸国に共通して構築された戦後の福祉体制が,社会的な万能薬を提供したわけではなく,21世紀を生きる人々のニーズを満たすために苦闘しているからである。この本では,次の最終章でこういった問題をより詳しく論じていく。

◇より深く学ぶための読書案内

　レジーム理論の分析,それの広範な政策分野への適用,福祉の国際分業の議論に関しては,Michael Hill の *Social Policy in the Modern World*（2006）(『現代社会の中の社会政策』)を参照してほしい。重要な論争や,この研究分野に対する理論的・方法論的な貢献について知りたい人には,Patricia Kennett 編 *A Handbook of Comparative Social Policy*（2004）(『比較社会政策への案内書』)がある。これは,国際的な福祉供給のあり方が変化していく中で,比較社会政策における伝統的な関心事を俯瞰している素晴らしい文献である。比較研究のグローバル・アプローチには Midgley の *Social Welfare in a Global Context*（1997）(『国際社会福祉論』)があり,これは発行年からやや経過しているにもかかわらず世界中の国・地域における福祉供給をめぐる理論的・応用的問題も取り扱っている良書である。グローバル社会政策のプロセスにさらに関心をもったものとしては,Bob Deacon の *Global Social Policy and Governance*（2007）(『グローバルな社会政策とガバナンス』)は,社会政策が国内政治の枠を超えて明確化される主要な方法を示し,これに関わるさまざまな政策アクターについて紹介している。

　他にも,多くの良いウェブサイトがあるので紹介しておく。

- The International and Comparative Social Policy Group（ICSP）ウェブサイト（http://www.globalwelfare.net）は,UK Social Policy Association の ICSP グ

第11章　世界の中のイギリス

ループによって管理されている。ここには，研究のための情報と，事例研究・実践といったとくに学習・教育活動に向けた情報の両方がある。政府組織，非政府組織，活動家団体，リサーチセンターへの外部リンクページや，幅広い国際的な統計指標や政策文書や団体にアクセスできるデータベースである e-Library for Global Welfare (http://www.globalwelfarelibrary.org) への直接リンクもある。

- http://www.nationmaster.com では，グラフフォーマットで表示できる幅広い比較データにアクセスが可能である。利用者は常にサイトを通してアクセスしたすべての資料について，データの情報源を確認することが求められる（たとえば，データの中には CIA Fact Book が情報源であるものもある）。
- 雑誌 *Global Social Policy*（『グローバル社会政策』）の the Global Social Policy Digest 欄 (http://www.gaspp.org) は，再分配，国際的なアクター，貿易や社会政策などにまつわる広範囲にわたるトピックの動向について年4回，詳細なアップデートをおこなっている。

第12章
社会政策と社会変化

1 はじめに

　本書の第1章では，政策が対応し理想的には解決することが期待される日常の課題や問題，経験の例を取りあげ，それらによって表現される理論的な，また，具体的な関連を検討した。しかしながら，政策過程や政策学習，および，「古典的な」福祉国家に関連したさまざまな政策領域を扱った第2章以下では，政策的な観点から望まれることと達成されることが必ずしも同一ではないこと，さらに望まれることにも疑問の余地があることも示された。政策の立案策定は，往々にして，疑義をはさむ余地がある混沌とした活動であるばかりか，その成果，政策そのもの，帰結，および，社会生活と社会関係におよぼす影響も，意図したものと異なり，効果の乏しく疑わしいこともある。本書のこれまでの章に共通する一つのテーマは，変化する政治的文脈であった。本書のさまざまな箇所で，イギリスやヨーロッパだけでなくグローバルな規模で，アメリカの政策に特徴づけられる新自由主義的な経済的政策綱領が有力になっていることと，その程度や意味合いについて議論してきた。また，こうした傾向がイギリスの「ニューレイバー」にどのように反映しているかも検討した。一方における，個人の自発的意思に基づいて社会問題を解決するという救貧法の精神への回帰と，他方における，そのことへの強力な抵抗という両方が，ヨーロッパの現下の政治的風潮の中に存在し，また，当該国の福祉発展の歴史が将来に対して重要な意味をもっていることを示す証拠が存在する。

　社会政策の発展におよぼす政治的要因を分析することと並んで，社会変化の影響を認識することも重要である。というのも，たとえばジェンダー関係，血縁，家族の意味や位置づけなどの問題は，福祉の達成にとって決定的に重要だからである。社会階級・世代間の関係およびエスニック・グループ間の関係は，同様に，福祉の分配にあたって重要な役割を果たす。現代世界における社会政策に関していえば，仕事（賃金労働と非賃金労働）と福祉の関係が変化することもまた，政策の発展にとって根本的な意味をもつ（社会政策が分析する「家族」「仕事」「国家」という3

つのテーマをめぐる議論についてはウィリアムズ（Williams, 2001）を参照のこと）。

さらに本書のこれまでの章では、以下のことが明らかになった。つまり、1940年代の福祉改革とそれに続く制度的な再編成や社会的給付の根底にある原理の急進的な変化にもかかわらず、貧困、失業、ホームレスなどのかたでの負の福祉状態が存在し続けたことである。社会的必需品や仕事、住宅が欠如しているという物質的問題に加えて、社会関係上の問題も存在する。負の福祉状態のこれらの側面は社会的不平等に関係する。この社会的不平等は、年齢や障害、セクシァリティ、宗教と並んで、階級、ジェンダー、「人種」（カギカッコに入れているのは、人種カテゴリーは生物学的に決まっているのではなく社会的に構築されたものだからである）、エスニシティに基づくものである。以下の節では、過去50年間の社会変化という文脈で、これらの社会的分断のいくつかを検証する。

2　家族の変化

第11章で論じたように、公的福祉の割合は全体としての福祉の供給の観点からみれば氷山の一角でしかない。家族はそれに比べるとケアと感情的・金銭的支援をめぐってはるかに大きな役割を担っている。たとえば、風邪をひいたときにいつもは病院の事故・救急部に駆けつけず、近くの最愛の人にティッシュをもらい、また、気遣いを期待するようなものである。

より物質的な観点からいえば、貧困研究は、人々がたとえば週給や食料が不足する時に家族に頼ることを示している（Dowler et al., 2001）。こうした理由のため、家族の変化、つまり、起こりうる「破綻」や「再統合」のリアリティやそのことがもつ社会的支援、ジェンダー、世代間関係に対してもつ含意などは、現在および将来の政策論にとって決定的に重要である。

家族の「破綻」と、たとえばそれが子どもの福祉、犯罪率、学業成績にとって意味するものが重要視されてきたが、問題として確認された分野はわずかの数にとどまる。議論の多くは「破綻」という言葉が示唆するように、家族の変化しつつある姿を否定的な見方で紹介する。とりわけ、シングルマザーを非難の対象としてとらえている。しかしながら給付請求者としてシングルマザーを把握すること——これはメディアでの描写の大部分を占めるのであるが——、および、政治的右派から寄せられるようなシングルマザーに対する道徳的批判は、実際に起こりつつある家族の変化の現実的な評価を曇らせることになる。セルボーン（Therborn, 2004, p. 182）は、「西ヨーロッパでは、出産年齢期の終わりまでに結婚している女性という特別な意味合いでは、今日、100年前とほぼ同数の人が結婚している」ことを示してい

る。イギリスでは45―49歳までに結婚していない（未婚，非婚）女性の割合は 8 %であり，1900年のイギリスでの数字17%よりも実際には低いのである。セルボーンは，北西ヨーロッパの社会的・性的秩序が存在すると述べている。この秩序は，若い人が早期に親の家を離れ同棲を経て遅めの結婚にいたるが，往々にしてその結婚までに子どもが生まれ（事実，たとえばスウェーデンでは半数以上の子どもが婚外子である），その婚姻関係は著しく不安定であるようなカップリングと家族形成のパターンである。

　このモデルは，南ヨーロッパ，東ヨーロッパおよびアメリカのパターンと対照的である。ただし，セルボーンによれば，中央ヨーロッパは北ヨーロッパモデルに移行しつつあるという。加盟申請国を含む EU 諸国を比較したハントレス（Hantrais, 2004）もまた，北，東，中央，南の各ヨーロッパ地域における結婚と出産に関して大きな違いがあることを指摘している。しかし，「北ヨーロッパ」型への収れん傾向が続くであろうとの指摘もある。つまり，公的支援が低水準であるという文脈において，女性の労働参加率の上昇と伝統的な家族モデルとの葛藤に起因する緊張の指標として南ヨーロッパでの出生率の低下を指摘する見解である（Castles, 2003）。

　離婚とそれに関連して生まれるひとり親の数は，1980年代以降，ほとんどすべての EU 諸国で増加している。しかし同時に，ひとり親状態は固定的な状況ではなく，一般的にいって，新しい関係をとり結び再婚に至ることが往々にしてある。そのことの結果として，再統合もしくは「混合」家族がつくり出されることになる。こうした家族は義理の親，義理の子を含み，また，必ずしも生物学的なつながりのない祖父母や叔父，叔母などの拡大されたメンバーにつながることになる。子どもたちはしばしば親と再婚後のパートナーによってつくられた新しい家族の一員となる。そのことは，義理の兄弟，姉妹と並んで一緒に住むことのないきょうだいをもつことを意味する。

　したがって，「家族」の概念は簡単には定義できないものになり，児童手当のように家族に影響をおよぼすことを意図する政策や，住宅政策のように間接的に影響を与える政策さえもが，ますます複雑な家計の形成や社会関係に注意を払うことが必要になる。第 3 期労働党政府ではじめて公式的に家族に関わる省庁が設立された（2008年現在の名称は児童・若者・家族省）。イギリスでは家族政策への明示的な関心がみられなかったが，このことは多くの大陸ヨーロッパ諸国と対照的であった。大陸ヨーロッパ諸国では「家族」を所管する政府の部局や省庁が福祉制度の一部であった。たとえばスウェーデンのようなその他の国にあっては，そうした部署は存在しない。その理由の一部は「家族政策」がジェンダー平等を達成する措置と衝突しがちであるという考えを認めていたことによる。このジェンダー平等は，ス

ウェーデンの社会民主主義的福祉国家の展開において，より高い優先順位を与えられていたのである。興味深いことに，児童・若者・家族省という名称が示しているように，労働党政府の家族への関心は，高齢世代よりも子どもに焦点を当てることと対になっている。しかしながらこのことは単に表面的な言葉だけの問題ではない。社会政策にとって家族の変化のもっとも重要な側面の一つは，その変化がケアする関係におよぼす影響である。つまり，何らかの血縁関係をもつ人々が身体的，情緒的もしくは他の困難を抱えたときに，お互いに面倒をみる責任や能力におよぼす影響である。

本書第1章で提示されている3つのケーススタディすべてにおいて，家族の責任という特徴を確認することができる。ダニエルの事例（コラム1，2頁参照）とサラの事例（コラム2，7頁参照）では，明らかに親の義務という要素が存在する。つまり，ダニエルの場合は，生活過程を変えるための支援ニードをもつ子どもの観点からみた親の義務であり，さらに，サラの場合は，親としての彼女の生活過程を変えることを要請されるという親の観点からみた親の義務である。しかし，これら2つの事例において，より広い家族メンバーが，とりわけ，祖父母が関与できる可能性が存在する。たとえば，サラが賃金労働に従事しているときの子どもたちのケアや，ダニエルの場合ではかれの母親が病気で父親が仕事で不在の時に何らかのかたちでかれのケアの手助けをするようなかたちでの関与である。祖父母は，働いている親にとっては子どもの児童ケア支援の重要な源にますますなりつつある（Wheelock and Jones, 2002）。しかしながら，以下のようなことを考慮することが重要である。つまり，祖父母は孫の生活に関わることで幸せを感じることがあるかもしれないが，もしかれらが60歳代以上であるならば毎日の報酬を伴わない児童ケアは引退後の人生計画の一部でなかった可能性がある。また，過去20年以上におよぶ労働移動の増加を考えれば，高齢世代が子どものケアを担当できると想定するわけにはいかない。さらに，2046年までに労働生活を68歳まで延長するという政府の意向を前提にすれば，孫が幼少の折りに多くの祖父母が未だ労働市場にいることになり，ケアの不足が深刻化する可能性が大きい。他方，出産時期が遅くなることによって，祖父母による孫の児童ケアの必要が生じる時期に，その高齢世代が自身のケアニーズをもつことになり，そのため児童ケアに責任をもちえないという事態が起こりえる。したがって，ここには高齢世代が若い世代に対して負う義務の領域という問題が存在する。これは潜在的には論議を呼ぶ性格のものであり，また，同時に，エディスの事例（コラム3，9頁）が提起しているような，広く論議されている高齢者のケアという，より明確な「問題」が存在する。

家族の再結合もまた血縁関係の責任に影響をおよぼす。というのも，家族の紐帯

の範囲が広がり，そのため個人のケア役割も拡大するからである。エディスの子どもたちは，彼女が自分たちの世帯に加わることを望むかもしれないが，彼女の義理の息子や娘もまた自身の親に対するケア義務をもっていることが十分考えられ，息子，娘の誰かが離婚し再婚すれば，直接的な家族がもつ関心とともにその他の人々がもつ考慮すべき関心が生まれることになる。したがって要約すれば，経済的問題をしばらく措くとして，家族構成員とりわけ年少および高齢の人をケアする道徳的プレッシャーがイギリス社会では存在するが，政策の基礎としてこの種のケアをあてにできる程度はきわめて限られている。たとえ，私たちの家族の誰かがケアするための有形のスペースと資源をもっていたとしても，ケアが可能でない多くの理由が存在する。そのため，児童ケアや医療ケア，ソーシャルケアに関わる現在の政策を，現代生活の要請に応えるべく創造的に再構築していくことが必要となっている。

このように，「世帯」の性格と親密な関係の性格の両方がともに変化しつつあり，また，このことがケアの供給および費用に関する国と一般市民（citizenry）の期待にとって大きな意味をもつことは疑いない。この変化は，たとえば友人の重要性をめぐるローズネイル（Roseneil, 2004）のような研究を通して検討され始めている。政策の立案策定は，21世紀におけるケアと支援の観点から，家族が何を提供でき，何を提供できないかという現実に適応していかなければならない。その一方で，家族と家族生活の多様性を承認するということが政策綱領に登場し始めている。多くのヨーロッパ諸国で起こっている変化の一つは，イギリスで導入されたような法律に基づくパートナー（civil partnership）を通して，同性カップルに対して法律上の平等の権利を正式に承認することである。事実上のカップルではない同性による結婚は，ベルギー，オランダ，スペインで法的に認められているが，北欧諸国は他のヨーロッパ諸国より数年前にこれらの措置を講じ，スウェーデンにおける現在の議論はこの方向へと向かっている。というのも，スウェーデン教会は，レズビアンおよびゲイカップルは，それを「結婚」と呼ばないのであれば，宗教的行事へ参加できるようにすべきであるということを明言したからである。このような象徴的な質的変化に加えて，これらの展開は，財産の移転と「親族に次ぐもの」として考慮されるべき権利に関する法的地位の平等をも公式的に認めるものである。この「親族に次ぐもの」というとらえ方は，たとえば精神的な障害や終末期医療の際の意思決定に関して重要な意味をもつ。

家族生活の変化に関して最後に指摘すべきは，そこには重要なジェンダー上の問題が存在することであり，ここでごく簡単にそれを要約しておく。「家族」の変化はある程度（その説明をめぐっては繰り返し論争のテーマとなっている），女性が自分の出生力を管理することによって，また，政治という公共領域と労働市場へ参

加することを通して自立性を得るための闘争の結果である。労働市場の変化に関する議論は次の章でおこなうが，社会政策の分野では「ケア」と「仕事」を切り離すことは不可能である。女性がますます労働市場で存在感を高めていることは，伝統的男性稼ぎ主家族で女性に振り当てられていたケア役割に従事できる時間が減ることになる。歴史的にはそうした男性稼ぎ主世帯は多分に架空のモデルである。というのも，それは主として中産階級の家族に限定されていたからであり，また，1970年代以降急速に衰退していった戦後の現象だからである。

　男性稼ぎ主家族は現実に存在するものというよりも一つのモデルであるが，男性がおこなうケア役割は女性が賃金労働に従事するのと同じテンポでは発展しなかった。人生の後半期に多くの男性が女性パートナーのケアをおこなうことがあったとしても，家庭内での性別役割分業は，家事および児童ケアの分野ではほとんど変化しなかった。しかし，21世紀の幕開け期に「父親」をめぐる政策的関心が高くなった。それは一方では稼ぎ主および役割モデルとしての親の義務を果たしていないと考えられる人々に責任をもたせるというものであり，他方では，たとえば父親・親休暇制度を通して，かれらが家事および児童ケアに従事することを容易にするという内容のものである（Hobson, 2002参照）。労働党政府は後者よりも前者に関心をもつ傾向があり，たとえ後者が議論される場合でも家族への配慮のある仕事という文脈での関心にとどまっている。ウィリアムズ（Williams, 2004）とルイス（Lewis, 2006）が述べているように，もしグローバルな競争に配慮するような経済政策が追求されるべきであるとしたら，それを補足する社会政策は，すべての成人労働者にとって家庭でケアやその他の義務を担当する成人パートナーは存在しないということを認識しなければならない。

3　職業生活の変化

　ベバリッジが1940年代に報告書を執筆した時に，かれが考案した国民保険と家族支援のシステムが立脚する基盤は，単に賃金労働と非賃金労働というジェンダー分業だけではなかった。つまり，成人（家庭で「その他の責任」を期待される既婚女性を除外した者）が賃金労働に従事する場合には，その仕事はフルタイムで生涯にわたっておこなわれるものであるという仮定にも依拠していたのである。ハーカー（Harker, 1996）はこれを「48—48—48雇用モデル」と名づけている。週48時間，年48週，生涯で48年間の労働という意味である。私たちは，これに永続的な雇用契約が存在するという仮定を付け加えることができる。というのも，臨時的な労働は少数の衰退しつつある季節産業（農業もしくは観光業）やおそらく建設業に限定さ

れると想定されていたからである。ベバリッジ計画はそれゆえに，イギリスにおける重工業の急激な没落と，今日の，たとえば専属フィットネス・トレーナーや犬の心理士，ウェディング・プランナー，ネイルアーティストなどを含むサービス部門職種の興隆を予想していなかった。これらの職業は1940年代には存在していなかったものであり，それらが求められる際には富裕層限定の作業を遂行するものであった。国民保険の拠出制システムは，フルタイムの「男性」雇用モデルから非正規雇用モデルへの転換を考慮に入れていなかった。非正規雇用モデルは，契約上の一形態としては，前工業社会的であり（たとえば自営業の下請けや日雇い，「ゼロ時間雇用」［最低労働時間を定めず，雇用主の希望する日，時間にだけ働くという雇用形態］，有期契約），また，パートタイムで短い労働時間という傾向をもつ点からして「女性」的である。第2章での議論によって，繰り返して起こる失業などの公共的課題に対する政策的対応には何らかの類似性がみられることが明らかになった（第6章をも参照のこと）。ここでは，これらの公共的課題がどの程度現代的特徴をもつかを考察し，また，政策的対応の再検討にさいしてもつ意味合いを考察する。

　イギリスにおけるスキル不足への懸念（HM treasury, 2006）は，肉体労働の職種が，情報技術（IT）を駆使し「チームリーダー」や「コーディネータ」などの肩書で呼ばれる職種によって置き換えられ，結果としてその割合が減少しつつあるという文脈の中で生まれてきた。エスピン＝アンデルセン（Esping-Andersen, 1999, p.258）が20世紀末に適切に指摘したように，「ヨーロッパと北アメリカが直面しているグローバリゼーションのもっとも深刻な課題は，不熟練労働市場が国際的な広がりをもってきている」ことである。製造業が東アジア，南アジアの低賃金の魅力に惹きつけられてイギリスやその他の先進地域から移転し，その結果，失業がとりわけ低熟練の人々に集中してきているのである。

　低スキルグループは正式な資格をもたないか，もしくは，各年の人口コーホートの教育水準の観点からみて下位30％の人々であると定義される（Gregg and Wadsworth, 2003, p.87）。ライチ（Leitch）レポートによれば，2005年のイギリスUKにおいて19歳から引退年齢までの人口の13％が正式な資格をもっていなかった（HM Treasury, 2006）。グレッグとワズワース（Gregg and Wadsworth, 2003, pp.287-289）は，第1期労働党政府の経済の「回復期」にあっても，こうした低スキルの人々の慢性的な失業と「非活動」に悩まされていたことを報告している。この非活動とは，個人が賃金労働に携わることなく，しかも賃金労働を探し求めていないことを指す（このカテゴリーには，ケア役割に従事している人や学生以外に，早期退職をした人，疾病もしくは障害のため障害年金を受給している人が含まれる）。2002年の時点で，資格をもっていない人の33％が非活動の状態にあり，低スキルの人々の雇用

率は男性で60%を下回り，女性で50%を下回っている。低スキルの人々にとっての雇用機会の不足は，とりわけ若い人（16—24歳）と50歳以上の年長者で著しい。こうした事情が，2004年の教育保障給付（Educational Maintenance Allowance）導入の一つの理由であり，また，ごく最近「現代版徒弟制」が発展している一つの理由でもある。これらは，毎年スキルをもたずに学校を卒業し労働市場に入る者の数を減らすことをめざした「予防的」な措置であると考えられる。「再活性化」措置については，EU 諸国で「積極的労働市場政策」をめぐって多くの議論がおこなわれてきた。これは，失業者が雇用可能になるようにするための供給サイドの政策である。労働党政府のニューディールはそのような性格の政策であり，また，「社会的排除」を減らすための措置も，いわゆる知識経済から取り残された人々に関わる政策である。

　労働党が労働市場への参加を重視することは，市場が良好な仕事を提供し，また，貧困と社会的排除問題を解決する長期的な能力をもっているという一つの信念を含んでいる。それは，教育と訓練が中心的な役割を果たすという見解と結びつきながら，スキルのある労働者には雇用機会が増大するということに驚くほど依拠したとらえ方であるように思われる。しかしながら，労働市場の発展状況はこうした楽観主義の見通しの余地をほとんど与えていない。本書の第❻章で論じたことであるが，グースとマニング（Goos and Manning, 2003）が「マック（マッキントッシュ）ジョブ」（Macjobs）と「マック（マクドナルド）ジョブ」（Mcjobs）の分裂と表現したような，仕事の二極化が進行している。しかも後者に対してさえそれを求めての競争が存在する。社会政策に対して批判的な見解をもつ人にとって一つの基本的な問題は，社会的経済的現状を維持することがほぼ受け入れられるという政治的文脈があるにもかかわらず，労働党政府の綱領の中の急進的な政策の要素がはたして持続するものかどうかという問題である。

　本書第❶章と第❷章で議論したように，戦後福祉体制の中心的部分はイギリスにおいて顕著であった階級分裂状況を緩和することであった。このことは完全なる平等を探求したものではなかったが，再分配は公正で経済的に繁栄している社会の必要な構成部分であると考えられた。その結果，雇用の変化によってもたらされる不平等は，所得格差の観点からだけでなく，あらゆる種類の福祉供給へのアクセスおよびそれを実際に受給できることに対する社会階層別の影響という観点からも，中心的な関心を集めた。社会政策の課題は，より平等な社会を希求しつつこれらの影響を緩和することである。戦後イギリスにおける階級的不平等の性格を考察して，ティトマス（Titmuss, 1958）は，「福祉の社会的分裂」について論じた。この状態にあっては，あまりみえにくい私的支援もしくは税を通した補助がより見やすい公

的供給と対になっていると指摘したのである。もっとも重要なことは，富裕な人が前者を通してより多くを得ることであり，その結果，階級間の不平等を軽減するよりもそれをより強固なものにするということである（Sinfield, 1978）。中産階級の人々が公的な供給を受け，したがって助成付きのサービスからより多くを得ていることは，その他の研究（たとえば Le Grand, 1982）からも支持されている。中産階級が福祉サービスを利用し，その結果それを支持するということは，歴史的な分析をする際の，また，将来の発展を予測する際の中心的な関心事である。福祉国家の多様性を説明するためにエスピン＝アンデルセンによって試みられた分析は，中産階級の忠誠心がどこに向けられているかに基づいている。将来を洞察してディーコン（Deacon, 2007）は，税を財源とする集合的な福祉給付に対する中産階級の関わりが欠如している場合には，多くの発展途上国や中進国において福祉国家の進展が阻まれる可能性があることを指摘した。

イギリスという文脈において，本書第11章では国際的医療ショッピングに関して中産階級が逃避していく初期の兆候がみられることを指摘した。ソーシャルケアや住宅を論じた章でも，私的供給を奨励し，資力調査を通して支援をより貧しい人々に集中していくという民営化政策の主たるねらいについて指摘した。保健医療および教育はそこから富裕な人々がもっとも得るところが大きいサービスであり，それらのサービスに対する支援が損なわれないことがきわめて重要な問題である。しかしながら同じく重要なことは，公的福祉における普遍主義という，より一般的な原理である。たとえばすべての児童の一人ひとりに支払われる児童手当はその好例である。この児童手当は，それが明日にでも廃止されても気がつかないような富裕な家族の側からすれば，金銭的には「浪費」であるかもしれない（ただし，チャリティでの贈り物を通して私的に「再分配」する人がいるかもしれない）。しかし，すべての子どもが等しく価値をもつことを公的に表明するものとして測りがたい重要性をもつ。

ターゲットを絞り低所得者にのみ児童手当を支給するという，右派の立場に立つ人たちがしばしば提言する代替案は，資力調査の範囲をさらに広げるという行政コストの観点から高くつくだけでなく，イギリス福祉国家を支えてきた〈集合的〉給付の意義を侵食するという点でも高くつく。対象を限定することにこのように異議を申し立てることに読者は驚くかもしれない。確かにターゲットを絞り対象を限定することによって稀少な資源はもっとも必要度の高い人々に集中させることができると主張できるかもしれない。しかし，ここで，コルピとパルメが「再分配のパラドックス」と呼んだ福祉政治をめぐる一つの論点に出会う。これは，ターゲットを絞ることが，長期的には，必要度の高い人々に提供される支援の質を掘り崩すこと

> **コラム63　コルピとパルメの「再分配のパラドックス」**
>
> 　私たちは，包括的な社会保険制度が，高収入層に所得比例の給付を提供することによって，定額給付もしくは給付対象を絞った給付よりも，より効率的に貧困と不平等を減らすことができることを見出した……。低所得層に対象を絞った給付もしくは定額給付を推奨する従来の議論は，もっぱら実際に移転されるお金の分配に注目しており，以下の3つの基本的な環境的要因を見過ごしていた。(1)再分配のための予算規模は必ずしも固定的なものではなく，当該国における福祉国家の諸制度のタイプによって変わる傾向をもつこと。(2)低所得層に絞って給付を支給する程度と再分配のための予算規模の間にはトレードオフが存在する傾向にあること。(3)さらに，大多数の市民は，所得比例の民間保険に加入できないか，もしくは加入しようとしないから，また，民間保険は社会経済的な選択機能をもつため，市場原理が支配的な分配は，所得比例社会保険制度の下での分配よりも不平等が大きくなる傾向にある。
>
> 　以上の要因を認識すれば，私たちが「再分配のパラドックス」と呼ぶものを理解できるようになる。つまり，貧しい人だけに給付対象を絞り，また，すべての人に同額の公的移転を与えることを通して平等を実現しようとすればするほど，貧困と不平等を減らすことができないというパラドックスである（Korpi and Palme, 1998, pp. 174-175）。

を意味しているのである（コラム63を参照）。

　高いスキルをもちキャリア職に就いている人と低いスキルでマック（マクドナルド）ジョブの回転ドアを出たり入ったりしている人の間に存在する，相互に関連する不平等（住宅，教育，所得など）と失業状態，および，政府の雇用計画を前提に考えると，普遍主義からの離反は，階級間の亀裂をただ深めるだけである。普遍主義の擁護論は，リチャード・ティトマスの著作の中で力強く展開されている。その中でティトマスは，サービスの共有が社会的結束と連帯に貢献するのだと論じている。これは，かれががんで最後の闘病中に，患者の治療に際しての唯一の区別は診察の順番によるという外来・入院の診療所での経験に言及しつつ指摘した点である（Titmuss, 1974）。もし低いスキルの人々が旧来の労働階級から分離させられ，また，地方当局による住宅供給などの公的サービスが残余的で「最後の拠り所」的なものになれば，犠牲者叩きに加担し，社会的不利を個人の行動特性から説明することを許容する「陰湿な」社会学（Mann, 1994, p. 94）が，社会的・経済的構造を問題とするような人々を犠牲にしつつ，繁栄することになるであろう。労働党政府が一つ

の政策的関心事として「社会的排除」という用語を用いることに伴って，「道徳的アンダークラス」という用語の次元において，すでにこのことが起こりつつあるように思われる（Levitas, 2005 を参照）。

4　イギリスの人口の変化

セルボーン（Therborn, 2004）が示すように，世界的規模での出生率の低下がみられるが，それは20世紀後半の数十年間に始まっていた。2人ないし3人の子どもから成る家族は北半球の多くの国では通例なのであるが，また，サハラ以南のアフリカの貧しい国々の出生率は高いものの，ラテン・アメリカ，東・東南アジアの中・低所得の国々では今なお出生率が低下している。いくつかの先進諸国で出生率は劇的に低下し，その結果，出生率は「（人口）置換」水準を下回っているのではないかという懸念が，政策策定者の間で生まれている。このことは人口が高齢化しつつあり，また，いくつかのケースでは人口が減少しつつあることを意味している。拡大前の EU メンバー15カ国で，たとえば合計特殊出生率は1970—74年の2.23から2000年には1.48に低下しているが，この数字は女性1人当たり2.1人の子どもが産まれるという標準的な人口置換水準を下回っている（Hantrais, 2004, p.20）。国連人口統計を参考にしながら，セルボーンは「日本やドイツ，ギリシャ，イタリア，スペインでは2000年までに65歳以上人口数が15歳未満人口数を上回っていた。同じことは2015年にヨーロッパ全体で起こりうる」と述べている（Hantrais, 2004, p.39）。イギリスでは65歳以上人口が全人口の15.9％を占め，この割合は2025年には19.6％に上ると予測されている（Hantrais, 2004, p.28）。このことは，現在高等教育を受けている人々が40歳の誕生日を迎える頃までには，イギリス人口の5分の1が公的退職年金を受けられる年齢以上になっていることを意味している。

人口の年齢構造が変化することはもちろん何も目新しいことではない。なぜならば人間の歴史は自然災害や伝染病の流行，戦争による人口コーホート各層の一時的膨張と収縮の繰り返しによって特徴づけられているからである。たとえばイギリスではカップルの再会による戦後の「ベビーブーム」があり，また，多くのアフリカ諸国では，壮年期にある多くの人々がエイズの流行によって死亡したことにより，何万人もの孤児のケアが年齢のより高い層に委ねられることになった。しかしながら，高齢化社会が福祉におよぼす影響は，年金制度を維持することができなくなるという予測や世代間連帯の崩壊の予測などを頻繁に引き起こしつつ，論争のトピックになっている。こうした議論の多くは，加齢を次のような事柄と否定的に結びつけようとする議論によって影響されている。つまり，生産性の欠如や有用性のなさ，

社会的地位の低下や肉体的機能低下と加齢との間の負の相関関係であり，これらのテーマは社会老年学の文献で検討を加えられている。

　しかし，多くの点でこれらの否定的な含意はきわめて不正確であることを示すことができる。というのも，退職年齢を過ぎた人々は多くのやり方で社会に重要な貢献をしているからである。一つの例は前に述べたように児童ケアを提供することであり，もう一つの例は，病気と障害が若いときに比べてより起こりやすい人生後半期においてお互いにケアを提供することである。高齢の人は引退年齢を過ぎてもパートタイムのかたちで，もしくは，ボランティアの活動を通して働き続け，その結果，目には見えない多くのやり方で経済に貢献する。退職年齢それ自体は，労働生活の終焉に向けた一つの恣意的な「マーカー」にすぎず，退職年齢は生物学上の問題というよりも政治と深く関係した問題である（Hill, 2007, 第5，6章）。高年齢の労働者の価値は近年認識されるようになっており，いくつかの企業にとっては積極的な人員補充戦略の中に組み込まれている。このことに関連して，また，過去30年間の経済危機の時代を特徴づけてきた年配の労働者に対する不公平な処遇に抗するために，イギリスでは年齢差別を禁止する法制度が存在する。1970年代の性平等法の制定とともに設立された「雇用機会均等委員会」は，障害者権利委員会，人種平等委員会と合併し，平等・人権委員会となったが，同委員会はすべての社会的次元にわたる不平等の問題を取り扱っている。

　家族形態と産業構造の進化に伴って，高齢者人口が社会政策に課する課題は，ケアと仕事という，2つの核となる活動に集中することになる。高齢者人口内に生起する主要なケアの問題とは，誰がケアを提供し，だれがそれを賄うかという問題である。私たちはこの問題について，本書第1章，第8章および本章の前の節である程度述べた。しかし，ケアの不足は，子どものニーズに限らず，（エディスのような）人生の後半期でさまざまなレベルの保健・社会的なケアサポート・サービスを必要とする人々に関しても存在するということは繰り返し強調する価値がある。同じコインの別の面は，もちろん，保健ケアと医学および健康を取り巻く環境や労働条件の改善によって，多くの人々が人生の後半期においてより健康になり，支援をほとんど，もしくは，まったく必要としなくなってきているということである。

　ケアの費用を賄うという観点からは，いわゆる「従属人口指数」，つまり，労働年齢以上人口と労働年齢以下人口の，労働年齢人口に対する割合に政治的関心が払われることになる。この関心の大部分は，年金コストの今後の展望にあり，また，イギリスの賦課方式の年金制度――国民保険制度に加入している現役労働者の拠出が退職労働者の年金に資金を提供する年金制度――が，退職労働者の数が膨大なものになりつつあるときに果たして維持可能か，にある。国連（2003）の数字は，

2000年において20—64歳の人口に対する65歳以上人口の割合は0.24対1であるが，2050年には0.39対1になると予測されている。

　現在の年金の政策決定に関わる未来学は，いくつかのシナリオが確たる推測というよりも単なる憶測に行き着くことを物語っている。出生率パターンの変化が人口学者を驚愕させることは度々あったし，現在でも豊かさの中の病いである肥満が寿命を縮めるであろうことが示唆されている。これらの人口変化に関する人騒がせな予測はただ単なる憶測でしかなく，社会の現実を伝えるよりは，科学的な証拠といわれているものの性格を私たちに知らせることになる。とはいっても，労働市場への参加を最大化しようとする政府の政策は次のような懸念の結果なのである。その懸念とは，社会保障支出が，現在，公的支出の半分を占め，社会保障支出の約半分が高齢者のための給付（年金と公的扶助，障害給付）に回っていることから，社会保障の費用を賄うことができなくなるのではないかという懸念である。「ニューディール50プラス」のようないくつかの政策は，高齢労働者自身，とりわけ，低いスキルもしくは時代遅れのスキルしかもたない高齢労働者の「雇用可能性」を改善することをめざしている。その他の障害給付制度などの変更は，間接的に，高齢労働者に大きな影響を与える。退職年齢を引きあげることは，経済的な意味での活動的な期間を長くするであろう。しかし同時に，予想される学校修了年齢の引きあげは，若い年代層の労働市場への参入を遅らせることになる。明らかに経済的競争の主たる目的は，皿回しのように，多くの政策を同時に実施する状況とその破綻を含んでいるのである（年金の「問題」をめぐる詳細な議論については Hill（2007）を参照のこと）。

　ヨーロッパの最富裕国での人口高齢化傾向を埋め合わせする方策として海外からの移住者の受け入れがある（コラム64を参照のこと）。イギリスのような受入国の観点からは移住者は望ましいものとされる。というのは，スキルをもった人々（たとえば看護師もしくは高度技術者移入プログラムによって補充される人）の不足を緩和するからである。あるいは，移住労働者は，受け入れ国の人々が忌避する傾向のある，いわゆる3-D職（汚い，きつい，危険）に就く準備があるからである（IOM, 2005）。イギリスは，次のような方向で他の先進国と見解を同じくする。つまり，特定のスキルをもった人々に移入を限定するか，もしくは，2国間協定を締結して割当枠内の低スキル「季節」労働者の一時的入国を認める，あるいはその両方を実施するという方向である（UN, 2008）。このようなかたちで，移住労働者は極度に搾取される関係に追いやられることになる。多くの国における家内労働者の充用もこうしたカテゴリーに分類される。つまり，ジェンダー分業役割と民族的不利を特別に搾取する方法で結びつけるのである（Brah, 2001を参照）。制限的政策

> ## コラム64　人口の減少・高齢化問題の解決策としての
> 　　　　　　人口置換移民の受け入れ
>
> 　グローバルな文脈では，人口の減少を他の国ほどには懸念していない国が存在する。国連の『世界人口政策』（UN, 2008, p. 7）によれば，「もっとも経済発展の遅れた50の国の中で人口増が高水準でありすぎると考えている国の割合が1986年の50％から2007年には78％に達している」。これらの国の大部分はアフリカ諸国である。しかし，先進国では〈労働年齢人口〉の減少がもっとも懸念されることとして報告されている。UN（2001）は，データの編集にあたって，人口の減少・高齢化と人口移動との関係をめぐるいくつかの「シナリオ」を準備している。それには，労働年齢人口を「1995年以降人口移動を除外した場合の最高水準」に維持するのに必要な人口移動のレベルを予測するシナリオも含まれている。
>
> 　2001年の研究結果（UN, 2008, pp. 2-4）は，ますます制限的になりつつあるヨーロッパ全域の移民政策についての興味深い話題を提供している。イギリスおよびEU全体として「人口の減少を相殺するために必要な移住者の数は近年の過去の数よりも少ないか，もしくは同程度である」。しかし，労働年齢人口の減少に対応するために必要な移住の数的規模（シナリオⅣ）は「途方もなく大きい」。したがって，もし潜在的支援比率（potential support ratio：PSR；従属人口比率と同様な指標）が現状の水準に留まるとすれば，人口の減少を人口移動によって相殺することは，「不可能である」。シナリオⅣによると，イギリスは2000—50年の間に600万人を超える移住者の導入を必要とし，EU全体では7900万人以上を必要とすると予測されている。PSRの水準を維持する別の異なった政策オプションとして国連報告書が示唆しているのは，労働年齢人口の上限，つまり退職年齢を75歳に引きあげることである。

は，より物騒な状況という一つの帰結をもたらす。その状況は，不規則で，また，不正悪徳業者と現代版奴隷労働の危険性に晒されがちな移住労働者と関連して生じる。しかしながら現在の政治状況のもとでは，福祉ツーリズムの予防や「偽」難民希望者をめぐるモラルパニック，EU諸国を自由に移動する合法的労働者をも制限しようとする要求，こうした3つの動きが，より懸念されるところである。

　シェラップ，ハンセン，キャッスルズ（Shierup, Hansen and Castles, 2006, p. 250）は，移住に対するヨーロッパ福祉国家の対応をめぐる魅力的な論評をし，比較的規制の弱いイギリスの労働市場がかなりの数の移住者をあまり保護されていない労働力の階層へと駆り立て，また，「負の影響に脅かされている白人イギリス労働者階級とエスニック・マイノリティグループとの間の潜在的な緊張」を高めることに

第12章 社会政策と社会変化

なっているかもしれないことを強調している。しかし，この負の影響に脅かされているということには議論の余地がある。というのも IOM（2005）は，移住者が地元住民と直接仕事をめぐって競合するとか賃金水準を引き下げているとかという根拠は「薄弱もしくは曖昧」であると主張しているからである。それにもかかわらず，ロンドンおよび北部イングランドにおいて極右政党が政治的な影響力を増したことや，また，人種に関係した犯罪の増加（ただしあらゆる種類の犯罪統計によればそのような犯罪報道には議論の余地がある）に伴って，労働党は「管理された移住」政策のメリットを熱心に説いている。

　1950年代を回顧すれば，当時イギリス政府は，労働力不足に抗するための有効な政策として移住の振興策をとらえていた。しかし，外国で新しい生活を営むために招かれた人々の福祉およびかれらが遭遇するであろう人種差別主義のことを検討せずにいた。人種差別主義と外国人嫌いが，メディアやイギリスへの移民者の日常生活の中に明確に観察できる。現存する民族的分断は，制度化された差別と従属関係が歴史的に埋め込まれたものである。その分断はエスニック・マイノリティグループが市民権を利用することを否定する。人種差別主義は，ある時は直接的に，ある時は直接的でないかたちで表現されている。社会政策の分野での人種差別主義は，サービスの供給における文化的な感受性の欠如や，福祉サービスの認定者が肉体的外見に基づいておこなう「パスポートチェック」に至るまでの諸問題に関係する。もちろん，肉体的外見は民族的差異による不平等がゆるぎないものになる唯一の目印ではない。つまり，北アイルランドや19世紀にイギリスに定住するようになったユダヤ人，ポーランド人，その他のヨーロッパ出身者の事例にみられるように，文化や言語，宗教などのすべてが社会的分断の重要な要因として作用する。

　移住に対する現在の政策的立場がどうであれ，イギリスは，過去における出来事の結果として，多人種国家である。エスニック・マイノリティグループの大部分（とりわけ子どもたち）は，本書第❾章（268頁）で述べたように，イギリス生まれか，もしくは，長い間市民権をもっている人々である。本書第❾章では，とりわけ教育に言及しつつ，サービスの提供において文化的差異が扱われるやり方についてのいくつかの議論を紹介した。これらの問題は，医療や社会的ケアなどのその他のサービスにも当てはまることが指摘されたのである。「自由主義的」なアプローチが往々にして好まれる傾向にあるが，このアプローチは，それ自身，欠陥をもっている。「自由主義的」なアプローチは，そのようなサービスは民族の違いに「盲目」でなければならない，つまり，「人種」や信念，言語の違いにかかわらず，人々は同じように扱われるべきであるとする見解である。それが平等な権利についての政策が必要とするものであると主張される。このアプローチの問題点は次のとおりで

337

ある。

- 第1に，そうした主張は，実際には差別しているサービス提供担当者が厳密な精査に抗うためにおこなっている議論に与するものである。つまり，平等主義的政策については，それが実際に作用しているという証拠を収集してはじめてその効果を確信できるものである（Henderson and Kahn, 1987）。パレク報告 Parekh report（2000）は，差別的な行為をめぐる不適切な監視体制について言及している。
- 第2に，人々の実際のニーズや選好に対して敬意を払うことのないサービス提供業務の遂行は，差別的なものになる。人々が現実の社会的義務をまっとうできないかたちでの住居の提供や所得の保障は，かれらに深刻な不都合をもたらす。保持している信念や感情を深く傷つけるようなサービスの供給――宗教的な慣習や休日をおろそかにすること，家族の文化的な慣習をなおざりにする医療サービス，かれらにとってよそ者である宗教の教示を課するような教育――は，人々を疎外し，ぜひとも必要なサービスの過少利用といった事態を招きかねない。
- 第3に，より複雑なことではあるが，完全な市民として引き入れるということは，個々のエスニック・マイノリティの歴史，伝統，文化，言語を，居住している支配的な社会のそれらと同様に価値あるものとして承認することを必要とする。それを不十分にしかおこなえない場合，個々人のアイデンティティをつくり出す多くのことがとるに足りないものであるというメッセージを発することになる。それは暗示的なかたちでエスニック・マイノリティの人を「他者化」し，かれらを二級市民として扱うことを意味する。

しかし，こうした文脈において文化のもつダイナミックな性格を認識することが重要である。個々人は，元々の文化と同化の機会を提供する文化の間にあってどちらかを選択するわけではない。そのどちらもが変化しつつあるのである。

　　文化のダイナミックな性格は，当該グループの歴史と伝統を，定住に伴う現実の状況とを結びつける点にある。移民文化もしくはエスニック・マイノリティの文化は，そのグループのニーズと経験，および，それらと現実の社会環境との交流をもとにして不断に再生されていく（Castles and Miller, 1993, pp.33-34）。

このテーマはブラー Brah（2001）によって詳細に検討されており，そこでは次

のように述べられている。

> たとえばイギリスに住む若いカリブ海諸国出身黒人系移民の女性やアジア系女性は，自分たちが育った地域に所属しているという意識を主張すると同時に，「黒人」もしくは「アジア人」，「モスリム」としての歴史的経験の特殊性を刻印する「差異」をも主張するという，分散型のアイデンティティを構築しつつあるように思われる（p. 228）。

新しい文化と古い文化の互いに相反する要求を調整しようとする努力において，「盲目」的アプローチに示される極端と，異なる人々には異なる社会化プロセスを提供するという対極に立つ極端の間には画すべき難しい一線がある。この線は，分離を強固なものにし不利を伝達することに行き着くものである。その結果，人々は好むと好まざるとにかかわらず分離されたままになる。

これは激しい感情を呼び起こす問題である。リベラルモデルの展望は貧弱なため，別個の独立した制度が好ましいとする見解が存在する。これは差別の標的となる側のグループの中の急進的な勢力の見解である。キャッスルズとミラーは，文化はますます政治化されていると説いている。つまり，排他的慣行は人種的優越性をめぐる露骨な主張よりも文化に基づく一方で，「マイノリティの抵抗のポリティクスはこれまで以上に文化的シンボルを中心にして明確なかたちをとる」のである（Brah, 2001, p. 35）。イギリスの政策が向かいつつある方向の一つが，本書第❾章（269頁）でみたように，宗教グループによって運営される新しい学校を正式に擁護しようという議論に端的に表れてくるにつれて，こうしたことを懸念する人もいる。このような反応は，ブラー（Brah）によって強調された複雑な文化的アイデンティティを正当に扱うものではない。私たちは誰もが変わりつつありしかも異質性の高い社会にいるのであって，あるグループに対する別個の扱いの要求を容認することは，このような状況と折り合いをつけることの手助けとはならない。逆に，この国特有の文化的主張，とりわけ，近年大衆的な支持が少なくなりつつあるイギリス国教会の主張に特権を与えることが適当であるかどうかについては検討する必要がある。

言語の違いもまた，支配的な言語の運用能力を身につけられないことが往々にして経済的に過酷な不利につながる限りにおいて，特別な諸問題を提起する。しかし，マジョリティの言語を強要するような圧力は，もし適切に扱われない場合には差別的なシグナルを送ることになる。この点に関して，政府が，近年，地方当局が不必要なほど多額の金額を通訳と翻訳に支出していることを指摘したことに注目するべきである。バイリンガルになることができれば一つの解決策にはなる。しかし，支

配的な立場にあるグループは，従属的な立場にあるグループのようには，かれらにとってそれほど重要でないとみなす言語の習得に前向きではない（この点はこの本の著者のように世界でもっとも支配的な言語を母語とするという特別な有利さをもっている者にとってあてはまる）。また，文化の違いがどちらかの側に深く根ざす価値観に基づく信念や慣行に関わるいくつかの大変難しい問題がある。ここでの中心的な例は，男性，女性，子ども間の適切な関係についてのとらえ方を含む家族の慣行である。

　イギリスのエスニック・マイノリティ・グループの中でもあまり成功していないグループの多くにとっては，もっとも不利なセクターにかれらを留めおこうとする特別に強力な力が働いているように思われる。このことは，差別によって賃金が低く不安定な仕事に留めおかれている場合には，雇用に関わる諸手当をほとんど得られないことに表される。居住地域の分離は，それが明示的な差別の結果であるか，あるいは，弱い「市場の力」と適切な施設の確保および利用可能性とが結合して生み出されたものかを問わず，住まいや学校，医療施設などの選択に大きな影響をおよぼす。ちなみに適切な施設とは礼拝の場やボランタリーな組織などである。

　1950年代のいわゆる「人種暴動」の際に，イギリスからの流出者数がイギリスへの流入者数を上回ったが，この傾向は1990年代初めまで続くことになった。人口移動の数字は推測というよりも「憶測」に近い。というのも，ヨーロッパ経済統合地域の国民は，公的な記録なしに仕事のためにイギリスを往き来でき，その一方で，一般的な人口移動の数字は，それ自身方法上の問題のある国際旅客数調査によってしか把握されていない。「定住外国人」の数には，政治亡命を希望する人やその他の理由によってイギリスに留まることを希望する人の数が含まれている。2005年の時点で定住外国人の38％が政治亡命希望者，35％が就労関係，21％がすでに定住している家族への合流を希望している者となっている。これらを併せて17万9100人の外国人がイギリスで定住生活をしている（Social Trends, 2007, p.10）。政治亡命希望者は一般的に若い世代によって占められており（2005年には亡命申請者の83％が35歳未満であった），大多数（71％，2005年）は男性であった。こうした人口動態上の特徴の背後には，次のような事情がある。つまり，女性はケア責任があるため男性ほど移動が容易ではなく，また，政治活動に参加する程度が少なく，その結果として政治的迫害の対象にはなりにくいという事情がある。世間一般で信じられているのとは異なって，イギリスは先進的な福祉国家に向けて先頭を切る「国」の立場から亡命希望者の多くを引きつけているのではない（人口1000人当たりの亡命者数の点では2005年でイギリスは0.5人で，EU 25カ国中14位，EUの平均に留まる）。調査によれば，イギリスへの入国へと導く要因は，社会保障給付システムを予め

知っているということよりも，むしろ，今なお継続する旧植民地との絆と英語のもつ普遍性とが合わさった効果である。いずれにせよ，亡命者への社会保障給付は，全国亡命者支援機構によって取り扱われる。そのため，かれらは福祉システムのメインストリームから排除され，また，イギリスで居住する最初の6カ月間は働くことを禁じられる。多くの点で亡命希望者は福祉国家の人道主義的主張のテストケースであるが，イギリスにおけるその結果はきわめて貧弱なものである。亡命希望者は社会的，道徳的な残滓でしかなく，ボームスとゲデス（Bommes and Geddes, 2000）が示唆するように，移民と福祉の一般的な関係は，福祉国家の境界線にとっての一つの課題であり続けている。

　前に指摘したことであるが，個々の社会における親密圏をめぐる関係の変化は国の政策にとって重要な意味をもつ。さらに検討されなければならないことはホックスチャイルド（Hochschild, 2000）が「親密圏の国際化」と名づけたものであり，これはケアのグローバル連鎖が出現してきたことに明らかである。連鎖のリンクは，次のような移民女性ケアワーカーによって代表される。この移民女性ケアワーカーは，一連の状況（私的，公的組織や家族，世帯）の下で富裕な国に出かけ，ケアサービスを提供する。その一方で，富裕な国の暮らし向きがよく教育程度の高い女性は，以前には非賃金労働の仕事をする責任を負っていたが，雇用労働に従事するようになる。連鎖のもう一方の端では，移民女性の多くが，自分がケアワークの責任をもっている子どもおよび高齢者の世話を，より貧しくより教育程度の低いかれら自身の出身国の女性の世話に委ねている多くの移民女性が存在する。つまり，かれらのわずかな収入からの送金でそうした費用を賄っており，移民女性自身の家族の福祉は，〈わたしたちの家族〉への貢献に対する支払いに依存しているのである。明らかに，ケアの不足への対応として生まれてきているこうした国際的分業の発展は，ジェンダー間，エスニシティ間，階級間の不平等を軽減することには寄与しない。

5　結　論

　社会変化と社会政策に関して検討することは，このトピックスの広がりと，無数のやり方で社会の変化が政策を不適合でかつ古臭いものにしてしまうことを考慮に入れれば，かなりの限界をもち，部分的なものにとどまらざるをえない。しかしながら，本書で示されたことは，次のような意味で，社会政策への期待が高いということである。つまり，人々の政治的信条にかかわらず，大きな目的（たとえば再分配や経済的な競争力）を達成すること，およびそれと同時に集団的，個人的な福祉を併せて改善するような，良質で効率的なサービスを提供することが期待されてい

るのである。従来から公的な福祉の供給がこれらの期待に応えることができるかどうかをめぐって，また，同時に職業生活と家族生活の変化に関連した「新しいリスク」(Taylor-Gooby, 2004) に応えることができるかどうかをめぐって，多くの論争がおこなわれてきた。政治的に右派の立場に立つ人はしばらくの間は応えることができないと主張してきた。しかし，「福祉国家」〈それ自体の〉失敗を示す理由も証拠も存在せず，逆にむしろその反対の事態を示す証拠が多く存在する。本書のこれまでの章が示すように，もちろん人々が判断しようとしている目標によるのであるが，特定の政策の失敗が存在し，また，現代資本主義の批判者はとりあえず横に置いたとしても，特定の制度（たとえば教育）の失敗が存在する。しかしこのことは全般的な福祉の失敗を意味するものではない。読者が，過去には失敗〈ならびに成功〉があり，また，現時点での課題が自分たちの生活の中に存在しているという印象をもって本書を読了することを希望している。社会政策の未来は，私たちが失敗から学び，よき社会に向けてのビジョンを確かなものにしていくための成功を育んでいくことを要請しているのである。

◇より深く学ぶための読書案内

20世紀に進行した広範囲におよぶ社会変動を取扱い，また，社会政策にとってたいへん参考になる情報を提供しているのが A. H. Halsey の *Twentieth Century British Social Trends* (2000)（『20世紀のイギリスの社会傾向』）である。イギリス社会のより最近の変化に関するデータ情報については，全国統計局の *Social Trends*（『社会の傾向』）シリーズが便利であり，www.statistics.gov.uk からダウンロードできる。これは発展の簡単な要約と統計表を掲載している。家族内の変化については CAVA (Care, Values and the Future of Welfare) 研究におけるキーとなる発見を盛り込んだ Fiona Williams の *Rethinking Families* (2004)（『家族再考』）が，イギリス社会で生じている諸変化とそれらの政策的含意の両方について明断な洞察を加えている。職業生活の諸変化とそれらと家族生活との関連をめぐる政策的含意は，Rosemary Crompton の *Employment and the Family* (2006)（『雇用と家族』）において分析されている。イギリスにおける雇用の変化に関するより包括的で経済的な説明は，論文集である Dickens et al. の *The Labour Market under New Labour* (2003)（『労働市場とニューヨークレイバー』）にある。広い範囲におよぶヨーロッパの雇用問題についての社会政策からみた展望をめぐっては，Jorgen Goul Andersen and Per Jensen の論文集 *Changing Labour Market* (2002)（『変化しつつある労働市場』）を参照のこと。高齢化社会における年金政策の諸問題については Michael Hill *Pensions* (2007)（『年金』）が検討している。移民・難民

政策については Rosemary Sales の *Understanding Immigration and Refugee Policy* (2007)（『移民・難民政策』）が，イギリスという背景のもとでの移民と福祉に関わる懸念事項を網羅している。一方，Khalid Khoser の *International Migration* (2007)（『国際移民』）は，グローバルな視野から学術的でありながらわかりやすい説明を加えている。最後にさまざまな次元をもつ社会的分断に関する全般的な入門書としては，Geoff Payne の論文集 *Social Division* (2006)（『社会的分断』）を推薦できる。

参 考 文 献

Abel-Smith, B. and Townsend, P. 1965: *The Poor and the Poorest*. London: Bell.
Acheson, D. 1998: *Inequalities and Health*. London: HMSO.
Ainley, P. 2001 From a national system locally administered to a national system nationally administered: the New Leviathan in education and training in England. *Journal of Social Policy*, 30 (3), 457-76.
Alcock, P. 2006: *Understanding Poverty*, 3nd edn. Basingstoke: Macmillan.
Alcock, P. and Pearson, S. 1999: Raising the poverty plateau: the impact of means-tested rebates from local authority charges on low income households. *Journal of Social Policy*, 27(3), 497-516.
Alcock, P., Erskine, A. and May, M. 2002: *The Blackwell Dictionary of Social Policy*. Oxford: Blackwell.
Alcock, P., Erskine, A. and May, M. (eds) 2008: *The Student's Companion to Social Policy*, 3rd edn. Oxford: Blackwell.
Armstrong, H. 1998: Principles for a new housing policy. *Housing Today*, 83.
Arts, W. and Gelissen, J. 2002: Three worlds of welfare capitalism or more? A state-of-the-art report'. *Journal of European Social Policy*, 12 (2), 137-58.
Atkinson, A. B. 1975: Income distribution and social change revisited. *Journal of Social Policy*, (41), 57-68.
Atkinson, A. B. 1994: *State Pensions for Today and Tomorrow*. London: Welfare State Programme Discussion Paper 104.
Bache, I. 2003: Governing through governance: education policy control under New Labour'. *Political Studies*, 51(2), 300-14.
Baggott, R. 2007: *Understanding Health Policy*. Bristol: Policy Press.
Ball, S. J. 2008: *The Education Debate*. Bristol: Policy Press.
Bardach, E. 1977: *The Implementation Game*. Cambridge, MA: MIT Press.
Barker, K. 2004: *Review of Housing Supply, Delivering Stability: Securing our Future Housing Needs Final Report*. London: HMSO.
Barker, P. 1985: *The Founders of the Welfare State*. Aldershot: Ashgate.
Barr, N. A. 1981: Empirical definitions of the poverty line. *Policy and Politics* (1), 1-21.
Barr, N. 2001: *The Welfare State as Piggy Bank*. Oxford: Oxford University Press.
Barr, N. 2002: The Pension Puzzle. *Economic Issues* no. 29, New York: International Monetary Fund.

Becker, S. and Silburn, R. 1990: *The New Poor Clients*. Nottingham: Benefits Research Unit.

Beer, S. H. 1965: *Modern British Politics*. London: Faber & Faber.

Beveridge, W. 1942: *Social Insurance and Allied Services*. Cmnd 6404. London: HMSO（山田雄三監訳『社会保険および関連サービス——ベヴァリジ報告』至誠堂，1969年）.

Bommes, M. and Geddes, A. (eds) 2000: *Immigration and Welfare: Challenging the Borders of the Welfare State*. London: Routledge.

Booth, C. 1889-1903: *Life and Labour of the People in London*. 17 vols. London: Macmillan.

Brah, A. 2001: Re-framing Europe: gendered racisms, ethnicities and nationalisms in contemporary western Europe. In J. Fink, G. Lewis and J. Clarke (eds), *Rethinking European Welfare*. London: Sage.

Braybrooke, D. and Lindblom, C. E. 1963: *A Strategy of Decision*. New York: Free Press.

Bright, J. 2001: Wasteland. *Inside Housing* 9.2.01 14-15.

Burgess, S., Briggs, A., McConnell, B. and Slater, H. 2006: *School Choice in England: Background Facts*, CMPO Working Paper Series 06/159, Bristol: University of Bristol.

Butcher, T. 2002: *Delivering Welfare: the Governance of the Social Services in the 1990s*. Buckingham: Open University Press.

Butler, D., Adonis, A. and Travers, T. 1994: *Failure in British Government: the Politics of the Poll Tax*. Oxford: Oxford University Press.

Cahill, M. 2002: *The Environment and Social Policy*. London: Routledge.

Campbell, C. and Wilson, G. K. 1995: *The End of Whitehall: Death of a Paradigm*. Oxford: Blackwell.

Carlson, B., Koenig, J. and Reid, G. 1986: *Lessons from Europe: the Role of the Employment Security System*. Washington, DC: National Governors' Association.

Castles, F. 2003: The world turned upside down: below replacement fertility, changing preferences and family-friendly public policy in 21 OECD countries. *Journal of European Social Policy*, 13, 209-27.

Castles, F. and Mitchell, D. 1992: Identifying welfare state regimes: the links between politics, instruments and outcomes. *Governance*, 5(1), 1-26.

Castles, F. and Mitchell, D. 1993: Worlds of welfare and families of nations. In F. Castles (ed.), *Families of Nations: Patterns of Public Policy in Western Democracies*. Aldershot: Dartmouth.

Castles, S. and Miller, M. J. 1993: *The Age of Migration*. Basingstoke: Macmillan（関根政美・関根薫監訳『国際移民の時代』名古屋大学出版会，2011年）.

Central Advisory Council for Education 1967: *Children and their Primary Schools* (Plowden Report). London: HMSO.

Central Statistical Office 1995: *Population Trends*. Winter issue. London: HMSO.

Centre for Housing Policy 1997: *Contemporary Patterns of Residential Mobility in Relation to Social Housing in England*. York: Centre for Housing Policy.

Chamberlayne P., Rustin, M. and Wengraf, T. 2002: *Biography and Social Exclusion in Europe: Experiences and Life Journeys*. Bristol: Policy Press.

Child Poverty Action Group (CPAG) 2005: *Media Briefing on the Pre-Budget Report*. London: CPAG.

Churchill, H. 2007: Children's services in 2006. In K. Clarke, T. Maltby and P. Kennett (eds), *Social Policy Review 19*. Bristol: Policy Press, 85-106.

Clarke, J. 2004: *Changing Welfare, Changing States*. London: Sage.

Clarke, K., Maltby, T. and Kennett 2007: *Social Policy Review 19*. Bristol: Policy Press.

Cole, G. D. H. and Postgate, R. 1971: *The Common People 1746-1946*, Reprint. London: Routledge.

Colebatch, H. K. and Larmour, P. 1993: *Market, Bureaucracy and Community: a Student's Guide to Organisation*. London: Pluto Press.

Cousins, C. 1999: *Society, Work and Welfare in Europe*. Basingstoke: Macmillan.

Crompton, R. 2006: *Employment and the Family: the Reconfiguration of Work and Family Life in Contemporary Societies*. Cambridge: Cambridge University Press.

Crompton, R. and Le Feuvre, N. 2006: Gender, family and employment in comparative perspective: the realities and representations of equal opportunities in Britain and France. *Journal of European Social Policy*, 10 (4), 334-48.

Dahl, R. A. 1961: *Who Governs?* New Haven: Yale University Press（河村望・高橋和宏監訳『統治するのはだれか――アメリカの一都市における民主主義と権力』行人社, 1988年）.

Dahrendorf, R. 1985: *Law and Order*. London: Stevens.

Daly, M. and Lewis, J. 1998: Conteptualising social care in the context of welfare state restructuring. In J. Lewis (ed.), *Gender, Social Care and Welfare State Restructuring in Europe*. Aldershot: Ashgate.

Daly, M. and Rake, K. 2003: *Gender and the Welfare State*. Cambridge: Polity（杉本貴代栄監訳『ジェンダーと福祉国家――欧米におけるケア・労働・福祉』ミネルヴァ書房, 2009年）.

Deacon, A. 1976: *In Search of the Scrounger*. London: Bell.

Deacon, B. 1993: Developments in East European social policy. In C. Jones (ed.), *New Perspectives on the Welfare State in Europe*. London: Routledge.

Deacon, B. 2007: *Global Social Policy and Governance*. London: Sage.

Deacon, B. with Hulse, M. and Stubbs, P. 1997: *Global Social Policy*. London: Sage.

Deakin, N. and Parry, R. 1998: The Treasury and New Labour's social policy. In E. Brunsdon, H. Dean and R. Woods (eds), *Social Policy Review 10*. London: Social Policy Association, 34–56.

Dean, H. 2006: *Social Policy*, Cambridge: Polity.

Department for Communities and Local Government 2006: English Housing Survey 2005-6, www.communities.gov.uk/documents/housing/pdf/152636.

Department of Education and Science 1985: *Education for All* (a brief guide by Lord Swann to the Report of the Committee of Inquiry into the Education of Children from Ethnic Minority Groups). London: HMSO.

Department for Education and Skills 2003: *Every Child Matters*. London: DFES.

Department for Education and Skills 2007: *Referrals, assessments and children and young people who are the subject of a child protection plan or are on child protection registers, England — year ending 31 March 2007*. London: DFES.

Department for Education and Skills/ National Statistics 2007: *Children Looked after in England in the year ending 31 March 2007*, table 1. London: DFES.

Department of Employment 1971: *People and Jobs*. London: HMSO.

Department of Health 1995: *Child Protection: Messages from Research*. London: HMSO.

Department of Health 1997: *The New NHS*. London: HMSO.

Department of Health 1998a: *A First Class Service: Quality in the NHS*. Consultation Document. London: HMSO.

Department of Health 1998b: *Partnership in Action*. London: Department of Health.

Department of Health 2000: *The NHS Plan*. London: The Stationery Office.

Department of Health. 2002: *Shifting the Balance of Power: the Next Steps*. London: Department of Health.

Department of Health 2004: *Choosing Health, Making Healthier Choices Easier*. London: The Stationery Office.

Department of Health 2006: *Our Health, Our Care, Our Say: a New Direction for Community Services*. London: Department of Health.

Department of Health 2007: *Health and Personal Social Services Statistics*. London: Department of Health.

Department of Social Security 1998: *A New Contract for Welfare*, Cm 3805. London: HMSO.

Department for Work and Pensions (DWP) 2006: *Security in Retirement: Towards a New Pensions System*, White Paper Cm. 6841. London: DWP.

Department for Work and Pensions (DWP) 2007: *Ready for Work: Full Employment in our Generation*, Cm 2790. London: DWP.

Department for Work and Pensions (DWP) 2008: *Transforming Britain's Labour Market: Ten Years of the New Deal*. London: DWP.
DETR (Department of the Environment Transport and the Regions)1998: *Modern Local Government in Touch with the People*, Cm4014. London: HMSO.
Dex, S. 2003: *Families and Work in the Twenty-First Century*. Bristol: Policy Press.
Dex, S. and McCulloch, A. 1995: *Flexible Employment in Britain: a Statistical Analysis*. London: Equal Opportunities Commission.
Dickens, R., Gregg, P. and Wadsworth, J. (eds) 2003: *The Labour Market under New Labour: the State of Working Britain*. Basingstoke: Palgrave.
Dolowitz, D. and Marsh, D. 1996: Who learns what from whom: a review of the policy transfer literature. *Political Studies*, 44 (2), 343-57.
Dommergues, P., Sibille, H. and Wurzburg, E. 1989: *Mechanisms for Job Creation: Lessons from the United States*. Paris: OECD.
Dorey, P. 2005: *Policy Making in Britain*. London: Sage.
Dorey, P. (ed.) 1999: *The Major Premiership*. Basingstoke: Macmillan.
Douglas, J. W. B. 1964: *The Home and the School*. London: Macgibbon and Kee.
Dowler, E., Turner, S. and Dobson, B. 2001: *Poverty Bites: Food, Health and Poor Families*. London: CPAG.
Duncan, S. and Edwards, R. 1997: Lone mothers and paid work: rational economic man or gendered moral rationalities? *Feminist Economics*, 3 (2), 29-61.
Dunleavy, P. 1981: *The Politics of Mass Housing in Britain*. London: Oxford University Press.
Eardley, T., Bradshaw, J., Ditch, J., Gough, I. and Whiteford, P. 1996: *Social Assistance in OECD Countries: Synthesis Report*. London: HMSO.
Eckstein, H. 1960: *Pressure Group Politics*. London: Allen and Unwin.
Edgell, S. and Duke, V. 1991: *A Measure of Thatcherism*. Glasgow: Harper Collins.
Ennals, P. 2004: *Child Poverty and Education*. London: National Children's Bureau.
Esping-Andersen, G. 1990: *The Three Worlds of Welfare Capitalism*. Cambridge: Polity（岡沢憲芙・宮本太郎監訳『福祉資本主義の三つの世界——比較福祉国家の理論と動態』ミネルヴァ書房, 2001年).
Esping-Andersen, G. 1999: *Social Foundations of Post-Industrial Economies*. Oxford: Oxford University Press（渡辺雅男・渡辺景子訳『ポスト工業経済の社会的基礎——市場・福祉国家・家族の政治経済学』桜井書店, 2000年).
Esping-Andersen, G. (ed.) 1996: *Welfare States in Transition*. London: Sage（埋橋孝文監訳『転換期の福祉国家——グローバル経済下の適応戦略』早稲田大学出版部, 2003年).
Etzioni, A. 1969: *The Semi Professions and their Organization*. New York: Free Press.

European Commission 2007a: *Social Agenda: European Social Fund 50 Years of Investing in People*. Brussels: European Commission.
European Commission 2007b: *The Social Situation in the European Union*. Brussels.
Fimister, G. 1986: *Welfare Rights in Social Services*. London: Macmillan.
Finer, S. E. 1958: *Anonymous Empire*. London: Pall Mall.
Fink, J., Lewis, G. and Clarke, J. 2001: *Rethinking European Welfare*. London: Sage.
Fitzpatrick, T. 1999: *Freedom and Security: An Introduction to the Basic Income Debate*. Basingstoke: Macmillon（武川正吾・菊地英明訳『自由と保障——ベーシック・インカム論争』勁草書房，2005年）.
Flaherty, J., Veit-Wilson, J. and Dornan, P. 2004: *Poverty: The Facts*. London: Child Poverty Action Group.
Floud, J., Halsey, A. H. and Martin, F. M. 1956: *Social Class and Education Opportunity*. London: Heinemann（本庄良邦訳『社会階層と教育の機会』関書院，1959年）.
Ford, J. 1969: *Social Class and the Comprehensive School*. London: Routledge and Kegan Paul.
Forrest, R., Murie, A. and Williams, P. 1990: *Home Ownership: Fragmentation and Differentiation*. London: Unwin Hyman.
Franklin, B. (ed.) 1999: *Social Policy, the Media and Misrepresentation*. London: Routledge.
Fraser, D. 2002: *The Evolution of the British Welfare State*. London: Macmillan.
Fraser, N. and Gordon, L. 1994: Dependency demystified: inscriptions of power in a keyword of the welfare state. *Social Politics*, 1(1), 4-31.
Friedson, E. 1970: *Professional Dominance*. New York: Atherton.
Friend, J. K., Power, J. M. and Yewlett, C. J. L. 1974: *Public Planning: the Inter-corporate Dimension*. London: Tavistock.
George, V. and Wilding, P. 1994: *Welfare and Ideology*, 2nd edn. Hemel Hempstead: Harvester Wheatsheaf（美馬孝人・白沢久一訳『イデオロギーと社会福祉』勁草書房，1989年）.
George, V. and Wilding, P. 2002: *Globalisation and Human Welfare*. Basingstoke: Palgrave.
Gillborn, D. 1992: *Race, Ethnicity and Education*. London: Unwin Hyman.
Gillborn, D. 1998: Race, selection, poverty and parents: New Labour, old problems. *Journal of Education Policy*, 13, 717-35.
Gillborn, D. 2005: Education policy as an act of white supremacy; whiteness, critical race theory and education reform. *Journal of Education Policy*, 20, 485-505.
Ginsburg, N. 1992: *Divisions of Welfare*. London: Sage.
Ginsburg, N. 2001: Globalization and the Liberal welfare states. In R. Sykes, B. Palier and P. Prior (eds), *Globalization and European Welfare States: Challenges and Change*.

Basingstoke: Palgrave.

Ginsburg, N. 2004: Structured diversity: a framework for critically comparing welfare states? In P. Kennett, *A Handbook of Comparative Social Policy*. Cheltenham: Edward Elgar.

Glennerster, H. 1995: *British Social Policy Since 1945*. Oxford: Blackwell.

Glennerster, H. 2001: Social Policy. In A. Seldon (ed.), *The Blair Effect*. London: Little, Brown.

Glennerster, H. 2003: *Understanding the Finance of Welfare*. Bristol: Policy Press.

Glennerster, H. and Hills, J. (eds) 1998: *The State of Welfare*. Oxford: Oxford University Press.

Glennerster, H., Power, A. and Travers, T. 1991: A new era for social policy: a new enlightenment or a new Leviathan? *Journal of Social Policy*, 20(3), 389-414.

Golding, P. and Middleton, S. 1982: *Images of Welfare*. Oxford: Martin Robertson.

Goodin, R. E., Headey, B., Muffels, R. and Dirven, H-J. 1999: *The Real Worlds of Welfare Capitalism*. Cambridge: Cambridge University Press.

Goos, M. and Manning, A. 2003: Mcjobs and Macjobs: the Growing Polarisation of jobs in the UK. In R. Dickens, P. Gregg, and J. Wadsworth (eds), *The Labour Market Under New Labour: the State of Working Britain*. Basingstoke: Palgrave Macmillan.

Gordon, D. and Pantazis, C. 1997: *Breadline Britain in the 1990s*. Aldershot: Avebury.

Gough, I. 1979: *The Political Economy of the Welfare State*. London: Macmillan（小谷義次ほか訳『福祉国家の経済学』大月書店，1992年）.

Gough, I. and Wood, G. (eds) 2004: *Insecurity and Welfare Regimes in Asia, Africa and Latin America: Social Policy in Development Contexts*. Cambridge: Cambridge University Press.

Goul Andersen, J. and Jensen, P. 2002: *Changing Labour Markets, Welfare Policies and Citizenship*. Bristol: Policy Press.

Gregg, P. and Wadsworth, J. 1995: A short history of labour turnover, labour tenure and job security 1975-93. *Oxford Review of Economic Policy*, 11(1), 73-90.

Gregg, P. and Wadsworth, J. 2003: Labour market prospects of the less skilled over the recovery. In R. Dickens, P. Gregg, and J. Wadsworth (eds), *The Labour Market Under New Labour: the State of Working Britain*. Basingstoke: Palgrave Macmillan.

Hakim, C. 2000: *Work–lifestyle choices in the 21st Century*. Oxford: Oxford University Press.

Hall, P. A. and Soskice, D. 2001: *Varieties of Capitalism: the Institutional Foundations of Comparative Advantage*. Oxford: Oxford University Press.

Halsey, A. H. (ed.) 1972: *Educational Priority*, vol. 1. London: HMSO.

Halsey, A. H. with Webb, J. (eds) 2000: *Twentieth Century British Social Trends*, 3rd edn.

Basingstoke: Palgrave.

Halsey, A. H., Lauder, H., Brown, P. and Wells, A. S. 1997: *Education, Culture, Economy and Society*. Oxford: Oxford University Press（住田正樹・秋永雄一・吉本圭一編訳『教育社会学——第三のソリューション』九州大学出版会, 2005年).

Ham, C. 2005: *Health Policy in Britain*. Basingstoke: Palgrave Macmillan.

Hamnett, C. 1991: A nation of inheritors? Housing inheritance, wealth and inequality in Britain. *Journal of Social Policy*, 20(4), 509-36.

Hantrais, L. 2004: *Family Policy Matters*. Bristol: Policy Press.

Hantrais, L. 2007: *Social Policy in the European Union*. Basingstoke: Palgrave Macmillan.

Harker, L. 1996: *A Secure Future? Social Security and the Family in a Changing World*. London: CPAG.

Harris, B. 2004: *The Origins of the British Welfare State: Social Welfare in England and Wales, 1800-1945*. Basingstoke: Palgrave Macmillan.

Harrison, S. and Pollitt, C. 1994: *Controlling Health Professionals*. Buckingham: Open University Press.

Hay, C. 2002: *Political Analysis: a Critical Introduction*. Basingstoke: Palgrave.

Heclo, H. H. and Wildavsky, A. 1981: *The Private Government of Public Money*. London: Macmillan.

Heidenheimer, A. J. 1986: Politics, policy and police as concepts in English and Continental languages: an attempt to explain divergences. *The Review of Politics*, 48, 3-30.

Henderson, J. W. and Karn, V. A. 1987: *Race, Class and State Housing*. Aldershot: Gower.

Henwood, M. and Hudson, B. 2008: Checking the facts, article in the *Guardian*, 14.2.08, based on a report to the Commission for Social Care Inspection, *Lost in the System: the Impact of Fair Access to Care*.

Hill, M. 1972: *The Sociology of Public Administration*. London: Weidenfeld & Nicolson（渡辺保男訳『行政の社会学』学陽書房, 1976年).

Hill, M. 2005: *The Public Policy Process*. Harlow: Pearson Education.

Hill, M. 2006: *Social Policy in the Modern World*. Oxford: Blackwell.

Hill, M. 2007: *Pensions*. Bristol: Policy Press.

Hill, M. (ed.) 1997: *The Policy Process: a Reader*, 2nd edn. Hemel Hempstead: Prentice Hall/ Harvester Wheatsheaf.

Hill, M. and Hupe, P. 2009 (forthcoming): *Implementing Public Policy*, revd. edn. London: Sage.

Hills, J., Le Grand, J. and Piachaud, D. (eds) 2007: *Making Social Policy Work*. Bristol: Policy Press.

Hills, J., Smithies R. and McKnight, A. 2006: *Tracking Income: How Working Families*

Vary through the Year, CASE report 32. London: London School of Economics.

Hirsch, F. 1976: *Social Limits to Growth*. Cambridge, MA: Harvard University Press（都留重人監訳『成長の社会的限界』日本経済新聞社，1980年）.

Hirschman, A. 1970: *Exit, Voice and Loyalty*. Cambridge, MA: Harvard University Press（三浦隆之訳『組織社会の論理構造——退出・告発・ロイヤルティ』ミネルヴァ書房，1975年，矢野修一訳『離脱・発言・忠誠——企業・組織・国家における衰退への反応』ミネルヴァ書房，2005年）.

HM Treasury 2006: *Prosperity for all in the Global Economy: World Class Skills* (The Leitch Review of Skills), Final Report. London: The Stationery Office.

HM Treasury 2007: *Pre-Budget Report*. London: HM Treasury.

HMSO 1989: *Caring for People: Community Care in the Next Decade and Beyond*, Cmnd 849. London: HMSO.

HMSO 1998: *The Government's Annual Report*, 97/98. London: HMSO.

Hobson, B. 2002: *Making Men into Fathers. Men, Masculinities and the Social Politics of Fatherhood*. Cambridge: Cambridge University Press.

Hochschild, A. R. 2000: Global care chains and emotional surplus values. In N. Hutton and A. Giddens (eds) *On the Edge. Living with Global Capitalism*, 130-46. London: Jonathan Cape.

Hodgson, S. M. and Irving, Z. (eds) 2007: *Policy Reconsidered: Meanings, Politics and Practices*. Bristol: Policy Press.

Hood, C. 1991: A public management for all seasons. *Public Administration*, 69(1), 3-19.

House of Commons 1977: *Seventh Report from the Expenditure Committee: the Job Creation Programme*. London: HMSO.

Huby, M. 1998: *Social Policy and the Environment*. Buckingham: Open University Press.

Hudson, B. and Henwood, M. 2002: The NHS and social care: the final countdown? *Policy and Politics*, 30 (2) 153-166.

Humphries, S. and Gordon, P. 1994: *Forbidden Britain: Personal Stories of our Hidden Past*. London: BBC Books.

Hupe, P. and Hill, M. 2007: Street-level bureaucracy and public accountability. *Public Administration*, 85 (2), 279-300.

Hutton, N. and Giddens, A. (eds) 2000: *On the Edge. Living with Global Capitalism*. London: Jonathan Cape.

International Organisation for Migration (IOM) 2005: *World Migration 2005: Costs and Benefits of International Migration*. Geneva, IOM.

Jackson, B. and Marsden, D. 1962: *Education and the Working Class*. London: Routledge and Kegan Paul.

Jenkins, W. I. 1978: *Policy Analysis*. London: Martin Robertson.

Johnson, T. J. 1972: *Professions and Power*. London: Macmillan.

Jones, C. (ed.) 1993: *New Perspectives on the Welfare State in Europe*. London: Routledge.

Jones, K. 2000: *The Making of Social Policy in Britain from the Poor Law to New Labour*, 3rd edn. London: Athlone.

Jones, M. and Lowe, R. 2002: *From Beveridge to Blair: the First Fifty Years of Britain's Welfare State 1948-1998*. Manchester: Manchester University Press.

Jordan, A. G. and Richardson, J. J. 1987: *British Politics and the Policy Process*. London: Unwin Hyman.

Joseph Rowntree Foundation. 2002: *Britain's Housing in 2002*. York: Joseph Rowntree Foundation.

Jowell, J. and Oliver, D. (eds) 2007: *The Changing Constitution*, 6th edn. Oxford: Oxford University Press.

Judge. K 1978: *Rationing Social Services*. London: Heinemann（高沢武司ほか共訳『福祉サービスと財政——政策決定過程と費用徴収』川島書店，1984年）.

Kavanagh, D., Richards, D., Geddes, J. A. and Smith, M. 2006: *British Politics*. Oxford: Oxford University Press.

Kelly, A. (ed.) 1981: *The Missing Half*. Manchester: Manchester University Press.

Kennett, P. 2001: *Comparative Social Policy: Theory and Research*. Buckingham: Open University Press.

Kennett, P. 2004: *A Handbook of Comparative Social Policy*. Cheltenham: Edward Elgar.

Keynes, J. M. 1936: *The General Theory of Employment Interest and Money*. London: Macmillan（塩野谷祐一訳『雇用・利子および貨幣の一般理論』東洋経済新報社，1995年，間宮陽介訳『雇用，利子および貨幣の一般理論』岩波書店，2012年，山形浩生訳『雇用，利子，お金の一般理論』講談社，2012年）.

Khoser, K. 2007: *International Migration: a Very Short Introduction*. Oxford: Oxford University Press.

Killeen, J., Turton, R., Diamond, W., Dosnon, O. and Wach, M. 1999: Education and the labour market: subjective aspects of human capital investment. *Journal of Education Policy* 14 (2) 99-116.

King, A. 2007: *The British Constitution*. Oxford: Oxford University Press.

Kings Fund 2006: *Securing Good Care for Older People* (Wanless Social Care Review). London: Kings Fund.

Klein, R. 1995: *The Politics of the NHS*. London: Longman.

Kleinman, M. 2002: *A European Welfare State?* Basingstoke: Palgrave.

Korpi, W. and Palme, J. 1998: The paradox of redistribution: welfare state institutions and poverty in the western countries. *American Sociological Review*, 63 (5), 661-87.

Labour Party. 1997: *Labour Party Election Manifesto*. London: Labour Party.

Laming, Lord 2003: The Victoria Climbié Inquiry Report, Cm 5730. London: The Stationery Office.
Land. H. 2004: Privatisation, privatisation, privatisation: the British welfare state since 1979. In N. Ellison (ed.) *Social Policy Review* 16. Bristol: Policy Press, 251-69.
Land, H. and Rose, H. 1985: Compulsory altruism for some or an altruistic society for all. In P. Bean, J. Ferris and D. Whynes (eds), *In Defence of Welfare*. London: Tavistock, 74-96.
Le Grand, J. 1982: *The Strategy of Equality*. London: Allen and Unwin.
Le Grand, J. 2001 We can save the NHS – if we are ready to pay for it. Observer, 21/10/01.
Le Grand, J., Mays, N. and Mulligan J-A. 1998: *Learning from the NHS Internal Market*. London: Kings Fund.
Leach, R., Coxall, B. and Robins, L. 2006: *British Politics*. Basingstoke: Palgrave Macmillan.
Lee, P. and Murie, A. 1998: Social exclusion and housing. In S. Wilcox (ed.), *Housing Finance Review*. York: Joseph Rowntree Foundation, 30-7.
Lendvai, N. and Stubbs, P. 2007: Translation, intermediaries and welfare reforms in South Eastern Europe, Paper presented for the 4th ESPANET conference, Bremen.
Levitas, R. 2005: *The Inclusive Society? Social Exclusion and New Labour*, 2nd edn. Basingstoke: Palgrave Macmillan.
Lewis, J. 1992: Gender and the development of welfare regimes. *Journal of European Social Policy*, 2 (3), 159-73.
Lewis, G., Gewirtz, S. and Clarke, J. 2000: *Rethinking Social Policy*. London: Sage/The Open University.
Lewis, J. 2006: The adult worker model family, care and the problem of gender equality. *Benefits*, 14 (1), 33-8.
Lewis, J. and Guillari, S. 2005: The adult worker model family, gender equality and care: the search for new policy principles, and the possibilities and problems of the capabilities approach. *Economy and Society*, 34 (1), 76-104.
Lindblom, C. E. 1977: P*olitics and Markets: the World's Political-Economic Systems*. New York: Basic Books.
Lindsey, A. 1962: *Socialised Medicine in England and Wales*. Chapel Hill: University of North Carolina Press.
Lipsky, M. 1980: *Street-Level Bureaucracy*. New York: Russell Sage（田尾雅夫・北大路信郷訳『行政サービスのディレンマ――ストリート・レベルの官僚制』木鐸社，1986年）.
Lister, R. 2003: *Citizenship: Feminist Perspectives*. Basingstoke: Palgrave Macmillan.
Lister, R. 2004: *Poverty*. Cambridge: Polity（立木勝訳『貧困とはなにか――概念・言説・

ポリティクス』明石書店, 2011年).
Liu, S. 2001: *The Autonomous State of Childcare*. Aldershot: Ashgate.
Lukes, S. 2005: *Power: a Radical View*, 2nd edn. Basingstoke: Palgrave Macmillan (中島吉弘訳『現代権力論批判』未来社, 1995年).
Lund, B. 2006: *Understanding Housing Policy*. Bristol: Policy Press.
MacPherson, S. and Midgley, J. 1987: *Comparative Social Policy and the Third World*. Brighton: Wheatsheaf.
Macpherson, W. 1999: *The Stephen Lawrence Inquiry*, Cm4262-I. London: The Stationery Office.
Mann, K. 1994: Watching the defectives: observers of the underclass in the USA, Britain and Australia. *Critical Social Policy*, 41 (2), 79-99.
Marsden, D. 1973: *Mothers Alone*. Harmondsworth: Penguin Books.
Marsh, D. and Rhodes, R. A. W. 1992a: *Implementing Thatcherite Policies*. Buckingham: Open University Press.
Marsh, D. and Rhodes, R. A. W. 1992b: *Policy Networks in British Government*. Oxford: Oxford University Press.
Marshall, T. H. 1963: Citizenship and Social Class. In *Sociology at the Crossroads*. London: Heinemann (岩崎信彦・中村健吾訳『シティズンシップと社会的階級——近現代を総括するマニフェスト』法律文化社, 1993年).
Martin, D. 2002: Northern Toll. *Inside Housing*. 1.2.01 14-15.
May, M., Page, R. and Brunsdon, E. (eds) 2001: *Understanding Social Problems*. Oxford: Blackwell.
McKeown, T. 1980: *The Role of Medicine*. Oxford: Blackwell.
Means, R., Richards, S. and Smith, R. 2008: *Community Care, Policy and Practice*. Basingstoke: Palgrave Macmillan.
Midgley, J. 1997: *Social Welfare in a Global Context*. Thousand Oaks, CA: Sage (京極高宣・萩原康生監訳『国際社会福祉論』中央法規出版, 1999年).
Midgley, J. 2004: Social development and social welfare: implications for social policy. In P. Kennett (ed.), *A Handbook of Comparative Social Policy*. Cheltenham: Edward Elgar.
Millar, J. (ed.) 2003: *Understanding Social Security*. Bristol: Policy Press.
Minford, P. 1984: State expenditure: a study in waste. *Economic Affairs* (April-June), supplement.
Mishra, R. 1977: *Social Policy and Society: Theoretical Perspectives on Welfare*. Basingstoke, Macmillan.
Moon, J. and Richardson, J. J. 1985: *Unemployment in the U.K*. Aldershot: Gower.
Moran, M. and Wood, B. 1993: *States, Regulation and the Medical Profession*.

Buckingham: Open University Press.
Mullins, D. and Murie, A. 2006: *Housing Policy in the UK*. Basingstoke: Palgrave Macmillan.
Murie, A. 2007: Housing policy, housing tenure and the housing market. In K. Clarke, T. Maltby and P. Kennett (eds), *Social Policy Review 19*. Bristol: Policy Press, 49-66.
Murray, C. 1990: *The Emerging British Underclass*. London: IEA.
National Statistics 2002: *Social Trends 2002*. London: Stationery Office.
National Statistics, 2007: *Social Trends 2007*. London: National Statistics.
Negrine, R. 1994: *Politics and the Mass Media in Britain*, 2nd edn. London: Routledge.
Newman, J. 2001: *Modernising Governance*. London: Sage.
O'Connor, J. S. 1996: From women in the welfare state to gendering welfare state regimes. *Current Sociology*, 44 (2), 1-130.
OECD 2006: *Starting Strong*. Paris: OECD（星三和子ほか訳『OECD 保育白書：人生の始まりこそ力強く——乳幼児期の教育とケア（ECEC）の国際比較』明石書店, 2011年）.
OECD 2007: *Society at a Glance*. Paris: OECD.
Office for National Statistics 2007: *Social Trends, No. 37, 2007 edn.*, ed. Abigail Self and Linda Zealey. Basingstoke: Palgrave Macmillan.
Ofsted 1999: *Raising the Attainment of Minority Ethnic Pupils*. London: Ofsted.
Page, R. 2001: The exploration of social problems in the field of social policy. In M. May, R. Page and E. Brunsdon (eds), *Understanding Social Problems*. Oxford: Blackwell.
Page, R. 2007: *Revisiting the Welfare State*, Maidenhead: Open University Press.
Parekh, B. 2000: *The Future of Multi-Ethnic Britain*. Report of a committee chaired by B. Parekh. London: Runnymede Trust.
Parker, H. 1989: *Instead of the Dole*. London: Routledge.
Pascall, G. 1986: *Social Policy: a Feminist Analysis*. London: Tavistock.
Pater, J. E. 1981: *The Making of the National Health Service*. London: King's Fund.
Pawson, H. and Kintrea, K. 2002: Part of the problem or part of the solution: social housing allocation policies and social exclusion. *Journal of Social Policy*, 31 (4), 643-68.
Payne, G. (ed.) 2006: *Social Divisions*, 2nd edn. Basingstoke: Palgrave Macmillan.
Pensions Commission 2004: *Pensions: Challenges and Choices. The First Report of the Pensions Commission*. London: The Stationery Office.
Pensions Commission 2005: *A New Pensions Settlement for the Twenty-first Century. The Second Report of the Pensions Commission*. London: The Stationery Office.
Peters, T. and Waterman, R. 1982: *In Search of Excellence*. New York: HarperCollins（大前研一訳『エクセレント・カンパニー』英治出版, 2003年）.

Pfau-Effinger, B. 2004: *Development of Culture, Welfare States and Women's Employment in Europe*. Aldershot: Ashgate.

Pierson, P. 2001: *The New Politics of the Welfare State*. Oxford: Oxford University Press.

Piore, M. and Sabel, C. 1984: *The Second Industrial Divide*. Oxford: Blackwell（山之内靖・永易浩一・石田あつみ訳『第二の産業分水嶺』筑摩書房，1993年）．

Pitt, G. 2007: *Employment Law*. London: Sweet and Maxwell.

Pollitt, C. 1990: *Managerialism and the Public Services*. Oxford: Blackwell.

Pollitt, C. 2003: *The Essential Public Manager*. Maidenhead: Open University Press.

Pollock, A. 2004: *NHS plc*. London: Verso.

Powell, M. (ed.) 1999: *New Labour: New Welfare State?* Bristol: Policy Press.

Powell, M. (ed.) 2002: *Evaluating New Labour's Welfare Reforms*. Bristol: Policy Press.

Powell, M. (ed.) 2008: *Modernising the Welfare State*. Bristol: Policy Press.

Price, D. 2000: *Office of Hope: a History of the Employment Service*: London: Policy Studies Institute.

Rawnsley, A. 2001: *Servants of the People: the Inside Story of New Labour*, revd. edn. London: Penguin Books.

Richards, D. and Smith, M. J. 2002: *Governance and Public Policy in the UK*. Oxford: Oxford University Press.

Richardson, R. 2001: *Death, Dissection and the Destitute*, 2nd edn. London: Phoenix Press.

Rose, M. 1972: *The Relief of Poverty 1834-1914*. Basingstoke: Macmillan（武居良明訳『社会保障への道――1834-1914年イギリス』早稲田大学出版部，1995年）．

Rose, R. 1991: What is lesson-drawing? *Journal of Public Policy*, 11 (1), 3-30.

Roseneil, S. 2004: Why we should care about friends: an argument for queering the care imaginary in social policy. *Social Policy and Society*, 3 (4), 409-19.

Rowntree, B. S. 1901: *Poverty: a Study of Town Life*. London: Macmillan（長沼弘毅訳『最低生活研究』高山書院，1943年）．

Royal Commission on Long Term Care 1999: *With Respect to Old Age*. London: HMSO.

Sainsbury, D. 1996: *Gender Equality and Welfare States*. Cambridge: Cambridge University Press.

Sales, R. 2007: *Understanding Immigration and Refugee Policy*. Bristol: Policy Press.

Savage, S. P., Atkinson, R. and Robins, L. (eds) 1994: *Public Policy in Britain*. London: Macmillan.

Savage, S. P. and Atkinson, R. (eds) 2001: *Public Policy under Blair*. Basingstoke: Palgrave.

Schierup, C-U., Hansen, P. and Castles, S. 2006: *Migration, Citizenship and the European Welfare State*. Oxford: Oxford University Press.

School Food Trust 2007: *Second Annual Survey of Take-up of School Meals in England*.

Sheffield: School Food Trust.
Schumpeter, J. 1950: *Capitalism, Socialism and Democracy*. New York: Harper and Row（中山伊知郎・東畑精一訳『資本主義・社会主義・民主主義』東洋経済新報社，1995年）．
Seebohm Rowntree, B. 1901: *Poverty: a Study of Town Life* (2000, reprint). Bristol: Policy Press.
Seldon, A. (ed.) 2001: *The Blair Effect*. London: Little, Brown.
Seldon, A. (ed.) 2007: *Blair's Britain 1997-2007*. Cambridge: Cambridge University Press（土倉莞爾・廣川嘉裕監訳『ブレアのイギリス──1997-2007』関西大学出版部，2012年）．
Semmel, B. 1961: *Imperialism and Social Reform*. London: Oxford University Press（野口建彦・野口照子訳『社会帝国主義史──イギリスの経験 1895-1914』みすず書房，1982年）．
Siciliani, L. and Hurst, J. 2003: Explaining waiting times variations for elective surgery across OECD countries, OECD Health Working Papers. Paris: OECD.
Sinfield, R. A. 1978: Analyses in the social division of welfare. Journal of Social Policy, 7 (2), 129-56.
Sinfield, R. A. 1981: *What Unemployment Means*. Oxford: Martin Robertson.
Smith, B. C. 1976: *Policy Making in British Government*. London: Martin Robertson.
Smith, M. J. 1993: *Pressure, Power and Policy*. Hemel Hempstead: Harvester Wheatsheaf.
Social Exclusion Unit 1998: *Consultation on Deprived Urban Neighborhoods*. http://www.cabinet-office.gov.uk/seu/1998/depneigh.htm
Spencer, S. 2007: Immigration. In A. Seldon (ed.) *Blair's Britain 1997-2007*. Cambridge: Cambridge University Press.
Spicker, P. 1995: *Social Policy: Themes and Approaches*. Hemel Hempstead: Prentice Hall（武川正吾・上村泰裕・森川美絵訳『社会政策講義──福祉のテーマとアプローチ』有斐閣，2001年）．
Stacey, M. 1988: *The Sociology of Health and Healing*. London: Unwin Hyman.
Stanworth, P. and Giddens, A. 1974: *Elites and Power in British Society*. Cambridge: Cambridge University Press.
Stoker, G. and Wilson, D. (eds) 2004: *British Local Government into the 21st Century*. Basingstoke: Palgrave Macmillan.
Talbot-Smith, A. and Pollock, A. 2006: *The New NHS: A Guide*. Abingdon: Routledge.
Taylor-Gooby, P. 1985: *Public Opinion, Ideology and State Welfare*. London: Routledge and Kegan Paul.
Taylor-Gooby, P. and Larsen, T. 2004: The UK: a test case for the Liberal welfare state. In P. Taylor-Gooby (ed.), *New Risks, New, Welfare*. Oxford: Oxford University Press.

Therborn, G. 2004: *Between Sex and Power: Family in the World, 1900-2000*. London: Routledge.

Thomas, B. and Dorling, D. 2007: *Identity in Britain*. Bristol: Policy Press.

Timmins, N. 1996: *The Five Giants: a Biography of the Welfare State*. London: Fontana.

Titmuss, R. M. 1958: *Essays on the Welfare State*. London: Allen and Unwin（谷昌恒訳『福祉国家の理想と現実』社会保障研究所，1967年）.

Titmuss, R. M. 1974: *Social Policy: an Introduction*. London: Allen and Unwin（三友雅夫監訳『社会福祉政策』恒星社厚生閣，1981年）.

Tomlinson, S. 2001/2005 *Education in a Post-welfare Society*. Buckingham: Open University Press.

Townsend, P. 1979: *Poverty in the United Kingdom*. Harmondsworth: Penguin.

Townsend, P. 1993: *The International Analysis of Poverty*. Hemel Hempstead: Harvester Wheatsheaf.

Townsend, P., Davidson, N. and Whitehead, M. (eds) 1988: *Inequalities in Health*. Harmondsworth: Penguin.

Toynbee, P. 2003: *Hard Work*. London: Bloomsbury（椋田直子訳『ハードワーク――低賃金で働くということ』東洋経済新報社，2005年）.

UN 2001: *Replacement Migration: is it a Solution to Declining and Ageing Populations?* ST/ESA/SER.A/206. New York: United Nations.

UN 2003: *World Population Prospects*. New York: United Nations.

UN 2008: *World Population Policies 2007*, ST/ESA/SER.A/272. New York: United Nations.

UN Population Division 2008: *World Population Policies 2007*. New York: Department of Economic and Social Affairs, United Nations.

UNDP 2007: *Human Development Report 2007/2008, Fighting Climate Change: Human Solidarity in a Divided World*. New York: UNDP（二宮正人・秋月弘子監修『気候変動との戦い――分断された世界で試される人類の団結』阪急コミュニケーションズ，2008年）.

Ungerson, C. 1997: Social politics and the decommodification of care. *Social Politics*, 4 (3), 362-82.

Ungerson, C. 2000: Thinking about the production and consumption of long-term care in Britain: does gender still matter? *Journal of Social Policy*, 29 (4) 623-44.

Urry, J. and Wakeford, J. (eds) 1973: *Power in Britain*. London: Heinemann.

Van Kempen, R., Dekker, K., Hall, S. and Tosics, I. (eds): 2005 *Restructuring Large Housing Estates in Europe*. Bristol: Policy Press.

Vick, N., Tobin, R., Swift, P., Spandler, H., Hill, M., Coldham, T., Towers, C. and Waldock, H. 2006: *An Evaluation of the Impact of the Social Care Modernisation Programme on the Implementation of Direct Payments*, unpublished report of the Health and Social Care Advisory Service to the Department of Health.

Walker, A. and Wong, C. K. 2004: The ethnocentric construction of the welfare state. In P. Kennett, *A Handbook of Comparative Social Policy*. Cheltenham: Edward Elgar.

Walker, R. 2005: *Social Security and Welfare*. Maidenhead: Open University Press.

Walter, J. A. 1988: *Basic Income: Escape from the Poverty Trap*. London: Marion Boyars.

Warmington, P. and Murphy, R. 2004: Could do better? Media descriptions of UK educational assessment results. *Journal of Education Policy*, 19, 293-9.

Webb, A. 1985: Alternative futures for social policy and state welfare. In R. Berthoud (ed.), *Challenges to Social Policy*. Aldershot: Gower, 46-71.

Wheelock, J. 1999: Fear or opportunity: insecurity in employment. In J. Vail, J. Wheelock and M. Hill (eds), *Insecure Times*. London: Routledge, 75-88.

Wheelock, J. and Jones, K. 2002: Grandparents are the next best thing: informal childcare for working parents in urban Britain. *Journal of Social Policy*, 31 (3), 441-64.

Wheelock, J. and Vail, J. (eds) 1998: *Work and Idleness: the Political Economy of Full Employment*. Boston, MA: Kluwer.

White, M. 1991: *Against Unemployment*. London: Policy Studies Institute.

Wilding, P. 1992: The British welfare state: Thatcher's enduring legacy. *Policy and Politics*, 20 (3), 201-12.

Wilensky, H. L. and Lebaux, C. N. 1965: *Industrial Society and Social Welfare*. Glencoe, IL: Free Press（四方寿雄ほか監訳『産業社会と社会福祉　上・下巻』岩崎学術出版社, 1971年）.

Williams, F. 1989: *Social Policy: a Critical Introduction*. Cambridge: Polity Press.

Williams, F. 1995: Race/ethnicity, gender and class in welfare states: a framework for comparative analysis. *Social Politics*, 2(2), 127-59.

Williams, F. 2001: Race/ethnicity, gender and class in welfare states: a framework for comparative analysis. In J. Fink, Lewis, G. and Clarke, J. (eds), *Rethinking European Welfare*. London: Sage.

Williams, F. 2004: *Rethinking Families*. London: Calouste Gulbenkian Foundation.

Williamson, O. E. 1975: *Markets and Hierarchies: Analysis and Antitrust Implications: a Study in the Economics of Internal Organization*. New York: Free Press（浅沼萬里・岩崎晃訳『市場と企業組織』日本評論社, 1980年）.

Willis, P. 1977: *Learning to Labour*. Westmead: Saxon House（熊沢誠・山田潤訳『ハマータウンの野郎ども――学校への反抗・労働への順応』筑摩書房, 1985年）.

Woods, R. 1999: No place like home?: Insecurity in housing. In J. J. Vail, J. Wheelock and M. Hill (eds), *Insecure Times*. London: Routledge, 105-18.

Wootton, G. 1970: *Interest Groups*. Englewood Cliffs, NJ: Prentice-Hall.

Young, P. and Irving, Z. 2004: *Changing Practices in Teaching Undergraduate Social Policy*. Bristol: SWAP itsn: www.swap.ac.uk/docs/learning/spUG practices.pdf

監訳者あとがき

　本書は Michael Hill and Zoë Irving, *Understanding Social Policy*, eighth edition, Wiley-Blackwell, 2009 の全訳に「日本語版への序文」をくわえたものである。
　本書はイギリスで長年にわたって大学生，院生，医療，福祉，労働の現場で働く人々の間で好評を博している格調高い標準的テキストであり，"highly successful text" と評されている。今回翻訳したのは最新の第8版で，初版は1980年となっているから，実に35年にわたって読み継がれているロングセラー本といえる。
　本書の特徴は，著者による2つの序文の中で十分に述べられている。したがって，以下では簡単な補足説明にとどめたい。
　本書ではイギリスの社会政策の新しい動向の展開に応じて，それらを反映すべく改訂が重ねられてきた。第4版（1993年）では，サッチャー政権によるプライバタイゼーションが論じられ，前回の第7版（2003年）ではブレア新労働党政権の「福祉から就労へ」という路線や「第3の道」，ニューディールなどが追加された。今回の第8版では，国際比較やグローバリゼーションの説明を一層充実させている。また，社会政策の対象者である「困難を抱えた個人」のケースを囲みコラムで示し，それらのケースに対して国や地方自治体，家族，専門職がどう対応，介入すべきかといったスタイルを採用し，読者にとってわかりやすい叙述が試みられている。
　この点については，次のように書評（Book Jacket）で述べられている。
　　「社会政策を学ぶ学生と並んで社会科学のトレーニングを受けていないソーシャルワーカー，看護師，保健師その他の実務家を念頭に置いて，この第8版は古典的なテキストを最新のものとして伝えている」
　本の構成は基本的に1980年の初版を踏襲しており，社会政策の歴史を解説し，年金などの所得保障政策，保健医療，ソーシャルケア，教育，労働，住宅など社会政策の全域をとらえ，現金給付，サービス給付の両面にわたってバランスのよい説明がおこなわれている。イギリスの社会政策（social policy）研究では場合によっては「雇用‐労働」面での叙述が少ないこともあるが，本書では十分な紙幅が与えられ，また，国際比較や介護ケアの問題，給付つき税額控除など，日本でも関心の高い問題もアップデートのうえ，取りあげられている。日本のテキストではおうおうにして脱落している教育問題，住宅問題もそれぞれ1つの章が割り当てられ，詳しく分析されている。

日本の社会政策はアカデミックな議論でもまた実際の政策でもイギリスから多くを学んできた歴史をもっている。本書は，そうしたイギリスで現在起こっていることを「発展をめぐる文脈やプロセス」に留意しながら理解する際の必読文献である。

　著者のマイケル・ヒル教授はレディング大学，オックスフォード大学を経て，1986年からニューキャッスル大学で教鞭をとり，現在は同大学名誉教授，ブライトン大学客員教授である。公共政策，社会政策の分野で多くの著作を出版している。2005年5月社会政策学会の招きで初来日し，同学会国際交流分科会で報告，その後，立教大学，同志社大学で講演をおこなった。最近，長年の学会への貢献に対して，イギリス社会政策学会の永年功績賞（Lifetime Achievement Award）を受賞している。

　本書第8版から共著者に加わり，2014年シェフィールド大学からヨーク大学へ移ったゾーイ・アービング講師は，非正規労働のジェンダー分析や比較福祉国家論を専門としている新進気鋭の研究者である。

　本書の刊行によってイギリス社会政策の政治的・制度的文脈の理解がすすみ，それがひいては日本の社会政策研究の進展に資することを訳者一同願っている。

2015年1月10日

監訳者を代表して　埋橋孝文

参考文献

マイケル・ヒル（2006）「社会的ケアの領域における福祉ミックス——国際比較の視点から」（所道彦訳）『福祉社会学研究』3。

マイケル・ヒル（2012）「イギリス社会保障の展開——新旧のリスクへの対応をめぐって」（郭芳・山村りつ訳），橘木俊詔・同志社大学ライフリスク研究センター編『社会保障改革への提言——今，日本に何が求められているのか』ミネルヴァ書房。

Michael Hill (2006), "British Social Policy under the Blair Government"『社会政策学会誌』15, 法律文化社。

〈Michael Hill 氏主要著作—単行本〉

The Sociology of Public Administration, London: Weidenfeld and Nicholson, 1972（渡辺保男訳『行政の社会学』学陽書房，1976）.

The State, Administration and the Citizen, Glasgow: Fontana, 1976.

Understanding Social Policy, Oxford: Blackwell, 1980.

Housing Benefit Implementation: From Unified Ideal to Complex Reality, SAUS Working Paper, 1983.
Social Security Policy in Britain, Cheltenham: Edward Elgar, 1990.
The Welfare State in Britain, Cheltenham: Edward Elgar, 1993.
Social Policy: A Comparative Analysis, Hemel Hempstead: Harvester Wheatsheaf (Prentice Hall), 1996.
The Policy Process in the Modern State, Hemel Hempstead: Harvester Wheatsheaf, 1997.
Local Authority Social Services, Oxford: Blackwell, 2000.
The Public Policy Process, Harlow: Pearson, fifth edition 2009.
Social Policy in the Modern World, Oxford: Blackwell, 2006.
Pensions, Bristol: Policy Press, University of Bristol, 2007.

〈Zoë Irving 氏主要著作―単行本〉
Farnsworth, K. and Irving, Z. (eds.) (2011) *Social Policy in Challenging Times: Economic Crisis and Welfare Systems*, Bristol, The Policy Press.
Hodgson, S. M. and Irving, Z. (eds.) (2007) *Policy Reconsidered: Meanings, Politics and Practices*, Bristol, The Policy Press.

索　引

あ行

アームズ・レングス・ボディ（arms length bodies：ALBs）　*184, 216*
アカウンタビリティ　*108, 115*
新しいリスク　*342*
アチソン委員会　*207*
圧力団体　*81, 82, 84*
アフォーダブル住宅　*277*
新たなベバリッジ（New Beveridge）　*123*
イギリス型社会保障　*122*
イギリス国立医療技術評価機構　*197*
依存　*172, 173*
一次医療（primary care）　*184, 236*
一次医療サービス　*207*
一次医療トラスト（PCTs）　*185, 186, 208, 212, 217, 236*
5つの巨悪／5つの「巨悪」　*16, 44, 48*
一般医（GP）　*1, 184-187, 189-191, 201, 203, 204, 207, 209, 210, 212, 234*
一般医ファンドホルダー　*186*
イノベーション・大学・技能省　*59, 243*
移民女性ケアワーカー　*341*
医療ガバナンス　*197, 198*
医療資源群（Health Resource Groups：HRGs）　*197*
医療における自由選択　*196*
医療保険　*51*
「インフォーマル」セクター　*5*
インフォーマルなケア　*237*
インフレ　*281, 286, 288*
ウェーバー（Weber, M.）　*12*
ウェールズ　*24, 55, 57, 64, 65, 67-69, 71, 82, 282, 284, 293*
ウェールズ統治法　*65*
ウェルビーイング　*2, 8*
エスニシティ　*15, 265, 274, 312*
エスニック・グループ　*18, 323*
エスニック・マイノリティ　*262, 267, 268, 270, 271, 336-338, 340*
エスピン＝アンデルセン，G.（Esping-Andersen, G.）　*306-308, 310, 311, 317, 329, 331*
エビデンスに基づく政策・実践　*13, 197*
援助付き雇用　*229*
エンパワメント　*232, 233, 241*
欧州社会基金　*72*
欧州通貨制度　*56*
欧州連合（EU）　*55, 64, 72, 74, 94, 301, 303, 304, 306*
応能負担　*140*
王立救貧法委員会　*36*
王立長期療養委員会　*224, 225, 234*

か行

解雇手当　*126*
介護手当　*226*
介護保険　*226*
介入　*153-156, 160, 164, 175, 176, 181*
介入主義　*14*
開放型システムモデル　*110*
学習困難　*271, 272*
家族　*22, 24, 27, 277, 292, 308, 310*
　——の再結合　*122*
家族給付金　*325*
家族政策　*43, 45*
家族手当　*327*
学校給食　*211*
家庭　*30, 34*
家庭医療サービス　*191*
ガバナンス　*i, 104, 109-111, 114*
カリキュラム　*259, 260, 265, 267, 270*
環境・食糧・農村省　*59*
完全雇用　*45, 47*
「管理された移住」政策　*337*
基幹トラスト　*185, 187*
基礎年金　*127, 136, 150*
北アイルランド　*55, 64, 65, 71, 282, 284*

367

技能訓練制度　*164, 165*
虐待　*252, 253*
逆転医療の法則（inverse care law）　*207*
キャメロン，デービッド　*2*
求職者給付　*125-128, 131, 138, 162, 163, 166*
救貧法　*35, 45, 50, 139, 141, 220, 323*
教育　*33, 39, 70, 77-79, 83, 92*
教育技能省（Department for Education and Skills：DfES）　*211*
教育支出　*77*
教育水準局（OFSTED）　*211, 270*
教育保障給付　*330*
供給者　*223, 240*
共同資金融通　*235*
拠出制給付　*121, 122, 124-127, 141, 145, 150, 151*
勤労者税額控除　*130, 131*
グローバリズム　*78*
グローバル　*55, 74, 75, 82, 302, 305*
グローバル社会政策　*316*
ケア義務　*327*
ケアの「複合構制」（mixed economy）　*10*
ケアホーム　*224*
ケアマネージャー（care manager）　*230, 240*
ケア役割　*327, 328*
ケアラー（carer）　*121, 123, 131, 223, 227, 231, 237*
刑事司法政策　*15, 16*
継続教育　*247, 249*
契約システム　*186, 189*
ケインズ（Keynes, J.）　*47*
ゲートキーパー　*200*
健康格差　*183, 190, 208*
健康税　*202*
健康の不平等　*206*
源泉課税徴収（pay-as-you-earn：PAYE）　*137*
「現場官僚制」　*112, 113*
合計特殊出生率　*333*
構築主義　*15*
公的基礎年金　*132, 134, 135*
公的の社会支出　*306*
公的第二年金（State Second Pension）　*124,*
126, 132, 135, 136
公的年金　*132-135*
公的報酬比例年金制度（State Earning Related Pensions Scheme：SERPS）　*124*
高等教育　*70, 247, 248*
購入者　*223, 240*
購入者と供給者の分離　*186*
公平なケアへのアクセス　*239*
合目的モデル　*110*
国民疾病サービス　*183, 209*
『国民のケア（Caring for People）』　*222*
国民扶助（National Assistance）　*146*
国民扶助法　*220*
国民保険　*122, 125, 193*
国民保健サービス（National Health Service：NHS）　*36, 46, 104, 183, 184, 188, 189, 191-199, 202, 204-211, 213-215, 224, 225, 233, 235, 236, 241*
国民保健サービスおよびコミュニティ・ケア法　*219*
国民保険制度　*37, 40, 124, 225*
個人化　*190*
個人年金貯蓄口座　*133, 134*
個人予算（personal budget）　*232, 241*
古典的な福祉国家　*16*
コミュニティ・ケア　*219, 220, 224, 228, 241, 292*
コミュニティ・ケア法　*224*
コミュニティ・地方行政省　*59, 91, 277, 299*
雇用および就労支援サービス　*229*
雇用可能性（employability）　*172*
雇用機会均等委員会　*334*
雇用規制　*156, 161, 175, 182*
雇用政策　*26, 64, 65*
雇用年金省　*59, 91, 121, 129, 131, 138, 151*
コンサルタント医　*196, 197, 203, 216*

さ 行

最後の拠り所　*332*
在宅型ケア　*222, 227, 238-240*
歳入関税庁　*121, 128, 130, 131, 137*
再分配のパラドックス　*331*
財務省　*59-61, 67, 90, 91, 121*
サッチャー，マーガレット（Thatcher, M.）

索　引

iii, 39, 48, 50, 87, 88
里親　254
差別　155, 157, 168, 169, 175-177
参加所得（participation income）　123
残余主義　50, 297, 316
残余的　283
ジェンダー　8, 15, 83, 265, 274, 310, 312, 323, 327
施設ケア　254
自治体　97, 99-103, 105, 278, 280-282, 292, 293
失業　27, 37-39, 41, 156-159, 168-172, 180, 181, 288, 293, 306, 324
失業給付　29, 162, 168
失業扶助庁（UAB）　40
執行機関　104, 105, 110, 112, 115, 116
執行プロセス　106-108
シティズンシップ　7, 8
私的年金　124, 126-128, 132-134, 136, 150
児童・学校・家族省　59, 256
児童給付　121, 127, 131
児童ケア　42, 47, 249-253, 256, 326
児童サービス　iv, 256
児童税額控除　128, 130, 131, 138
児童手当　1, 44, 331
児童養育費執行委員会　144
児童養護　249, 252, 253, 256
児童・若者・家族省　325, 326
市民所得　123
社会基金（social fund）　129, 130
社会経済的階級　265
社会権　310
社会サービス　iv, 217, 221, 222, 232, 249
社会政策　5, 95, 96, 103, 112, 117, 119
社会政策学会　19
社会調査　14
社会的階級　265, 274
社会的基準　180, 181
社会的ケア　292, 293
社会的ケアサービス　12
社会的権利　45, 51
社会的住宅　233
社会的排除　16, 293, 330
社会的不利　248, 250

社会的分断　18
社会福祉レジーム　110
社会保険　122, 123, 127, 150, 225, 231
社会保障給付　121, 144, 150, 221, 232
社会保障支出　222
社会保障省　151
社会保障政策　103, 123, 145, 148, 151, 221, 307
社会保障法　129
社会問題　13
社会老年学　334
シュアスタート　251
就学前教育　246, 250, 251
従属人口指数　334
住宅組合　278, 282, 283, 293
住宅手当　121, 128, 129, 140, 142
住宅法　39
住宅ローン　284, 286, 288
自由党　32, 33
自由民主党　78
住民税　121
住民税給付　129
「就労と福祉」戦略　148
就労不能給付　125, 127, 131, 167-169
出産手当　38, 43, 125
出生率　325
準市場　186
障害手当　127
傷病者介護手当　227
職業適性検査　169
所得の再分配　145
所得の中央値　148
所得保障　7
所得補助（income support）　121, 126-131, 138, 139, 142-144, 146, 149, 288
ジョブセンター・プラス　121
資力調査　49, 121, 331
資力調査付き給付　121, 122, 126, 128, 130, 132, 134, 138-143, 145, 150, 151, 202
シングルマザー　324
人口置換移民　336
人種差別主義者　15
人種暴動　340
親密圏の国際化　341

369

スコットランド　23,55,57,58,64,66-68,
　　70,71,82,282,284,293
スコットランド住宅協会　282
スコットランド法　64
スティグマ　22,26,27,138,139,190
ステークホルダー年金　127
税額控除　60,121,122,128,130,131,137,
　　138,148,151,284,286,287
税効果　139
政策移転　104,105,108,301,303
政策学習　301,302,306,323
政策形成　98,104,105,108-110,118
政策システム　117,118
政策執行　22,55,60,90,92,95-97,100,101,
　　103-108,111-115,117,118
制度的な人種差別　51,269,270
性平等法　334
セーフティネット　127,150,201
積極的人的資源政策　157
積極的労働市場政策　154,159,160,330
絶対的なニーズ　239
セルフガバナンスモデル　110
ゼロ時間雇用　329
漸進主義　93
総合制中等学校　246,247,261,262
ソーシャルケア・サービス　130,140,184,
　　191,221
ソーシャルケア制度　127
ソーシャルサービス　130,234,235,238,239,
　　241
ソーシャルワーカー　12
ソーシャルワーク　6,14,140,141,301
ソーシャルワークサービス　220

た 行

待機者リスト　187-189,192,214
第三セクター　230
対人ソーシャルサービス　234
代替所得　145
ダイレクト・ペイメント　24,230-232,241
タウンゼント，ピーター（Townsend, P.）
　　48,145,147
脱商品化　311
単一自治体　121,152,209

男性稼ぎ主家族　328
男性稼ぎ主モデル　311,319
地域看護（community based nursing）
　　234,242
地域保健医療サービス　191,207
地方公営住宅　46,278,282,295,296
地方自治体・地方政府　39,96-98,100,101,
　　108,113,115,116,279-284,292,293,295
チャーチル（Churchill, W.）　42
チャイルド・ポバティ・アクション・グループ
　　（Child Poverty Action Group）　140
チャイルドマインダー　251,252
中央政府　96-101,105,108
貯蓄の罠（saving trap）　140
賃金補助　166
低学力　263,265,266,271
デイケア　228,251,255
定住外国人　340
定住法　26,27
ティトマス，リチャード（Titmuss, R.）
　　303,306,330,332
定率報酬比例　124,125
「出来高払い」システム　197
デュルケーム（Durkheim, É）　12
道徳的アンダークラス　333

な 行

ナーシングケア　226
ナーシングホーム　224,234
内部市場　186
ナショナル・カリキュラム　246
二次医療サービス　185-187,203,204
入国管理　64
入所型ケア　220-224,226-228,234,240
ニューディール　162,167,169,172
ニューディール50プラス　335
ニューレイバー　323
ネオリベラリズム　319
ネグレクト　252,253
年金　287,301,303
年金委員会　133,287
年金改革　132,133,151
年金控除（pension credit）　128,129,131-
　　133,135-138,148,150

年金サービス　*121*
年金貯蓄　*133*
納付義務　*24*

は　行

パートナーシップ　*198, 243, 251*
バウチャー制度　*250*
剝奪　*146-148, 206, 253*
犯罪政策　*16*
反人種主義　*15*
ヒエラルキー／市場二分論　*111*
ヒエラルキーモデル　*109, 110*
比較社会政策　*312, 313*
非拠出制の給付　*127*
ビスマルク（Bismarck, Otto von）　*17*
非正規雇用モデル　*329*
ひとり親　*7, 8, 142, 325*
「批判的」社会政策　*14*
肥満　*3, 34*
病院トラスト　*185, 196*
貧困　*21, 26, 34, 52, 291, 315, 317, 324*
貧困ギャップ　*147*
貧困状態にある人々　*146, 149, 150, 201*
貧困線　*147*
貧困地域　*251*
貧困の罠　*139, 140, 148*
プールされた予算（pooled budget）　*235*
フェビアン主義　*14*
フェミニズム　*15*
賦課方式の年金制度　*334*
福祉　*14*
　　——のエージェンシー　*5*
　　——の社会的分裂　*330*
　　——の複合構制　*24, 236*
福祉から労働へプログラム　*159*
福祉受給権関連業務（welfare rights work）　*140*
福祉レジーム　*316, 317*
負の所得税　*137*
普遍主義　*151*
ブラウン，ゴードン（Brown, G.）　*59, 85, 90*
ブレア，トニー（Blair, T.）　*59, 293, 298*
プレイグループ　*250, 251*
ベーシック・インカム　*123*

ベストバリュー　*98, 99, 241*
ベバリッジ，ウィリアム（Beveridge, W.）　*16, 39, 44, 45, 122-124, 328, 329*
ベバリッジへの回帰（Back to Beveridge）　*123*
ベバリッジ報告　*16, 42, 43, 51, 144, 150*
ヘルシー・スタート計画（Healthy Start Scheme）　*190*
ヘルスケア　*1, 184, 215, 220, 222, 226, 234, 235, 249, 256*
ヘルスケア委員会　*184, 198, 212*
保育学校　*251*
保育所　*251, 252*
亡命申請者　*340*
ボーア戦争　*33, 42*
ホームレス　*22, 24, 41, 291-293, 324*
保健医療サービス　*130, 183, 187, 191, 192, 194-196, 198-203, 205, 206, 208, 209, 212-214, 218, 220, 223, 233-235, 242*
　　——の合理化　*195*
　　——のコスト　*203*
保健医療政策　*190*
保健医療への患者と公共の関与に関する委員会（Commission for Patient and Public Involvement in Health）　*212*
保健局　*224*
保健省（Department of Health）　*59, 92, 184, 185, 213, 241*
保健センター　*189, 190*
保健戦略局　*184, 185*
保守党　*39, 41, 70, 72, 82, 280, 281, 283, 284, 287, 292, 296, 298*
補足給付制度（supplementary benefit）　*129*
捕捉率　*138*
ホテル・コスト　*200*
ボランタリー・セクター　*36*

ま　行

マーシャル，T. H.（Marshall, T. H.）　*7, 8*
マーストリヒト条約　*72*
マスメディア　*77, 78*
マック（マクドナルド）ジョブ　*330, 332*
マック（マッキントッシュ）ジョブ　*330*

371

マルクス（Marx, K.）　*3*, *12*, *15*
ミールズ・オン・ホイールズ　*228*
民営化　*51*, *52*, *192*, *202*, *203*, *212*, *215*, *221*, *331*
民間資金イニシアティブ（private finance initiative）　*192*, *203*, *204*
民間保険スキーム　*201*, *202*
無償学校給食　*130*
無料医療サービス　*201*, *204*
メイヒュー, ヘンリー（Mayhew, H.）　*14*
メージャー（Major, J.）　*39*, *88*
メゾレベル　*5*, *15*
持家　*10*, *12*, *277-280*, *283-289*, *295-299*

や　行

家賃統制　*39*, *277*, *282*, *290*, *291*
養育費審査局　*144*
養育費徴収法（Child Support Act, 1991）　*144*
「養護」児童　*254*, *255*
養子縁組　*254*, *255*

ら・わ行

ラウントリー（Rowntree）　*44*
利他主義　*85*
レジーム論　*306*, *308*, *311*, *313*
ロイド・ジョージ（Lloyd Geroge）　*36-40*
労働市場参加　*153-155*, *157*, *159*, *167*, *179*, *181*
労働市場の柔軟性　*173*
労働代表委員会　*32*
労働党　*32*, *33*, *42*, *68*, *78*, *80*, *82*, *280*, *281*
労働党政府　*39*, *40*, *90*, *280*

労働年齢人口　*336*
老齢年金　*37*
ワークライフ・バランス　*177-179*

1601年救貧法　*23*, *25*
1832年解剖法　*30*
1834年の救貧法を改正する法律　*28*
1908年児童法　*33*
1908年老齢年金法　*36*
1911年国民保険法　*36*
1934年失業法　*40*
1944年障害者（雇用）法（1944 Disabled Persons (Employment) Act）　*229*
1969年児童若者法　*254*
1973年社会保障法　*150*
1977年住宅（ホームレス）法　*292*
1986年社会保障法　*41*
1986年障害者（サービスと協議および代理）法（Disabled Persons (Services, Consultation and Representation) Act of 1986）　*229*
1988年教育法　*246*
1988年住宅法　*290*
1989年児童法　*253*
1995年介護者（承認およびサービス）法（the Carers (Recognition and Services) Act of 1995）　*230*
1997年慢性疾患および障害者法（the Chronically Sick and Disabled Persons Act of 1997）　*229*
1998年人権法　*74*
1999年保健法（Health Act 1999）　*235*
2002年ホームレス法　*293*
48－48－48雇用モデル　*328*

訳者紹介（担当章順，＊印は監訳者；執筆分担）

＊埋橋孝文（うずはし・たかふみ）　第1章，第12章，監訳者あとがき
　　監訳者紹介参照。

三宅洋一（みやけ・よういち）　第2章1～3，第3章
　　熊本県生まれ。
　　大阪市立大学大学院経済学研究科後期博士課程満期退学。
　現　在　大阪経済大学経済学部非常勤講師。
　翻　訳　『東アジアの福祉資本主義』（共訳，法律文化社，2007年）。

田中弘美（たなか・ひろみ）　第2章4～6，第9章7～13，第11章4～8，参考文献
　　三重県生まれ。
　　同志社大学大学院社会学研究科博士後期課程在籍。日本学術振興会特別研究員DC2。
　主　著　「児童養護施設における児童の退所に関する取り組みの報告——全国調査の結果概要と自由記述回答の分析から」『Int'lecowk』1035号（共著，2013年），「『生い立ちの整理』を通して未来を生きる力を育む——全国児童養護施設インタビューにおける職員の語りから」『Int'lecowk』1045号（2014年）。

尹　誠國（ゆん・そんくっく）　第4章
　　韓国生まれ。
　　京都大学大学院法学研究科博士課程満期退学。
　　京都大学大学院法学研究科助手，梅花女子大学非常勤講師，立命館大学非常勤講師，全国市町村国際文化研修所（JIAM）客員研究員，同志社大学嘱託講師，龍谷大学地域公共人材・政策開発リサーチセンター（LORC）研究員などを経て，
　現　在　大阪地方自治研究センター研究員。
　主　著　『한국과 일본의 지방분권개혁의 분석-거부권플레이어에 주목하여-』((日本と韓国における地方分権改革の分析——拒否権プレーヤーに注目して)，論衡出版社（ソウル），2011年—韓国語），『韓国における地方分権改革の分析——弱い大統領と地域主義の政治経済学』（公人の友社，2012年），『東アジア中山間地域の内発的発展——日本・韓国・台湾の現場から』（共著，公人の友社，2014年）。

山 村 り つ（やまむら・りつ）　第 5 章，第 7 章，第 8 章
　静岡県生まれ。
　同志社大学大学院社会学研究科博士後期課程修了，博士（社会福祉学）。
　同志社大学高等研究教育機構および社会学部特任助教を経て，
　現　在　日本大学法学部公共政策学科助教。
　主　著　『精神障害者のための効果的就労支援モデルと制度──モデルに基づく制度のあり方』（ミネルヴァ書房，2011年），『生活保障と支援の社会政策　第 8 章「障害者の就労および雇用支援政策の現状と課題」』（明石書店，2011年），「「合理的配慮」の運用における精神障害者のための配慮──アメリカの裁判記録のレビューから」『社会政策』（社会政策学会，3(3)，2012年）。

小 林 勇 人（こばやし・はやと）　第 6 章
　広島県生まれ。
　立命館大学大学院先端総合学術研究科一貫制博士課程修了，博士（学術）。
　日本学術振興会特別研究員（PD）を経て，
　現　在　日本福祉大学社会福祉学部准教授。
　主　著　『アメリカ・モデル福祉国家 I ──競争への補助階段』（共著，昭和堂，2010年），『労働と生存権』（共著，大月書店，2012年），『福祉政治（シリーズ「福祉＋α」②）』（共著，ミネルヴァ書房，2012年），『公共性の福祉社会学──公正な社会とは』（共著，東京大学出版会，2013年），*Basic Income in Japan: Prospects for A Radical Idea in A Transforming Welfare State*（coauthor, Palgrave Macmillan, 2014）。

＊矢 野 裕 俊（やの・ひろとし）　日本語版への序文，第 8 版への序文，第 9 章 1 ～ 6
　監訳者紹介参照。

室 田 信 一（むろた・しんいち）　第10章，第11章 1 ～ 3
　東京都生まれ。
　同志社大学大学院社会学研究科博士後期課程修了，博士（社会福祉学）。
　日本学術振興会特別研究員（PD）を経て，
　現　在　首都大学東京都市教養学部准教授。
　主　著　『地域福祉』（共著，ミネルヴァ書房，2009年），『地域の〈実践〉を変える社会福祉調査入門』（共著，春秋社，2013年），『自治体セーフティネット──地域と自治体ができること』（共著，公人社，2014年）。

監訳者紹介

埋橋孝文（うずはし・たかふみ）
　大阪府生まれ。
　関西学院大学大学院経済学研究科博士後期課程修了，博士（経済学）。
　大阪産業大学経済学部，日本女子大学人間社会学部を経て，
　現　在　同志社大学社会学部教授，放送大学客員教授。
　主　著　『参加と連帯のセーフティネット――人間らしい品格ある社会への提言』（共編著，ミネルヴァ書房，2010年）。
　　　　　『福祉政策の国際動向と日本の選択――ポスト「三つの世界」論』（法律文化社，2011年）。
　　　　　『生活保護（シリーズ「福祉+α」④）』（編著，ミネルヴァ書房，2013年）。

矢野裕俊（やの・ひろとし）
　大阪府生まれ。
　大阪市立大学大学院文学研究科後期博士課程修了，博士（文学）。
　大阪市立大学文学部，同大学院創造都市研究科を経て，
　現　在　武庫川女子大学文学部教授，大阪市立大学名誉教授。
　主　著　『自律的学習の探求――高等学校教育の出発と回帰』（晃洋書房，2000年）。
　　　　　『教職のための基礎知識』（八千代出版，2013年）。

　　　　　　　　　イギリス社会政策講義
　　　　　　　　　――政治的・制度的分析――

　　2015年2月10日　初版第1刷発行　　　　　〈検印省略〉

　　　　　　　　　　　　　　　　　　　　定価はカバーに
　　　　　　　　　　　　　　　　　　　　表示しています

　　　　　　　　　　　　　　　　　埋　橋　孝　文
　　　　　監　訳　者　　
　　　　　　　　　　　　　　　　　矢　野　裕　俊
　　　　　発　行　者　　　　　　杉　田　啓　三
　　　　　印　刷　者　　　　　　坂　本　喜　杏

　　　　　発行所　株式会社　ミネルヴァ書房
　　　　　　　　607-8494　京都市山科区日ノ岡堤谷町1
　　　　　　　　　　　　　電話代表　(075)581-5191
　　　　　　　　　　　　　振替口座　01020-0-8076

　　　　　　©埋橋・矢野，2015　　富山房インターナショナル・清水製本

　　　　　　　　　　ISBN 978-4-623-07254-5
　　　　　　　　　　Printed in Japan

社 会 政 策（社会政策学会誌） 社会政策学会 編 　B5判 各巻 本体二五〇〇円

福祉資本主義の三つの世界
——比較福祉国家の理論と動態
G.エスピン-アンデルセン 著
岡沢憲芙／宮本太郎 監訳
A5判 三四〇〇頁 本体三四〇〇円

よくわかる社会政策［第2版］
石畑良太郎
牧野富夫 編著
B5判 二三二頁 本体二六〇〇円

現代社会政策のフロンティア

①生活保護は最低生活をどう構想したか
——保護基準と実施要領の歴史分析
岩永理恵 著
A5判 三五二頁 本体五〇〇〇円

②東アジアにおける後発近代化と社会政策
——韓国と台湾の医療保険政策
李蓮花 著
A5判 三二二頁 本体六五〇〇円

③金融によるコミュニティ・エンパワメント
——貧困と社会的排除への挑戦
小関隆志 著
A5判 二九二頁 本体四五〇〇円

④労働統合型社会的企業の可能性
——障害者就労における社会的包摂へのアプローチ
米澤旦 著
A5判 二三六頁 本体六〇〇〇円

⑤個人加盟ユニオンと労働NPO
——排除された労働者の権利擁護
遠藤公嗣 編著
A5判 二六四頁 本体五〇〇〇円

⑥韓国の都市下層と労働者
——労働の非正規化を中心に
横田伸子 著
A5判 二六六頁 本体六〇〇〇円

ミネルヴァ書房
http://www.minervashobo.co.jp/